资金运动会计理论研究

Research on Accounting Theory Based on Fund - movement

施先旺 著

中国地质大学出版社有限责任公司
ZHONGGUO DIZHI DAXUE CHUBANSHE YOUXIAN ZEREN GONGSI

图书在版编目(CIP)数据

资金运动会计理论研究/施先旺著. —武汉:中国地质大学出版社有限责任公司,2011.6
ISBN 978-7-5625-2685-8

Ⅰ.①资…
Ⅱ.①施…
Ⅲ.①会计学-研究
Ⅳ.①F230

中国版本图书馆 CIP 数据核字(2011)第 129454 号

资金运动会计理论研究 施先旺 著

责任编辑:陈 琪 选题策划:毕克成 责任校对:戴 莹

出版发行:中国地质大学出版社有限责任公司(武汉市洪山区鲁磨路 388 号) 邮政编码:430074
电 话:(027)67883511 传 真:67883580 E-mail:cbb @ cug.edu.cn
经 销:全国新华书店 http://www.cugp.cug.edu.cn

开本:787 毫米×1 092 毫米 1/16 字数:359 千字 印张:14
版次:2011 年 6 月第 1 版 印次:2011 年 6 月第 1 次印刷
印刷:武汉珞南印务有限公司 印数:1—1 000 册

ISBN 978-7-5625-2685-8 定价:45.00 元

序

施先旺博士所著《资金运动会计理论研究》一书，是在十多年来的会计理论研究和会计教学探索中逐步形成的成果。这本书是对我国资金运动会计理论研究的继承与发展，体现了会计理论研究与改革实践的结合。

初步阅读《资金运动会计理论研究》一书，我认为它具有以下特点：

(1)站在历史的高度研究资金运动会计理论及其实务。作者对资金运动会计理论的历史文献进行了全面而系统的收集与整理，理清了资金运动会计理论的产生与发展脉络及其历史运行的基本规律，并在此基础上对资金运动会计理论进行了恰当的评价，阐述了理论与实务的关联点，肯定了该学说的理论价值。

(2)作者提出了“会计平面模型”假设，应用该模型全面模拟了企业的资金运动过程及其结果，使抽象的资金运动原理通过模块演绎达到具体化。该模型突破了以往资金运动会计理论研究的瓶颈，为未来进一步深入研究该理论提供了一个逻辑严密的分析工具与研究平台，有利于研究的拓展。

(3)作者应用资金运动会计理论，从本质上揭示了账户的结构、复式记账的概念，生动而形象地解释了借贷记账法的记账规则与记账思路，从而基本上解开了以往这几种方法纠缠在一起的死结，使研究初步达到了系统化。

(4)作者对企业的筹资、投资、供应、生产和销售五大环节的资金运动进行了系统而深入的分析，把企业财务问题与会计问题关联在一起进行研究，在此基础上构建了新的基于资金运动分析视角，进而把会计核算理论体系的研究从纯静态引向动静结合的路径，使研究的逻辑关系更为严密。

(5)作者系统阐明与演示的会计核算体系以企业经济业务为主线，这使学员所接受到的不再是纯粹的会计分录处理，而是对经济业务所形成的会计事项所引起的资金运动分析的有规律的处理，这一实质性改进从理论联系实际的角度影响到学员会计思想的变化。

(6)作者自始至终强调“会计是一种管理控制活动”，会计核算的全过程是为会计进行管理工作的全过程服务的，会计控制的功能性作用在企业整个管理工作中占有十分重要的地位。作者的这一观点，树立了全书理论研究主体，体现了现代会计所始终把控的先进的会计思想与先进的会计理论，这是作者研究资金运动会计理论与实务具有支撑性意义的观点。

(7)该书初步揭示了产权问题与资金运动乃至整个会计活动的关系，作者认为在本质上企业的资金运动体现为产权价值运动，会计对资金运动过程的反映与控制实质上是对产权价值运动过程及其结果的反映与控制，这将是作者今后展开进一步研究的大方向。

此外，在这部著作中，作者还提出了许多具有创新性价值的新观点，这些观点都是值得研究的重要问题。作者所进行的研究与这本书中所体现出来的研究成果，既适合于会计学的普及教育，也适合于较高层次的会计学教育，无论对于会计理论工作者还是会计实际工作者都具有学习和研究的价值。我深信这本专著在出版之后将会产生较大的影响及实际的意义，故乐于为此书作序。

郭道扬

2011 年 6 月于武汉

目 录

第一章　资金运动会计理论的历史与现状

第一节　资金运动会计理论在国外产生与发展研究

一、资金运动会计理论在德国的产生与发展

在19世纪初至下半叶，德国由分散逐步走向统一的60余年间，其会计法律制度发生了重要变化，尤其是从德国举世闻名的民商法建设中可知，它的簿记学或会计学也发生了重大变化。在“大陆法系”这一概念形成的同时，“大陆会计”的概念也相应产生。从保障与维护所有者财产权益出发，德国人把会计与审计规范的内容纳入商法制度体系，从而逐步形成了“法典式会计制度”与“法典式审计制度”，进入20世纪后，在持续发展中逐步完善。这一重大历史现象告诉人们，德国已经从多个层面实现了由簿记学向会计学的转变。

19世纪在德国创立的借贷簿记学说与近代早期源于意大利的“拟人说”具有密切关系。在本质上，德国形成的几个派别的簿记学说都是针对“拟人说”的，是在对“拟人说”评价的基础上创立起来的。

(一)“拟人说”

1.“拟人说”学派之一——人的一科目说

学者们认为“人的一科目说”源于卢卡·帕乔利的《簿记论》，因为帕乔利特别强调人名账户，“对于实物账户，尚未顾及也”。[①] 不过，应当认识到，帕乔利在物名账户阐述方面的历史局限性却并非由“拟人”观点而起，而只是对当时账务处理原理的一般性描述。帕乔利的著作与其后意大利学者卢多维斯·弗洛里(Ludovico Flori)的《复式账簿记录法论》存在明显的区别。弗洛里认为：“借方及贷方所记之账目，应包含对人项目及无生之实物项目。一切记账，均以人之立场处理之。例如：家计簿中之现金，即认为有金钱保管人，故收入金钱时，应视为向保管人借入而借记之。反之，付出金钱时，应视为前项借款之归还而贷记之。”[②] 该学说将一切实物人格化，对物名账户也依人的立场处理。由于这种学说主张把人名账户与物名账户看作一个系统，按照这个系统去反映和编制平衡表以及处理损益问题，故始有“人的一科目说”这一名称。

至19世纪初，“人的一科目说”经德国、意大利与法国学者的研究已发展完善。如法国学者曾有“五科目论”(Les Cinquecontistes)，“五科目论”主张“先将账户分成一般账户与人名账

①②　陆善炽：《论借贷学说与收付理论》，《会计杂志》，1934，4(1)。

户两类，其中一般账户包括商品、现金、应收票据、应付票据与损益五种实物账户。无论人名或实物，凡为受者，记在借方，凡为授者，计入贷方”[①]。把五种实物科目人格化，加上人名账户，统一取人的形态表现。可见，这是“拟人说”的发展形态。

2.“拟人说”学派之二——人的二科目说

至19世纪下半叶，“五科目论”遭到法国和意大利一些学者的批评，并由此出现了“三记式簿记学派”，其代表者为意大利政府会计局局长吉米赛佩·切尔博尼（Giueseppe Cerboni）。1878年，切尔博尼所著《三记式簿记法》一书问世，全面阐述了这一学派的观点。他认为，企业在经营活动中，至少存在四种人格，即所有者、管理者、代理人与顾主，簿记上的所有账户都是为管理者以外的三种人所设。就业主对于企业所有之财产而言，其立于债权者地位，故凡投入资本额，计入业主账户之贷方。当然，企业对于业主则处于债务人地位。通常，代表企业者有两种人格，一为代理人，二为顾主，故企业所支配的价值，诸如现金、商品等，应视同业主所委托，当计入借方，而代理人与企业发生的债权与债务，均视同顾主存在。因此，凡债权人记入账户之借方，而债务人则记入账户之贷方。可见，为了反映企业主与企业之间的对立统一关系，切尔博尼主张分为两个科目系统来处理，故学术界将其称为“人的二科目说”。

“拟人说”产生的背景系中世纪末至近代初期，此时，近代商品货币经济尚处于萌芽阶段，社会经济活动尚寄托在信用之上，故注重于处理所发生的债权、债务，也注重处理人与人之间的财产关系，因此，把簿记对象统统人格化，将一切统一在人名账户之上。随着近代商品货币经济的发展，“拟人说”不仅表现在簿记思想上的障碍越来越突出，而且在簿记对实务的处理上的障碍也越来越多，最终，“拟人说”发展不下去了，而后来所出现的一系列簿记学说最初都把它作为革命对象，在批评的基础上发展自己。

（二）“二账系说”

论及“二账系说”（又称“物的二科目说”）的创始人，首先需要从瑞士学者弗里德里克·霍格利（Friedrich Hugli）的学说讲起。1887年，霍格利出版了《簿记的体系与形式》一书，随即在瑞士与德国等地引起了关注，人们公认它是一部颇具创造性的著作。霍氏认为，早期出现于意大利的“拟人说”，其观点是牵强附会的，在理论上是站不住脚的，故应当予以更正。为此，他指出：“簿记之目的无非用于记录财产之构成部分及其变动状态。”故应当注意对财产物质的变化及其变化结果的研究，而簿记也应当把财产物质变化及其结果作为系统反映与监督的重点。霍格利的学说引起了德国著名会计学者J. F. 雪尔（Johann Friedrich Schär）的共鸣，雪尔正是在霍格利簿记学说的启示下，进一步推动了该学说的发展，使他与霍格利共同成为“二账系说”的创始人。

1890年，雪尔的《簿记理论》问世，他具有创造性的学术观点及其理论体系影响深远。如美国著名学者查尔斯·斯普拉格1907年出版的《账户原理》与H. R. 哈特菲尔德1909年出版的《现代会计学》前两章均以雪尔的学说为蓝本[②]。雪尔指出：“簿记之目的，在于对资本循环之计算的把握。”据此，他主张在簿记中把账户分作“财产记录”与“损益记录”两个账系，通过这两个账系全面反映财物运作变化过程及其结果。财产账户系统包括积极财产和消极财产，即

---

① 陆善炽：《论借贷学说与收付理论》，《会计杂志》，1934，4(1)。

② 潘序伦：《会计学发达史》，《立信会计季刊》，1933，2(1)。

资产与负债两部分，而损益账户系统则包括的是“纯财产”，即资本与损益。这两大账系在实际应用中形成对立统一的格局，最终出现的是一个阶段性的平衡点。在簿记记录中，前者在借方反映，而后者则在贷方反映，整个记录处理遵循有借必有贷，借贷必相等的规则，其阶段性平衡状况则通过代数上的方程式反映，即“资产－负债＝资本”，并据此计算出当期盈亏。

雪尔将簿记的目的定位为对企业资本循环的把握，标志着动态会计理论的萌芽。但从本质上讲，它是一种以物的占有与权利为控制对象的静态学说，这一点以雪尔的“簿记与贷借对照表”为静态的显示点，而具体又体现在簿记在某个时点的平衡方面。

（三）“一账系说”

“一账系说”（又称为“物的一科目说”）也是在批评早期“拟人说”的基础上创立的，其研究试图从根本上推翻“拟人说”的理论基础。该学说萌芽于19世纪初期，成熟、完善于19世纪后期，一度在德国国内外引起了深刻的反响。“一账系说”的代表人物是德国的著名会计学者曼弗雷德·伯利纳（Manfred Berliner）。1893年，伯利纳的《簿记与资产负债表论》问世，随即被公认为“一账系说”的名著。伯利纳认为，簿记工作的全过程，集中表现为对财产的记录，其通过在总账中设置专门账户来表现。具体而言，总账中的账户设置方法是以开始的“贷借对照表”为依据确定的。此后对财产的增减变化都在总账内各账户中相应反映。伯利纳还认为，由于贷借对照表系由积极财产与消极财产两部分构成，因而，记账科目亦有积极与消极之分。从内容上讲，积极部分包括各种资产，而消极部分则包括各种负债与资本。簿记处理中，系以积极为正，消极为负，凡负者记于贷方，而正者则记于借方，记账亦遵循有借必有贷，借贷必相等的规则。伯利纳最终认为，从把握财产变化出发，仅设置一个账系便可以了，而不需要再设另一账系。这一点便是“一账系说”或“物的一科目说”命名之原因。从该学说的基本内容上可见，它也是从物的变化出发的一种静态学说。

（四）“贷借对照表说”

在伯利纳的著作问世之后的一二十年间，“一账系”学派与“二账系”学派之间展开了一场十分热烈的争论，双方观点一度相持不下。直到20世纪初期，“二账系说”的学术观点才逐渐处于优势地位，这场争论方告一段落。由于“一账系说”与“二账系说”的研究中都涉及到对“贷借对照表”的研究，在两派争论中引起了一些学者对有关“贷借对照表”理论研究的关注。随后，由批评“一账系说”与“二账系说”对“贷借对照表”的认识不彻底而起，这些学者系统地发表了“贷借对照表学说”，自成一派，在当时产生了重要影响。

“贷借对照表说”的代表人物是柏林商科大学的教授尼克秀（Nicklisch）[①]。他认为，贷借对照表在簿记上具有两大特征：一是先行性；二是基本性。凡记账法则与科目系统确定，当以贷借对照表为立论的出发点，亦为立论之归属。他指出，伯利纳把资产、负债与资本列于同一系统，这种做法在原理上与贷借对照表的基本形式不相符合。而雪尔所说的资本概念，仅能表现资本的一部分，却不能完整地表现资本的全部。按照尼克秀的观点，负债包含于资本之中，是一种外借资本。贷借对照表的左方列示总资产，而右方列示总资本，这两个系统的关系可用如下代数方程式表示：

---

① 陆善炽：《论借贷学说与收付理论》，《会计杂志》，1934，4(1)。

总财产（各类资产）＝总资本（负债＋资本）

以上方程式始终是平衡的，在一个企业开业之际如此，经营运作过程中如此，在一定期间亦如此，它始终表现出贷借对照表的基本形态。尼克秀还认为，企业损益，如体现为利益，则在财产增加的同时，企业资本也增加；如体现为亏损，则在企业财产减少的同时，资本亦减少。为此，尼克秀所确定的记账法则为："凡财产增加，记入财产账户之借方，而资本增加时，记入资本账户之贷方；凡财产减少时，记入财产账户之贷方，而资本减少时，则记入资本账户之借方。"[①] 按照运行规律，这些最终都在贷借对照表中反映出来，业主考核其状况，便于施行管理。

从实质上讲，该理论也属于簿记理论中的静态学说。它强调贷借对照表中的平衡原理，从总资产与总资本必然平衡的方面来确定贷借对照表的形式与内容，并由此把簿记问题引向管理方面，正是因为这一点，该学说产生了比较广泛的影响。该学说传入美国后，著名会计学教授派登（Parton）与凯斯特（Kester）在研究中取其精华，又形成了"等式理论"（Equation Theory），也在学术界产生了很大的影响。"等式理论"传入日本后，著名学者吉田良三又加以研究，形成了"借贷八要素说"与"借贷十要素说"[②]。在 20 世纪 30～40 年代，中国也先后受到"贷借对照表说""等式理论"与"借贷八要素说"的影响。

（五）"三账系说"

"三账系说"（又称为"三科目系统说"）的创始人是著名学者莱特（Leitner），他是受"贷借对照表说"的影响而创立"三科目系统说"的。莱特认为，复式簿记所坚持的根本原则在于，应用特殊的账户形式系统反映企业的资产、负债与资本的价值及其变动状态，以此明确企业的财务状况与经营成绩。而上述数据最终都要汇集到贷借对照表与决算贷借对照表中系统反映，从定期进行系统考核出发，两表的编制成为必然。莱氏还认为，企业财务变动状态不外乎有三种表现：一为资产与负债之变动；二为资本量之变动；三为资产、负债与资本同时变动。这三者之间的互动必然会发生双重作用，而通过账户形式来表现这种双重作用，便是复式簿记原理的关键所在。一切账目贷借增减都遵循这种规律，最终的两表编制也不例外。莱特对损益账户的处理原则与尼克秀的相同，但他却特别注重对资本与损益计算的双重表现，即凡资本之计算，采用两种方法：一是通过资产减负债计算；二是通过从期初资本中相应增加或减少损益数额计算；凡损益之计算，亦采用两种办法：一是以期初资本与期末资本相比较计取；二是以各损益项目相应加减求之。莱特指出，第一种方法用于贷借对照表的编制，而第二种方法则用于"损益计算书"的编制。这种思想与方法体现出来的进步，给"后动态论学说"的创立以重要启示。

（六）"资本循环说"

"资本循环说"的创始人是德国著名会计学者巴比（Pape）。1926 年，巴比的《复式簿记原理》一书出版，一反"拟人说"与静态学说的基本观点，创立了"资本循环说"，在德国乃至世界上产生了重要影响。

"资本循环说"的出现，改变了以往研究簿记问题的出发点与立场，其创新力度强，在推动由簿记学研究向会计学研究方向发展上具有重要影响。该学派认为，无论"一账系说""二账系

---

①② 陆善炽：《论借贷学说与收付理论》，《会计杂志》，1934，4(1)。

说”、“三账系说”，还是“贷借对照表说”，均从静态方位看待借贷复式簿记理论与实务，而对资本运动则认识不足。近代企业的发展，资本循环成为管理活动中的核心问题，而簿记工作必须对资本循环过程及其结果进行全面反映，以实现资本循环的良性运作，充分体现资本所有者的利益。

巴比的《复式簿记原理》一书，首先对资本概念及其所包括的内容作出解释，将其视作供企业盈利使用的一种来源。巴比认为，从资本本源上考察，可将资本分为三种：一种是自我投入的资本；二是向外部借取的资本；三是企业可再投入的利得。而从资本的形态上看，又可分为固定资本与流动资本两大类，然后还可按这两大类作出进一步的区分。巴比认为，科学地进行分类是把握资本循环的关键，对核算是这样，对管理也是这样。根据上述原理，巴比相应地把全部账户划分为资本来源与资本占用形态两类，又把每一账户分解为“入口”与“出口”两方，其“入口”设于账户的左方，与借方记录相一致，而“出口”则设于右方，与贷方记录相一致。在总体上，体现为资本形态系统之下的一账户之出，与资本来源系统之下的一账户之入，其两者在循环运动中必相一致。巴比指出，从资本运动方式上讲，其运动形式无论怎样复杂都可将其归纳为如下四种①：

第一，凡向企业内部流入者，称之为向心运动，诸如原始投资、借款与利益；

第二，凡由企业内部向外流出者，称之为离心运动，诸如减资、还债与损失；

第三，凡在企业内部流动者，称之为圆心运动；

第四，凡在企业界限之上流动者，称之为圆周运动，诸如损益之转入资本等。

如进一步按照“入口”与“出口”两个记账方位，其资本循环的账目处理规则不外乎：①资本来源的借方入；②资本来源的贷方出；③资本形态的借方入；④资本形态的贷方出。资本的每一循环必然是“入于此而出于彼”或“出于此而入于彼”，其周而复始运行始终体现出有借必有贷，借贷必相等。作者认为，如果将四种运动形式用一根线连接起来，便必然会形成资本由“入口”到“出口”的单线圆圈运动模式。资本循环有如一个“有统一性之连锁”，而账户则相当于此连锁之一环也②。

总之，巴比的“资本循环说”相对于以上各种学说，体现出对会计理论的变革。他从借贷原理上把握了借贷复式簿记的本质，并从动态方面研究了资本带动下的整个簿记的基本运行规律。同时，巴氏所坚持的是“一元二科目系统论”，在记账法则上坚持一元论，而在科目设置上则坚持两个系统：一为资产系统；二为资本和负债系统。虽然在形式上类似于“贷借对照表说”，但在实质上的区分标准则不同。巴比的“资本循环说”对此后的“资金运动论”的产生与发展具有一定影响，他的动态理论的基本观点也对其后的会计理论研究具有一定启示。当然，巴比的研究也存在一定的局限性，如他在理论结构安排中还存在矛盾之处，同时也忽视了对企业损益的计量与考核，此外，他的论述与企业对现实簿记问题的处理也存在一定差距。

（七）“现实理论说”

针对“资本循环说”存在的问题，德国会计学家C. 斯甘齐尼(C. Sganzini)在参考马克思的资本循环理论（货币—商品—更多的货币）的基础上，进一步发展了巴比的资本循环理论。

① 陆善炽：《论借贷学说与收付理论》，《会计杂志》，1934，4(1)。

② 李觉鸣：《理论簿记学》，重庆陆军经理杂志社印刷所，立信会计图书用品社，1944。

C. 斯甘齐尼指出，簿记理论应注意以下几个方面：①现代企业在经营经济上的现实关系；②簿记对象应有的特殊性，应以把握企业的现实性为中心（故学者称之为“现实理论说”）。所谓企业现实性，就是企业资本对利润的追求；所谓簿记对象的特殊性，是指企业经营以盈利为目的。C. 斯甘齐尼认为簿记主要有三大任务：①对各种财产及各种财产流动性等的分析与统制；②对纯损益的计算；③对纯财产的计算。

第一个任务就是簿记的统制机能，第二、第三个任务就是簿记的计算机能。因而复式簿记应有统制科目及计算科目两个系统，前者记载各种财产从上期转回，经变化至本期结余的变动情形及结果；后者记载为平时费用收益之发生以至于纯损益之结算，或自开始资本，经费用收益的发生，而成为期末资本的一切变动经过及结果。

C. 斯甘齐尼在修正巴比的资本循环学说时，仍沿用马克思的资本运动公式，认为盈利企业的活动包含两种过程，即从货币到商品的过程及从商品至更多货币值的过程。对这两个过程，簿记上亦以不同的两科目系统表示：一为货币系统；一为商品系统。货币系统的科目专为统制货币及其他代替物的应用而设，故仍属前述的统制科目系统；商品系统的科目专为表示纯损益的计算而设，故仍属前述的计算系统。

C. 斯甘齐尼根据巴比的理论，定出一元的借贷原则。其记账规则为：无论是货币系统或商品系统的账户，一律以借方表收入，贷方表付出。其具体情况如图 1－1。

货币系统账户（统制账户）

借	贷
货币形态的 初期资本收入	货币付出 货币形态的期末资本

商品系统账户（计算账户）

借	贷
费用（即商品收入） （亦即货币支出的结果） 期末资本（计算结果）	初期资本 收益（即商品的付出与 货币收入相对应者）

图 1－1　账户的记账规则

按 C. 斯甘齐尼的理论，如注重簿记现实性也，注重损益计算也，注重企业动态也，均其独特之处，诚为不朽之论。然 C. 斯甘齐尼所分之科目系统与所立之借贷原则，吾人尚未能视为满意。该簿记之计算功能，以能显示营业年度内损益净额为已足。纯财产之现额为企业财产状况之一部分，应为静态之断面，不属动态之过程。其数额之记录与显示，仅于簿记之统制功能为较宜。又 C. 斯甘齐尼之记账法则，系因收付定借贷，各项财产之变化，统以收付二字概括之，终觉其勉强也。”①

以 C. 斯甘齐尼为代表所创立的“现实理论说”弥补了巴比学说之不足，注重簿记与企业经营上的现实关系研究，强调资本投入对利润的追求，故把损益计算的研究放在十分重要的位置，这些都是对前人学说的发展，在推动簿记理论发展方面的贡献也是突出的。

---

①　郑延植：《近代西儒之借贷学说》，《立信会计月刊》，1948，2(1)。

(八)“动态二科目说”

在C.斯甘齐尼提出“现实理论说”的十余年后,又有德国会计学家E.韦勃(E. Walb)对其理论继承、修改并完善,并分别于1922年和1926年出版巨著,阐述动态学说。他以为簿记的对象应该为企业经营的交换经济过程。此种交换过程,无非是物资与劳务的提供,货币及其代用物的支付,两者互相对流,完成所谓交易行为。用特殊的计算制度对此对流进行整理,即簿记的任务。所谓物资与劳务的提供,即系经济价值的供给;所谓货币及其代用物的支付,即对前项供给的一种反对给付。一切企业经营的交换经营过程,无非是供给与支付的对立作用。因此,簿记上的科目可分为供给系统科目与支付系统科目。凡系企业与第三者间在物资与劳务上的互相供给,以供给系统科目计算,其借方表示企业的受有物资或劳务(第三者的供给),贷记则表示企业的授予物资或劳务(企业本身的供给)。同时,凡系企业与第三者间用货币及其代用物(信用)的相互支付,则以支付系统科目计算,其借方表示企业的收(即第三者的付),贷方表示企业的付(第三者的收)。除若干特殊规定外,每一交易必系供给与支付同时发生,如:供给为受,则支付科目必定为付;供给为授,则支付科目必为收。

对于特殊的交易,E.韦勃列举三种,并说明记账关系如下:

(1)以其他供给抵偿的供给——同一供给系统内的借方及其贷方;

(2)现金与现用的交易——同一支付系统内的借方及其贷方;

(3)各种转账的交易——支付系统内的借方及其贷方,或供给系统内的借方及其贷方,或支付系统与供给系统的一借一贷。

总的来说,E.韦勃以企业经营的交换经济过程作为其立论的根据,将簿记科目分为支付与供给两个系统,使其成对立形势,并以借贷对照表及损益计算书的分立作为支付与供给系统的归宿,因而,学者称之为“动态二科目说”。

E.韦勃之学说,视C.斯甘齐尼之论,自较完整,于簿记理论上其价值之大,影响之深,实有空前之概。然亦不无缺点:

(1)E.韦勃之学说以资本科目与财产账户同列一系统虽无可议,然视之为支付科目则甚未妥善。其所谓支付科目者,包括现金及信用两者,信用为将来现金支付,依其主张,资本即属于信用一概念,视同将来之支付,于资本之本质,殊疏认识。

(2)每一交易,韦勃均视为供给与支付之对立作用,单独成立,实则整个资本循环过程之性质系互相关联,继续转变者。韦氏偏于个别方法之运用,乏全体之观察。

(3)韦氏损益计算可在支付系统及供给系统之账户内,同时重复行之。其重视损益计算,把握企业目的一点,诚有足多者,然依韦氏之见解,贷借对照表为支付系统各账户之归结。执此推求,则不啻加贷借对照表以计算损益之任务,而与损益计算书同视,亦属一偏之论,谬误之谈。”[①]

韦勃不仅对斯甘齐尼的学说略加修正,使其在理论与方法上向前推进了一大步,而且使霍格利与雪尔的“物的二科目说”以及尼克秀的“贷借对照表说”发生了极大的动摇[②],最终不得不让位于“动态二科目说”。同时,韦勃使动态学说完善化,主张建立供给与支付两大科目系

---

① 郑延植:《近代西儒之借贷学说》,《立信会计月刊》,1948,2(1)。

② 陆善炽:《论借贷学说与收付理论》,《会计杂志》,1934,4(1)。

统,以贷借对照表与损益计算书为两大系统运作最终之归结。他认为,复式簿记原理的关键在于,对于任何一种交易至少必须在两个系统或一个系统内,双方作出双重记录,这与企业经营情况始终密切相关。所以,学者们认为,韦勃的著作是总结性的,他悉心研究以往学者的著作,去粗求精,处理好了传承与发展的关系,故他们认为韦勃所创立的是“划时代的学说”①。

1927 年,德国会计学家 L. 基姆伯格(L. Gomberg)也发表了关于动态科目的研究成果。他指出,簿记的任务是以货币单位估计一企业活动的全经济过程,并以数字对其进行记录,借以明确企业经营活动的结果。他还指出,某经济实体内所发生的交易与事项,因其对经济主体及经济客体所起的作用而产生如下的经济结果:一是各财产对象(财物)形态上的变化,此种结果为统计之结果;二是债权、债务的发生或消减(即法律关系之变化),名为法律之结果;三是财产构成部分的价值变动(即纯财产之增减),此一结果名为经济之结果。交易或事项的结果将表现为客观状态的变化,即增加或减少。故账户应分解为贷方和借方两部分。L. 基姆伯格据此定出的记账规则具体情况见表 1－1。

表 1－1　各种账户的记账规则

统计之结果	积极	积极财产客体之增加	借
		积极财产客体之减少	贷
	消极	消极财产客体之增加	贷
		消极财产客体之减少	借
法律之结果	债权	债权之发生(增)	借
		债权之消减(减)	贷
	债务	债务之发生(增)	贷
		债务之消减(减)	借
经济之结果	资本	资本之加入(增)	贷
		资本之退出(减)	借
	利益	利益之发生(增)	贷
		利益之消减(减)	借
	损失	损失之发生(增)	借
		损失之消减(减)	贷

按基姆伯格之说,于交易结果之分析颇为详明,然亦以过度详明之故,遂患支离之弊,所定借贷法则,无具体之理论,鲜一贯之说明,强加规定机械难尚,无积极之论据,斯无健全之法则;无健全之法则,斯无完整之体系,此其学说未能引起各方之注意,取得重要之地位者也。其次,企业经营之目的为盈利,簿记之任务为显示财产状况,计算损益而已矣。债权债务均可为财产物资之客观形态(包括积极与消极两者而言),徒以其具有法律关系就为另立系统,殊疏无谓,观企业经济活动之全程中,发生法律关系之经济行为,非仅债权债务两者,资本之招募、股本之

① 陆善炽:《论借贷学说与收付理论》,《会计杂志》,1934,4(1)。

渐增,亦有法律关系存焉[①]。

二、资金运动会计理论研究在苏联的发展

(一)苏联会计学取得的成绩

资本主义会计学很少专门研究会计对象问题,只是在说明什么是"会计"时,才简单地说,会计是用有系统、有组织的方法来记载个人、商店、机关的经济活动(交易或财产增减变化)的科学。至于经济活动的实质是什么,则未作说明。这主要是因为认识问题不深刻,但更重要的是由于不敢正面研究再生产过程,不敢深入研究利润来源的缘故。他们或片面地从"资产等于产权"来说明,或者虽然指出会计对象是资本循环,但仍不敢从生产领域,而仅仅从流通领域建立商品与货币两大账户系统来说明。

不明确会计对象是什么而谈会计方法,自然只能使人茫然、盲目地记账、算账、报账,而不知利润从何而来。

"十月革命"后,随着所有制的改变,苏联会计也发生了变革。

(1)苏联会计从实际出发,明确指出,会计对象是社会主义再生产过程,就个别企业而言,具体表现为个别经济实体经营资金、资金来源及经营过程,并且毫不回避生产关系。这就使会计从迷离混沌的状态中发现了规律,明确了目标。

(2)苏联会计学还根据会计对象,对账户进行了科学的分类(按经济内容分类、按用途与结构分类)。特别是"经营过程账户"概念的提出,是苏联会计学的一大成就。

(3)苏联会计学还十分明确地指出,会计分录就是账户对应关系,并且十分强调这种对应关系的明确性与明晰性,一般不许做多借多贷的复杂分录。这一概念的建立引导我们从账户间的内在联系上看问题,最终必然导致从资金运动观点上看问题。

(4)苏联会计学还有"主要经营过程核算"的内容,该内容详细阐述了资金周转诸过程的核算,进一步研究了资金运动的情况。

(5)在苏联的许多会计专著中,我们可以隐隐约约地看出其资金运动的观点。特别是在阿发那西也夫所著的《资产负债表结构原理》一书中,处处可见隐含在其字里行间的资金运动观点。他认为,资产负债表是根据账户记录编成的,因此,欲研究资产负债表的产生与编制,必须首先研究会计核算。而他对会计核算中复式记账原理的阐述与一般的会计著作不同,他不是从资产负债表的左右平衡关系去说明,而是非常中肯地说:"每一项经济业务——无论它是属于资金投入企业的过程,或为资金在周转阶段上移动时形态的改变——均在会计上记入两个账户或记录两次。首先,记明资金在其移动中从哪儿来的(计入该账户的贷方,即贷记);其次,记明有关某项经济业务的资金用到哪里去,或者这些资金体现为何种形态(计入该类账户的借方,即借记)。"[②]这段话否定了以往从平衡表左右平衡关系来说明借贷原理的传统观念,而树立了从资金运动起讫来说明借贷记账原理的新观念;否定了先借后贷的传统观念,而树立了每笔经济业务都应当是先贷后借的新观念。

---

① 郑延植:《近代西儒之借贷学说》,《立信会计月刊》,1948,2(1)。

② 阿发那西也夫:《资产负债表结构原理》,立信会计图书用品社,1953。

此外，在《工业会计》的有些论文或《凭单日记账》的著作中，也经常可以看到“由某某账户贷方转入某某账户借方”的语句。最后，阿发那西也夫还说：“图表指出：支出和损失是沿着那些渠道流通。”①他这句话告诉我们，企业资金好像是在渠道中川流不息地周转着。

(6)苏联的会计学者对资产阶级会计理论已做过深刻而严肃的批判。如《工业会计》(月刊)1952 年第 4 期上发表的《论会计核算阶级性》一文，就是苏联专家对资产阶级各种借贷原理的批判。

(二)苏联会计学界的争论

马克思指出：“随着经济基础的变更，全部庞大的上层建筑也或慢或快地发生变革。”

会计学作为一门独立的科学，有其自身形成与发展的相对独立的历史，并不都随着经济基础的变革而立即变革，有的变得快一些(如账户名称、账户分类等)，有的变得慢一些。这就是说，对于一门社会科学，我们不是简单地把旧东西抛弃干净，而是不断地把新东西渗透到旧东西里去，以改变旧东西的性质和机能，使之与新事物相适应。

正因为我们是采取逐渐改变的方式，所以在逐渐改变的过程中，会不断发生某些与新事物不相适应的东西，而对之加以讨论(辩论、争论)，以期日臻完善的现象，是常有的事情，不足为奇，并且也是件好事。

苏联会计学虽有以上所述的种种成就，但由于会计的基本原理还是“平衡论”(平衡表—账户—平衡表的理论)，所以在苏联会计界也引起了争论。概括起来，有两种对立观点。

一派坚持“对象—账户—平衡表”的理论体系。例如：H. 列昂节夫和 N. 沙洛莫维奇认为：“实际上，会计核算的各种方式是其总方法的具体化。总的方法可以说明如下：即不断以凭证为根据进行反映，并以货币的估价对会计核算的各种对象按性质相同而又内部相互联系的特征进行经济上的总括，以求得计划完成情况的各种指标。”他们又说：“为了能按性质相同的特征来总括其核算对象，因而采取会计核算的账户制度。在账户中以复式记账的方法来反映这些或那些同类的现象。”他们最后还十分明确地说：“至于资产负债表和损益表则是足以得出计划完成情况指标的分类和总括的次一步骤。”②巴伦在《论会计核算的对象和方法》一文中指出：“谈到某种核算方法时，必须不只注意反映核算对象的方法。”③又如，尼·弗·杰姆宾斯基所著的《苏维埃会计核算原理》是按“对象、凭证、账户、平衡表”讲述的会计核算原理的。

另一派则坚持“平衡表—账户—平衡表”的理论体系。例如：П. 安得列昂诺夫和 B. 奥格洛得尼科夫反对列昂节夫和沙洛莫维奇二位的观点，他们说：“关于资产负债表在总的核算方式中的地位问题，作者在方法上也解决得不够正确，把资产负债表列入具体核算方式的最后部分。换言之，即把资产负债表看作是核算工作的结束阶段，看作是日常核算账户体系中总结各种合计数字。实际上，资产负债表是会计核算方法的因素之一(而不是经济分析的来源之一)，它在日常的核算组织中，也就是在核算工作的最初阶段中也有重大意义。因此，在核算方法的各种因素一览表中，在逻辑上必须把资产负债表列入首要地位。那时就可以有序地研究资产负债表中所列各种核算对象的估价问题、经济业务的凭证编制问题和日常核算的账户体系问

---

① 阿发那西也夫：《资产负债表结构原理》，立信会计图书用品社，1953。

② H. 列昂节夫、N. 沙洛莫维奇：《论会计核算对象与方法问题》，《工业会计》，1953(6)。

③ 巴伦：《论会计核算的对象和方法》，《工业会计》，1954(7)。

题。只有根据资产负债表来决定账户，才能足够充分地披露账户这种统一的科学组织体系的本质。”他们还说：“如果根据账户来决定资产负债表，正如俄国革命前某些资产阶级会计员们所做过的，那就只会看到有些账户和某些业务的记录，与日常核算总的账户系统无关，与资产负债表无关。如果走上了这个途程，那就等于忽视实际存在的相互联系，从而减低了会计核算方面科学研究工作和教学工作的思想理论水平。”①

基帕里索夫甚至说：“对于会计核算方法来说，资产负债表的总和是中心的和决定性的方法。所以，会计核算越来越经常地被称为资产负债表核算。”②基帕里索夫把整个会计核算方法局限在资产负债表狭小的天地中，并改称为资产负债表核算，显然是非常错误的。马卡洛夫对这一错误观点已加以反驳，毋庸赘述。

马卡洛夫曾经批判过“平衡论”，也反对基帕里索夫提出的“资产负债表核算”观点；但另一方面，他却又认为从教学的角度，还必须坚持“平衡表—账户—平衡表”理论。他说：“教学大纲推荐了，在‘资金平衡表’讲题的结尾部分，应研究在各种经济业务影响下资金平衡表中所发生的变化。针对这个问题有很多评论。在揭示资金平衡表的类似变化时，有人指责教员形式主义，脱离实际，指责他们没有必要使教学复杂化，等等。很多人知道，他们没有揭示平衡表的变化，但这种平衡论在教学中也行，也有成绩。但提出这种说法的人没有思考叙述该问题的目的。如果我们论述平衡表的目的只是为了把经济业务限定在四种类型的‘框框’内，或者是为了教会学生在资金平衡表格式中反映资金种类和来源的变化，当然这是荒谬的。无论谁都不会否认，经济业务的经济内容是多种多样的，也不只是限于上述四种类型。但是要知道，我们所谈的完全是另外一回事。有经验的教员在论述该问题时，向自己提出了另一方面的目标：从经济业务对企业资金数量的影响的角度来揭明诸经济业务的区别；论证无论在何种业务引起的变化中资产和负债总额都必须相等；最后，使学生理解会计核算中在反映经济业务时使用复式记账的必要性。所有这一些，正是在研究资金平衡表的变化时才能较容易地被学生掌握，而且不能为了迎合空洞计划和冒牌革命而放弃这种为多年教学实践所证实的教学方法。”③

其实，“平衡论”除了在前面所指出的问题外，即使从教学的角度来看，“平衡表—账户—平衡表”的理论体系也是站不住脚的。

(1)讲完会计对象之后，不是根据会计对象(资金运动规律)去说明账户设置和复式记账原理，而是把对象撇在一边，另从会计的最后一个方法——平衡表总括方法谈起，然后从各项经济业务均不破坏平衡表的左右平衡去说明账户设置原理与复式记账原理。这不仅使初学者对平衡表的突然出现感到难以理解，而且这种倒因为果的做法也破坏了该课程的系统性、逻辑性，使得很多章节重复、累赘、松懈。特别令人难以容忍的是：这种体系割断了账户、复式记账与会计对象的直接联系，这样一来，会计对象就完全被架空了。

(2)由于一方面要从平衡表说明复式记账原理，另一方面，事实上又不是将各项经济业务直接在平衡表上反映，所以不得不说：“……在实际工作中，各种日常业务并不直接记在资产负债表上。因为企业所完成的业务很多，如果这样处理，不但非常麻烦，而且实际上也是行不通

---

① П.安得列昂诺夫、B.奥格洛得尼科夫：《论苏联会计核算对象与方法》，《工业会计》，1954(6)。
② 马卡洛夫：《会计核算的对象与方法》，上海财政经济出版社，1958。
③ 马卡洛夫：《〈会计核算原理〉课程教学的若干问题》，《会计》，1959(11)。

的。"[①]对此，马卡洛夫也有类似的说明。

(3)为了从平衡表左右平衡关系来说明复式记账原理，就不得不说账户是根据平衡表上每一项目开设的。但实际上，平衡表不直接反映会计对象，也不全面反映会计对象。例如：经营过程，特别是销售过程，就不能在平衡表上得到反映。所以，从平衡表出发说明账户设置原理时，只能说明经营资金与资金来源账户的设置，而不能说明经营过程，特别是销售过程账户的设置。只好在主要经营过程核算才谈到经营过程账户(采购、生产、销售)的设置；而这些账户的出现，也是突然的、凭空出现的，无法交代。这一铁的事实，就说明了从平衡表出发说明账户设置原理时，既不能说明统一的账户体系，也不能说明统一账户体系的本质，徒然造成了账户与会计核算的脱节。

(4)更严重的是，无法解释销售账户设置的借贷原理。对于销售账户的设置一般都采用了不了了之的手法，不做任何交代，这是比较高明的办法；有的则说什么"销售收入是自有资金来源的增加，记贷方；销售费用是自有资金来源的减少，记借方"。这就跟"销售收入应归资本家享受，是资本的增加，记贷方；销售费用应归资本家承担，是资本的减少，记借方；利润是买贱卖贵赚来的"没有什么本质的差别。

(5)从平衡表出发说明复式记账原理的弊端，轻则只看"数量的增加，场所的变更"，不看资金的来龙去脉，不看劳动创造价值及其分配过程，是一种行而上学的观点。重则把利润说成是销售过程中买贱卖贵赚来的，歪曲了利润的来源。

(6)在俄国"十月革命"以前，没有专门研究会计对象，而是单纯地根据账户来决定平衡表，当然具有盲目性。现在，专门研究了会计对象，根据会计对象决定账户，再根据账户决定平衡表的话，则不仅不会降低，反而会大大提高科学研究工作和教学工作的理论水平。

三、资金运动会计理论在日本的发展

在研究企业损益计算的方法时，日本会计学家太田哲三曾用水槽打过一个比喻。他认为："企业譬如一水槽，企业之纯财产则如槽中之水。今于槽之一端设一注水管，槽之他端设一排水管，经过一定时期之后而计算水之增减。如将注水量与排水量相比较以决定之，是即损益法；如以槽内最初之水量与最后之水量比较而计算其增减，则为财产法。"[②]这个比喻不仅非常形象而恰当地对企业损益计算的两种方法进行了说明，而且还非常形象而恰当地对企业的资金运动进行了模拟。这个"水槽"比喻对后来的日本会计资金运动会计理论在模型上的研究起到了非常重要的引导作用。据 Gilman 说，该比喻最初 Brewester 在其著《信贷风险分析》(Analysing Credit Risks)中举述过。我国著名的会计学家易庭源教授在其资金运动会计理论的研究中多次谈到这个比喻，并在此基础上将其发展为"长河理论"。[③]

对于动态会计理论，日本会计学家白井佐敏也做过深入的研究[④]。

他认为："斯甘齐尼和巴比，从经济学的角度来说明会计理论，在会计理论史上占有重要地位。前者是从动态的角度，后者是从静态的角度，所以两者的理论在构成上是有差异的，他们

① 苏姆佐夫：《工业企业会计核算》，中国财政经济出版社，1955。

② [日本]太田哲三：《会计学概论》，唐文越译，上海昌明书屋印行，1934。

③ 易庭源：《资金运动会计理论》，湖北科技出版社，1990 年第三版，初版序。

④ [日本]白井佐敏：《复式簿记的经济理论》，原载于日本染谷恭次郎编辑的《我国会计学的潮流》，雄松堂出版，1984。

的理论都有很重要的指导意义。”在这里，很奇怪的是，白井佐敏教授将巴比的会计理论归为静态的角度，这是让我们很困惑的地方。笔者个人认为，之所以这样认为，很可能是巴比的会计理论只涉及到资产、负债和所有者权益等静态会计要素分析，而没有涉及到收入、费用和利润等动态会计要素。

在与传统的复式会计理论关系上，白井佐敏教授指出：“一般来说，企业会计可以根据复式记账来完成，并在逐步完善其理论体系。在理论的具体应用方面，会计理论的研究对会计理论本身和会计政策的理解是有重要意义的。这是因为，在一般的会计理论政策中，应用传统的评价标准来看借贷记账法和借贷对照表。基本的资本循环过程是如何发生的，需要更清晰地把握。在会计理论体系中，如何清晰反映其基本的借贷关系，显得越来越重要。”“显然，复式记账对资本积累起了很大作用，但也有不足的地方。斯甘齐尼和巴比的会计理论利用经济学的研究方法，对资本循环的过程进行了长期的研究，还对资本循环的类型进行了非常清晰的分类。他们在理论角度和结论上都有不同，但又相互联系，反映了他们各自对这一问题的深刻思考。”

对于斯甘齐尼和巴比各自的会计理论的不同之处，白井佐敏教授指出：“斯甘齐尼和巴比都认为表现资本循环过程的一般公式是 G(货币)—W(商品)—G′(货币)，资本从货币形态到商品形态，再到货币形态，并实现利润增长。然而，要根据相关的形式来把握资本循环，他们对相关问题的看法实质上是有区别的。换句话说，巴比的资本循环在货币运动的过程中没有包括费用和利润，这一点需要注意。”

白井佐敏教授还对巴比的资本循环理论核算体系的具体内容进行了介绍、分析和评价：“巴比认为，只有获利的方式和劳动力相结合，各部分之和才能构成整体，这是企业一贯支持的立场。当然，在资本循环的过程中也会遇到各种难以解决的问题。在资本流通的过程中，他的看法是，利润的实现过程并不容易。企业的经济活动包括内部的流通和外部的各项经济活动，是紧密相连的，或者说是一个统一的过程，但并不容易把握。整个核算理论体系需要兼顾企业内部和外部的经济活动，需要考虑资本来源与资本存在的形态等。”“企业的资本运动可分为四种……”“这种划分清晰地展现了其理论框架。这既是对会计理论的归纳，也是对常见的会计现象的反映、总结与归纳。在这种分类中，巴比对资本循环理论进行了改进，这主要体现在对资本循环之外的现象也进行了研究。上述分类也许只是对会计理论初步的把握，仍然有很多地方需要进一步改进。”

还有很多日本会计学者也对资金循环理论进行了深入的研究。

对于复式记账，马场克三教授认为：“复式记账是随着商业资本的发展开始扩张的，用图来表示资本循环，有利于更好地理解复式记账的原理。”“当记账的对象是关于资本的循环运动时，复式记录体系的建立开始显示其重要性。”对于资本循环问题，他指出：“在《资本论》中也涉及到会计的问题……而对于会计的论述，多出现在第二卷第六章《流通费》里，在《资本论》里也出现过对会计理论的批评观点。”“社会生产方式对记账有重要的影响，这一点是明显的。在资本主义制度下的生产方式中，资本循环中有价值循环运动的过程，但缺少对货币资本循环的记录。”“已有的 C. 斯甘齐尼的复式记账的现实理论、尼克秀的贷借对照表说和巴比的复式记账纲要，都是建立在资本循环理论的基础之上。特别是我国(日本)学者从企业经营的角度来研究资本循环，这对深入了解贷借对照表是非常必要的。”①

---

① ［日本］马场克三：《会计理论的基本问题》，东京森山书店，1975。

中西寅雄教授从企业经营的角度对企业的资本循环进行了深入的研究①。木村和三郎教授也对个别资本循环进行了研究，并指出，在分析个别资本循环过程中，需要分析资本变化的价值量和资本形态的变化。② 服部俊治教授也用会计理论分析了资本循环公式，并在分析资本增值的过程中结合多种学说来把握其变化。③

木村和三郎教授对C.斯甘齐尼的复式记账的现实理论给予了很高的评价，但对于巴比的资本循环理论却提出了批评。他指出："巴比的循环学说是根据资本循环公式的理论得出的，需要对资本循环进行分类。""在资本循环的过程中，将资本循环按出与入进行分类，存在一定的争议。""对巴比的评价应该客观、公正。"④

第二节　资金运动会计理论1949年之前在我国的发展

1949年以前，我国会计界就有人开始传播、研究资金运动会计理论。就笔者所掌握的文献资料而言，主要有三位会计前辈在资金运动会计理论传播中做出了重大贡献，取得了一定的有价值的研究成果，他们分别是李觉鸣、陆善炽和郑延植三位老先生。

一、李觉鸣老先生与资金运动会计理论

李觉鸣(1890—1968)，男，汉族，重庆铜梁人，日本大阪商科大学毕业。1949年以前，任四川商业专门学校教务长、四川法政专门学校教授、重庆商业学校主任教师、四川省女子职业学校和重庆立信会计学校教师、会计师。1949年后任北碚相辉学院教授，1956年聘为重庆文史研究馆馆员。

在我们收集到的文献中，李觉鸣先生有两个文献研究了这一理论：一是1944年出版的《理论簿记学》的专著⑤；一是1948年发表的《簿记理论产生之由来》的论文。就我们掌握的研究文献来看，《理论簿记学》是我国最早介绍、研究巴比资本循环理论的专著，也是目前唯一的一本专门研究巴比资本循环理论的专著。虽然也有其他专家学者发表研究巴比资本循环理论的论文，但都只在介绍西方会计发展历史时提到而已，没有专门对此进行研究，但《簿记理论产生之由来》却不同，它是我国较早的，最完整、最全面而且是专门研究巴比资本循环理论的论文。这两个文献奠定了李觉鸣老先生在我国资金运动会计理论研究领域里开山鼻祖的地位。另外，由于李觉鸣老先生毕业于日本大阪商科大学，而巴比的资本循环理论在那个时期的日本得到了传播、发展与研究，因此，我们可以合理推断，我国的资金运动会计理论的起源主要来源于日本。

(一)《理论簿记学》内容简介与评价

1.《理论簿记学》的主要内容

《理论簿记学》主要由正文和补充资料两部分构成。这里主要对专著的正文部分作简要介

① [日本]中西寅雄:《簿记理论序说》,《经济学论集》,新卷二号,1931。

②④ [日本]木村和三郎、小岛男佐夫:《改进簿记学入门》,东京森山书店,1966。

③ [日本]服部俊治:《基于会计核算理论的资本循环的再探讨》,《经济学研究(九大)》,1956,38。

⑤ 李觉鸣:《理论簿记学》,立信会计图书用品社,1944年。

绍。其正文部分分为十章。

第一章为“理论产生之由来”。作者指出：“欲解理论簿记学之意义，当先明理论产生之由来。理论者由实务产生，而又复归于实务，故二者有交互之关系，此在一切科学有所同然者也。”[①]作者从理论产生的动机、根源与时代性等三个方面分析了理论产生的由来。

第二章为“理论簿记学之本质”。作者指出：“苟欲组织一种簿记学说，使其据此特征，则除由经济方面以考察资本之运动而外，殆不可能。故吾人之目的，即在用始终一贯之思想，考察各种交易记录，全由经济现象以说明之。借此发见一个关键，以求了解复式簿记之本质。所谓‘综合复式簿记为一个组织’之思想者，即将企业内之资本运动，按其经济的性质（有时亦参酌其技术的性质、法律的性质）分别类别，使其各具特征而已。以故本学说之特征，在乎重视资本运动之经济的性质，并在把握此性质，以形成簿记之理论。是为理论簿记学，即以资本运动为根据之学说也。”

第三章为“理论簿记学之目的”。作者指出：“理论簿记学之目的，固在建立利润发见法，以为适应此‘实务需要’之手段。然并非分析利润实际发生之过程，而寻出其法则。因此种理论之分析，全属于理论经济学之领域，而理论簿记学之目的，则在依据理论经济学所分析之成果，以立出最良之利润计算法也。”

第四章为“理论簿记学之对象”。对于理论簿记的对象，作者认为：“理论簿记学之目的，即在建立利润发见之方法。若要完成此项任务，则当研究利润发生之过程。而欲研究此项过程，其关键则在把握资本运动之经济的性质。是即理论簿记学之对象，亦即簿记理论产生之根源也。”作者对资本的含义进行了解释：“惟资本之为物，原可两方面以观察之，即抽象方面与具体方面是也。盖吾人观察资本，若由其源泉（来源）上着眼，则自将其形态置之度外。此时吾人所见者，仅为纯粹之资本，即抽象的资本力。若因实体上观察之，则吾人所见者，遂为具有一定形态之资本，即为具体的资本力是也。”

对于资本运动，作者认为：“凡资本之形态及价值之变化，通常即视为其运动之过程。”对于资本运动的主体范围，作者认为：“而此运动所实现之空间，自吾人观之，则为世纪经济，为国民经济，或为个别经济，均无不可。详言之，即有一经济的交通网焉，由无数之线所形成，包括全地球而作紧密之编联维系，且交织于个别经济（如企业是）之中，使其彼此之间，资本得以流通而无阻。此资本之泉流所分布于一企业内部者，不过其分布于全世界经济交通网内至大至多者之极小一片断而已。”

作者将资本运动分为四类：“流入企业内部之向心的运动，由企业内部流出之离心的运动，在企业内部所作之中心的循环运动和在企业之限界（圆周）上所作之圆周的循环运动。”

第五章为“复式簿记之任务与账户之本质”。作者认为，“复式簿记者，系将上述之资本运动，由其形态源泉两方面，藉数字以把握之。而账户者，即因实行把握所采用之手段也。”“凡一企业在一营业年度内，由其内外两生活所引起于内部之资本运动，由源泉与形态两种观点之下，用数字以表示之，实为簿记之任务。”对于账户，作者也进行了深入的研究，他指出：“故账户者，实复式簿记完成任务之手段，用以表示资本运动之两方面，而为其必不可无之测量器也。换言之，即各种资本支出流之中所设之测量器，与导管中所设之煤气测量器、自来水测量器同一作用。故账户亦有入口出口。而入先于出，有如测量器之必先有入而后有出者然。其入口

---

① 李觉鸣：《理论簿记学》，立信会计图书用品社，1944年。

居于左方，出口居于右方。”①

第六章为“资本运动之账户记录”。对于账户记录，作者作了如下论述：“欲解资本之运动，先言资本之变态。所谓‘资本变态’者，乃现有形态之消灭与其他种新形态之出现也。例如以现金购入商品，此时货币之形态消失，而商品之形态出现。现金由金库而出，而同值之商品遂入于仓库。于是现金测量器（账户）记其所出，商品价值测量器（账户）记其所入。即此时之簿记，记其所出之价值于现金账户出口之方，记其所入之同等价值于商品价值账户入口之方。以故经济交换过程之本质，由簿记正确记录之，而无异于摄影者。总之，出自甲处者，常为入于乙处之条件。出自甲账户者，亦必为入于乙账户之条件。此复式簿记之记录法，所以适合于现实之经济过程，而得有其名称也。故吾人对于复式簿记亦可以‘自然的簿记’称之。”在这一部分，作者还对资产、负债、所有者权益、收入、费用、损失和利润等要素的账户结构进行了分析。

第七章为“资本运动内容之品评与账户之本质再探讨”。作者首先对资本的四种循环进行分析，提出了自己对于这四种资本循环地位与作用的不同看法。“吾人将本学说之内容观之，则资本运动四个分派之中，其为本质的运动者，即所谓‘中心的循环运动’，是为资本之变态。盖资本循环之本质，即于G（货币）—W（商品）—G′（货币）之资本变态而表现之。其他三个资本运动，非资本循环之本身也。向心的运动乃资本循环之准备过程，离心的运动乃资本循环以后之过程。此两个运动固非资本循环之本身，然与资本循环相关联。至于圆周的循环运动，则全为抽象的，与现实的资本循环无所关系，故非现实的价值运动，而为源泉账户之间所生之转移关系也。”其次，作者认为企业资本循环运动的过程，是一个有机的同一体。作者指出：“资本循环运动之过程，在实际上为一个‘统一体’。惟资本之运动绝不以一个运动而终结。即第一循环未毕，而第二之循环又起。有时则第一循环之终点，又为第二循环之起点，是乃资本运动之特征，亦为资本循环之无限性。换言之，即其所由构成之多数过程，作有机的结合而成之统一体也。”“资本在此各个过程上舍去原有形态而转为新形态，其所有之过程即由‘账户’把握之。此变态过程为一个有机的统一体，由账户体系（即账户之整个组织）以表现之。于是其中生出之利润得以发见。故吾人须将账户体系视为资本循环之反映，始能了解其实质上之意义也。”“将各个账户所表示之内容，照此解为资本循环之一环，而后能知各账户在账户体系中所占之地位，与各账户间之相关关系。因资本循环为变态过程所构成之连锁，而账户则表示资本形态居此变态过程中一环之地位者也。”最后，作者还对传统的簿记进行了评价。他指出：“从来簿记通说所以陷于误谬者，实因其不以动态的资本循环过程为问题，而采用静态的方法，更由此静态以规定概念所必生之结果。盖在资本循环之静态，其资本之表现概为分立的存在之财产，而非运动不息之统一的价值。”“历来簿记学家对于资本之动态不加谈论，实为一大缺陷，此所以无从了解资本之具体性（一曰现实性）、统一性也。”

第八章为“簿记理论与实务之统一”。作者在这一部分指出，资本循环理论虽然在理论上较为完善与成熟，但还需要将其应用到企业现实的经济活动中，而如何将其运用到现实的经济活动中还有很多工作要做。作者指出：“理论簿记学其目的（或任务）在由现实之经济事项，即资本运动之过程，以解明复式簿记之本质。前已言之。然不得以此遂谓理论簿记学已完成其全部之任务也。由理论以解明现实之经济事项，乃斯学理论方面之任务。此外尚有实务的任务在焉。”

① 李觉鸣：《理论簿记学》，立信会计图书用品社，1944。

第九章为"簿记技术论"。作者在这一部分对簿记理论与簿记技术的差异进行了分析。作者在这里所讲的簿记技术就是现在的企业会计制度设计的内容。

第十章为"簿记理论之研究方法"。作者在这一部分对会计理论研究的方法进行了分析。

2. 会计老前辈对《理论簿记学》的评价

有三位会计界的老前辈给这本专著作序，他们分别是谢霖、潘序伦和奚玉书。他们都对这本专著给出了很高的评价。

在谢霖老先生所作的序中，他提到："今读李子觉鸣《理论簿记学》一书。盖就德国巴比氏所创资本运动发挥而光大之，润色之者。探原立论，真理灼然，以视通常分析交易，标列记账要素者，乃觉始终一贯，开生面而有会心。余于是益信'簿记亦学亦术'说为有据。"

在潘序伦老先生所作的序中，他指出："譬如现金交易而转化为货品，货品出售而转化为债权。债权有时化为票据，为现金，又或为银行存款，是皆资本之变态。而簿记者，则将此诸种资本变态随其发生而作价值计算值记录以确定其损益数额之利器也。会计学家巴比（德人）以此资本变态称曰资本循环运动，特倡资本运动说、著为专书。盖根据现实经济事象而发之理论，吾友李觉鸣先生采用其说参以己意，早夜勤奋而成是书，并以簿记原理其他论文若干首附焉。言明且清，理精而确，堪称杰作。"

在奚玉书老先生所作的序中，他提到："考簿记原理研究之法，原有静态、动态之别。所谓静态法者，即研究交易要素之静态，用资产负债表为出发点，因以把握各种之经济关系。动态法者研究资本循环之动态，以交易历程为出发点，由此以构成簿记之理论。两法俱有所据而观点各殊。盖今日资本主义经济机构之中，私人之企业组织，莫不以利润获得为目标，籍资本之运用，以追求利润，而作无限之运动。此运动状如螺旋，而具规律，故有'资本循环运动'之称。资本循环之一切历程，悉由账户组成以表现而无遗，然后其中所生利润得以发见。故账户之组成实为资本循环所反映者也。德人巴比氏所创资本运动说大旨如此，由会计之观点以揭出此种经济事实。李氏此书即采是说，诠释精确，首尾贯彻。较诸通常剖析交易要素以立借贷之原则者，自同归而殊途。"

（二）《簿记理论产生之由来》内容简介

这篇文献主要由四部分组成。

第一部分为"理论之意义"。在这一部分，作者首先分析了什么是理论，然后分析了何为簿记理论。作者认为："簿记理论者，以发现利润为目的，由账户体系以表示资本运动过程之方法之说明也。欧陆诸国研究簿记理论之人较多，德国巴比倡言'资本运动论'，说明交易之事项，以立簿记之原理，并认为企业为一个完整之有机体。乃资本运动之表现，无论交易事项如何纷繁，盖归纳于'资本运动'概念之中，意在以简驭繁，使其首尾一贯，系统井然，然后运思有序，立言有章，便于研讨，固与普通之解释有别，然亦殊途而同归也。"

第二部分为"何为资本运动"。作者在这一部分主要分析了两个问题：一个是资本的概念，另一个是资本运动的具体形式。对于资本的概念，作者指出："资本者，因追求利润而做有统一性、无限性之运动，实现的全体价值也。"

对于资本运动的分类，作者指出："本次意义，以企业为中心而观察运动之时，则资本之流布于企业内部者，得有以下四个之分派，即四种运动：①流入企业内部之向心运动。资本由各种来源以流入企业，即企业家之投他人资本之借入，利润之发生等。②由企业内部流出之离心运动，资本向其来源流回或消失。即企业家提回资本，借入资本之清偿损费之发生等。③在企业内部所作之中心循环运动。资本形态之变化，简称为变态。即现金变为货品，货品变为债权或债权变为现金等。④在企业界限上所作之圆周循环运动。来源之变更或交换，如账簿债务（由赊账买卖所发生者），变为票据债务（对买货所应付之款另以期票或汇票付之）等是。”

第三部分为“记账之法则”。作者在这一部分将企业的经济业务分为八个方面，并分别就这八个方面的记账法则进行了分析与总结。这八个方面的记账法则为：“①资本向企业流入（资本增加），记入资本来源账户右方（即贷方）；②资本由企业流出（资本减少），记入资本来源账户左方（即借方）；③利润发生（等于资本增加），入损益记账户右方；④损费发生（等于资本减少），记入损益账户左方；⑤他人资本向企业流入（负债增加），记入各来源账户右方；⑥他人资本由企业流出（负债减少），记入各来源账户左方；⑦资本出现之新形态（即资产增加），记入资本形态账户左方；⑧资本之旧形态（即资产减少），记入资本形态账户右方。”

作者还对记账法则进行了总结：“无论何种账户，从其自身而言之，左方为入，右方为出。不过因账户性质上之关系，而有先出后入或先入后出之不同。上列第①、③、⑤项为资本发生之由来，即资本之来源。第②、④、⑥项为资本消减之事由，即资本之去向。第⑦项为资本运动之形态，即资本一经应用，必变化其形态。凡资本之变为另一形态者，通常曰资产。乃谓在企业上做资本用之财产也。第⑧项为资本之旧形态之消灭。旧形态之消灭，所以引起新形态之出现也。”

第四部分为“资本之本质的运动”。作者在这一部分对于资本运动的四种形式进行了评价，并指出：“唯其为本质的运动者，乃中心的循环运动。”作者还对资本运动与账户的关系进行了分析。

二、郑延植老先生与资金运动会计理论

据我们现在所掌握的历史文献，在郑延植老先生所发表的会计理论研究论文中，有一篇论文与资金运动会计理论相关。这篇论文的题目是《近代西儒之借贷学说》①。在这篇论文中，郑老先生介绍了巴比的资本循环理论，并对该理论进行了评价，提出了自己独特的见解。

在这篇论文的第六部分“动态科目说”中，郑老先生对动态会计理论的起源及其发展历程进行了较为详实的介绍、分析与研究。

郑老先生对动态会计理论的发展历程进行了总结与归纳。他认为，“动态之说发端于德儒巴比”，“德儒斯甘齐尼乃就其说，参与马克思之名公式（货币—商品—更多之货币）演成一较为进步之学说”，“斯甘齐尼之后的十余年，又有德儒韦勃承其说而加修改，于 1922 和 1926 年先后刊行巨著，阐述动态学说”。

郑老先生认为，“动态之说发端于德儒巴比。其说亦认为簿记之对象无非资本之循环过程，每一个过程各有其行动方向及其特殊目的。复式簿记之唯一任务，即在于种种资本之运动，用特殊之账户作为计量器，而加以计算者，是以巴比之说，又可特名之为资本循环学说”。

---

① 郑延植：《近代西儒之借贷学说》，《立信会计月刊》，1948，2(1)。

郑老先生还对巴比资本循环学术进行了评价，认为该理论存在以下不足："此说与资本循环之经济为立论之基，着重资本之行动方向及目的。如静态学说之反对，在簿记理论上自属创见。唯巴比之理论，纯从资本之运动循环过程中引出，偏重个别之方法之说明，未顾企业之整个形态；专注动之方面，未及静之方面不能视为周详之学说；且以资本之来源与形态两词，包罗资产、负债、资本、损益等科目，曰损益账户为资本来源系统之一，意义未明，畛署未判，于会计实务之讨论、簿记手续之规定（如结账）均有混乱不清之病、说明不便之嫌。再数种特殊之交易，巴比所分四种资本运动方式，不能包罗，若强纳之，势非割裂分离不可，如因损失而发生债务之交易，必析为两个交易行为，置损失于离心运动，视借债为向心运动，然支离破碎，与簿记简明之原则相抵触，其思想未见之成熟，理论之多有矛盾，可见一二也。"

对于动态会计理论，郑老先生提出了自己的研究成果。

商业簿记者，用有系统组织之方法，对企业一切经营活动之可以货币数额表示者。予以记载及整理，使此等经济活动所影响于财产上之增减变化的得以正确明瞭，因而计算其财产状况与经营成绩之应用技术也。可知簿记之对象为企业经营之交换经济行动与事实，即资本循环之过程（动者）与状态（静者）。簿记之目的，则为财产现状之显示与营业成绩（损益）之计量。基于之分析，簿记必须有两种功能，然后能达其目的，成其任务。此种功能即①动态显示之功能；②动态表量之功能。前者有分析现状之作用，后者则具计算结果之作用。簿记之功能既有其二，会计科目之系统亦应有二：一为财产科目系统，显示财产来源及形态之科目属之，即财产之来源及形态仅为一物之两面观。另一系统则为损益科目系统，此处所指损益系统，仅指纯粹之损益科目，凡用以度量企业经营成绩，计算经营结果之账户属之财产系统为静态系统，损益系统为动态把握之科目，故可简称动静二科目系统，如此分类，视物之二科目说于静态科目（财产系统）者为完备，较三科目则为具。

动静二系统，初不绝对分离，二者之间，实保密切之连带关系，财产之运用，致损益之发生，损益之结果，影响财产之变化，此即资本循环之交互作用也，详言之，交换经济行为之开始，须先有"经济资本"以致"设备资本"之存在，各种资本循环交互进行之间，顾足引起财产之变化，而企业经营活动之综合结果，更足引起纯财产之增减。损益科目既系把握贸易动态，计算经营成果之账户，则每届营业期终，贸易行为为综合清算之时，此类科目自无存在之意义，即应一一结束，将损益净额转于财产系统中之资本科目，以完成资本系统之显示功能，至下期开始，新的资本运动推进，则新的损益账户应重复应用设立。

唯"货币—商品—货币加减货币"公式中，货币商品等之涵义，均属广义者，该企业经营之过程中，商品之流动，资本之循环，可有种种之形态呈现于其间，"货币一词，实具经营资本之意义；商品一词，则兼指各种效用之取得，此即所谓'多样性'者也"。且资本循环运动继续进行，纷然并至者，观察时就应全体性着眼，不应采用个别办法，作个别计划。

马克思之资本公式为"货币—商品—更多之货币"。因马克思仅就一特殊商品（人类之劳动力）立论，认为资本家之投资营业，通过劳动者剩余价值之榨取，结果自为货币加货币，此种过激之理论，与现社会之实际情形，殊未吻合。企业之经营，虽以"贱买贵卖"为手段，以获取利润为目的，然经济现象之复杂，商业前途之难测，营业结果有时而损，故吾人改其公式为"货币—商品—货币加减货币"。

三、陆善枳老先生与资金运动会计理论

根据所掌握的会计研究文献，我们找到了陆善枳老先生的一篇与资金运动会计理论研究相关的论文——《论借贷学说与收付理论》[①]。

在这篇论文中，陆老先生对静态会计理论与动态会计理论进行了评价。他指出，“以上所述之物的四种学说，虽各有特殊见解，但有一共同之点，吾人不能忽视者，即无论一科目说、二科目说、三科目说及贷借对照表说，均视贷借对照表对于簿记理论之树立有重大使命，且其理论之成立方法均采用数学方程式，而以方程式之左右或正负符号决定借贷法则。推其所以如此立论者，实因对资本认识之不足，而皆视为一种抽象的计算数量所致。殊不知近代企业无非资本从中活动，簿记法则必能显全资本之动态循环过程，方不致失去现实性。然前述诸学者，均未能注意于此点，诚不得不谓为共同之一大错误。学者间有鉴于此”。

陆老先生随后对动态会计理论的发展、演进进行了分析和研究，并在此基础上作出了一定的评价。这部分的内容与郑延植老先生所论述的部分基本相同，此处将其省略。

第三节　资金运动会计理论 1949 年之后在我国的发展

新中国成立以来，我国会计理论的发展可以划分为五个时期：1951—1956 年，引进苏联的会计理论体系阶段；1956—1966 年，建立以“资金运动论”为核心的会计理论体系阶段；1966—1977 年，“文化大革命”中会计理论体系被破坏而倒退的阶段；1978—1988 年，恢复传统研究方法和引进西方研究方法，进而形成以“管理活动论”与“信息系统论”为主流学派的阶段；1987 年至今，集中力量研究会计准则和建立健全的、能与国际会计惯例接轨的、适合我国国情的会计理论方法体系的阶段[②]。如果以资金运动会计理论作为分类的标准，则我国会计理论可以划分为三个阶段：第一阶段为新中国成立初期到 20 世纪 50 年代中期，这一阶段可以说是资金运动会计理论的产生与萌芽阶段；第二阶段是 20 世纪 50 年代中期到 20 世纪 80 年代末，该阶段是资金运动会计理论的发展与完善阶段；第三阶段是 20 世纪 80 年代末到现在，该阶段是资金运动会计理论走向没落的阶段。

一、新中国成立初期到 20 世纪 50 年代中期：资金运动会计理论的产生与萌芽阶段

新中国成立初期，限于当时的条件，包括会计学在内的各种科学讨论，还不可能更多地、大规模地展开，会计理论与方法只能一方面承袭旧社会遗留下来的基础，另一方面全面学习苏联。从总体上看，这一时期的会计理论研究主要有两个特点：其一，理论研究是在连续的政治背景下进行的，这使得学术研究缺乏良好的民主性；其二，有关争论事实上都有苏联专家参加，使得我国的会计理论过多地受苏联会计理论观点的限制。1951 年，《新会计》杂志从第三期开始系统地介绍苏联会计理论——《苏联会计学教程》，之后上海立信会计出版社 1958 年出版的

① 陆善炽：《论借贷学说与收付理论》，《会计杂志》，1934，4(1)。
② 杨宗昌：《关于建国以来我国会计学术思想的评说》，东北财经大学出版社，2000。

《会计原理》和 1962 年出版的《会计学原理》以及 1961 年和 1962 年中国财政经济出版社出版的《会计核算原理》《会计原理》等会计教科书，也都基本上未突破《苏联会计学教程》的框架。从新中国成立初期到 20 世纪 80 年代初，会计理论的基本框架模式是沿袭苏联的。

但就是在这样受苏联全面影响的情况下，我国的会计理论工作者已经开始结合中国国情，提出应建立“新中国会计理论基础”，并在记账理论、会计对象、会计性质以及会计学的科学性质等会计理论问题的研究上取得了许多新的成果。这里主要讨论的是与资金运动会计理论密切相关的记账方法理论和会计对象理论两个方面。

（一）记账方法理论

1950 年 1 月 29 日，上海《大公报》刊登章乃器《应用自己簿记原理记账》的文章。同年 3 月 31 日，章乃器又撰文《再论应用自己的簿记原理记账》。这两篇论文阐述了以收付记账法取代借贷记账法，并将收付记账法称为中国“自己的簿记原理”，从此拉开了新中国会计理论争论的序幕。从 1950 年到 1964 年，记账方法之争的重点在所谓的“收付与借贷”，争论的结果是借贷记账法既科学又严密，应得到肯定。在此期间，借贷记账法在我国各企业单位推广应用达 15 年之久。

在复式记账的基础理论方面，许多人认为，“资产阶级有他们的复式记账原理，社会主义会计应有自己的复式记账原理”。1952 年，《新会计》杂志发表了国外一位专家的论文，文中指出，从会计方程式说明借贷记账法是数学理论，是数学方程式，是会计方面的平衡理论，是一种资产阶级的会计理论。此论一出，国人批判所谓的平衡理论的文章接踵而至。

（二）会计对象理论

资本主义国家的会计学者很少明确提出研究会计对象。20 世纪 50 年代中期，苏联会计学界开始了会计对象和方法问题的讨论。这个讨论立即在我国会计学界引起了强烈的反响。之所以如此，主要是因为会计对象对会计核算这门科学至关重要。一般认为，会计对象被正确提出并进行研究，乃是会计学业已成为一门科学的主要标志。当时，苏联学者对会计对象的问题主要有两种观点：①“过程和财产论”，认为会计核算的对象是社会主义扩大再生产过程和社会主义财产；②“劳动耗费论”，认为会计核算的对象是各个经济部门中社会劳动的耗费。

在学习与讨论中，我国会计界的绝大多数同志认为，社会主义会计的对象是社会主义再生产过程和社会主义财产。如：社会主义会计是以整个社会主义扩大再生产过程中，经营资金的周转、经营资金等于资金来源的理论来阐明发生在各个企业中的社会主义再生产过程[①]。有的把会计对象表述为“社会主义财产的变动，反映着有计划的社会主义物资资料的扩大再生产过程”[②]。有的表述为“价值形式表现的有计划的社会主义总产品的扩大再生产过程”[③]。有的表述为“扩大再生产过程中可以用货币表现的一切过程与现象”[④]。

据此，有人声称这一时期为“大多数人倾向于过程论的时代”[⑤]。

---

① 邢宗江等：《怎样建立新中国会计理论基础?》，《新会计》，1951(1)。

② 丁洪范：《关于社会主义会计核算的对象》，《大众会计》，1957(3)。

③ 李天民：《关于会计核算对象问题的初步体会》，《教学与研究》，1957(4)。

④ 童青：《我对会计核算对象问题的管见》，《大众会计》，1958(1)。

⑤ 李翔华：《会计基本理论》，经济科学出版社，1989。

在“大多数人倾向于过程论的时代”，资金运动论处于萌芽状态。1951年，有人提出“会计是对企业的资金来源与这些资金在各个周转阶段中的运动加以全面的日常核算”①。1954年，葛家澍提出：“在社会主义企业中，会计核算处理的对象则是企业经营资金的周转、经营资金的构成及其来源。”②1956年，葛家澍又提出：塞尔等人关于资本主义会计对象是“个别资本循环”的提法是正确的③。1956年，闵庆全在《社会主义会计核算的对象与方法》一文中，首次明确提出社会主义会计核算的对象是“社会主义扩大再生产过程中资金的运动”④。

在会计对象论的两个派别中，大致可以说，过程论是从苏联引进的，而资金运动论基本上是“自产的”。1950年，苏联高等教育部批准的《会计核算原理课程提纲》就是以过程论来定义的。提纲写到：“会计核算的对象是各企业、各组织范围内的，按货币方式反映、监督和总结有计划社会主义再生产过程及其物资基础——社会主义财产。”这说明，在会计对象理论研究方面，我国会计界已在试图摆脱苏联模式，逐步在形成自己的体系——“资金运动论”学派。

(三)关于资金运动论研究的源头问题

这里有一个问题需要讨论：资金运动会计理论的产生是学习苏联的，还是学习德国巴比的，抑或是我国会计学者完全自创的？

在建国初期学习苏联的过程中，阿发那西也夫的《资产负债表结构原理》和马卡洛夫的《会计核算原理》几乎成为我国高等会计教育的教科书。这两本教材的字里行间或隐约或显现地透露了资金运动论的思想。如阿发那西也夫指出：“每一项经济业务——无论它是属于资金投入企业的过程，或为资金在周转阶段上移动时形态的改变——均在会计上记入两个账户或记录两次。首先，记明资金在其移动中从哪儿来的(计入该账户的贷方，即贷记)；其次记明有关某项经济业务的资金用到哪里去了，或者这些资金体现为何种形态(计入该类账户的借方，即借记)。”阿发那西也夫还说：“图表指出，支出和损失是沿着那些渠道流通。”⑤他这句话告诉我们，企业资金好像是在渠道中川流不息地周转着。马卡洛夫指出：“苏维埃会计核算的对象就是社会主义再生产过程中的资金循环。”⑥这些教材所透露出的资金运动论思想对我国会计界的理论工作者起到了潜移默化的引导作用，是我国资金运动会计理论创立的重要思想来源之一。

德国会计学家巴比的资本循环理论也是我国资金运动会计理论创立的重要来源渠道。在1949年以前，我国会计前辈李觉鸣、陆善枳、郑延植等就已经介绍、传播和发展了巴比的资本循环理论。尤其是李觉鸣先生所著的《理论簿记学》对巴比的资本循环理论进行了全面、详细而深入的研究。这些研究成果对我国资金运动会计理论的发展起到了直接的推动作用。

可以说，我国的资金运动会计理论是在借鉴、学习德国巴比的资本循环理论和苏联的会计理论的基础上，结合马克思的资本循环理论而建立起来的具有我国特色的会计理论。

---

① 邢宗江等：《怎样建立新中国会计理论基础》，《新会计》，1951(1)。
② 葛家澍：《社会主义企业经济活动分析的对象、任务与方法论》，《厦门大学学报》，1954(2)。
③ 葛家澍：《试论会计核算这门学科的对象与方法》，《厦门大学学报》，1956(2)
④ 刘常青：《中国会计思想发展史》，西南财经大学出版社，2005。
⑤ 阿发那西也夫：《资产负债表结构原理》，人民出版社，1951。
⑥ 马卡洛夫：《会计学原理》，中国财政经济出版社，1955。

(四)关于会计学的研究对象

在这一阶段,多数会计学学者都把会计学的对象与会计的对象等同起来,只有少数学者对此作了区分。但在什么是会计学的研究对象问题上,提法又不一致。丁洪范认为,会计学和会计核算是两个性质不同的范畴,其中,会计学的研究对象是“会计制度的构成和实施规律,亦即会计对象的各方面的内部联系”[①]。对此观点,杨逸芝和张子伊等人表示反对。他们认为,会计核算是社会存在的客观实际活动,而会计学是认识这一实践的科学,将实质上升为理论并用来指导实践,所以两者在根本性质上是同一范畴。从哲学上讲,会计学和会计核算的对象是完全一致的。杨逸芝还认为,会计学研究的对象就是会计核算的对象和会计核算的方法[②]。张子伊则认为,会计学研究的对象是资金及其活动的规律以及用哪些方法能最完善地反映这一规律性[③]。

1963 年 9 月,余绪缨教授在《中国经济问题》杂志上发表文章提出,社会主义会计学是研究社会主义会计方法论的科学,它是以社会主义企业会计理论为基础所形成的理论和知识体系。会计学对会计方法论进行系统的理论研究,必须从会计对象和会计方法的相互联系中阐述会计方法的基本原理。提出类似观点的,还有顾准等学者。综合当时会计界的讨论情况,对会计学的研究对象有四种提法:会计对象就是会计学的研究对象,此为“会计对象论”;会计对象与会计方法论;会计方法论;会计制度的构成及实施规律论[④]。

二、20 世纪 50 年代中后期到 20 世纪 80 年代末:资金运动会计理论的发展与完善阶段

(一)复式记账理论

20 世纪 50 年代至 60 年代初,会计界对平衡理论的复式记账原理基本上持否定态度,认为它是形而上学的阶级辩护论理论,且特别令人费解。有人批判到:“平衡理论是在数学理论的幌子下,用形而上学的观点来掩盖和歪曲利润来源的理论……像平衡理论这样兜一个大圈子来说明复式记账法,就使复式记账原理脱离了会计对象,脱离了资金运动的客观规律,使人们记账时,只看各笔业务所产生的两个经济现象,而不看资金运动的来踪去迹;只满足套代数方程式,而不具体分析各笔业务的经济内容;只看现象,而不看实质。就这样,把会计变成一门单纯写写算算的技术科学。”“近百年来,不少资产阶级会计学者致力于复式记账原理的研究,他们创造了形形色色的会计理论,如法权理论、交换理论、平衡理论等。但由于他们是在掩盖并歪曲利润来源的前提下,寻找一种便于说明复式记账的理论,所以不仅法权理论和交换理论没有能够正确说明复式记账法,就是他们最后找到的平衡理论,也没有能够正确说明复制记账法。”[⑤]“平衡理论,在方法上是形而上学的……会计的阶级性,主要地、集中地、突出地表现在

---

① 丁洪范:《论会计学的研究对象与方法》,《大众会计》,1957(9)。

② 杨逸芝:《对会计学的研究对象与方法的商讨》,《大众会计》,1958(1)。

③ 张子伊:《对“论会计学的研究对象与方法”的意见》,《大众会计》,1958(2、3)。

④ 李心合:《现代会计理论》,上海交通大学出版社,1996。

⑤ 易庭源:《社会主义复式记账原理的探讨》,《江汉学报》,1963(3)。

以复式记账为基础建立起来的会计理论——平衡理论上。"[①]所以，当时流行的复式记账理论是资金运动论。这种理论，是从会计对象出发，从资金运动的分类入手，按照各种资金运动起点(资金从何而来)与终点(资金到何处去)来说明复式记账原理。资金运动论认为，每项资金运动都有起点，有终点，起点为借，终点为贷，这是矛盾的两个方面，是复式记账的基础。

对此，有人评价说："平衡理论和动态理论都是国外的会计学说，前者是唯心的，形而上学的，维护资本主义制度的；后者是唯物的，合乎运动规律的，揭穿资本主义剥削本质的。对于同是资本主义的学说，抑扬如此，恐非持手平论，而且如何解释一个资本主义国家的会计立法或会计公约能够和此二者为一炉。"[②]在主流是动态学说的同时，一些学者仍然坚持平衡论的复式记账原理。有人认为：资金运动学说把企业的资金运动与用来反映资金运动的记账方法混淆起来，而且不能保持理论的一贯性，时而运动，时而平衡，特别令人费解。资金运动的起点和终点、来路与去路，只说明经济事物的相互联系，根本说明不了复式记账本身能够如实反映客观的相互联系的道理，从中引出了不正确的结论，也否定了复式记账本身的科学性。一切复式记账的记账结果，都会产生不同形式的数学平衡，这些不同形式的平衡公式也恰是各种复式记账法用来进行账务处理的一系列技术方法的根源，它是复式记账的核心[③]。此外，还有学者把平衡论和动态学说结合起来阐述复式记账原理。

另一方面，在记账方法上，收付记账法逐步占据统治地位。1964 年 12 月，《会计》杂志刊登了向群的《增减记账法初步探讨》一文，对新产生的由中国"自产"的增减记账法的原理和应用作了阐述。从此，便开始了记账方法争论的第二阶段——"增减与借贷"之争。由于当时百家争鸣的方针贯彻得不好，争论的结果是批判并否定了借贷记账法，肯定了增减记账法。先是在商业部门，接着在工业和其他部门，记账工作中增减记账法也占了统治地位。

(二)会计对象理论

1. 20 世纪 50 年代中期到 20 世纪 60 年代末

会计科学工作者的任务就在于正确规定这门科学的研究对象来证明它的不可争辩的存在权利[④]。

在 20 世纪 60 年代前后，关于会计对象理论基本上没有什么新观点，主要是围绕着以前的观点进行讨论。在此期间，"过程和财产论"与"资金运动论"进行了激烈的交锋，争论的焦点是机关事业单位有无资金运动和是否存在整个社会资金运动的问题。其结果是持资金运动论的人越来越多，资金运动论也不断完善。1957 年，管锦康提出："社会主义会计核算的对象，也可称为社会主义资金及其运动。"[⑤]1958 年，殷宗鹗认为，"资金运动是会计的对象，也是一切会计原理的基础。会计的精神实质在于有意识地反映资金运动。"[⑥]1961 年，葛家澍提出："整个社会主义扩大再生产过程客观存在着资金的运动……我认为，这就是社会主义会计的对象。"[⑦]

---

① 易庭源：《会计是具有阶级性的科学》，《中国经济问题》，1963(11)。

② 方正生：《会计学基础学习参考资料》(上册)，中央电视大学《会计学基础》配套学习参考资料，1987。

③ 邓延芳：《试论复式记账原理——兼评资金运动说》，《财经问题研究》，1980(1)。

④ 葛家澍：《试论会计核算这门科学的对象和方法》，《厦门大学学报》，1965(2)。

⑤ 管锦康：《论社会主义会计学的对象任务和方法》，《大众会计》，1957(11)。

⑥ 殷宗鹗：《谈〈从资金运动的观点来说明借贷原理〉》，《经济问题》，1958(4)。

⑦ 葛家澍：《关于社会主义会计对象的再认识》，《厦门大学学报》，1961(1)。

1963年高等财经院校试用教材《会计原理》也把资金运动论的观点体现进去。20世纪60年代初，易庭源、朱信诚、葛家澍、余绪缨、殷宗鹗等会计学者，均是从会计对象是资金运动出发来说明复式记账原理的。可见，这时资金运动论的观点也已确立并开始流行。

虽然资金运动论成为主流，但会计理论界还是有一些不同的声音。如，20世纪50～60年代，顾准认为："以货币表现的方式来反映和总括有计划的社会主义再生产过程和社会主义财产的时候，事实上否认了社会主义以劳动和实物量度反映再生产过程和社会主义财产；但它规定会计对象是经营资金运动的时候，一切社会主义财产就从会计对象中消失了。"①赵玉珉和黄寿宸(1961)指出："利用货币量度进行综合核算是全面反映经营过程的一个方面；另一方面就是要广泛反映企业的经营过程……把会计核算只局限于价值核算的狭小范围内，贬低了会计在企业经营管理中应有的作用。"②

2. 20世纪70年代到20世纪80年代末

受"文化大革命"的影响，20世纪70年代会计理论研究基本上是一片空白。在20世纪70年代末，顾准提出："企业会计的对象，是经营基金的循环和成本利润计算。"③黄忠堃认为资金运动有静态和动态两种表现形态，其静态表现为资金占用和资金来源，其动态表现为资金循环与周转，耗费与收回，投入与退出④。

进入20世纪80年代以来，50年代末和60年代初提出的资金运动论再度流行。当时所出版的教科书基本上是将会计对象表述为资金运动。在公开发表的论文中，赞同会计对象是资金运动观点者也占绝大多数。据此，李翔华认为，20世纪70年代末和80年代，是资金运动论被人们普遍接受的年代⑤。

在这段时间内，资金运动会计理论主要在以下几个方面得以进一步发展与完善。

(1)会计对象——"资金运动论"完全确立。会计的对象就是资金运动⑥。社会主义会计的一般对象是社会主义再生产过程中的资金运动⑦。概括地说，社会主义制度下会计对象就是社会再生产过程中的资金运动⑧。20世纪90年代，"资金运动论"也被学者接受，会计对象就是资金运动，它表现为在扩大再生产过程中生产、流通、分配和消费环节的资金运动，也表现为企业、事业单位等单位的资金运动⑨。

葛家澍教授曾对此阶段的资金运动论进行了评价："资金运动论在我国会计界逐步为人们所接受并成为主流派观点后，我国学者开始逐渐摆脱苏联会计理论的消极影响，转而从事创造性会计教材建设工作，并通过教材建设深化了'资金运动'的系统认识。"⑩我们之所以将会计对象是资金运动的认识作为这一时期会计理论的核心，是基于这样几点考虑：第一，对会计对象的探讨和认识，是我国学者直接摆脱苏联理论影响，能够正视苏联理论权威性的标志。以前

---

① 顾准：《社会主义会计的几个理论问题》，中国科学院经济研究所学术汇报论文，1964年1月。
② 赵玉珉、黄寿宸：《正确应用会计核算，为社会主义建设事业服务》，《财政》，1961(15)。
③ 顾准：《社会主义会计的几个理论问题》，《会计通讯》，1979(4)。
④ 黄忠堃：《试论商业会计对象与记账方法》，《中国经济问题》，1979(5)。
⑤ 李翔华：《会计基本理论》，经济科学出版社，1989。
⑥ 丁平准：《试论政治经济学是会计学的理论支柱——〈资本论〉第二卷学习札记》，《会计研究》1981(3)。
⑦ 阎达五：《新形势下会计工作和会计学科面临的新课题》，《财会通讯》，1981(8)。
⑧ 朱小平等：《会计学原理》，文化艺术出版社，1988。
⑨ 于玉林：《现代会计结构论》，东北财经大学出版社，1997。
⑩ 葛家澍、刘峰：《新中国会计理论研究50年回顾》，《会计研究》，1999(10)。

的会计教材和书刊几乎都是苏联观点的翻版，从对会计对象问题的认识起，中国会计界开始探索现实的，与中国经济环境相符的会计理论。第二，将会计对象表述为资金运动，并进一步具体化为静态和动态，为我国长期所奉行的计划经济模式下的会计实践提供了理论依据，较好地解释了“专款专用”财务体制下会计问题的处理。第三，关于会计对象是资金运动的认识，在当时探讨的理论问题中受到认可的程度最大、范围最广，几乎每一本会计教科书都涉及到这一问题，并都引用或评论了资金运动的观点。第四，以资金运动论的静态和动态表现形式为基础，可以较好地解释会计上的资金平衡表、利润表、成本表及相互间的联系，从而为会计教材的编写提供较好的基础理论。

(2)对资金的认识深化。20 世纪 50～60 年代，资金概念通常被理解为社会主义再生产的物资条件或社会主义财产的货币表现。1978 年，葛家澍在《论社会主义企业的资金》一文中对资金一词作了新的解释。他认为：“资金本身不创造价值，但资金可以帮助工人创造价值，在这个意义上，资金也可以理解为能帮助社会主义企业的劳动者创造和实现新价值（包括利润）的价值。”①进入 20 世纪 80 年代，认识再度深化。1981 年，江西财经学院彭聚先撰文指出：“资金也和资本一样，能够自行增值。”②此资金增值的观点被湖北财经学院教师姜启渭作为“生产价格存在的最终理论依据”所用③。1983 年，宋醒民又撰文进行论证：“资金增值的因素存在于资金内部”——可变资金和不变资金的划分④。自此，类似资金增值论的文章接踵出现，并作为研究其他许多具体经济理论问题的论据。自然，上述观点也被引入会计学领域。于是，会计界普遍认为，资金除了具有运动性外，还具有增值性特征。资金增值理论为会计计量经济效益奠定了理论基础，同时还有利于阐述资金运动动态和静态两者的辩证关系。这时期，学术界对资金与基金概念的讨论也有利于深化对资金概念的认识。

(3)把专用基金运动纳入资金运动的总体之中。在研究会计对象时，如果忽视了专用基金，即不研究它的运动的特殊性，又不研究它在运动中同流动资金和固定资金的内在联系，就不可能更好地反映和监督会计对象这个重要组成部分，从而难以满足经济核算制的要求。”⑤

(4)会计对象理论的发展。20 世纪 80 年代初期将资金运动论发展为价值运动论的代表人物是吴水澎教授与葛家澍教授。吴水澎教授认为：“‘资金运动’的说法，也存在着毛病，主要表现在用来说明事业、预算单位等的会计对象时比较难于说通。”⑥1981 年吴水澎教授提出，会计的对象是“经济活动过程中能够用价值量来表示的方面”⑦。葛家澍教授在 1980 年还主张资金运动论：“我们一向认为，社会主义会计的对象是资金运动。”⑧

在 1980 年出版的《会计学基础》中，葛家澍教授认为，企业会计的对象是“经营资金运动”，机关事业和团体等单位会计的对象是“预算资金运动”⑨。1981 年，葛家澍提出，“会计的对象，

---

① 葛家澍：《论社会主义企业的资金》，《厦门大学学报》，1978(2、3)。
② 彭聚先：《论资金作为客观经济范畴的质的规定性》，《当代财经》，1981(3)。
③ 姜启渭：《社会主义生产价格存在依据的再认识》，《经济研究》，1981(8)。
④ 宋醒民：《劳动和生产资料的量比例关系》，《江西财经学院学报》，1983(1)。
⑤ 葛家澍、黄忠堃：《论经济核算制与会计》，《会计研究》，1980(1)。
⑥ 吴水澎：《厦门大学开展会计学术讨论》，《财务与会计》，1980(6)。
⑦ 吴水澎：《怎样正确认识会计的性质与对象？——兼评资金运动说》，《会计研究》，1981(2)。
⑧ 葛家澍等：《论经济核算制与会计》，《会计研究》，1980(1)。
⑨ 葛家澍：《会计学基础》，中国财政经济出版社，1980。

在商品经济条件下，不问社会制度如何，不过是商品经济中的价值运动”[①]。

该时期关于会计对象是“资金运动”或“价值运动”，有一种混合观，如：“社会主义会计的对象是资金运动，资本主义的会计对象是资本运动，一切商品经济中的会计对象都可抽象为价值运动。”[②]葛家澍教授于1996年在反思和深化会计的对象理论问题时，也如此写到：“会计的对象是资金运动或价值运动。”[③]

随着对会计本质讨论的深入，资金运动理论的探讨也有所深入。主张会计是一个经济信息系统的学者认为，当把资金运动(价值增值运动)作为会计对象时，必须考虑到：资金运动和由它所引起的交易、事项以及相应的资金流动，客观地存在于企业经济活动之中，它没有，也不可能进入会计信息系统予以加工处理。进入会计系统的，不是资金运动本身，而是由资金运动通过交易和事项(或称经济业务)发出的信息。作为一个系统输入的信息，也称为数据。会计数据不同于其他经济数据，它含有财务内容。通过会计这一特殊系统的处理和加工，在会计目标的指引下，就生成对经济决策者有用的会计信息。因此，持信息系统论的学者又提出了会计反映对象和会计系统处理对象的观点。葛家澍教授指出：“会计作为一个经济信息系统，出现了两个对象：一是会计的反映和控制对象；二是会计的处理对象。前者是客观存在的价值运动；后者是客观存在的价值信息的运动。”[④]李孝林教授等也明确提出要区分会计反映的对象和会计的研究对象。“会计学是研究会计的产生和发展、对象和职能、理论和方法及其运用，以及会计工作组织的一门经济管理科学……它以会计工作的对象和会计工作作为自己的研究对象。”[⑤]这些观点认为，资金运动是会计的反映对象，独立于会计系统之外；资金运动过程所发出的信息是会计系统的处理对象，它应进入会计系统之中。1999年，葛家澍与刘峰在合写的《新中国会计理论研究50年回顾》中指出，“我国会计学者提出的两种会计对象的论述，也不要求把会计对象(现实世界中的)和会计系统处理的对象(账表上的)加以严格区分，而是按照惯例，仅使用会计对象一个术语”[⑥]。

20世纪80年代至今，会计对象理论研究成果除主流的资金运动论与价值运动论外，还有如下观点：一是经济活动观。“经济活动就是会计学研究的对象”[⑦]。二是信息运动观。“‘观念总结’的本质特征决定了现代会计的对象是经济信息运动”[⑧]。“会计对象就是企业经济信息及其流动”[⑨]。三是产权观。“只有‘产权’才可以‘对号入座’，成为真正的会计对象”[⑩]。田昆儒教授指出，“在产权理论指导下的会计对象也可以用‘产权及其运动中能用货币形式表现的方面’来表述”[⑪]。四是价值与使用价值矛盾观。“不是简单地把再生产过程中的资金运动

① 葛家澍：《论会计理论的继承性》，《厦门大学学报》，1981(3)。

② 陶世璞：《会计对象漫笔》，《会计研究》，1984(4)。

③ 葛家澍：《关于会计基本理论与方法问题(修订版)》，经济科学出版社，2004年版第144页。该文原载于：《市场经济条件下会计基本理论与方法研究》，中国财政经济出版社，1996。

④ 葛家澍：《关于会计对象的再探讨》，《厦门大学学报》，1986(1)。

⑤ 李孝林等：《会计原理的学与教》，安徽人民出版社，1987。

⑥ 葛家澍、刘峰：《新中国会计理论研究50年回顾》，《会计研究》，1999(10)。

⑦ 符浩：《试论会计与经济活动的关系》，《陕西财经学院学报》，1983(4)。

⑧ 杨雄胜：《会计对象新探》，《财贸经济》，1985(9)。

⑨ 王开田：《现代会计对象的再认识》，《会计研究》，1997(3)。

⑩ 赵士信：《会计对象之探讨》，《会计研究》，1995(7)。

⑪ 田昆儒：《企业产权会计论》，经济科学出版社，2000。

作为会计对象，而是要进一步把引起资金运动的内部矛盾——价值与使用价值矛盾——作为会计对象”①。五是资源运动说。“能严格符合上述要求的会计对象只能是受托资源运动”②。“会计对象可分为两个层次，一是会计反映和控制的对象，即受托资源运动；二是经济信息系统的处理对象，即受托资源运动所释放的信息”③。六是利益观。“通常认为，会计体现的是企业的经营活动。然而，会计上的计算构造及收益变化过程表明，会计的对象是利益”④。

三、20世纪80年初末到现在：资金运动会计理论走向没落的阶段

20世纪80年代初期，随着会计属性问题讨论的深入，人们自然要重新讨论“文化大革命”中被歪曲的一些会计基本概念，从而进入了全面、深入地讨论会计的定义、职能、对象、性质、方法等的时期。综观这一时期的讨论，我们不难发现，尽管在这些概念上仍存在着歧义纷呈的认识，但又以会计定义（讨论中的“信息系统论”和“管理活动论”）的争论最为突出，前者认为会计是一个以提供财务信息为主的经济信息系统⑤⑥，而后者则认为，会计自身就是一项管理活动，并提出了会计管理的概念⑦。在此基础上，他们各自都力图形成系统的认识与看法。可以说，20世纪80年代上半期，会计定义的争论，特别是“信息系统论”与“管理活动论”的论争，是这一时期的主要特征。

1980年，新创刊的《会计研究》发表了第一篇有关会计原则的论文——《论社会主义会计原则》⑧。从20世纪80年代初起，《会计研究》《财务与会计》《会计通讯》（后改为《财会通讯》）等杂志陆续刊登了介绍美国、日本等国的会计原则以及国际会计准则的文章。从这时起，会计准则成为学术界的热点话题，并且会计准则的研究开始从抽象概念的争论转向具体内容的构建。1992年基本会计准则的颁布，1997年起具体会计准则的陆续发布，2006年企业会计准则的全面颁布，都告诉我们，会计理论的研究进入了会计准则的国际趋同时代。

---

① 易庭源：《资金运动会计理论》，湖北科学技术出版社，1990。

② 金杰：《会计对象新论》，《财会月刊》，2005(8)。

③ 金杰：《现代会计对象——基于资源会计观的新认识》，《南京大学学报》，2006(1)。

④ 藤田昌也著：《会计及其对象——基于会计利益观的新认识》，冯巧根译《中国注册会计师》，2005(8)。

⑤ 余绪缨：《要从发展的观点，看会计学的科学属性》，《中国经济问题》，1980(5)。

⑥ 葛家澍等：《关于会计定义的探讨》，《会计研究》，1983，(4、5)。

⑦ 杨纪琬、阎达五：《开展我国会计理论研究的几点意见——兼论会计学的科学属性》，《会计研究》，1980(1)。

⑧ 李宝震：《论社会主义会计原则》，《会计研究》，1980(1)。

第二章 资金运动会计理论研究评述

第一节 资金运动会计理论发展现状原因分析

资金运动会计理论形成于我国20世纪50年代中期至60年代初期；在20世纪70年代末至80年代，资金运动会计理论达到了其历史的顶峰；而目前的状况是，资金运动会计理论在逐步地淡出会计理论研究的圈子，逐渐地被许多会计理论研究者和实际工作者所遗忘。有人认为，资金运动会计理论是计划经济的产物，在市场经济时代应该退出历史的舞台。不可否认的事实是，产生于特定历史时期的资金运动会计理论肯定含有计划经济体制下的局限性，难道除此之外资金运动会计理论就没有其他任何可取的地方了吗？难道资金运动会计理论就不能在自身“扬弃”的基础上为我国社会主义市场经济服务了吗？难道我们就只有全盘地刻录西方国家的会计理论了吗？

一、资金运动会计理论发展现状的内因分析

资金运动会计理论出现上述局面，除了外部因素影响之外，还有一个很重要的方面就是资金运动会计理论及其本身的内部因素所造成的。具体地说，可以从以下三个方面进行分析。

（一）资金运动本身的抽象性影响了资金运动会计理论的发展与完善

资金运动会计理论的前身就是巴比的资本循环理论。巴比的资本循环理论在产生初期，曾受到会计理论界的高度评价，但之后的进一步研究和在会计核算中的运用却非常少。为什么会出现这种情况呢？笔者认为，资金运动会计理论虽然“美好”，但不实用。资金运动会计理论给大家最深刻的印象就是对会计账务处理的高度总结与概括：资金运动，终点记借，起点记贷。这种对借贷记账法和会计账户结构的简洁、明了的解释是大家认为资金运动会计理论“美好”的原因。但由于资金运动本身的高度抽象性和企业经济业务的多样性、复杂性而导致资金运动的多样性、复杂性，使得对经济业务所引起的资金运动的分析变得非常困难，以至于要对某些复杂的经济业务引起的资金运动进行正确的分析变得非常困难。资金运动本身“太虚、太抽象和太复杂”是大家认为资金运动会计理论“不实用”的根本原因。

资金运动会计理论太虚、太抽象也妨碍了学者对其的进一步研究。在论述会计理论研究的逻辑起点的过程中，很多人赞成“资金运动起点论”，其中有人曾用四条标准来评判会计理论研究的逻辑起点，认为会计对象——资金运动——基本上是符合其评判标准的，唯一的缺陷就是“会计对象作为连接会计理论与会计实践的纽带，正是由于其高度抽象性，无法在实务上给

予具体、清楚的反映，而必须对其具体化”[1]。资金运动会计理论的最大缺点就是资金运动本身太抽象，而与此同时，企业的经济业务所引起的资金运动又太复杂，只有借助于恰当的会计模型把资金运动全部有形实体化，资金运动才可能简洁明了地呈现在我们的面前。在此基础上，我们才有可能进一步深入探讨资金运动的规律以及会计账户设置的真正缘由。

也正因为资金运动本身“太虚、太抽象和太复杂”，所以很多会计学家在进行资金运动会计理论研究的时候都提出采用模型以期将抽象的资金运动实体化，如“水槽模型”“长河模型”等。虽然他们提出的一些模型能够模拟企业的资金运动，但其模拟的效果不是很理想。在“长河模型”中，“资金就像一条长河，而会计账户就像是这条长河的一个个计量器(即水文观测站)”[2]。这条比喻非常形象、生动地模拟了企业的资金运动，揭示了账户设置的根本目的就是对企业的资金运动进行反映、控制和监督，这让我们更加深刻地理解了会计账户设置的本质。如果要分析具体的经济业务引起的资金运动以及每个具体账户的设置，这种比喻就无法在操作层面起到实际的作用和效果。资金运动是一个运动过程，需要我们进行管理和控制，而资金运动的结果需要我们进行记录和反映。这些模型不便于区分资金运动的结果，不便于区分经济业务引起的资金运动的终点和起点，不便于进一步分析具体业务引起的资金运动。说得更具体一些，这些模型没有区分资金运动的动态表现形式和静态表现形式，也就是说，资产、负债、所有者权益、收入、费用和利润等六大要素在这些模型中既没有被有形实体化，也没有被区分开来。这一切都妨碍了资金运动会计理论在会计核算领域的进一步发展。

正是因为资金运动本身所存在的“虚”与“抽象”的缺陷，导致绝大多数会计学者在提到会计的对象是资金运动之后就没有再进一步研究了。即使有一些人想把资金运动会计理论向会计核算领域发展，但都未取得实质性突破。所以，即使是在资金运动会计理论最辉煌的时期，所有的会计核算教科书都只是在书的开头大讲特讲会计对象(资金运动)，然后就抛开会计对象(资金运动)，另从会计方程式来讲解复式记账原理和会计账户的结构，而不是直接从会计对象(资金运动)出发来解释复式记账原理和会计账户的结构及其设置。理论是用来指导实践的，不能指导实践的理论是没有价值的，当资金运动会计理论无法进一步向会计核算领域发展的时候，资金运动会计理论就没有了任何价值，也就失去了存在的理由。

(二)资金运动会计理论研究者在会计核算领域所采用的研究方法值得商榷

在把资金运动会计理论向会计核算领域推进的过程中，很多会计学者在研究方法上太注重形式而不注重实质，如在记账符号上就有很多不同的看法。根据资金运动对复式记账和会计账户结构的解释，为使记账形式与记账内容一致，有的人提出，应将会计账户的左边称为“入方”，右边称为“出方”，相应的复式记账法应改称为“出入记账法”[3]；有的人提出应将会计账户的左边称为“终方”，其右边称为“起方”，相应的复式记账法应改称为“起终记账法”；有的人提出应采用“来”“用”作为记账符号的“来用记账法”等[4]；有的人提出应对会计账户的设置、会计账簿和会计报表进行相应的修改。

---

① 吴联生:《会计研究起点理论评述》,《会计研究》,1998(10)。

② 易庭源:《资金运动会计理论》,湖北科学技术出版社,1990。

③ 易庭源、钱培均、王又庄、李孝林、成圣树、涂传芬、黄翊枢等:《出入记账法刍议》//《第三届全国高等财经院校商业财务会计学术研讨会论文集》,1981。

④ 易庭源、刘传斌:《来用记账法刍议》,1965。

这些不同的看法在理论研究上有一定的价值,但实际运用中却有困难。尽管现行会计核算理论还在进一步发展,但其基本内容已经被全世界会计界所普遍接受,已经形成了一种国际会计惯例。根据路径依赖原理,要想改变现行会计核算理论的某些外在的表现形式是行不通的。这种过于注重形式而不注重实质的研究方法,不仅使其研究的结果因路径依赖的存在而无法被接受,而且还会导致很多误导性的负面影响。这种负面影响的最坏之处就是,它让人们对资金运动会计理论产生误解,让人觉得资金运动会计理论与现行的会计核算理论一定是对立的、矛盾的,让人觉得资金运动会计与现行的会计核算一定是一种非此即彼、你死我活的关系,让人觉得资金运动会计理论就是来推翻现行的会计核算理论和会计核算实务的。这种误解一方面使得掌握了并正在应用现行会计核算理论与实务的会计理论工作者和会计实务工作者产生抵触情绪,不愿意学习、研究资金运动会计理论,另一方面又使得正在学习、正准备学习会计理论和会计实务的学员不愿意去学习和研究资金运动会计理论,怕所学的与现实会计活动不一样而在实际工作中用不上。这些情况又反过来进一步增加了现行会计核算理论的路径依赖强度。

(三)资金运动会计理论研究者对资金运动的会计内涵的把握值得商榷

资金运动是个含义非常广泛的概念,既有资金运动的质,又有资金运动的量,还有资金运动的形式等问题"[①],但会计只是从量的方面计算与反映会计对象[②]。从资金运动"量"的规定性来看,会计的首要任务就是要对企业经济业务引起的资金运动的流向、流量和流速进行控制与反映,这其中就包括资金在运动过程中所产生的增值。资金在运动过程中产生的增值既是资金运动的目的,也是作为一个赢利性组织存在的最终目的。

但就是这个资金运动过程中所产生的资金增值的来源却成为了广大会计学者进行资金运动会计理论研究的又一大难题。关于资金运动的增值来源,有的人认为来源于生产领域,有的人认为来源于流通领域,有的人认为来源于生产工人所创造的剩余价值,有的人认为来源于企业最初的原始资本……真是众说纷纭,莫衷一是。从一个学科的严密性和完整性来讲,弄清楚资金运动的增值来源是非常必要的,但资金运动的增值来源渠道实际上是一个资金运动的"质"的问题,这个道不清、理不明的资金运动"质"的问题已经超出会计对象是关于资金运动的"量"的研究范畴,它应该属于政治经济学研究的范畴。要会计人员来解决这个问题,真是难为他们了!正是由于没有分清资金运动"质"与"量"的规定性,没有弄清楚会计的对象只是资金运动"量"的规定性,从而导致从巴比的资本循环理论产生开始,其推崇者就必须面对这个回答不了的问题。而在当时,整个世界处在两大对立的意识形态的笼罩之下,社会主义阵营特别强调对资金运动以及剩余价值的研究,并把剩余价值的产生全部归结为全体劳动人民,强调剩余价值全部归劳动人民所享有;资本主义阵营的看法则完全相反。因而,对于西方这些讲究实用的国家来说,他们不愿意研究企业的利润最终从哪里来,并极力回避这个问题。由于一方面资金运动会计理论是建立在马克思的资本循环论之上,另一方面只要研究资金运动会计理论就必须面对这个回答不了或者说不好回答的问题,所以,整个西方会计学界对资金运动会计理论的研究没有表现出很大的兴趣。这也阻碍了资金运动理论的进一步发展。

---

① 吴水澎:《财务会计基本理论研究》,辽宁人民出版社,1996。

② 葛家澍:《论会计理论的继承性》,《厦门大学学报》,1981(3)。

二、资金运动会计理论发展现状的外因分析

造成资金运动会计理论发展现状的外因很多，这些外因主要包括现行会计核算理论与实务因路径依赖所带来的阻力、意识形态上的阻力、我国特殊的基金制度所带来的阻力、全球经济一体化的影响以及信息技术条件的影响等方面。

（一）现行会计核算理论路径依赖的影响

造成上述局面最主要的外部原因就是在进行资金运动会计理论的研究过程中遇到的路径依赖阻力。所谓“路径依赖”描述的是这样一种情形：某种意识或者某种行为一旦走上了某一条路径，它的既定方向会在以后的发展中得到自我强化。路径依赖颇似物理学中的惯性，一旦进入某一种路径（无论好坏），就可能对这种路径产生依赖。初始的路径选择会强化现有的路径的刺激和惯性，因为沿着原有的路径和既定方向前进，总比另辟蹊径来得更方便一些。路径依赖形成的深层次原因就是利益因素。一种路径形成以后，就会形成在现存路径下的既得利益集团，他们对这种路径有着强烈的需求，力图巩固这种路径，阻碍并扼杀其他路径的发展。

资金运动会计理论的萌芽最早可以追溯到 1926 年德国会计学者巴比的资本循环理论。而在当时所运用的会计核算理论就是从 1494 年的《簿记论》算起，也已经经过了 400 多年的发展。这 400 多年的历程，一方面证明了《簿记论》关于会计核算论述的正确性，使其所论述的会计核算理论得到进一步地巩固、丰富与发展，另一方面也使得《簿记论》论述的会计核算理论在全世界很多国家，尤其是西方经济发达国家被普遍接受。巴比的资本循环理论就产生在当时经济发达的德国，这真是出生在不恰当的时间和不恰当的地点！已经流行于世的会计核算理论这条“老路径”不仅已经长期存在，而且已经被普遍接受。再说这条“老路径”也确实不错，有很多的可取之处。而资金运动会计理论这条“新路径”虽说有一定的优势，但毕竟是一个新生事物，还有很多不完善的地方，还有很多没有弄清楚或者不好弄清楚而需要作进一步研究的地方。一个太强大，一个太弱小，胜负就不言而喻了。另外，西方国家普遍讲究的是实用主义，他们觉得知道该怎样做账就行了（现行的会计核算理论所体现出来的），并不想知道为什么要这样做（资金运动会计理论所体现出来的），而且他们也不太愿意进行这样的规范性研究。所有的这一切都说明，资金运动会计理论从其产生开始就面临着不太有利的生存环境，这一切都阻碍了资金运动会计理论的进一步研究与发展。

（二）意识形态带来的阻力

巴比的资本循环理论是建立在马克思的《资本论》中关于资本循环与周转的基础之上的。在当时的社会意识形态之下，西方的会计学者普遍都对马克思主义有相当大的排斥，这也导致很多人不愿意对此作进一步的研究。

由于意识形态的原因，刚成立的新中国在会计领域里除了向社会主义老大哥——苏联——学习之外，别无选择。但我国会计学者在向苏联学习的过程中逐步形成了有一定特色的资金运动会计理论。资金运动会计理论能够在我国产生并顺利发展有其特殊的历史背景：其一，当时的新中国会计界有一个非常紧迫的历史责任感，那就是建立一个既有别于西方资本主义国家又有别于苏联的、有中国自己特色的会计核算理论，换句话说，就是有一种打破资本主义旧路径、建立社会主义新路径的历史责任感；其二，我国的会计学者从德国巴比的资本循

环理论中找到灵感和希望，因为巴比的资本循环理论是建立在马克思的《资本论》中关于资本循环与周转论述的基础之上的，而我国社会主义国家的成立和建设都是建立在马克思主义理论基础之上的，两者在这里找到了共同的理论基础；其三，我国是一个注重规范研究的国家，马克思主义的认识论告诉我们，研究一门科学，首先就必须弄清楚研究的对象是什么，对于会计这门学科来说也是如此。研究会计对象，进而以其为会计理论研究的逻辑起点，这种思路是符合马克思主义的认识论的。

我国特殊的历史背景为资金运动会计理论在我国得以迅猛地发展提供了非常重要而适宜的环境。但令人意想不到的是，这种原本有利于资金运动会计理论发展和完善的特殊历史背景现在反过来又对资本运动会计理论的发展与完善带来了负面影响。这种影响主要体现在：很多人（无论是国外的还是国内的）很容易给资金运动会计理论打上一个标签，即认为资金运动会计理论一定是社会主义计划经济所特有的，与我们现在进行的社会主义市场经济是背离的，是冲突的。现在有很多人甚至认为谈资金运动会计理论就是谈计划经济，就是否定市场经济，就是与现行的国际会计准则趋同的总体思想矛盾的，就是落伍的，就是应该淘汰的。

（三）我国计划经济时代专用基金制度阻碍了资金运动会计理论在我国的发展

专用基金制度是我国社会主义计划经济时代，国家加强对企业财务进行管理与控制的一个重要手段，它是我国社会主义计划经济时代的特有产物。企业的专用基金是企业按经济核算制原则建立的、具有特定来源和专门用途的。专用基金按其用途主要划分为三个方面：用于职工生活福利方面的基金、用于企业生产发展方面的基金、用于职工奖励方面的基金。与生产资金相比，专用基金具有如下特点：①生产资金是直接用于再生产过程，专用基金不直接参加产品生产，而是用于与产品生产有联系的各项支出，包括固定资产更新改造和修理、新产品试制，以及职工福利和奖励等方面的支出；②生产资金处于生产和流通领域内，不断循环周转，而专用基金的运动则处在一个特定项目的范围内。

专用基金制度有其独特的会计核算方式，并对传统的会计核算带来了重要的影响。以更新改造基金的提存为例，更新改造基金是用于固定资产的更新和技术改造方面的资金。更新改造基金的主要来源是企业按规定比例留用的折旧基金。企业根据国家核定的固定资产折旧率，按月编制“固定资产折旧计算表”，据此，借记“车间经费”“企业管理费”等科目，贷记“应交折旧基金”科目，同时还要借记“固定基金——企业固定基金”科目，贷记“折旧”科目。对于从折旧基金中按规定比例留用的部分，还要借记“应交折旧基金”科目，贷记“专用基金——更新改造基金”科目。企业专户存储所提留的更新改造基金时，借记“专项存款”科目，贷记“银行存款”科目。以上只是提存更新改造基金的账务处理，使用更新改造基金的账务处理就更加复杂。

从更新改造基金提存的会计核算来看，会计就是国家直接干预企业经济活动、执行国家计划经济的重要手段和工具。专用基金制度的执行使得会计失去了其特定的工作“主体”对象，违背了“会计主体”假设，使得会计工作处于一个两难的境地：一方面作为执行国家计划经济的手段和方式，会计应该为国家宏观经济服务；另一方面作为企业的一个职能部门，会计又要为企业自身服务。

专用基金制度的设计，使得企业在正常处理好企业日常经济活动的基础上，还必须对专用基金进行特殊的会计处理，这就需要在企业正常的资金运动的基础上单独考虑专用基金的运动。这种专用基金的特殊处理不仅本身难以被理解，而且还破坏了企业的正常资金运动，使得资金运动变得更加复杂、更加不好理解，进而也影响了资金运动会计理论在我国的进一步发展与完善。

(四)电子信息技术和教育手段的落后又进一步制约了资金运动会计理论在我国的发展

在资金运动会计理论处于发展和完善的时期，整个社会的电子信息技术水平比较低，教学手段也非常落后，这一切都阻碍了资金运动会计理论的进一步发展。

从会计理论研究的角度来看，由于电子信息技术发展水平不高，会计理论研究工作者如何将企业的资金运动模拟出来是一个非常困难的事情。既然要分析企业的资金运动，分析企业资金运动与会计对象、复式记账的关系，描绘企业的资金运动流程图是必不可少的。由于电子信息技术的落后，会计工作者只能用手工的方式将企业的资金运动流程图描绘出来，而这种手工描绘的资金运动图既不美观，也不形象，尤其是要将一些复杂的经济业务引起的资金运动流程描绘出来，更是如此。这都影响了资金运动会计理论研究的进一步发展与深入。

从会计教学手段上看，如果要用资金运动会计理论来进行会计核算教学，老师就必须在黑板上将企业的资金运动流程图画出来。这个板书工作量是非常大的，而且还会耗费大量的课堂教学时间。另外，由于资金运动的连贯性和经济业务的复杂性，再加上受黑板版面和老师书写不规范的限制，这种在黑板上通过讲授资金运动来进行会计核算的教学会使整个会计教学效果大大降低，严重地阻碍了资金运动会计理论的进一步推广。资金运动会计理论的研究以及对课堂教学手段的要求，都说明了资金运动会计理论与电子信息技术及多媒体教学有着天生的、必然的联系，它理应就是电子信息技术和多媒体技术的产物。相对于它所处的那个落后的技术时代，资金运动会计理论是一个“早产儿”，天生就存在一定的局限性。

(五)全球经济一体化的影响在一定程度上也制约了资金运动会计理论在我国的发展

进入20世纪90年代以来，全球经济出现了一体化的发展趋势，经济的一体化自然要求作为“商业语言”的会计也能在全世界范围内形成一个各国都能接受的通用“语言”。中国也不可避免地融入到了这个经济一体化的浪潮之中。我国会计理论走过了与国际会计准则从协调到趋同的历程。在这个过程中，由于经济发展水平、经济发展实力以及经济发展的影响力度等原因，会计准则协调与趋同的话语权掌握在西方发达国家手中，其结果是在西方发达国家和地区占统治地位的会计核算理论成为了全球的主流理论，也成为了我国会计领域的主流理论。话语权的丧失，不仅使我国的资金运动会计理论失去了发扬光大的机会，而且还使得我国的资金运动会计理论这条新路径再一次陷入了绝境。

第二节　资金运动会计理论的重要价值评述

资金运动会计理论是我国老一辈会计学家在动态会计理论的基础上创立、发展和完善起来的一个重要的理论派别。相对于现行的会计核算理论而言，资金运动会计理论确实有它独到的可取之处。

一、丰富了会计理论，使会计理论进一步向多元化的方向发展

无论是从国内还是从国外来看，现行的会计核算理论基本上是单一的、定型的。资金运动会计理论的产生使会计核算理论变得更加丰富多彩，它对整个会计理论的贡献主要体现在以下方面。

（一）从更加科学的角度来研究会计核算理论

资金运动会计理论与现行的会计核算理论之间没有根本性的冲突，他们是从两个不同的角度来解释整个会计核算理论和会计核算实务，相互之间是一种有益的补充。现行的会计核算理论是从会计方程式的角度来解释复式记账法和会计账户的。即使有一些会计学原理教科书中讲到会计对象——资金运动，但那也只是一个摆设；他们在讲完会计对象（资金运动）之后，并不是直接根据会计对象（资金运动）去说明账户设置和复式记账原理，而是把资金运动这个会计对象撇在一边，另从会计方程式讲起，然后再从各类经济业务均不破坏会计方程式的左右平衡去说明账户设置和复式记账原理。事实上，会计方程式是资金运动的结果，而且这些资金运动只有采用复式记账的方法来反映，才能保证会计方程式的左右平衡，会计方程式才得以存在。

而资金运动会计理论最主要的特点就在于直接从会计对象（资金运动）出发来研究账户设置和复式记账理论。首先，它直接从资金运动这个会计对象入手，借助于“会计平面模型”[①]这个平台，对账户的结构和复式记账原理进行了全面解释。然后，它对企业的生产经营活动进行了分解，找出了资金运动的基本规律。最后，它分析了资金运动与会计假设、会计原则的关系，并对会计账户设置的理由进行了详细的分析和解释。

说得更具体一点，按照现行的会计核算理论，企业所发生的经济业务要按照“找账户、辨性质、看增减、定方向”这四步来作会计分录；而按照资金运动会计理论，则是要分析该笔经济业务所引起的资金运动，根据“一个中心（资金运动）、两个基本点（资金运动的终点和起点）”，遵循“终点记借，起点记贷”的记账思路来作会计分录。虽然二者看问题的角度不一样，但复式记账的内涵是一样的，会计账户的结构和用途是一样的。相应地，企业的会计账簿的设置和登记会计账簿的方法也是一样的，企业对外所提供的会计报告也是一样的。

相对而言，资金运动会计理论对账户和复式记账理论的研究更符合科学研究的一般方法和科学研究的一般逻辑程序。

（二）从更加科学和规范的角度来解释复式记账法和记账规则

现行的会计核算理论对复式记账法的定义是，对每一笔经济业务，用两个或两个以上的账户全面反映其来龙去脉的一种记账方法。而资金运动会计理论对复式记账法的定义是，一笔经济业务必然会引起一段资金运动，而资金运动必然涉及到资金的流向（起点和终点）、流量和流速三要素。复式记账法就是要对每一笔经济业务所引起的资金运动的流向、流量和流速进行全面地反映、控制和监督的一种记账方法。很显然，前者对复式记账法的定义采用的是一种

---

① “会计平面模型”的具体情况参见本书第三章第一节。

归纳法，是一种描述性的说明，反映的是一种表象；而后者对复式记账法的定义采用的是一种演绎法，反映的是一种本质。从这两种对复式记账法的解释中可以得出，资金运动会计理论反映的复式记账定义更容易被理解、被接受，而且这个定义也更严密、更科学。

现行的会计核算理论对借贷记账法的记账规则是这样定义的："有借必有贷、借贷必相等"。而这一结论的得出也是采用归纳法，一般的教科书都是先举几个例子，然后通过对这几个例子进行分析、总结而得出。这种对记账规则的解释或多或少有一点理不直、气不壮的感觉，因为它还是没有告诉我们为什么会"有借必有贷、借贷必相等"，这种解释只是一种表象性的描述而不是对其本质的把握。这种描述性的解释连同对复式记账概念的表象性描述无疑极大地降低了会计这门学科的科学性和严密性。资金运动会计理论对记账规则的定义仍然是"有借必有贷、借贷必相等"。但得出这一结论的理论依据却是，每一段资金运动有终点必然有起点，有起点必有终点。由于位于终点的账户记在其借方，位于起点的账户记在其贷方，所以有借必有贷，有贷必有借。同时，又由于资金运动起点的流出量必然等于终点的接受量，所以借贷必相等。不可否认的事实就是，无论是从科学性、规范性、严密性还是从可理解性的角度来看，资金运动会计理论对记账规则和复式记账法的解释都比现行的要好。

(三)从更加科学和规范的角度来分析会计账户的结构，解开"利特尔顿的困惑"

美国人利特尔顿(A. C. Littleton) 40 多年前在其所著的《会计理论结构》一书中写到："由于人们加深了对记账程序的认识，所以围绕复式簿记的神秘感已经消失了。唯留下一个令人困惑的特性：某些账户的左方代表增加，而在其他账户的增加额却记在右方。这种安排实在太复杂了，以至于试图将它合理化成为徒劳无益的事。迄今为止，这种记账规则(左方和右方)仍然属于复式记账的一个基本部分。我们别无他法，只好接受它并且记住它的下列加减法则……"①。实际上，无论是学会计的人还是教会计的人都有与利特尔顿同样的感受：对于六大类账户中每一类账户的结构，老师没有给出充足的理由就把结果告诉了学员，学员弄不清为什么而只好"生吞活剥"地记了下来。"这样无可奈何，这样不讲道理，叫人死记硬背，实在令人难以容忍！"②

"利特尔顿的困惑"真的成了解不开的结吗？事实不然。资金运动会计理论就是解开"利特尔顿的困惑"的钥匙！从资金运动会计理论的角度来看，每一个会计科目都位于企业整个资金运动链条之中，对于上一段资金运动而言，它位于该段资金运动的终点，对于下一段资金运动而言，它又位于该段资金运动的起点。因而，该会计科目资金量的变化(即其数量的增减变化)就只与流入和流出该会计科目的资金流量有关。按照习惯，资金一般从左边流入从右边流出，相应的，会计账户就分为左右两边，会计账户的左边(即借方)就记录流入该会计科目的资金流入量，会计账户的右边(即贷方)就记录流出该会计科目的资金流出量，这就是资金运动会计理论"资金运动，终点记借方，起点记贷方"之说。而对于资产、费用类会计科目而言，资金流入该类账户(相应的，应记录在该账户的借方)，导致记录在该账户上的金额增加，即"资产、费用类账户增加记借方"；另一方面，资金流出该类账户(相应的，应记录在该账户的贷方)，导致记录在该账户上的金额减少，即"资产、费用类账户减少记贷方"。反之，对于负债、所有者权

① [美]A. C. 利特尔顿：《会计理论结构》，林志军、黄世忠等，译，中国商业出版社，1989。

② 易庭源：《资金运动会计理论——新战略会计学》，中国财政经济出版社，2001。

益、收入和利润而言，同样可以推断出"增加记录在贷方，减少记录在借方"。账户的结构之所以出现不同的安排，就是因为资金运动对这两大类账户资金量的影响是完全相反的。

（四）从更加科学和规范的角度分析会计账户设置的理由

现行的会计核算理论并没有对所有的会计账户的设置给出一个非常充足的理由。对于刚学习会计的人来说，他们总感到很困惑：会计账户一个接一个地出现，为什么需要设置这些账户呢？会计账户的数量有没有穷尽呢？他们除了死记硬背之外，几乎别无选择！他们不知道每一笔经济业务所引起的资金运动实际上只是企业整个资金运动流程中的一个小环节，其结果必然导致学员对会计核算的整体观念很差。而资金运动会计理论则对每一个会计账户的设置都给出了充足的理由。该理论认为会计账户设置的原因就在于会计假设和会计原则等；没有会计假设和会计原则的影响，就没有会计账户的产生！在这种情况下，学员在学习会计账户时，不仅知道每一个账户该怎么用，而且知道为什么要设置这个会计账户。这样做，一方面有利于提高老师的教学效率和学员的学习效率，另一方面让学员知道每一笔经济业务所引起的资金运动都只是企业整个资金运动流程图中一个很小的段落，进而提高学员对会计核算的整体把握度，这样才有可能更深入地理解"会计是一种管理控制活动"，也即更深入地理解会计！

二、重新认识会计理论研究的逻辑起点

关于会计理论研究的逻辑起点有很多不同的看法，但在"会计是一个经济信息系统"的思想逐渐被普遍接受以后，现在占主流的看法是以会计目标作为会计研究的逻辑起点。这是因为会计目标符合作为会计理论逻辑起点的四条标准："会计目标是沟通会计系统与会计环境的桥梁""会计目标是会计实践活动的出发点和归属""具有可知性""能够推导论证其他所有抽象范畴"[①]。同时也有人认为，会计对象也符合这四条标准，"但是会计对象作为联结会计理论与会计实践的纽带，正是由于其高度抽象性，无法在实务上给予具体、清楚的反映，而必须对其具体化，从而形成会计要素"[②]。而"会计对象到底要分成几个会计要素才是适当的呢？这还要受制于会计目标，服务于会计信息使用者的需要"[③]。因此，"不是会计对象决定会计目标，而是会计目标决定了会计对象在会计实务中的处理"[④]，这否认了会计对象为会计理论研究的逻辑起点。

这里实际上谈到两个问题，一个是会计对象（即资金运动）太抽象，另一个是会计对象与会计目标之间的关系。对于第一个问题，正如前面所分析的，资金运动会计理论的显著特征之一就在于资金运动的高度抽象性，这是一个方法论的问题，但如果我们借用一个会计平面模型，资金运动就会从一个高度抽象的概念变成一个实实在在的、看得见摸得着的有形实体运动。对于第二个问题，笔者认为，受会计目标的影响，会计对象可以分为六个，也可以分为两个，当会计对象分为很多要素时，每一个会计要素所涵盖的范围就小一些，当会计对象分为很少的几个要素时，每一个要素所涵盖的范围就大一些。但无论会计要素分为几个，会计对象的整个内涵范围是不会改变的。会计目标可以影响企业的资金运动，可以使资金运动由简单变为复杂

①② 吴联生：《会计研究起点理论评述》，《会计研究》，1998(10)。
③ 吴水澎：《财务会计基本理论研究》，辽宁人民出版社，1996。
④ 吴联生：《会计研究起点理论评述》，《会计研究》，1998(10)。

或者是由复杂变得简单,但它绝不可能决定会计对象的内容。因此,以这样一些理由来否定会计对象是会计理论研究的逻辑起点是不妥当的。

实际上,“任何一门学科的理论都是围绕研究对象而产生的,理论体系是研究对象自身逻辑的科学反映”①。会计目标是建立在何种客观依据之上,受何种条件和界限的制约?会计对象(资金运动)质的特征和量的规定性决定着所有的会计理论,是构成会计理论体系最本源性的范畴,其对会计定义理论而言,是为研究资金运动而对会计进行定性、定位、定职的理论;其对会计概念理论而言,是对资产、负债、所有者权益、收入、费用和利润等会计基本要素,即对会计具体对象进行定性和含义描述的理论;其对会计目标理论而言,是为达到会计运行的目的——资金运动的增值,而作出的一种基本和具体目标上的规定;其对会计假设理论而言,是依据资金运动的空间性、时间性和量的规定性而对会计运行环境所作出的会计主体、持续经营与会计分期、货币计量与币值不变等方面的合理推断;其对会计原则理论而言,是对提供和利用资金运动信息的会计行为而作出的整体上的规范;其对会计制度理论而言,是对提供和利用资金运动信息的具体会计行为而作出的较为具体的规定;其对会计程序方法理论和会计工作组织理论而言,是对资金运动进行确认、计量、记录、报告和为保证其正常运行而对会计组织机构、工作职责等方面进行追踪及规范的理论。会计理论体系就是将这些相互联系的会计理论按照会计对象的自身逻辑关系进行有机结合而形成的一个完整的、多层次的系统。

由于会计对象理论是明确和区分会计学科性质与界限的前提条件,是会计理论体系中最本源性的抽象范畴,所谓的会计理论体系就其实质而言,不外乎就是反映会计对象而形成的概念、范畴、判断、推理的体系,因而会计对象理论无疑是会计理论研究的逻辑起点。

三、进一步支持和证明“会计的本质是一种管理控制活动”

关于会计本质的认识,会计学界有很多不同的看法,在我国主要有两种观点:管理(控制)活动论、信息系统论。但在这两种不同的观点中,会计信息系统论逐渐被会计界广泛接受,成为会计本质论中占统治地位的主流思想。这其中的原因主要有两个方面:一方面现行的会计核算理论和会计核算教科书是会计信息系统论的有力支持者,另一方面会计管理(控制)活动论既不能从现行的会计核算理论和会计核算教材中得到支持,又不能自行提出一套证明自己的会计核算理论体系和会计核算教材。而资金运动会计理论则能提出自己独特的会计核算理论,并在该理论的指导下推出自己的会计核算教材。这些会计核算理论和相应的会计核算教材所体现出来的就是会计的本质——“会计是一种管理控制活动”的思想。

资金运动会计理论的核心主要在以下三个方面:第一,提出了会计账户设置的理由。正是由于会计假设、会计原则对企业基本资金运动的影响才有了会计账户设置的理由,“会计账户就是企业资金运动长河中根据需要而专门设置的一个个计量器(即水文观察站)”②;第二,会计的任务就是对企业的资金运动的流向、流量和流速进行反映、控制和监督;第三,资金运动会计在会计核算教材方面所体现出来的一个重要特点就是会计核算教材按企业的各个经营环节来讲授,因为只有按经营环节来讲授,才能更清楚地分析各个经营环节或各个职能部门的职责与目的(进而了解整个企业),才能分析它们应该做什么、应该怎样做,相应地各个经营环节或

① 吴元梁:《科学方法基础》,中国社会科学出版社,1991。

② 易庭源:《资金运动会计理论》,湖北科学技术出版社,1986。

各个职能部门的资金运动应该怎样运动、实际怎么运动，进而如何加强对实际资金运动流向、流量、流速的控制，只有从这样的分析中才能体会出会计的本质就是一个管理与控制活动。因此，如果从资金运动的角度来看，对于每一个学习会计核算的人来说，会计的确认、计量、记录和报告都是建立在对企业资金运动的分析和控制之上的，会计核算（会计）的落脚点和重点就在于对企业资金运动进行管理和控制，其他的都是水到渠成的事情。在资金运动会计理论体系中，“会计是一种管理控制活动”的理念贯穿在企业的每一笔经济业务之中、每一段资金运动之中、每一笔会计分录之中。

四、适应现代会计教育的需要，促进会计核算教学改革，树立新的会计教育思想，进一步提高教学效率和教学效果

资金运动会计理论的一个最大的特点就是强调经济业务本身，淡化会计分录。该理论自始至终都是在分析企业的资金运动。而会计核算工作，尤其是会计分录只是在分析资金运动过程中的一个水到渠成的附带所得，这是一种淡化会计分录而强调经济业务本身的正本清源行为，这种行为将对会计教育思想产生较大的影响。

随着会计教育改革的不断深化，“会计核算”（会计原理和中级财务会计）的计划教学课时不断压缩。以中南财经政法大学会计学院为例，“会计学原理”的计划教学课时由最先的 85 课时降低到 72 课时，到现在只有 48 课时。与此同时，会计核算内容在不断地丰富，如何在最短的时间内让学员学到更多的知识确实是一个非常紧迫的课题。在会计核算教学手段上，资金运动会计理论比现行的会计核算理论更适合采用多媒体进行教学，尤其是资金运动会计理论，在其教学内容上可以采用模型对企业所有的经济业务所引起的资金运动进行全程的全真模拟，这一切都能够使会计核算教学变得更加具有效率。

资金运动会计理论借助于会计平面模型，从会计假设和会计原则入手，对企业的资金运动进行分析研究，一方面对复式记账从本质上进行了解释，另一方面又提出了会计账户设置的理由。它不仅告诉会计学习者应该怎样做账，而且还告诉他们为什么要这样做账。资金运动会计理论真正给予会计学习者打开会计知识的金钥匙！

第三节　资金运动会计理论研究的基本原则与思路分析

资金运动会计理论是我国老一代会计学者集体创造的、有中国特色的会计理论。但摆在我们面前的现实，让我们不得不痛心地自问：难道资金运动会计理论就只是某一特定历史时期的过渡性产物吗？如果不是，它的出路在哪里？笔者认为，资金运动会计理论的前途是非常广阔的，但前提条件是，资金运动会计理论研究要有正确的原则和合理的思路。

一、进行资金运动会计理论研究必须遵守的原则

在进行资金运动会计理论的研究工作中，我们必须强调实质重于形式的原则。

在对资金运动会计理论进行研究时，我们应该而且能够建立一套独特的资金运动会计理论的理论体系。这是资金运动会计理论的实质，是资金运动会计理论的灵魂。但资金运动会

计理论如何在企业现实的会计核算操作层面得以应用，要不要在会计账户、复式记账、会计凭证、会计账簿和会计报表等方面与传统的会计核算体系和会计核算形式有所差别，这是一个表象的问题，是一个形式的问题。

现行的会计核算体系和会计核算形式包括会计账户、复式记账、会计凭证、会计分录、会计账簿和会计报表等，它们是人类长期以来进行会计实践活动所遗留下来的宝贵财富，这个宝贵财富不仅经过数百年的会计实践证明是合理的、精妙绝伦的，而且目前基本上已经被全世界各个国家所采用。根据路径依赖原理，任何一种想要全面改变现行会计核算理论的想法都是不切实际的。这是进行资金运动会计理论研究必须遵守的基本原则。也就是说，我们在进行资金运动会计理论研究的过程中，要遵守实质重于形式的原则，即我们只能改变会计核算的思维过程，不能改变会计核算的形式和结果。

就我们国家的实际情况来说，资金运动会计理论对会计核算的研究必须同我国现行的《企业会计准则》紧密结合，包括会计科目和会计账户的设置、复式记账法、会计账簿体系和会计报表体系等。否则，资金运动会计理论的研究就只能是一种在实际工作中不会被接受的、纯粹理论上的研究。在目前的情况下，我们必须让人们相信，资金运动会计理论的研究并不是要推翻现行的会计核算理论体系、会计核算形式和结果，资金运动会计理论所要改变的只是会计核算的思维过程，而会计核算的形式和结果是没有任何变化的。也只有让人们相信，资金运动会计理论和现行的会计核算理论的终点都是“罗马”时，人们才有可能愿意去尝试一条“新路”，才有可能去比较“新路”和“老路”的不同之处，才有可能去接受一种新的理念。但这一基本原则并不意味着资金运动会计理论被动地与现行的会计核算理论一致。资金运动会计理论必须有一套完整的体系，必须体现出对会计核算理论及其实务高度的指导作用和较强的前瞻性。

二、理顺资金运动会计理论研究的思路

在进行资金运动会计理论研究时，除了要遵守上面谈到的基本原则之外，还必须按照以下的基本思路进行研究。

（一）如何解决资金运动抽象性问题

正如上面分析所得出的结论一样，对资金运动会计理论进行研究的最大问题就在于资金运动本身的抽象性。资金运动会计理论对复式记账法的解释是：“资金运动，终点记借，起点记贷。”如果是一笔简单的业务还好说，但如果是一笔非常复杂的业务，要想在脑海里把这笔资金运动分析清楚，却是非常困难的事情，所以说，资金运动会计理论是一个看起来简单，做起来却非常难的理论。

如何对资金运动模型化，使经济业务所反映的资金运动变成一种看得见、摸得着的有形实体运动，从而在根本上解决资金运动的抽象性问题，是进行资金运动会计理论所必须解决的头等大事。在资金运动会计理论的研究历史中，有很多著名的会计学家就此提出了不同的会计模型，如水槽模型、长河模型等[①]。笔者认为，研究资金运动会计理论可以采用一种更好的模型——会计平面模型。该模型把企业所有的经营活动都限定在一个假设的平面模型之上，该

① 易庭源：《资金运动会计理论》，湖北科学技术出版社，1986。

企业所有的经济业务所涉及的资金都在这个平面模型之上或之外或兼而有之运动。

这个模型的突出特点体现在以下几个方面：第一，它使资金运动的静态表现形式和动态表现形式能更加清晰、更加自然地呈现在人们的面前，也就是说，会计的六大要素——资产、负债、所有者权益、收入、费用和利润——通过这个模型完全被有形实体化，这六个要素完全变成了看得见、摸得着的有形实体。这个模型还让人们清楚地看到，虽然会计要素可以分为六个，但从会计平面模型上看，这六个要素实际上分属于性质完全不同的两类（即分属于两类完全不同的实体）。第二，它给了会计账户结构一个明确的解释。一方面，它不仅清楚地解释了会计账户的借方、贷方，分别登记资金运动的终点和起点，而且还进一步解释了各类会计账户借方、贷方与资金运动及其资金数量增减变化的关系；另一方面，它还清楚地告诉我们，资产、费用类账户结构是一样的，负债、所有者权益、收入和利润类账户的结构是完全一样。第三，该模型为进一步研究资金运动的规律和分析会计账户设置的理由提供了一个理论分析及实务操作的平台。

（二）如何寻找资金运动的规律

在解决了资金运动过于抽象的问题之后，如何找出企业资金运动的基本规律，从而为分析整个企业的资金运动提供一个全面的、基本的理论框架，进而为分析会计账户的设置打下基础和铺平道路，是资金运动会计理论必须解决的第二个大问题。

企业所发生的每一笔经济业务都会引起一段资金运动，企业所有的经济业务引起的资金运动就构成了企业整个资金运动流程图，每一笔经济业务引起的资金运动都是企业整个资金运动流程图上的一个小小的环节。由于企业经营活动在范围上不断扩大，在业务交易上复杂程度不断加深，导致企业的整个资金运动流程图越来越复杂。为了使企业整个复杂的资金运动流程图变得更加清晰、更加富有条理，同时也为下一步会计账户设置的分析做准备，我们可以将企业完整的资金运动流程图按企业的供、产、销、投资和筹资五个经营环节进行划分，从而形成五块相对独立的、自成体系的资金运动流程分支图。

这样一来，一个复杂的资金运动流程图就因为被分解而变得相对简单和清晰。企业供、产、销、投资和筹资这些职能部门或经营环节都有自己的任务和目标，企业各个职能部门或经营环节都想获得自己所想要的东西，即希望所得。从资金运动的角度来看，这个希望所得就是该环节资金运动的终点。企业各个职能部门为了获得自己所希望得到的希望所得，就不得不付出一定的代价，即希望所失。从资金运动的角度来看，这个希望所失就是企业在本环节资金运动的起点。企业只有按各个经营环节或职能部门对企业整个资金运动进行分解，并在此基础上把各经营环节的希望所得和所失与本环节资金运动的终点和起点联系起来进行分析，才能得出企业资金运动的基本规律，才能得出会计工作最主要的目的就是要对企业各个经营环节的希望所得和所失进行反映、控制与监督，就是要对企业各个经营环节的资金运动进行反映、控制和监督，同时也才能为下一步分析会计账户的设置打下基础。

（三）如何加入现代元素

资金到底是怎样运动的？资金为什么会发生这种运动？在分析资金的具体运动过程及其原因时，我们需要结合会计假设和会计原则，赋予其更加现实的经济含义，进而将传统的资金运动会计理论发展为适应现代经济需要的理论，赋予其新的生命与价值。

企业的整个经营活动可以分为五个环节，每一个经营环节又有各自的希望所得和希望所失，企业各个经营环节根据其基本资金运动的需要应相应地设置一些基本的会计账户。但正如企业整个资金运动不会像基本资金运动那样简单一样，除了设置一些基本的会计账户之外，企业还需要根据会计假设和会计原则的需要对这些基本资金运动进行进一步的细分。也就是说，企业各个经营环节基本的资金运动流程会被进一步演变为更复杂、更具体的流程图，一段基本的资金运动会被分解为两段、三段或者更多段数的、间距更小的、更为具体和复杂的资金运动；相应地，企业需要设置更多的"水文观测站"（即会计账户）来反映、控制和监督资金的流向、流速、流量。而导致基本的资金运动具体化、复杂化的原因，进而导致需要设置更多的会计账户的原因，就在于会计假设和会计原则对其的影响。这些会计假设和原则包括会计主体假设、会计分期假设、持续经营假设、及时性原则、权责发生制原则、配比原则、相关性原则、历史成本原则、稳健性原则，等等。通过这样的分析，我们不仅可以知道应该怎么做，而且还可以知道为什么要这样做。

"抽象问题具体化"是会计账户设置的表面原因，而其根本的原因就是资金运动受会计假设和会计原则的影响，从中我们可以得出会计工作最重要的目的和首要的任务就在于分析并控制企业的资金运动。

三、电子信息技术和多媒体教学手段是资金运动会计理论发展的重要技术支撑

电子信息技术和多媒体教学手段的使用是资金运动会计理论重获新生的重要前提条件和重要的外部生存环境。

资金运动会计理论的研究离不开对资金运动流程的动态模拟、分解和集合等。在借助于电子信息技术和多媒体的情况下，该理论的研究变得更加方便、更加灵活、更加高效。

在会计核算教学时，如果应用资金运动会计理论来讲授企业经济业务所引起的资金运动，就必须在黑板上对资金运动流程图进行板书。板书不仅工作量巨大，而且还有很多负面影响：由于资金运动的连贯性和经济业务的复杂性，以及受黑板版面和老师书写不规范的限制，导致用资金运动会计理论来讲授会计核算的教学效果大大降低，严重阻碍了资金运动会计理论的推广。

随着教学手段的不断提高，电子信息技术和多媒体的广泛使用，以前在讲授资金运动会计理论时碰到的很多难题现在都已迎刃而解了。通过电子信息技术和多媒体教学手段，一个复杂的资金运动流程图，我们可以把它完整、连续、清晰、一目了然地呈现在学生面前。这种教学手段一方面大大地提高了教学效果和教学效率，另一方面又大大地提高了学生对企业整个资金运动的整体把握度和控制度，对企业整个经济业务乃至整个经营活动的整体把握度和控制度，而不仅仅是局限于一笔笔零散的、琐碎的经济业务及其所引起的资金运动。

第三章　资金运动会计理论应用性创新研究

本章主要是在借鉴会计前辈对资金运动会计理论研究取得的成果基础上，对资金运动会计理论在应用方面所作的进一步研究和发展。本章的内容主要由两部分构成：资金运动会计理论应用性创新的基础性理论研究和资金运动会计理论应用性创新的具体应用研究。资金运动会计理论应用性创新的基础性理论研究主要包括本章的前三节。这三节主要研究了资金运动会计理论应用的基础理论，包括会计对象、资金运动与会计平面模型的提出，会计账户与复式记账的分析，企业资金运动的综合分析和动态会计要素的分析四部分。资金运动会计理论应用性创新的具体研究内容主要包括本章的第四节到第十三节。这十节主要是从资金运动的角度对企业实际发生的各种经济业务进行研究与分析。这部分内容既是对资金运动会计理论的应用研究，同时，又反过来证明资金运动会计理论在实务中具有完全的可操作性与可应用性。

整个资金运动会计理论的应用研究全部建立在本书所提出的“会计平面模型”之上。

第一节　资金运动会计理论应用性创新基础理论研究

一、会计对象、资金运动与会计平面模型假设

（一）会计对象

资金是以货币表现，用来进行周转，满足人们创造社会物资财富和进行经济行为需要的价值。资金运动是指特定会计主体由于经济活动所引起的相关价值运动。资金运动具体表现为资金的投入、分配、耗费、收回（包括补偿与增值）以及退出等形式。会计的一般对象是社会再生产过程中的资金运动。企业、行政事业单位的会计对象则是每一独立核算单位的资金运动。本书仅论述企业单位的资金运动。

（二）会计平面模型假设的提出

为了使抽象的资金运动具体化，以便更好地研究资金运动及其规律，本书提出了会计平面模型假设。借助于会计平面模型，就可以全程模拟企业经济业务所引起的资金运动，进而把深奥的会计理论和复杂的会计实务操作用最简单、最通俗易懂的语言与图形形象生动地描绘出来，使这些会计理论和实务操作不仅仅是一种观念上的活动，更是一种随处可见的、看得见摸得着的有形实体运动。会计平面模型假设如图 3－1 所示。

会计平面模型的涵义是这样的：假定开公司、办企业是在一个平面上进行，企业的经济活动就围绕这个平面展开，相当于这个平面就是企业经济活动的空间范围。在公司成立之前，这

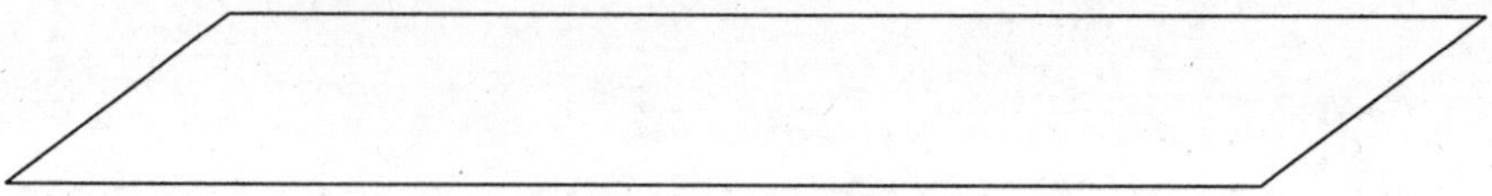

图 3－1　会计平面模型

块平面上什么都没有，没有突出在平面之上的土堆，也没有下陷在平面之外的土坑，平面之上和平面之外各处都是平平整整的。开公司，就相当于想在这个平面上进行各种操作活动，因此首先得从平面之外的某一个地方取一些土，放到这个平面之上。这样，平面之上就有了一个土堆，而在平面之外的某一个地方，就会在原有的基础上产生一个土坑。在这里，以土代表资金。一旦开始进行生产经营，就得进行储备、生产和销售活动。这就好像把已经放在平面之上的土，分布到各种形态上，并进行相互之间的转化，即把一个个土堆分成更小的土堆，并把这些小土堆上的土根据需要进行搬动。最后如果公司不干了，就相当于把平面上的土又放回原来的地方。这时，平面之上就没有了突出的土堆，土堆被填回到土坑之中，从而使得平面之外的土坑也都填平了，这时平面之上和平面之外又恢复到了最初没有办公司时的状态。

会计平面模型与会计主体假设有非常密切的关系，该模型就是根据企业的会计主体假设提出来的。

会计主体又称为会计实体、会计个体，是指会计信息所反映的特定单位或组织，它规范了会计工作的空间范围。会计主体是指会计工作为其服务的特定单位或组织。会计主体假设的基本含义为：企业（无论其组织方式是独资、合伙或公司）在会计概念上都是作为一个独立于业主之外的经济实体，拥有自己的资产，亦负有本身的债务，独立负责一切业务行为。

在会计主体的前提下，会计核算应当以企业发生的各项交易或事项为对象，记录和反映企业本身的各项生产经营活动。明确了会计主体，才能划分会计所要处理的各项交易或事项的范围。在会计核算工作中，只有那些影响企业本身经济利益的各项交易或事项才能加以确认和计量。明确了会计主体，才能将会计主体的经济活动与会计主体所有者的经济活动区分开来。会计只是对涉及会计主体范围内的经济活动进行反映、控制和监督。

一般来说，会计主体不一定是法律主体，但法律主体往往是会计主体。例如，一个企业作为一个法律主体，应当建立会计核算体系，独立地反映其财务状况、经营成果和现金流量。但会计主体不一定是法律主体。例如，企业集团的母公司同时拥有若干子公司，企业集团在母公司的统一领导下开展生产经营活动。母子公司虽然是不同的法律主体，但为了全面反映企业集团的财务状况、经营成果和现金流量，就有必要将该企业集团作为一个会计主体，编制合并会计报表。

会计主体假设限定了会计工作的“空间范围”。为了能全面模拟企业的资金运动，我们将会计主体的“空间范围”通过一个有形的实体来模拟。

（三）资金运动在会计平面模型上的模拟

企业的资金运动归纳起来有四种情况：资金从外部流入企业，资金在企业内部循环与周转，资金退出企业以及资金的各种来源之间的相互转化。

1. 资金进入企业

开公司、办企业，首先得有本钱，有一定的资本，才能把公司成立起来，并为其正常的生产经营活动打下基础和提供条件。

从会计平面模型上看，开公司、办企业就好像在这个平面之上进行各种操作活动。但企业首先得有操作对象——“土”。为了获得操作对象，首先得从平面之外取一部分土，放到这个平面上。其结果是一部分土从平面之外的某个地方被挖来，然后移到平面上，从而在平面上形成一个突出的土堆（如图 3－2 中土堆 A）；而被挖的地方就在原来的基础上形成了一个土坑（如图 3－2 中土坑 a）。其具体的资金流动如图 3－2 所示。

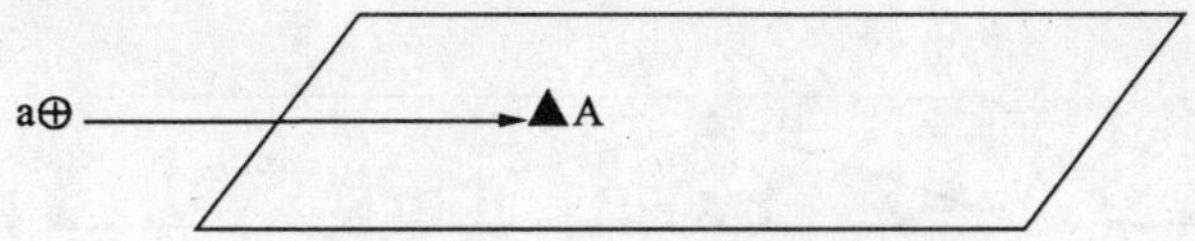

图 3－2　资金进入企业

注：为了方便讲解，在模型中用“⊕”来表示在平面之外的土坑，用“▲”来表示平面之上的土堆，用“土”来表示资金，箭头表示资金运动的流向。

土从 a 处移到平面上，形成一个土堆 A，就似资金从外部流入企业。当然，办公司其资金来源渠道可能有许多。从会计平面模型的角度看，土可以从平面之外的很多地方取得。这样，由于被取了土而在原有的基础上变为土坑的地方就可能不止一个，而是几个或很多个。这些深浅不同的土坑就是平面上土堆的各种不同的来源渠道。此外，投资者投入到企业的资金具体的存在形态可能有多种，如以货币、实物和非实物形态的无形资产等。从会计平面模型上看，从各个地方取来的土，有的可能放在一起，有的可能没有放在一起，这样，平面上可能就有许多大小各不相同的土堆，这大大小小的土堆就代表投资者投入到企业的资金的各种存在形态。上面所谈到的资金从外部流入企业是指企业成立时的最初状况。实际上，公司成立以后，也可能根据自身需要从外部筹措资金，也会引起资金从外部流入企业。这和企业开办时筹集资金没有差别。只是中途筹集资金时，原有的平面上已有了许多大大小小的土堆，平面之外也已有了许多深浅不同的土坑。现在由于筹措资金，又会使平面上土堆的数量增加或土堆的体积增大，同时也会使水平面之外的土坑数量相应地增加或土坑的深度相应地加大。也就是说，企业可能有很多不同来源的资金进入企业，其在企业的存在形态可能也各不相同。这样，会计平面模型就如图 3－3 所示。

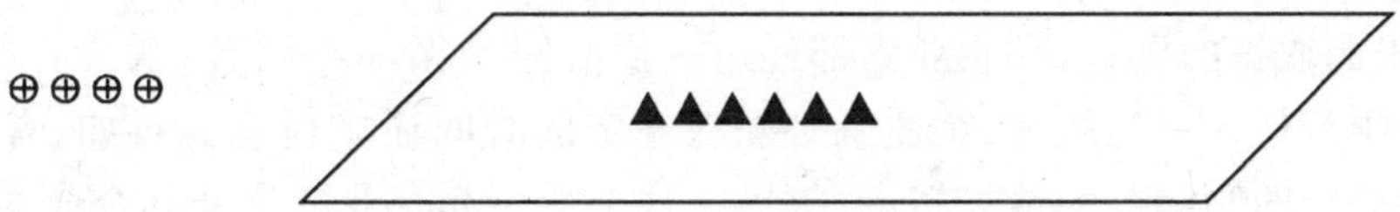

图 3－3　资金进入企业后的状态

2. 资金在企业内部循环与周转

企业有了一定的资本之后，就可以从事各种经济活动。以工业企业为例，随着储备、生产和销售三个阶段经营活动的发生，经营资金也相应地随之改变其存在形态，表现为资金的循环与周转。

工业企业的供应过程是企业生产的准备阶段。为了生产的正常进行，企业必须拥有劳动者（如工人）、劳动对象（如原材料）和劳动工具（机械、厂房）等。为了获得这些必需的条件，企业的货币资产就有可能转化为其他的各种存在形态。这就是资金在时间上的并存性。从会计平面模型上看，所谓储备阶段，就是把从各个地方取来的放在平面上的一大堆土，分散为许多大小不同的小土堆(如图 3-4 的 B,C,D)，所分成的不同的小土堆都代表不同的含义，即代表不同的资金存在与分布形态。分成多少个土堆以及各个土堆各有多大，都必须合理规划，精心配置，以达到最佳的资金分布结构。其结果就是原有的一个很大的土堆(如货币资金)的体积变小，而与此同时，平面上又多了许多大大小小、各不相同的小土堆。其资金运动流程如图 3-4 所示。

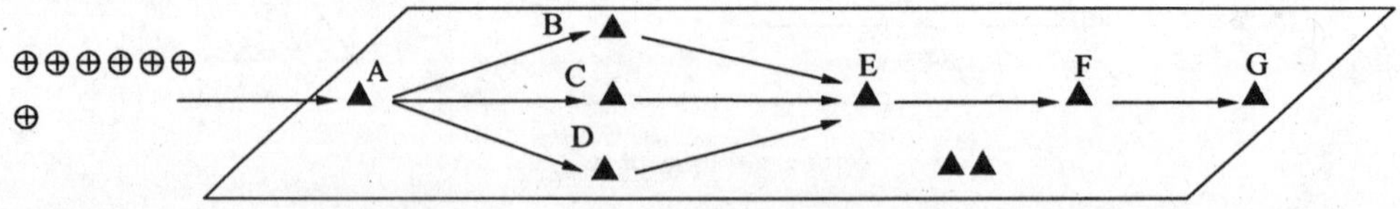

图 3-4　资金在企业内部循环与周转

在企业的生产经营活动中，以各种形态存在的资金不断地发生相互的形态转化，这就是资金在时间上的继起性。具体来讲，从各个来源渠道取得的货币资金等，通过各种储备活动，转化为各种储备资产形态；在进行生产时，原材料、机械、劳动力等资金形态转化为生产资金；生产完工，生产资金形态转化为成品资金形态；通过销售，成品资金转化为货币资金；货币资金又可以进行各种储备购买活动，从而引起资金形态的不断转化。即货币资金──→储备资金──→生产资金──→成品资金──→货币资金。

从会计平面模型上看，通过储备阶段，平面上的一大堆土被分成了许许多多大大小小各不相同的小土堆；在生产阶段(即加工过程)，就好像从各个小土堆中取一部分土堆放在一起(即生产资金，如图 3-4 中 E)进行加工操作，从而形成一个新的土堆；加工好后，把这个已经加工完毕的土堆从加工场所搬到平面上的另外一个专门堆放成品的地方(即成品资金，如图 3-4 中 F)，等待销售；经过销售，实现等价交换，把代表已完工产品的土堆卖给别人，获得一个新的土堆(即货币资金，如图 3-4 中 G)。其运动的结果是，随着土在不同的土堆之间转移，转出的土堆的体积减少，而转入的土堆的体积会等量地增加。

3. 资金退出企业

从一定来源取得的资金，在企业内部经过一段时间的循环与周转，就会有部分退出企业。例如：企业向银行借入一笔款项，企业就必须在规定的时间还本付息。再如：有的投资者收回投资，以及将获得的利润分配给投资者，等等。这都会引起企业的资金从企业的生产经营过程中退出，从而引起企业营运资金的减少。从会计平面模型上看，这个过程就是平面上代表资金的一部分土堆移到平面之外的某一个土坑之中。其具体运动流程如图 3-5 所示：土从 A 土堆处移到 a 土坑之中。其运动的结果是，平面上由于有一部分土被搬运走，从而引起土堆体积甚至土堆个数的减少；与此同时，平面之外的某个土坑由于土的移回而被填平或变浅。

资金从企业退出的形态可能有多种，如有的以货币形态，有的以实物形态，等等。同样，在"会计平面模型"中从平面上移走的土可能取自于含义各不相同的许多土堆。同时，也正如资金退出企业，有的可能因为债务而偿付给了债权人，有的以税金的形式给了国家，有的以股息的形式支付给了投资者等一样，从平面上移出的土也可能移到平面之外许多深浅不一的土坑

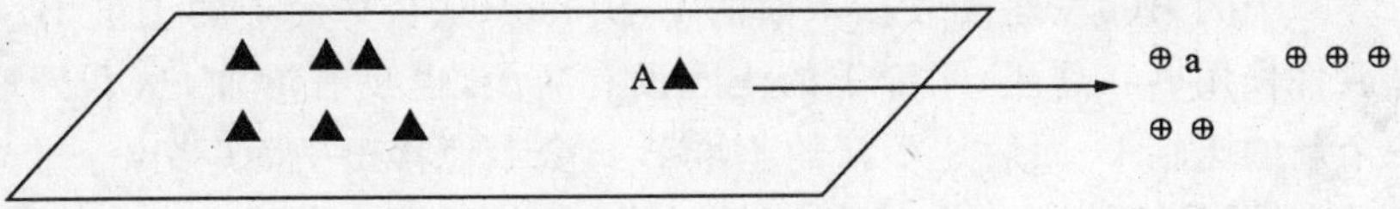

图 3-5　资金退出企业

之中，这既可能引起平面上一个或几个土堆的体积(甚至个数)的减小(减少)，也可能相应地会引起平面之外一个或几个土坑变浅甚至完全被填平。

如果被清算解散，企业的资金就会全部退出企业。从会计平面模型上看，所谓企业解散，就是把平面上的所有土都搬走，去填平平面之外的所有土坑。其资金流向就是由平面上的一个个土堆移到平面之外的各个土坑之中。其运动的结果可以从两个方面来理解，从平面上来看，土堆没有了，平面变平整了，这原本拥有大大小小的土堆的场所现又恢复到开办公司前的状态；从平面之外来看，原有的深浅不一的土坑现在都被从平面上移来的土填平，平面之外也恢复到了开办公司前的状态。由于公司的解散，这里的一切都恢复到原有的状态，就好像在这块平面上和平面之外什么都没有发生一样，如图 3-6 所示。

图 3-6　资金全部退出企业

4. 资金来源渠道之间相互转化

企业资金的来源渠道有很多种，它们之间可以相互转化。如向银行申请借款去偿付拖欠的购货款，发行新的国库券去偿付已经到期的国库券等，这就是人们常说的“借新债还旧债，拆东墙补西墙”。在这种情况下，旧的资金来源渠道被新的资金来源渠道所取代，但并未引起企业经营资金的实际变化。

从图 3-7 的会计平面模型上看，平面上有一个土堆 A，它的来源渠道就是平面之外的 a 土坑。现在要通过从新的资金来源渠道筹集资金来偿还旧的资金来源渠道，怎样才能使之转化为现实呢？唯一的解决方法就是从 b 处取一部分土，搬到平面上放到 B 处(如图 3-7 第①段表示的资金运动)，这时就会在 b 处出现一个新的小土坑(即代表新的资金来源渠道)，然后再把刚搬到平面之上的土移到平面之外的 a 处，去填平 a 处的小土坑(如图 3-7 中第②段表示的资金运动)。为了填平 a 处的土坑，就必须从 b 处取得等量的土，这样 a 处原本的土坑就又恢复到原来的平面状况(即土坑被填平)。其具体运动如图 3-7 所示。

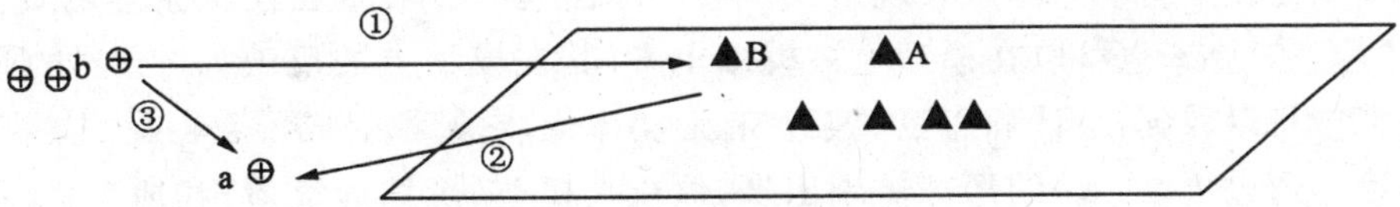

图 3-7　资金在企业外部周转

从图 3-7 可以看出，要完成这一笔经济业务，资金经过了两次运动，首先是第①段运动，然后是第②段运动。实际上可以把这两次运动简化为一次，即直接从 b 处取土来填平 a 处的小土坑，即图 3-7 中的第③段运动。在上面的①②段运动中，平面上的土堆 B 实际上只起了一个临时的过渡性作用。在这里，平面上的土既没有减少，也没有增加，从 b 处取来的土放在平面上形成一个新的土堆 B，而后这个新的土堆 B 又全额地移出平面（移出企业），去填平土坑 a。土最终从土坑 b 移到土坑 a 并使 a 被填平或被填浅。所以，撇开平面上土堆的这种暂时的过渡性作用不看，就可以理解为土直接从 b 处被挖出并移到了 a 处。其运动结果就是，原先平面之外 a 处的土坑被填平或被填浅；但与此同时，在平面之外 b 处又出现了一个新的与 a 处土坑所减少的体积完全相等的土坑。旧的资金来源渠道转化为新的资金来源渠道，其实际土的流向（即资金流向）却是从一个新地方挖土（从而在此形成一个新的土坑），把它移到原有的旧土坑中（从而使旧的土坑被填平或填浅）。

会计的对象就是资金运动，就是要核算和监督资金流入企业，资金在企业内部循环与周转，资金流出企业以及各种来源渠道的相互转化。从会计平面模型上看，就是要核算和监督土从平面之外移到平面上，平面上的土堆形态发生变化，从一个土堆转移到另一个土堆，土从平面上移出到平面之外的土坑之中以及平面之外的各个土坑之间的相互转化。从静态的角度来看，会计的对象就是核算和监督资金的各种来源渠道以及存在形态；从会计平面模型上看，就是核算和监督某一时刻平面上的高低不同、含义各异的土堆以及平面之外的深浅不一的各个土坑。

二、会计要素与会计账户

（一）会计要素

1. 会计要素的概念

所谓会计要素，是指会计对象的基本内容，即对会计对象的基本分类。企业的会计对象概括为企业的资金运动。企业资金运动有两种表现形式，即静态表现和动态表现。所谓静态表现是指资金相对静止状态下的表现形式，即在某一特定时点，企业有多少资金，这些资金从哪里来的（即负债和所有者权益），又用到哪里去了（即资产），其具体表现为资产、负债和所有者权益三要素，亦可称为静态三要素。资金运动的动态表现为资金的循环与周转，具体表现为收入、费用、利润三要素，亦可称为动态三要素。在本节只涉及资产、负债和所有者权益三个资金运动静态要素，而收入、费用和利润三个资金运动动态要素则在本章第三节介绍。

2. 会计静态三要素

（1）会计静态三要素在会计平面模型上的反映。会计对象是资金运动，资产、负债和所有者权益三要素是资金运动的静态表现形式。会计平面模型能够全程模拟企业的资金运动，相应地，会计静态三要素也可以在模型上被模拟出来，其在模型上的反映如图 3-8 所示。从会计平面模型中可以看到，会计静态三要素被有形实体化，它们都变成了看得见、摸得着的实体，资产在模型上通过土堆（▲）的形态体现出来，债权人权益（简称为负债）和所有者权益则通过土坑（⊕）的形态体现出来。

（2）会计静态三要素的关系。对于“资金 100 万”这个概念，如果要深入理解，就必须弄清楚其来龙去脉：一方面，资金从哪里来的，这涉及所有者权益和债权人权益；另一方面，资金用到哪里去了，这涉及到资产。所以，资产、负债和所有者权益实际上是对同一对象从不同的角

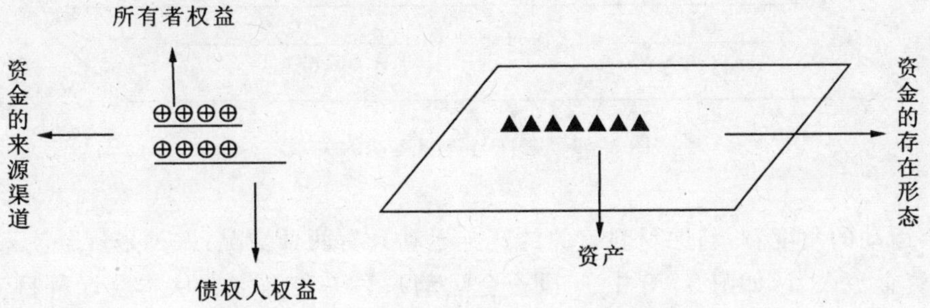

图 3-8　会计静态要素在模型上的反映

度进行理解，因而，它们之间存在如下的数量关系：资产＝负债＋所有者权益，这种数量的平衡关系在会计平面模型上表现为：Σ 土堆体积 ＝ Σ 土坑容积。该等式又称为静态会计方程式，它除了体现一种数量关系外，还体现了一种经济关系。从经济关系的角度上看，“资产－负债＝所有者权益”是正确的，因为它反映了债权人的利益优先得到保护，反映了所有者权益实际上是一种剩余的权益，而“资产－所有者权益＝负债”等式则是错误的，它违背了一般的经济常识。

会计方程式所反映的数量关系和经济关系是会计学中极为重要的内容，它是设置账户、建立复式记账、建立资产负债表和利润表的基本依据。

(二)会计账户的结构

为了系统反映、监督纷繁复杂的会计对象，就必须采用一定的形式对会计对象进行分类。会计科目就是对会计对象的具体内容进行科学分类的项目。会计科目实际上包括两方面含义：一方面是对会计要素进行分类，涉及到分类的标准和分类的详细程度；另一方面是给分类的项目取一个规范的名字。从会计平面模型上看，所谓会计科目就是给模型上的土堆和土坑分别取一个名字。

设置账户是对会计对象的具体内容进行科学分类、反映和控制的一种方法。会计账户与会计科目的关系非常密切，会计账户是根据会计科目设置的，但会计账户的内容比会计科目要丰富，它不仅是对会计要素的分类，而且还要对所有特定分类的数量增减变化进行反映、控制和监督。从本质上讲，会计科目只是一个名字，而会计账户是一个档案。

1. 会计账户的基本结构

为了在账户中记录各项经济业务，账户要有一定的结构。而要知道账户的结构，首先就必须弄清楚会计账户要记录的内容。

以原材料为例，其账户记录的内容应包括以下几个方面：首先，上期原材料是否有节余(即期初余额)；其次，本期原材料入库了多少(即本期增加额)；再次，本期原材料被领用了多少(即本期减少额)；最后，本期期末还有没有剩余(即期末余额)。这四个方面的内容可以归为两大类：一类是本期发生额，包括本期增加发生额和本期减少发生额；另一类就是余额，包括期初余额和期末余额。

发生额和余额又是怎样产生的呢？以原材料为例，在会计平面模型上，与原材料有关的资金运动流程如图 3-9。

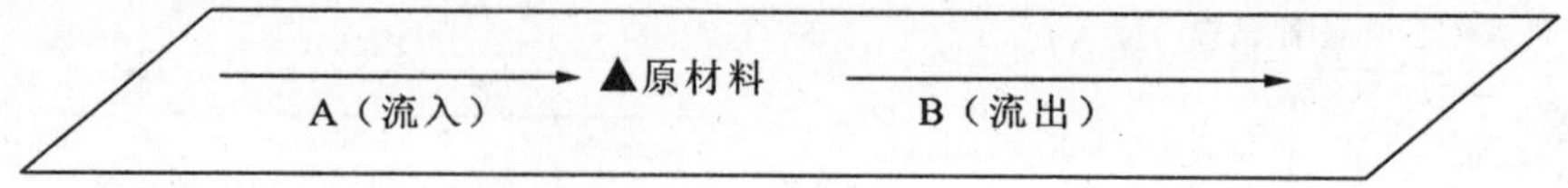

图 3-9　账户与资金运动的关系

从资金运动的角度看，与原材料有关的资金运动只有两种情况：一种是资金流入到本会计科目中（即资金流入量，如图 3-9 中 A 段资金运动）；另一种是资金从本会计科目流出（即资金流出量，如图 3-9 中 B 段资金运动）。正是由于本会计科目的资金流入量和资金流出量，才引起本会计科目的资金发生增减变化，并由此而产生余额（资金流入量与流出量之差）。所以，本期发生额就是指本会计科目本期资金的流入量（如图 3-9 中 A 段）和本会计科目本期资金的流出量（如图 3-9 中 B 段）；余额就是指本会计科目流入量与流出量之差而产生的存量（或差额）。而余额是资金流入量与流出量之比较的结果，是在流入与流出这两个运动过程中自然而然形成的，因而只要知道流入量和流出量，就可以知道余额。所以，从资金运动的角度来看，账户记录的内容就是要记录资金流入量和流出量两个方面的内容。不仅原材料账户如此，所有的会计账户都是如此。

相应的，为了全面、清楚地反映和监督企业的资金运动，在每个账户中，都应该分开登记资金的流入量和流出量，这就形成了账户的基本结构。账户的格式分为左、右两个部分，左边部分记录资金流入量，右边部分记录资金流出量。把账户的基本结构具体做成固定格式，又产生了账簿中的账页。

为了记录的方便和规范，把会计账户中记录资金流入量和资金流出量的两个部分分别用一个统一的代码来表示。习惯上，会计账户中记录资金流入量的部分（即左边）用“借”来表示，记录资金流出量的部分（即右边）用“贷”来表示。这样，流入某一会计科目的资金量，就在该会计账户的“借方”（左边）登记，并称之为“借方发生额”；流出某一会计科目的资金量，就在该会计账户的“贷方”（右边）登记，并称之为“贷方发生额”；余额就是借方记录总金额与贷方记录总金额之差。

运用借贷记账法在账户中登记业务时，凡是记入账户借方的账项称借项，记入账户贷方的账项称为贷项。每个账户的借方和贷方在一定时期内所登记的金额合计称为本期发生额合计。每个账户的借方金额和贷方金额相抵后的差额称为余额。

2. 会计静态三要素账户的结构分析

会计账户的“借方”（左边）登记资金的流入量，“贷方”（右边）登记资金的流出量。从资金数量的角度看，会计账户登记资金的增加额和减少额。资金运动与资金增减变化之间是什么关系呢？

（1）资产类账户（▲）资金增减与资金运动的关系分析（图 3-10）。发生 A 段运动时，资金为流入量，记在其“借方”，在模型上反映该土堆（▲）体积的增加，反映甲账户资金数额的增加，即资产类账户借方反映增加；发生 B 段运动时，资金为流出量，记在其“贷方”，在模型上反映该土堆（▲）体积的减少，反映甲账户资金数额的减少，即资产类账户贷方反映减少；该土堆有余额一般是由流入量所引起，表示该土堆还有一定的体积，即资产类账户的余额一般在“借方”。

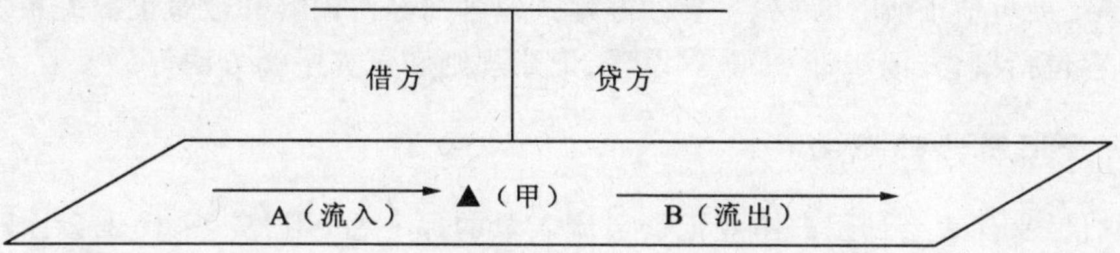

图 3-10　资产类账户的结构与资金运动的关系

(2)负债类账户(⊕)资金增减与资金运动的关系分析(图 3-11)。发生 A 段运动时,资金为流入量,记在其“借方”,在模型上反映该土坑容积(⊕)的减少,反映乙账户资金数额的减少,即负债类账户借方反映减少;发生 B 段运动时,资金为流出量,记在其“贷方”,在模型上反映该土坑(⊕)容积的增加,反映乙账户资金数额的增加,即负债类账户贷方反映增加;该土坑有余额一般是由流出量所引起,表示该土坑还有一定的容积,即负债类账户的余额一般在“贷方”。

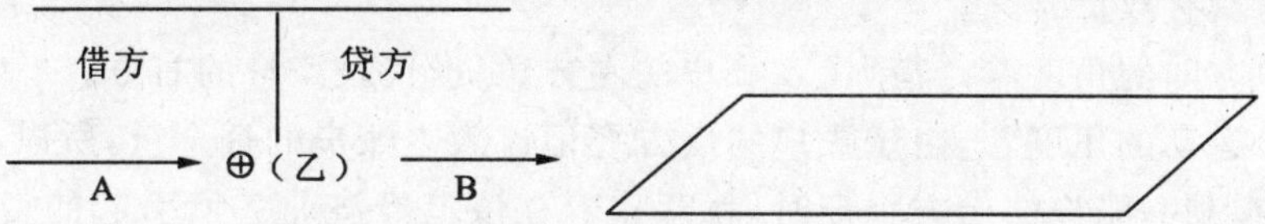

图 3-11　负债类账户的结构与资金运动的关系

(3)所有者权益类账户(⊕)资金增减与资金运动的关系分析(图 3-12)。发生 A 段运动时,资金为流入量,记在其“借方”,在模型上反映该土坑容积(⊕)的减少,反映丙账户资金数额的减少,即所有者权益类账户借方反映减少;发生 B 段运动时,资金为流出量,记在其“贷方”,在模型上反映该土坑(⊕)容积的增加,反映丙账户资金数额的增加,即所有者权益类账户贷方反映增加;该土坑有余额一般是由流出量所引起,表示该土坑还有一定的容积,即所有者权益类账户的余额一般在“贷方”。

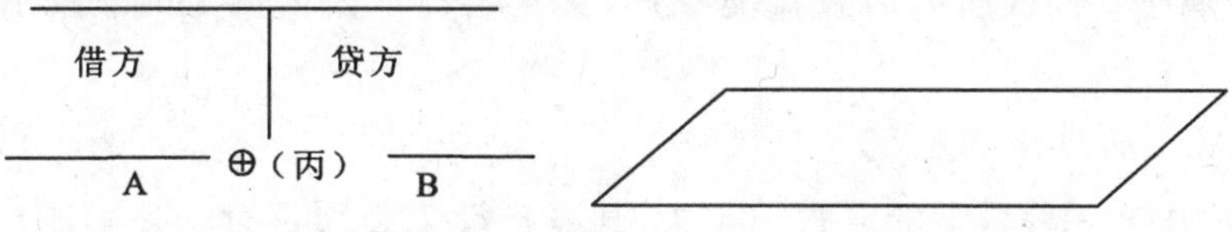

图 3-12　所有者权益类账户的结构与资金运动的关系

三、借贷记账法

企业的每一笔经济业务都会引起资金运动,而资金运动必然涉及资金的流向(即资金运动的起点和终点)、流量和流速三个要素。复式记账法就是要对每一笔经济业务所引起的资金运动的流向、流量和流速(也就是资金运动的来龙去脉)进行全面反映、控制和监督的一种专门方法。

复式记账是一种科学的记账方法。借贷记账法是世界各国普遍采用的复式记账法,其理论依据是“资产＝负债＋所有者权益”会计方程式包含的经济内容和数学恒等关系。借贷记账法的基本内容包括概念、记账符号、账户设置、记账规则和试算平衡方法等。

(一)借贷记账法的概念

如果用“借”来代表会计账户中登记资金流入量的那一栏，用“贷”来代表会计账户中登记资金流出量的那一栏，那么，这种复式记账方法就是借贷记账法。因此，借贷记账法是以“借”和“贷”作为记账符号，对每一笔经济业务所引起的资金运动的流向、流量和流速同时进行反映、控制和监督的一种复式记账法。

(二)借贷记账法的基本内容

1. 借贷记账法的记账符号

借贷记账法的记账符号是“借”和“贷”。“借”“贷”符号在借贷记账法发展初期具有直接含义，“借”表示“应该给我的”，“贷”表示“我应该给的”；之后，“借”“贷”含义发生了变化，成为一种抽象的符号，具有双重含义。

(1)从账户方向的角度看，“借”代表账户的左方，“贷”代表账户的右方。

(2)从资金运动的角度看，由于账户的借方登记流入本账户的资金量，所以，如果发生一笔经济业务需要在某一账户的借方登记时，就意味着在该笔经济业务所引起的资金运动过程中该账户位于资金运动的终点；同样，由于账户的贷方登记从本账户流出的资金量，所以，如果发生一笔经济业务需要在某一账户的贷方登记时，就意味着在该笔经济业务所引起的资金运动过程中该账户位于资金运动的起点。

(3)从账户资金数量的增减变化的角度看，对于资产类账户而言，“借”表示其资金量的增加，“贷”表示其资金量的减少；对于负债和所有者权益而言，“借”表示其资金量的减少，“贷”表示其资金量的增加。

(4)从账户余额的角度看，如果某一个账户有“借方”余额，一般情况下，该账户属于资产类账户，其在会计平面模型上的表现形式是一个土堆(▲)；如果某一个账户有“贷方”余额，一般情况下，该账户属于负债或所有者权益类账户，其在会计平面模型上的表现形式是一个土坑(⊕)。

2. 借贷记账法的账户设置

借贷记账法作为一种科学的复式记账法，其账户设置必须具有一整套账户的体系。以工业企业为例，采用借贷记账法，不仅要设置反映经营资金运动静态表现的资产、负债和所有者权益账户，而且要设置反映经营资金运动动态表现的费用成本和收入账户。此外，由于有的会计具体对象的性质是不确定的，时而是负债性质(即该账户的余额在贷方)，时而又成为资产性质(即该账户的余额在借方)，为了客观地反映这种经济业务，在借贷记账法下，还需要设置一类共同性账户，比如“其他往来”“内部往来”等账户。

3. 借贷记账法的记账规则

企业的经济业务可能纷繁复杂，但其所引起的资金运动归纳起来却只有四种类型：第一种是资金进入企业；第二种是资金在企业内部循环与周转；第三种是资金退出企业；第四种是资金来源渠道之间发生相互转化。为了弄清楚借贷记账法的记账规则，就必须分析这四种资金运动，从中找出资金运动的规律，揭示借贷记账法的实质。

(1)资金进入企业。这类资金运动，其起点表明资金从外部流入而形成的资金来源渠道的增加；终点表明资金流入企业后以某种资金存在形态存在，是企业资产的增加。

例 1：某企业向银行申请短期借款 100 000 元，款项已存入银行。其资金运动流程如图 3－13 所示。

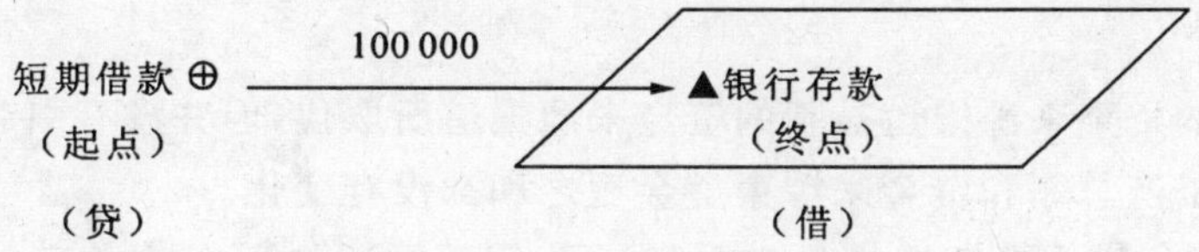

图 3－13　资金进入企业与账户的关系

向银行借入短期借款所产生的资金来源渠道称为“短期借款”(即平面之外土坑的名字)；企业放在银行用于结算的货币资金，称之为“银行存款”(即平面上某个土堆的名字)。在这笔经济业务所引起的资金运动中，短期借款位于资金运动的起点，资金从本账户流出，所以应该在该账户的贷方登记；银行存款位于资金运动的终点，资金流入到本账户，所以应该在该账户的借方登记。

(2)资金在企业内部循环与周转。这类经济业务表明，资金从某一种存在形态转化为另一种存在形态。起点反映因资金流出而减少的资金存在与分布形态，终点反映的是因资金流入而增加的资金存在形态。

例 2：企业从银行提取 10 000 元的现金备用。其所引起的资金流程如图 3－14 所示。

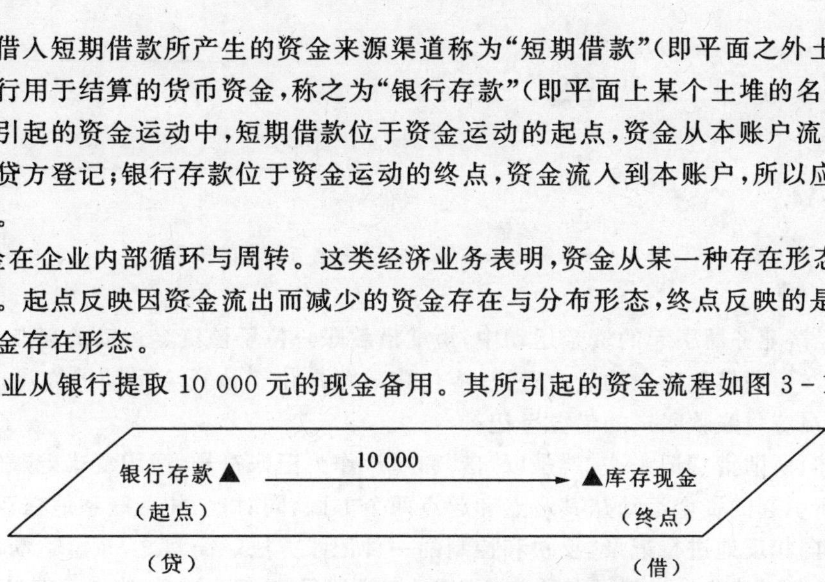

图 3－14　资金内部循环与账户的关系

在这笔经济业务所引起的资金运动中，银行存款账户位于该资金运动的起点，资金从本账户流出，应该在银行存款账户的贷方登记；库存现金账户位于该资金运动的终点，资金流入到本账户，应该在库存现金账户的借方登记。

(3)资金退出企业。这类经济业务表明资金以某一种存在形态流出企业，冲销原有的某一种资金来源渠道，是企业资金来源渠道的减少。起点反映的是因资金流出而减少了资金量的某一种资金存在与分布形态，是资金存在与分布形态的减少；终点是因资金流入而被冲销(或冲减)的某一种资金来源渠道，是资金来源渠道资金量的减少。

例 3：企业以存款偿还长期借款 100 000 元。其资金运动流程如图 3－15 所示。

在这笔经济业务所引起的资金运动中，银行存款账户位于该资金运动的起点，资金从本账户流出，应该在银行存款账户的贷方登记；长期借款账户位于该资金运动的终点，资金流入到本账户，应该在长期借款账户的借方登记。

(4)企业资金来源渠道的相互转化。这类经济业务引起的资金运动表明，企业资金的来源

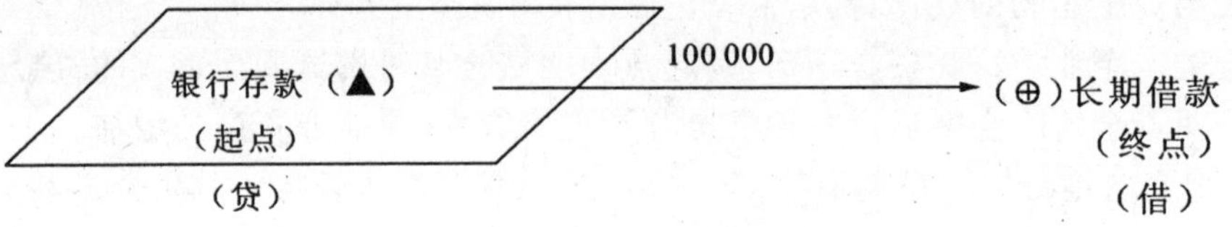

图 3－15　资金退出企业与账户的关系

渠道发生变化，旧的资金来源渠道被新的资金来源渠道所取代，但并没有引起企业现有资产发生变化，即企业的资产总额和资金来源渠道金额之和都没有变化。

例 4：企业向银行借入短期性借款 200 000 元，用于偿还购买 A 企业应付未付的材料采购款。这笔经济业务反映的是新的资金来源渠道取代旧的资金来源渠道。其资金运动流程如图 3－16 所示。

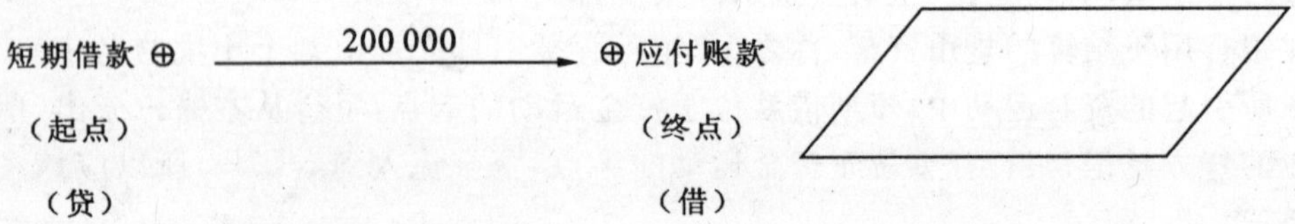

图 3－16　资金来源渠道相互转化与账户的关系

在这笔经济业务所引起的资金运动中，短期借款账户位于该资金运动的起点，资金从本账户流出，应该在短期借款账户的贷方登记；应付账款账户位于该资金运动的终点，资金流入到本账户，应该在应付账款账户的借方登记。

综上所述，所谓借贷记账法，就是以“借”和“贷”作为记账符号，运用复式记账原理，对每一笔经济业务所引起的资金运动从其终点和起点两个方面，同时地、相互联系地在双方会计账户中等额地、方向相反地进行记录、反映和控制的一种记账方法。简言之，资金运动，终点用“借”反映，起点用“贷”反映。这样就得出了借贷记账法的记账思路：资金运动，终点记借，起点记贷。

任何一笔经济业务必然引起资金发生运动，总有起点和终点；资金运动有起点就一定有终点，有终点就一定有起点，二者是资金运动不可分割的两个方面。资金运动的起点用“贷”来记录和反映，资金运动的终点用“借”来记录和反映。一笔资金运动，不可能只有起点而没有终点（即只有“贷”而没有“借”），也不可能只有终点而没有起点（即只有“借”而没有“贷”）。资金运动起点与终点的关系，从符号上看，就是“借”与“贷”的关系，即“有借必有贷，有贷必有借”。

一笔资金发生运动，起点位置上的资金总是全额地流转到终点位置上，即从一个地方流出的资金量总会全额地流到终点。也就是说，在一笔资金运动所引起的相关联的起点和终点中，起点的流出量总是等于终点的接受量。由于对起点的流出量是在起点账户的“贷方”登记，对终点的接受量是在终点账户的“借方”登记，因此，资金运动终点流量与起点流量的关系，就是“借方金额”与“贷方金额”的关系，即“借贷必相等”。

归纳上面的分析，就可以得出借贷记账法的记账规则：“有借必有贷，借贷必相等”。这样，在做会计分录时，就应遵循以下思路：每一笔经济业务的发生，首先必须搞清楚资金是如何运动的：起点账户和终点账户是谁，流量是多少，然后根据“终点为借、起点为贷”的记账思路对它们在会计账户中进行记录和反映。这样，在进行账务处理时，只须抓住一个中心——资金运动，两个基本点——起点和终点，就可以把一系列错综复杂的经济业务的头绪（即资金运动的来龙去脉）理得清清楚楚，做起账来自然就会得心应手。

四、会计方程式

（一）经济业务对会计方程式的影响

经济业务是反映资金运动的具体经济活动，它必然会引起会计要素的有关项目发生增减变化；会计方程式概括反映了会计要素之间的关系。因此，经济业务与会计要素、会计方程式存在着密切的关系。

假设企业在某一时刻的财务状况为：

资产（1 000 000）＝负债（400 000）＋所有者权益（600 000）

在此基础上，企业依次发生了以下经济业务。

1. 资金从外部流入企业

除了在企业开办阶段资金以最原始的投资形式流入企业之外，在企业正常的生产经营过程中，也同样会由于各种需要引起资金从外部流入企业。其结果是平面上就会在原有的基础之上增加一个新土堆（▲）（或者会使原有的某一个土堆体积变得更大）；与此同时，又会使平面之外在原有的基础之上增加一个新土坑（⊕）（或者会使原有的某一个土坑容积变得更大）。

例 1：企业向银行借入长期性贷款 400 000 元，款已存入银行。其资金流程如图 3－17 所示。

从图 3－17 可知，该资金运动引起 400 000 元的资金流入企业，并以银行存款的形式存在。这样，在平面上代表银行存款资金形态的土堆体积就会增加 400 000 元（即资产▲增加 400 000 元）。与此同时，在会计平面模型之外代表资金来源渠道的负债（长期借款⊕）的土坑的容积也相应地会增加 400 000 元。平面上土堆（▲）的体积与平面之外土坑（⊕）的容积同时等量地增加，并没有破坏会计方程式的平衡关系，即

资金运动前的状态：资产（1 000 000）＝负债（400 000）＋所有者权益（600 000）

资金运动过程状态：

资产（1 000 000）＋银行存款（400 000）＝负债（400 000）＋长期借款（400 000）
＋所有者权益（600 000）

资金运动结果状态：资产（1 400 000）＝负债（800 000）＋所有者权益（600 000）

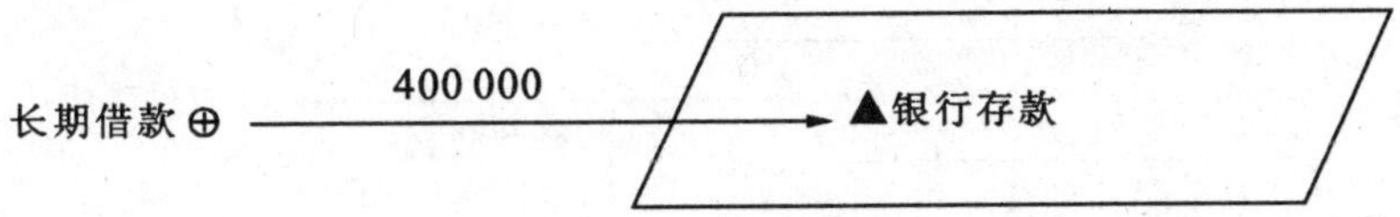

图 3－17　资金进入企业与会计方程式

从以上分析可知，该笔经济业务所引起的资金运动同时影响会计方程式的左右两边，使等式左右两边同时增加 400 000 元。其结果是造成企业资金来源渠道的增加（即平面之外的土坑的容积增加），企业资产的增加（即平面上可用的土堆体积增加），企业生产经营规模扩大（在其他条件都不变的情况下）。

2. 资金在企业内部循环与周转

这类经济业务引起资金形态之间发生相互转化，从一种资金存在形态转化为另外一种资金存在形态。

例 2：生产车间领用材料 250 000 元投入甲产品的生产，其资金流程如图 3－18 所示。

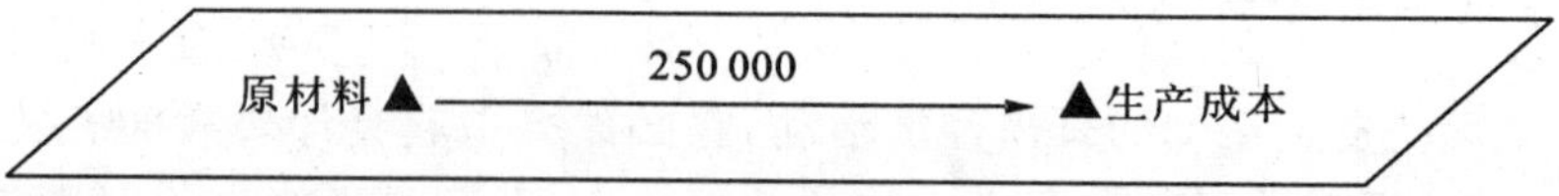

图 3－18　资金内部周转与会计方程式

在这笔经济业务中，以原材料形态存在的资金量减少了 250 000 元，而与此同时，这 250 000元的材料投入生产车间，并以生产成本的形态存在，致使另外一种资金形态——生产成本资金量增加了 250 000 元。这种变化只是不同资金存在形态之间的变化，即只是在不同资产间发生转化，对整个企业来说，该资金运动引起平面上的资产(▲)等额地一增一减，平面上总的资产量(▲)没有发生变化。其会计方程式仍然保持平衡，即

资金运动前的状态：资产(1 400 000)＝负债(800 000)＋所有者权益(600 000)

资金运动过程状态：

资产(1 400 000)－原材料(250 000)＋生产成本(250 000)

　＝负债(800 000)＋所有者权益(600 000)

资金运动结果状态：资产(1 400 000)＝负债(800 000)＋所有者权益(600 000)

从上面的分析可知，该笔经济业务所引起的资金运动实际上只影响了会计方程式的左边，只影响资产要素内部某些具体的存在形态的资金量的变化，并没有引起企业总的资产的增减(即只是资金在几个土堆之间发生相互转化而已)。企业资金总量未变，企业的生产经营规模没有变化(在其他条件不变的情况下)。

3. 资金退出企业

这类资金运动引起企业用资产(土堆▲)去偿还各种资金来源渠道(土坑⊕)，其结果是资产与负债或所有者权益同时等额地减少。

例 3：用银行存款去偿付以前的赊购款 80 000 元，其资金运动流程如图 3－19 所示。

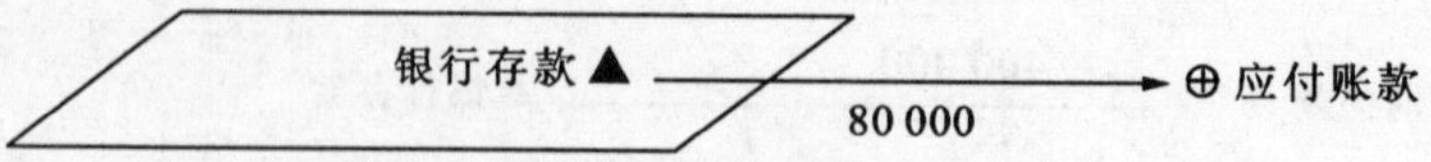

图 3－19　资金退出企业与会计方程式

从图 3－19 可知，平面上代表银行存款的土堆有 80 000 元流到平面之外应付账款这个土坑之中，从而引起平面上的土堆总体积减少 80 000 元；与此同时，平面之外的土坑也因为应付账款这个土坑被填入 80 000 元而使整个土坑的容积也相应地减少了 80 000 元，平面上土堆的体积与平面之外土坑的容积同时等额地减少，但仍然不破坏资产、负债和所有者权益之间的平衡关系，即

资金运动前的状态:资产(1 400 000)=负债(800 000)+所有者权益(600 000)

资金运动过程状态:

资产(1 400 000)-银行存款(80 000)=负债(800 000)-应付账款(80 000)

+所有者权益(600 000)

资金运动结果状态:资产(1 320 000)=负债(720 000)+所有者权益(600 000)

从以上分析可知,该经济业务所引起的资金运动同时影响会计方程式的左右两边,致使左右两边资金量同时等额减少。其结果,造成企业资产的减少(平面上可用的土堆总量减少),企业生产经营规模缩小(在其他条件不变的情况下)。

4. 资金来源渠道的相互转化

这类资金运动就是人们常说的“借新债还旧债,拆东墙补西墙”,其只涉及到企业各种资金来源渠道之间的相互转化,并没有影响企业资金的各种存在与分布形态,也没有影响平面上土堆的体积(即可用资产总量)的变化。

例 4:为了偿付一笔应付未付的购货款,企业开出一张 4 个月到期的银行承兑票据150 000元给材料供应方,其资金流程如图 3-20 所示。

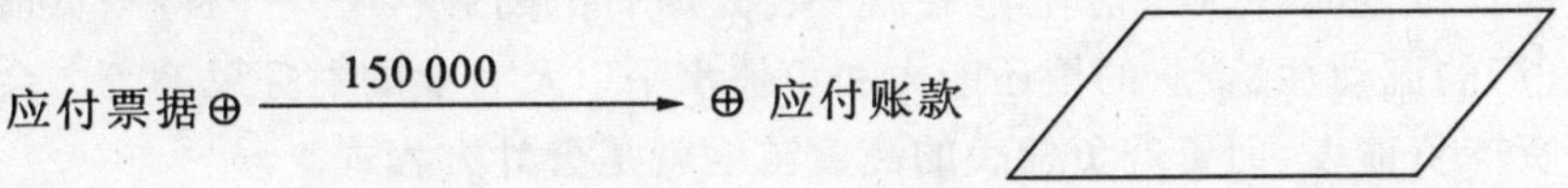

图 3-20 资金在企业外部周转与会计方程式

从图 3-20 可知,该资金运动引起 150 000 元的资金(土)从平面之外应付票据这个土坑之中流出,流转并填平(或填浅)应付账款这个土坑。其结果是平面之外又产生了一个新的容积为 150 000 元的土坑——应付票据;而与此同时,原有的一个旧土坑应付账款则因流入了150 000 元资金而被填浅或填平。平面之外土坑容积等量的一增一减,平面之外土坑的总体积没有发生变化,因而并没有破坏会计方程式的平衡关系,即

资金运动前的状态:资产(1 320 000)=负债(720 000)+所有者权益(600 000)

资金运动过程状态:

资产(1 320 000)=负债(720 000)+应付票据(150 000)-应付账款(150 000)

+所有者权益(600 000)

资金运动结果状态:资产(1 320 000)=负债(720 000)+所有者权益(600 000)

从上面分析可知,该经济业务所引起的资金运动只影响会计方程式的右边,即只影响负债或所有者权益,只影响资金的各种来源渠道,只影响平面上资产的归属权,而且是等量的一增一减,其结果并没有影响企业的实际资产(即并没有影响平面上可用土堆总量的增加或减少),企业的生产经营规模并没有受到任何影响(在其他条件不变的情况下)。

观察分析上述四笔经济业务所引起的资金运动,可以得出如下结论:第一,经济业务发生后,无非是影响资产增减,负债增减,所有者权益增减。第二,每一项经济业务发生,至少要影响会计要素的两个具体项目发生增减变化。第三,任何经济业务的发生都不会破坏会计方程式的平衡关系。第四,只有涉及会计方程式左右两边的经济业务,才会引起资金总额的变化。第 1、3 项经济业务涉及会计方程式两边,第 1 项经济业务发生,使企业资金总额增加 400 000

元；第 3 项经济业务发生，使企业资金总额减少 80 000 元。第五，只涉及会计方程式一边的经济业务，不会引起资金总额的变化，只是会计方程式一边的会计要素内部项目的转化。第 2、4 项经济业务只涉及会计方程式的一边。第 2 项是资产要素内部项目的转化；第 4 项是负债（或所有者权益）要素内部项目的转化。

（二）会计方程式与资金运动

上面的分析证实了资产与负债、所有者权益之间存在着永恒不变的平衡关系。其实，会计方程式不仅反映了一种数量上的平衡关系，还反映了更为丰富的经济内容。

会计方程式为：资产＝负债＋所有者权益

“资产”就是资金的各种存在与分布形态，从会计平面模型上看，就是平面上大大小小、高低不等的土堆（▲）；“负债及所有者权益”就是资金的各种来源渠道，从会计平面模型上看，就是平面之外大大小小、深浅不一的土坑（⊕）。如果把会计方程式的左右两边都具体化，即用具体的会计账户去取代资产、负债及所有者权益，这样一来，等式的左边反映的是企业资金各个具体的存在形态（即具体的资产形态），等式的右边反映的是资金各种具体的来源渠道。通过会计方程式的具体化，就可以了解企业在某一特定时日的财务状况——资产、负债与所有者权益的分布、资产的流动性、企业的偿还能力和负债水平以及企业的财务风险等。会计方程式的具体化就是资产负债表，而资产负债表的高度浓缩就是会计方程式。

另外，如果从动态的观点看，会计方程式还包含了企业所有的资金运动及其相互关系。其关系如图 3－21 所示。

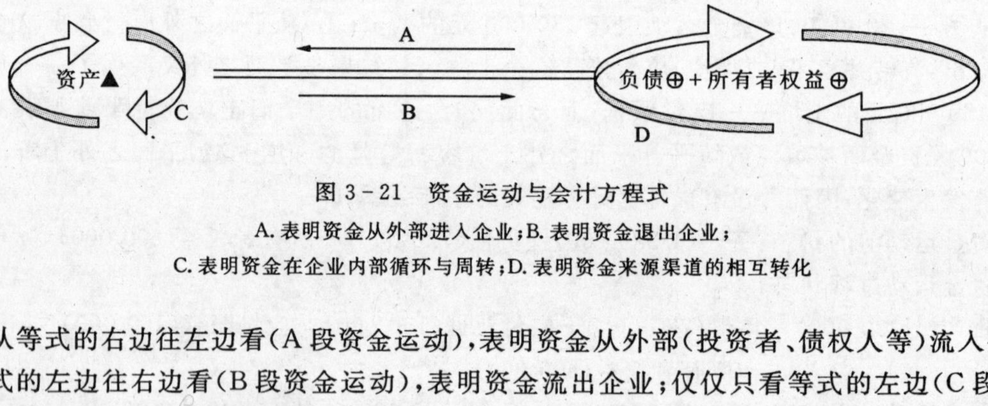

图 3－21　资金运动与会计方程式

A. 表明资金从外部进入企业；B. 表明资金退出企业；

C. 表明资金在企业内部循环与周转；D. 表明资金来源渠道的相互转化

从等式的右边往左边看（A 段资金运动），表明资金从外部（投资者、债权人等）流入企业；从等式的左边往右边看（B 段资金运动），表明资金流出企业；仅仅只看等式的左边（C 段资金运动），表明资金在企业内部循环与周转，由一种资金存在形态转化为另一种资金存在形态；仅仅只看等式的右边（D 段资金运动），表明资金在企业外部流动（实际上是资金运动流出与流入两次运动的综合），由一种资金来源渠道转化为另一种资金来源渠道，从而影响企业资产的归属权，但并不影响企业可用的各种资产总量。

（三）资金运动、会计方程式与产权

1. 资金运动与产权

概括而言，企业的资金运动可以分为四种：资金进入企业、资金退出企业、资金在企业内部周转和资金在企业外部周转。从资金运动所体现的经济关系上看，这四种资金运动可以分为两大类：一类是该资金运动涉及到企业产权主体的变化，对于企业而言，这个产权主体包括所

有者权益性产权和借入产权，这类资金运动包括资金进入企业、资金退出企业和资金在企业外部周转等三种形式。资金进入企业反映新的产权主体进入企业，产权价值在企业的存在形态相应地增加；资金退出企业反映企业某些产权主体退出企业，相应地引起企业产权价值存在形态的减少；资金在企业外部循环与周转反映企业产权主体之间发生的变化，新的产权主体替代原有的产权主体而进入企业，产权价值在企业内部的存在与分布形态没有发生任何变化。另一类资金运动只涉及产权价值存在形态的变化，这类资金运动主要包括资金在企业内部循环与周转。在这种资金运动下，企业的产权主体没有发生任何变化，只是资金存在形态之间的相互转化，这种产权存在形态的变化是一种使产权价值增值的运动过程。

2. 会计方程式与产权

会计方程式"资产＝负债＋所有者权益"反映的是一种产权关系。会计方程式的左边——"资产"反映的是产权在企业内部的存在与分布形态；该等式的右边——"负债＋所有者权益"反映的是企业的产权主体，是产权主体在拥有终极所有权的前提下，让渡其财产经营权。

会计方程式不仅反映了一种产权关系，而且还反映了对产权主体的保护和保护的层次性。从企业作为一个单独的法人实体来看，会计方程式的左边——"资产"反映的是企业因产权主体让渡其财产的经营权而获得的所有经济资源的总和。这些经济资源就构成了企业法人的所有财产，这些财产不应受任何的侵扰，即使是企业的产权主体也不例外。企业用这些财产从事各种经营活动，并以这些财产对在经营活动中所形成的债务承担责任。

如果将会计方程式稍加调整，就会得到如下两个会计方程式：

等式一：资产－负债＝所有者权益

等式二：资产－所有者权益＝负债

从纯数学的角度看，这两个等式都是正确的。但如果从经济学的角度看，这两个等式则反映完全不同的经济含义。等式一反映企业的所有经济资源在优先偿还债权人的权益后剩下的就是属于所有者的，反映了债权人的权益优先得到保护，同时也反映了所有者的权益是一个剩余的权益。等式二反映企业的所有经济资源在优先偿还所有者的权益后剩下的就是债权人的，反映了所有者的权益优先得到保护，反映债权人权益是一个剩余权益，这是不符合一般经济常识的，因而，从经济学的角度看等式二是错误的。

经济业务、资金运动与产权的关系非常密切。企业的经济业务的背后体现出来的是一种资金运动，而资金运动的背后所体现出来的又是一种产权关系的变化。正因为如此，可以说会计的目标就是要保护产权，也就是说，会计就是要对企业的产权及其所引起的资金运动进行反映、控制和监督。产权在会计平面模型上的体现如图 3－22 所示。

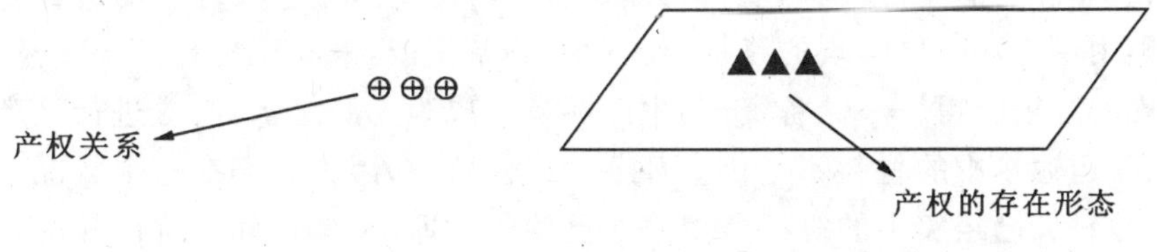

图 3－22 会计平面模型与产权的关系

第二节　企业基本资金运动综合分析

为了系统地研究资金运动，本书首先将企业所有的经济活动划分为供应、生产、销售、投资和筹资五个经营环节；然后提出并分析这五个经营环节各自的终极所得与所失，并在此基础上分析各个经营环节的基本资金运动；最后归纳出企业整体基本资金运动流程图，并对企业整体基本资金流程进行综合分析。本章在全书中起到承上启下的重要作用，一方面由于将企业所有的资金运动划分为五个基本资金运动流程，使大量的、分散的、孤立的资金运动有被系统化、条理化的可能，为寻找企业资金运动的规律提供了一个可行的平台，另一方面在各个环节基本资金运动的基础上，再结合会计原则、会计假设来分析企业各个经营环节基本资金运动的演变规律。

一、企业各个经营环节的基本资金运动分析

（一）终极所得与所失

对于一个工业性企业而言，其最完整的经营过程应包括筹资、供应、生产、销售和投资五个经营环节。从整个企业的角度看，这五个环节处在不同的地位上，围绕着一个共同的目的，履行着各自的职责，发挥着不同的作用。作为企业的一个职能部门，每一个经营环节都有其独特的责任与任务，它的整个工作都围绕着这个任务进行。从经济学所得与所失的角度看，每个经营环节都有自己追求的最终目标，同时也应该有所失。企业各个经营环节所追求的最终目标，即所得，在这里被称为“终极所得”。企业各个经营环节的终极所得既是本环节奋斗的目标，也是本环节对企业整个经营活动应尽的责任与义务。

（二）企业各个经营环节基本资金运动分析

1. 供应环节终极所得、所失分析与基本资金运动

对于供应环节而言；企业给本阶段的任务就是为企业的生产经营准备各种条件，所以本环节的希望所得就是各种储备资产。取得满足生产需要的各种储备资产将是本环节的最高目标和根本任务。从企业全局的角度看，取得储备资产是本环节对企业整个经营过程所应尽的责任和义务；从企业经营的全过程看，取得的储备资产将为下一个生产环节的进行创造条件。生产环节就是利用供应环节已实现的终极所得——储备资产，来实现它自己的终极所得，没有供应环节已实现的终极所得——储备资产，生产环节就成为无源之水，没法进行生产。在这种情况下，各种正在运输途中的材料不是供应环节的终极所得，因为它们在这个状况下无法被生产部门直接利用，只有已经实现的终极所得——已验收入库的、单价和总价已知的材料——才能直接被生产环节所利用。为了取得终极所得——储备资产，供应环节相应地要耗费一定的货币资产，这就是企业在本环节的所失。从资金的形态变化上看，供应环节的根本任务就是要通过一定的购买活动，把资金由货币资产存在形态转化为储备资产存在形态；从资金价值量上看，供应阶段就是要耗费一定的以货币资产形态存在的资金量而收回一定的以已实现的终极

所得——储备资产形态存在的资金量。供应环节基本资金运动如图 3-23 所示。

图 3-23　供应环节基本资金运动分析

2. 生产环节终极所得、所失分析与基本资金运动

对于生产环节来说，企业给本环节的任务就是为企业销售提供完工产品，所以生产环节的终极所得就是成品资产。取得满足销售需要的成品资产，将是生产环节的最高目标和根本任务。从企业全局的角度看，取得成品资产是本环节对企业整个经营环节所应尽的责任和义务；从企业经营的全过程上看，取得成品资产将为下一环节——销售环节的进行创造条件。销售环节就是利用（耗费）生产环节已实现的终极所得——成品资产，来达到获得它自己的终极所得的目的。没有生产环节已实现的终极所得——成品资产，销售环节就没有可供销售的货源。在这种情况下，车间的在产品、半成品，都不是生产环节的终极所得，因为它们没法被销售环节直接利用，只有生产环节已实现的终极所得——完工入库产品——才能被销售环节所利用。为了获得成品资产，生产环节要消耗一定的储备资产，这就是企业在本环节的所失，这个所失实际上就是上一个环节——供应环节——已实现的终极所得。从资金形态变化上看，生产环节的根本任务就是要通过一定的生产经营活动，把资金由储备资产存在形态转化为成品资产存在形态；从资金价值量上看，生产环节就是要耗费一定的以储备资产形态存在的资金量，收回一定的以已实现的希望所得——成品资产形态存在的资金量。生产环节的基本资金运动如图 3-24 所示。

图 3-24　生产环节基本资金运动分析

3. 销售环节终极所得、所失分析与基本资金运动

对于销售环节而言，企业给本环节的任务就是（通过销售）取得货币资产，所以销售环节的终极所得就是货币资产。取得货币资产将是销售环节的最高目标和根本任务。从企业全局的角度看，取得货币资产是本环节对企业整个经营过程所应尽的责任和义务；从企业经营的全过程的连续上看，销售环节既是企业本次资金循环的结果，又是下一次资金循环的开端。取得货币资产将为下一次供、产、销的循环打下基础，下一个资金循环的供应环节就是要利用本环节已实现的终极所得——货币资产来达到获得其自身终极所得——储备资产的目的。没有销售环节的货币资产的取得，企业的资金耗费就最终没法得到回收与补偿，供应环节就没有可供购买储备资产的货币资金。在这种情况下，销售环节中所产生的各种应收款项等都不是销售环节的终极所得，因为它们没法直接被下一次资金循环过程中的供应环节所利用，只有货币资产才能直接被供应环节所利用。为了获得货币资产，销售环节要耗费一定的成品资产，这就是企业在本环节的所失，这个所失实际上就是上一个生产环节已实现的终极所得。从资金形态变化上看，销售环节的根本任务就是要通过一定的销售活动，把资金由成品资产存在形态转化为货币资产存在形态；从资金价值量上看，销售环节就是要耗费一定的以成品资产形态存在的资

金量，回收一定的以货币资产形态存在的资金量。销售环节的基本资金运动如图 3－25 所示。

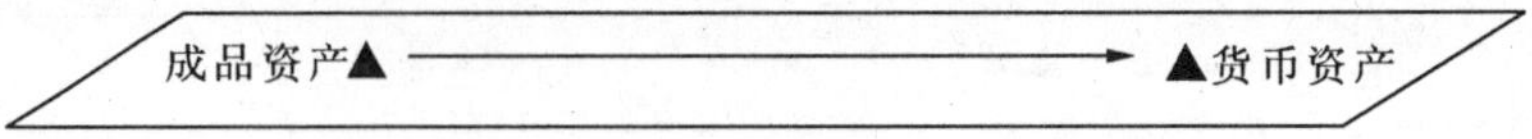

图 3－25　销售环节基本资金运动分析

4. 投资环节（广义）终极所得、所失分析与基本资金运动

投资有广义和狭义之分。广义的投资既包括企业内部长期性资产（固定资产、无形资产等）的购建，也包括企业将自己的资金投到企业之外的经济组织所从事的活动，这种活动就是狭义的投资。

（1）长期性资产购建的终极所得、所失分析与基本资金运动。企业的长期性资产主要包括固定资产和无形资产等，这些长期性资产的取得可以通过外购、建造、投资者投入、接受捐赠等多种方式获取。本书所指的长期性资产的投资主要是指企业通过购建的方式取得长期性资产，即通过购买或建造的方式获得固定资产，通过外购和自行研究的方式获得无形资产。

企业进行生产经营活动需要厂房、机器、设备等劳动资料，同时也需要专利权等无形资产。从企业的整个环节来看，长期性资产的购建实际上和原材料的购买一样，属于企业的供应环节，只不过长期性资产的购建有其特殊性：不仅所需要的资金量大，而且所发挥作用的时间长，购建的好坏直接影响到企业的整个生产经营活动的正常展开，严重的还涉及到企业的生存问题。正因为如此，长期性资产的购建的重要性不是购买原材料所能比拟的，长期性资产的购建也不是企业一个供应部门所能完成的，它需要企业管理当局从企业全局的角度来进行战略决策。这就是把长期性资产的购建作为一种内部性投资行为看待的原因。

对于企业的内部性投资而言，企业给本环节的任务就是通过对内性投资取得长期性资产，所以这一环节的终极所得就是长期性资产，具体而言包括固定资产和无形资产等。取得这些长期性资产将是对内性投资环节的最高目标和根本任务。从企业全局的角度上看，取得长期性资产是本环节对企业整个经营过程所应尽的责任和义务；从企业经营的全过程的连续上看，取得长期性资产将为下一环节的生产经营打下基础。生产环节等的资金循环就是要利用本环节已实现的终极所得——固定资产和无形资产等——来达到获得其自身终极所得的目的。没有本环节的长期性资产的取得，企业的生产经营活动就没有可用的劳动资料，企业的整个生产经营活动就无法正常进行。在这种情况下，本环节中所产生的在建工程等都不是本环节的终极所得，因为它们没法直接被下一次资金循环过程所利用。只有固定资产和无形资产等才能直接被生产经营环节所利用。为了获得长期性资产，本环节要耗费一定的货币资产等，这就是企业在本环节的所失，这个所失实际上就是上一个环节已实现的终极所得。从资金形态变化上看，对内性投资环节的根本任务就是要通过一定的投资活动，把资金由货币资产存在形态转化为长期性资产存在形态；从资金价值量上看，本环节就是要耗费一定的以货币资产形态存在的资金量，回收一定的以长期性资产形态存在的资金量。长期资产购建的基本资金运动如图 3－26 所示。

（2）对外投资所产生的终极所得、所失分析与基本资金运动。这里所指的投资是指狭义的对外性投资。企业对外投资的理由可能千差万别，但从其影响企业资金运动的角度来看，其目的都是为了资金的增值，即为了获取更多的货币资产。因此，获得更多的货币资产是对外投资

图 3-26　长期性资产购建基本资金运动分析

环节的终极所得。取得更多的货币资产将是对外投资环节的最高目标和根本任务。从企业全局的角度看，取得更多的货币资产是本环节对企业整个经营过程所应尽的责任和义务；从企业经营的全过程的连续上看，本环节所取得的货币资产为下一轮的企业生产经营打下基础。在这种情况下，对外投资环节中所产生的各种临时性的股权性资产和债权性资产都不是本环节的终极所得，因为它们不是货币性资产，没法直接被资金循环过程中的其他环节所利用。只有货币资产才能直接被其他生产经营环节所利用。为了获得更多的货币资产，对外投资环节要耗费一定的货币资产等，这就是企业在本环节的所失，这个所失实际上就是其他环节（如销售环节、筹资等环节）已实现的终极所得。从资金形态变化和价值量增减的角度来看，对外投资环节的根本任务就是要通过一定的投资活动，通过一定量的货币资产等存在形态的耗费来获得更多的货币资产存在形态。对外投资环节的基本资金运动如图 3-27 所示。

图 3-27　对外投资基本资金运动分析

5. *筹资活动终极所得分析与基本资金运动*

企业的资金筹资环节位于企业整个资金运动循环的源头，正是通过筹资环节，企业才能获得其正常运作所需要的资金。企业的筹资活动可能发生在企业成立的最初阶段，也可能发生在企业生产经营的某一期间。企业筹资可以通过债务性和股权性两个渠道来获取资金。本环节的终极所得是货币性资产等，本环节的起点并不反映所失，而是反映企业产权主体的形成及这种关系在价值上的反映。

(1)债务性筹资环节基本资金运动。债务性筹资环节位于企业生产经营活动各环节的源头，该环节的终极所得就是获得以货币资产等形态的资金。在这个环节中，企业由于借入资金产生了一个新的资金来源渠道，即债务性资金来源渠道，这个来源渠道反映企业与企业相关的借入产权主体（即债权人）之间所形成的借贷关系，以及这种关系在价值量上的反映。对于这种借入资金，企业需要按期还本付息。从资金的形态变化和价值变化上看，债务性筹资环节的根本任务就是要通过一定的筹资活动，获取一定量的以货币资产存在形态存在的资金量，这种货币资产存在形态实际上是产权价值的初始存在形态。该环节资金运动的起点反映的是一种新的产权主体的形成以及这种关系在价值量上的反映。债务性筹资环节基本资金运动如图 3-28所示。

(2)股权性筹资环节基本资金运动分析。企业可以通过股权性渠道来筹集资金。所有者投入到企业的资金是企业生存与发展的最原始的资本金，它的存在形态可能是货币资产，也可能是非货币资产。这些存在形态就是企业在筹资环节的终极所得。从产权的角度看，这些终极所得反映的是产权（股权性产权）进入企业的初始存在形态，其资金循环的起点是一种资金来源渠道，反映的是企业与企业相关的产权主体（所有者）之间所存在的股权性关系，以及这种

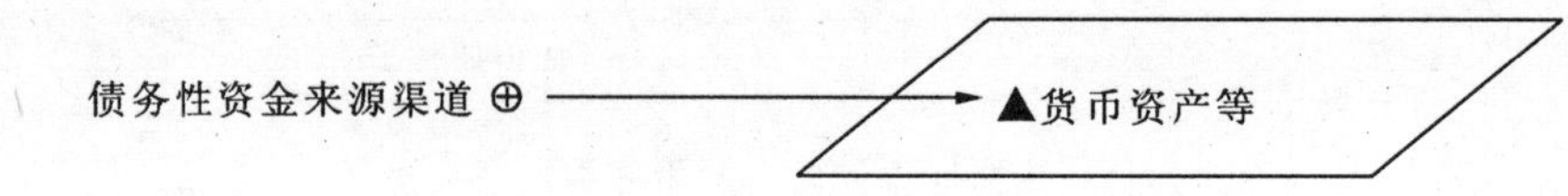

图 3－28　负债筹资基本资金运动分析

关系在价值量上的反映。从广义的角度看，企业与所有者之间的关系也是一种借贷关系，企业也需要偿还所有者投入的资金，只不过其偿还的时间、金额和利息都是不确定的。股权性筹资环节基本资金运动如图 3－29 所示。

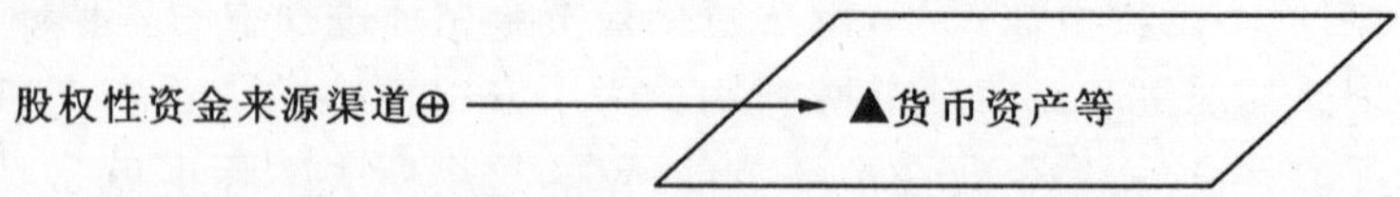

图 3－29　股权筹资基本资金运动分析

二、企业基本资金运动的综合分析

（一）企业基本资金运动整体流程图

将企业各个环节的基本资金运动串联在一起，就构成了一个完整的企业基本资金运动流程图。该整体流程如图 3－30 所示。

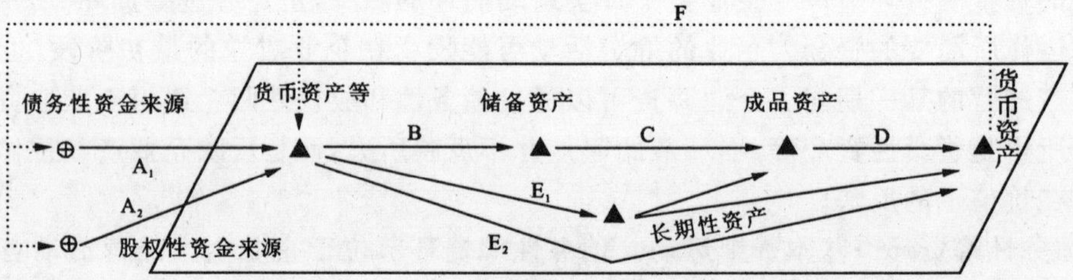

图 3－30　企业资本资金运动综合流程

A_1、A_2. 筹资环节基本资金运动；B. 储备环节基本资金运动；C. 生产环节基本资金运动；D. 销售环节基本资金运动；E_1、E_2. 投资环节基本资金运动；F. 重新投入再生产或资金退出企业

（二）企业基本资金运动流程综合分析

1. 供应、生产、销售和投资环节基本资金运动分析

从对供应、生产、销售（简称供、产、销）和投资各环节的分析中可以看出，各环节的所失与已实现的终极所得相结合，就会构成一段资金运动。资金运动使得以起点某种资金存在形态存在的资金量转化为以终点某种资金存在形态存在的资金量。起点资金存在形态发生转化，实际上就是该资产的耗费，这种已经耗费的资产就转化为广义费用；终点资金存在形态实际上就是企业各个环节已实现的终极所得，具体来说，在供应环节是储备资产，在生产环节是成品资产，在销售环节是货币资产，在投资环节是货币资产。

虽然各个环节都有自己独特的终极所得，而且由此而引起的资金运动也各不相同，但它们并没有被割裂开来而处在一种没有联系的状态之中。本环节的所失实际上就是上一环节已经实现的终极所得，本环节已实现的终极所得将会成为下一环节的所失。这样，各个环节的所失与其上一个环节已实现的终极所得环环相扣，把整个企业各个环节单个分散的终极所得与所失资金运动图汇集在一起，就组成了企业供、产、销和投资四个环节的整体资金运动图。

从上面分析可知，对于每一段资金运动，从其起点看，位于起点的资产被耗费，资金形态发生转化，这种被耗费的资产就转化为广义费用；从其终点看，该经济业务引起一种新的经济资源的形成，即新资产的产生。所以，从广义的角度看，资金运动耗费了现有的资产，产生了一种企业希望得到的新的资产；从资金运动的起点看，资金运动的起点反映现有经济资源的耗费，反映费用(广义费用)，反映所失，反映投入；资金运动终点反映一种新的、企业希望得到的资产的产生，反映现有经济资源耗费的目的和成果，反映所得，反映产出。

在企业整个资金运动过程中，某一会计科目既处在上一段资金运动的终点又处在下一段资金运动的起点。从上一段资金运动来看，该会计科目处于资金运动的终点，是该段资金运动的结果和目的，是一种新形成的可用的经济资源，是企业在该环节的终极所得，其资金运动的流入量反映该资产的实际成本，即该资产的价值量；从下一段资金运动来看，该会计科目又处在资金运动的起点，是为了获得资金运动结果所必须发生的现有资产的耗费量，是本段资金运动的所失，是现有资产的价值量的减少。企业的各个资金存在形态(即各会计科目)都处在这种状态之下：对前一个环节的资金运动来说是终点，对后一个资金运动来说又是起点。资金存在形态不断地取得又不断地被耗费，不断地变更与继起。旧的资产被耗费是为了获得新的资产，而新的资产取得又是为了耗费，为了失去。同时，也只有耗费、失去这种资产，才有可能最终得到价值量更大的资产。企业资金循环链条上的各个资金存在形态就在不断地取得，又不断地被耗费，不断地变更与继起，从而维持着整个企业的资金循环与周转，维持着整个企业资金的回收与增值，为企业最终取得收入和实现利润服务。

从上面的分析中可知，企业所拥有的经营资金(即资金的存在与分布形态)作为经营过程的物资基础，伴随着供、产、销的连续进行，形成了一个以循环与周转为特征的运动。从资金运动的一个循环周期来看，循环中的经营资金经过供、产、销等不同环节，依次变化着自己的存在形态，从一个环节的终极所得转化为另一个环节的终极所得，从货币资产转化为储备资产，又转化为成品资产，最后转化为货币资产，从而发挥不同的职能。从某一时点上看，资金的各种存在形态则同时并存于经营过程的所有环节，即各个环节已实现的希望所得，除了被下一环节所耗费之外，同时都还有一定的结存余额。资金的循环与周转实际上就是各个环节已实现的终级所得在经营过程供产销三个环节中相继进行和并列存在的对立统一。

从资金价值量的变化上看，企业供产销经营过程实际上就是资金的耗费与回收。各个环节都要耗费一定的资金量，这些被耗费的资金量都是以上一环节已实现的终极所得的形态存在；同时，各个环节又都要回收一定的资金量，这些回收的资金量又都以本环节已实现的终极所得形态存在。各个环节为其终极所得都必须有所失。在这里，把为所得而付出的所失称之为“广义费用”。所以，广义费用概念贯穿企业供产销的各个环节，而“狭义费用”则只是针对销售环节而言，是为了取得销售环节的终极所得而必须付出的代价。从前文企业供产销基本资金运动图中可以看出，储备环节货币资产的耗费，生产环节储备资产的耗费，销售环节成品资产的耗费，都构成了“广义费用”概念的内容，而只有成品资产的耗费构成了“狭义费用”的内容。

企业的投资环节包括对内性长期资产的购建和对外投资两部分。从广义的角度看，企业对内所进行的长期性资产的投资实际上可以归属于广义的供应环节，因此，前文对供应环节资金运动的分析完全适用于企业内部性长期资产的投资分析。在企业对外投资的活动中，企业以少量的货币资产等的耗费去博取更多的货币资产等，其资金运动的起点是货币资产，这货币资产可能来源于筹资环节的终极所得，也可能来源于销售环节的终极所得，其资金运动的起点是更多的货币资产，这更多的货币资产则是供应过程需要的所失。因此，企业对外投资的所得与终极所失与企业整个环节的资金运动是串联在一起的。

2. 筹资环节基本资金运动综合分析

企业筹资环节的资金运动与企业供应、生产、销售和投资四个经营环节引起的资金运动有一定的区别。企业供应、生产、销售和投资四个环节的资金运动反映的是企业资金在企业内部的循环与周转，反映的是企业资金存在形态之间的相互转化。而筹资环节引起的资金运动反映的是企业与企业资金提供者之间的关系，反映的是企业与企业投资者之间的关系以及这种关系在资金数量上的反映。

企业投资者投入到企业的资金存在形态多种多样，既可能是银行存款等货币性资产，也可能是固定资产等非货币资产。这些资产位于筹资环节引起的资金运动的终点，它反映的是产权的初始存在形态，反映的是筹资环节的终极所得；而该资金运动的起点反映的是企业资金的来源渠道，反映的是企业与投资者之间形成的产权关系。这种产权关系可以分为两种，一种是资金的提供者以所有者的身份将资金投入企业，在这种情况下，企业与投资者所形成的产权关系称为股权性产权；另一种是资金的提供者以债权人的身份将资金借给企业，实际上是转让资金的使用权，在这种情况下，企业与投资者所形成的产权关系称为借入性产权。

筹资环节所引起的资金运动与其他经营环节的资金运动具有非常密切的关系。作为筹资环节资金运动的终极所得，产权的初始存在形态是下一经营环节（如供应环节、投资环节等）的所失，企业下一个经营环节就是利用筹资环节的终极所得来实现该环节的终极所得。不仅如此，筹资环节所获得的终极所得不仅是产权的初始存在形态，更是企业整个经营活动资金循环的起点与源头，而筹资环节资金运动的起点，反映的是企业最原始的资金来源渠道，该起点与销售环节、投资环节的终极所得串联在一起，企业需要用销售环节和投资环节等的终极所得——货币资产——来偿还这些资金来源渠道。

（三）企业资金运动、会计与财务管理

会计与财务管理的对象都是企业的资金运动。资金运动的要素主要包括资金运动的流向、流量和流速三个方面。对于某一段资金运动而言，从资金流量的角度看，财务管理看重的是如何以最小的流出量来博取最大的流入量，或者在流入量一定的情况下，如何使资金的流出量最小；从资金运动的流速角度看，财务管理看重的是在有利于本企业的情况下，如何使资金运动的流速最快化或最慢化。除此之外，财务管理还看重对资金运动的事前预测与决策。而会计更侧重于对资金运动的流向以及整个资金运动的过程和结果的反映、控制与监督，更强调事中和事后的反映、控制与监督。由此可见，会计与财务管理都是对企业的资金运动进行反映、控制与监督，两者不可分离，但两者的侧重点有所不同。

三、企业基本资金运动对账户设置的影响

企业各个环节都有其基本资金运动。会计的对象就是资金运动。为了更好地反映、控制和监督这些基本资金运动，有必要对各个环节的基本资金运动进行具体的分析，弄清楚资金运动的流向，弄清楚位于资金运动起点和终点的各个具体项目，并给这些具体项目以不同的名称，这个名称就是会计科目。相应地，给每一个名称开设一个对应的档案，即给每一种不同的项目开设会计账户。这些账户将分类地反映、监督和控制企业各个环节基本资金运动的具体经济内容及其相应的资金增减变化情况。

对供应环节引起的基本资金运动而言，该环节的终极所得主要是各种储备资产。从会计科目的角度来看，该储备资产主要包括原材料、包装物和低值易耗品等。相应地，企业应在储备环节设置原材料账户、包装物账户和低值易耗品账户。这些账户在会计平面模型上的反映是以土堆(▲)的形式存在。

对生产环节引起的基本资金运动而言，该环节的终极所得主要是各种成品资产。从会计科目的角度看，该成品资产主要是库存商品科目。相应地，企业应在生产环节设置库存商品账户，该账户在会计平面模型上的反映是以土堆(▲)的形态存在。对销售环节引起的基本资金运动而言，该环节的终极所得主要是指各种货币资产。从会计科目的角度看，货币资产可以具体分为库存现金、银行存款和其他货币资产等科目。相应地，企业应在销售环节设置现金账户、银行存款账户和其他货币资产账户，这些账户在会计平面模型上的反映是以土堆(▲)的形态存在。

对投资环节引起的基本资金运动而言，该环节的终极所得要分两种情况进行考虑。对对外投资引起的资金运动而言，其终极所得就是各种货币资产。对长期性资产购建内部性投资而言，其终极所得就是企业的各种长期性资产。从会计科目的角度看，这些长期性资产主要包括固定资产、无形资产等会计科目。相应地，企业应在对内性长期资产的投资中设置固定资产账户、无形资产账户等，这些账户在会计平面模型上的反映是以土堆(▲)的形态存在。

对筹资环节引起的基本资金运动而言，该环节的基本资金运动要分两种情况进行。一种是债务性筹资，该环节的终极所得主要是货币性资产，其资金运动的起点反映的是借入资金的来源渠道。从会计科目的角度看，该借入资金来源渠道可具体分为短期借款、长期借款、应付债券、长期应付款等会计科目。相应地，企业应设置短期借款账户、长期借款账户、应付债券账户、长期应付款账户等，这些账户在会计平面模型上的反映是以土坑(⊕)的形态存在。另一种是股权性筹资，其资金运动的起点反映的是股权性资金的来源渠道。从会计科目的角度看，该股权性来源渠道主要是指股本或实收资本等会计科目。相应地，企业应在股权性筹资环节设置股本或实收资本账户，该账户在会计平面模型上的反映是以土坑(⊕)的形态存在。

第三节 企业收入、费用和利润动态会计要素分析

本节主要是对收入、费用和利润三个动态会计要素进行分析。这三个动态会计要素主要是观念上的概念，它们必须依赖资产、负债和所有者权益三个静态会计要素来体现。本节首先通过对销售环节的资金运动的分析引出收入、费用和利润三大动态要素；然后再分析这三类要

素的账户结构;最后分析三大动态会计要素与静态会计要素的关系,以及实账户与虚账户的关系。

一、销售环节基本资金运动的具体分析

(一)销售环节基本资金运动分析

企业销售产品,取得收入100 000元,款已存入银行,该产品成本为60 000元。其基本的资金运动如图3-31所示。

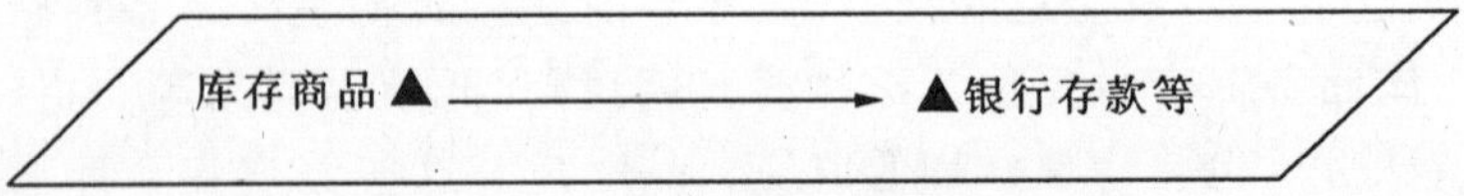

图3-31　销售环节基本资金运动

其实,这是一个简化的资金运动图。从企业的角度看,销售活动由两部分构成:收钱与给货。相应地,销售活动就由两段资金运动构成:一段是向买方收取货款(即收钱),100 000元的资金从买方流入企业,并以银行存款的形态存在,从而在平面之外产生了一个新土坑,这个土坑就是企业销售产品所形成的资金来源渠道(图3-32资金运动A段);另一段资金运动就是企业向买方提供产品60 000元(即给货),资金以库存商品的形态流出企业,流向由于取得收入而产生的土坑中,作为取得收入而付出的代价(图3-32资金运动B段)。该土坑流出流入的余额,就反映该笔经济业务所产生的净得。其资金运动流程如图3-32所示。

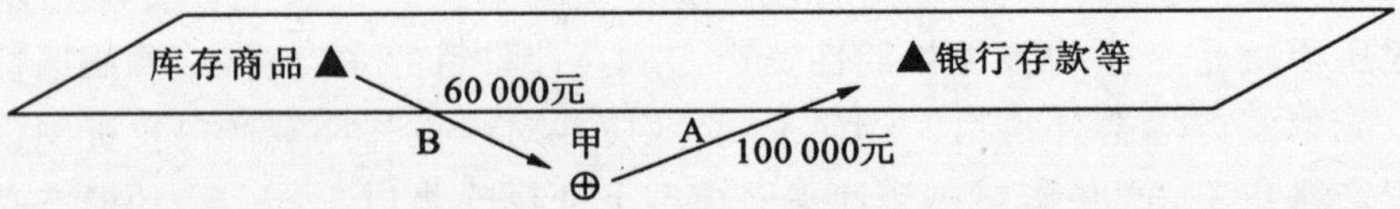

图3-32　销售行为对销售环节资金运动的影响

从图3-32可以看到,A段资金运动反映取得销售收入,B段资金运动反映为取得销售收入所付出的代价。这样对某一笔单个销售业务而言,就可以通过"甲"这个土坑的流出量来反映该笔业务所取得的收入;通过流入甲土坑的流入量,可以反映为取得该笔收入所必须付出的耗费;通过"甲"土坑的容积,就可以反映该笔销售业务所得到的毛利。

(二)配比原则对该资金运动的影响

配比原则包括因果关系配比和时间关系配比。因果关系的配比是指对于每一笔销售行为而言,为获得该笔收入所发生的所有直接相关的费用(即直接费用)都应该与该笔收入进行配比,包括所出售的产成品的成本、所交纳的营业税和消费税等。时间关系的配比是指本期所发生的间接费用应该与本期所获得的收入配比,进而从企业的收入中得到补偿。因此,图3-32的资金运动流程图发生了转换,其具体情况如图3-33所示。

这样一来,A段反映收入的取得,B_1段反映为取得销售收入所发生的直接费用,B_2段反映企业本期所发生的间接费用,甲账户的余额反映企业在一定时期所获得的净利润。

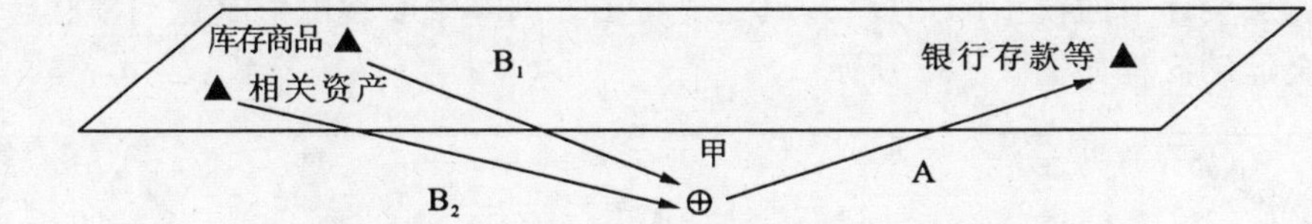

图 3－33　配比原则对销售环节资金运动的影响

A. 销售收入的取得；B_1. 直接费用的发生；B_2. 间接费用的发生

(三)相关性原则对该资金运动的影响

相关性原则是指，会计信息要成为有用的，就必须与使用者的决策相关联，其目的在于提高信息使用者的经济预测能力和决策能力。就企业的销售环节而言，对会计信息的使用者最有价值的有两个重要的会计信息：收入和利润。利润是企业存在的最重要的理由，是企业追求的最终目的，但利润在很大程度上是一个主观判断；而收入则反映了企业商品的销售情况，反映了企业商品的市场占有率，也反映了企业的知名度。

从图 3－33 得出，甲账户的余额实际上只反映企业在一定时期的净利润，无法反映企业在一定时期的总收入和总费用。为了能同时提供收入和利润这两个重要的财务信息，对图 3－33 资金运动进行一定的技术处理，其结果如图 3－34 所示。

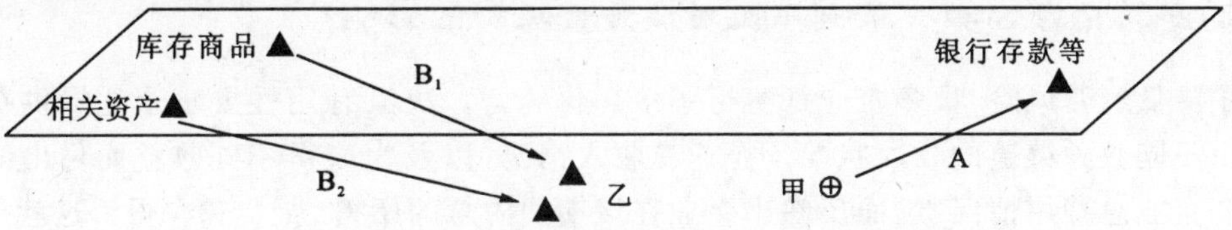

图 3－34　相关性原则对销售环节资金运动的影响

在图 3－34 中，通过人为的技术处理，本期所耗费的资产并没有直接流入到平面之外的甲土坑中，而是暂时在甲土坑附近停留。这样，每取得一笔收入就会发生 A 段资金运动，销售收入不断地取得，资金就不断地从甲土坑中流出(图 3－34A 段)，甲土坑的容积就会随着收入的取得而不断变大。甲土坑最终的容积反映了企业在该期间内资金总的流入量、总的收入和总的所得。

与此同时，为取得销售收入所发生的费用，并不直接流入到甲土坑中，而是暂时流到甲土坑附近(图 3－34 资金运动 B 段，B_1 反映直接费用的发生，B_2 反映间接费用的发生)。这样，堆放在甲土坑附近的土堆(简称“乙”)就会随着费用的发生而越来越多，最终反映企业为取得销售收入所发生的总费用，包括直接费用和间接费用，即总的付出、总的所费和总的所失。在期末时，把企业总的销售所得和总的销售所费相配比(即把甲的容积与乙的体积进行比较)，就可以得出本期净利润。

(四)会计分期假设对该资金运动的影响

会计分期假设就是对会计主体活动时间范围划分为若干片段的规定。其对销售环节资金运动的影响就在于要定期将本期的收入与费用相配比，以便得出企业本期最终的经营所得——利润。从会计平面模型的角度看，就是要将图 3－34 中断裂的资金运动串联起来，其串联起来的资金运动流程如图 3－35 所示。

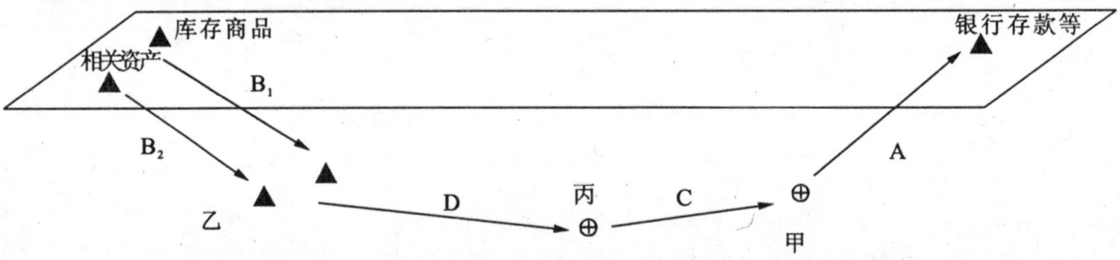

图 3－35　会计分期假设对销售环节资金运动的影响

A.（平时）收入的取得；B_1. 直接费用的发生；B_2. 间接费用的发生；

C. 期末结转收入；D. 期末结转费用

在这里，通过新设一个丙账户（即本年利润账户）将原断开的资金运动串联在一起。其具体做法如下：一是把销售所得全部结转丙，即资金从丙土坑中流出，流到并填平甲土坑，这时，C 段资金运动的流量就代表企业在一定时期的总收入（图 3－35 资金运动 C 段）；二是将费用全部结转丙，即将代表费用的"乙"土堆的土都填到丙土坑中（图 3－35 资金运动 D），D 段资金运动的流量就代表企业本期的总费用。而丙账户的余额就反映企业在一定时期的净利润。

（五）多元化经营和决策有用性对该资金运动的影响

为了降低经营风险，很多企业都实行了多元化经营。决策有用性要求企业提供在某一期间内各个不同收益渠道的收入状况及企业总收入情况，以及为取得不同收益而付出的不同费用状况和企业总费用情况，进而反映出企业在该期间内总的所得、所费和净得。这就要求企业对各种具体的收益来源与耗费支出进行分门别类地反映、监督和控制。在一般情况下，企业可能的收益来源有主营业务收入、其他业务收入、投资收益、营业外收入等。企业所发生的耗费有主营业务成本、营业税金及附加、销售费用、财务费用、管理费用、其他业务成本、营业外支出、所得税费用等。其资金运动流程如图 3－36 所示。

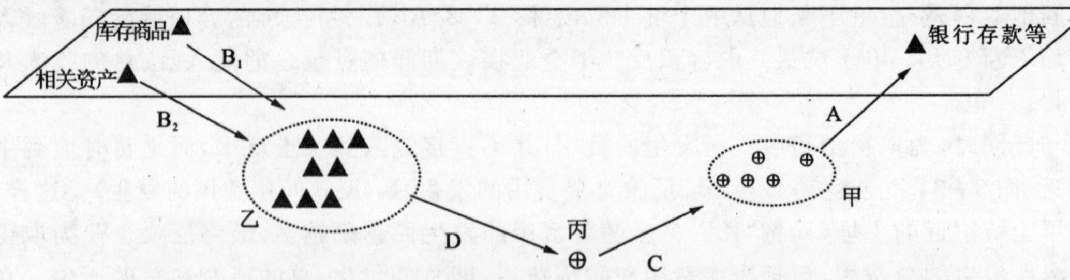

图 3－36　多元化经营和决策有用性原则对销售环节资金运动的影响

甲. 主营业务收入、其他业务收入、投资收益、营业外收入等；乙. 主营业务成本、营业税金及附加、其他业务成本、销售费用、管理费用、财务费用、营业外支出、所得税费用等；丙. 本年利润

在这种情况下，C 段资金运动的流量反映企业在一定期间内取得的全部所得之总和（图 3－36资金运动 C 段）。D 段资金运动的流量反映企业在该期间内为取得所有的收益而付出的

全部所费之总和(图 3-36 资金运动 D 段)。而丙(其会计科目就是“本年利润”)账户流出流入余额反映企业在该期间内取得的总的净得。

(六)销售环节资金运动分析总结

这样,企业销售产品取得收入,原本只要一步就可以完成全部的资金运动,由于会计分期假设、相关性原则、会计配比原则以及多元化经营等的影响,现在却要分 A、B、C、D 四段才能全部完成。企业平时取得各种各样的收入,就会发生 A 段资金运动(图 3-36);收入不断地取得,资金在该期间内就不断地从各个收入土坑中流出到模型上,各个收入土坑的容积就会变得越来越大,它们各自代表企业在一定期间内取自于不同收益渠道的收益总量。平时发生各种相关的费用,企业的资金就会发生 B 段运动(图 3-36),则所有的费用都在收入土坑的附近汇集,在平面之外收入土坑的附近形成各个大小不一的费用土堆,各个不同土堆的体积大小分别反映为取得不同的收益所耗费的不同支出。从会计平面模型上看,此时整个资金运动并没有串在一起,所得与所费是分开的、孤立的。所以在这个时刻,所得与所费之间并没有进行配比,资金运动并没有串通,整个经济业务只处理了一部分,还有一部分要等到期末才能进行处理。到了期末,通过 C 段资金运动(图 3-36),把收益全部结转丙(本年利润),通过丙(本年利润)的流出量,就反映企业在本期内总的所得;通过 D 段资金运动(图 3-36),把全部所费结转丙(本年利润),通过丙(本年利润)的流入量就反映本期总的所费。丙(本年利润)账户资金流出流入之余额就为本期企业总的净得。净得的具体情况视丙(本年利润)土坑容积的大小而定:如果其土坑没有被填满,则说明企业所得大于所费,企业有利润,其数量大小就等于该土坑的容积;如果土坑刚好被填满,则说明企业所得等于所费,企业无利润;如果土坑不仅被填满,而且还有一部分费用没有被土坑装下而突出在平面之上变成了一个土堆,则说明企业总的所得小于所费,企业发生亏损,其亏损量就是丙(本年利润)土坑中突出在平面之上的部分。这样所得才最终与所费相配比,销售业务的整个处理才算最终全部完成,销售业务引起的资金运动才最终全部串联在一起。相应地,企业需要增设许多不同的会计账户,以加强对所得、所费和净得的反映、监督和控制。

二、收入、费用和利润动态会计三要素分析

(一)会计动态三要素在会计平面模型上的反映

通过上述对销售环节的资金运动的分析,就可以在会计平面模型上对收入、费用和利润三大动态会计要素进行实体模拟,其具体情况如图 3-37 所示。

从广义的角度看,收入既包括企业经营活动中所取得的各种经济利益的流入,如主营带来的主营业务收入、其他业务带来的其他业务收入、对外投资带来的投资收益以及以公允价值计量及其变动计入当期损益的金融资产带来的公允价值变动损益等,即收入的狭义内涵,也包括营业活动之外形成的利得,即营业外收入,如获得的政府和其他经济组织的捐赠等特殊业务引起的经济利益的流入。从广义的角度看,收入又称为收益,包括狭义的收入和利得。从会计平面模型的角度看,无论是狭义的收入还是利得,它们在会计平面模型上都通过相同的实体——土坑——表现出来,因此,其结构是相同的。

从广义的角度看,费用既包括企业经营活动中所发生的各种经济利益的流出,如为获得主

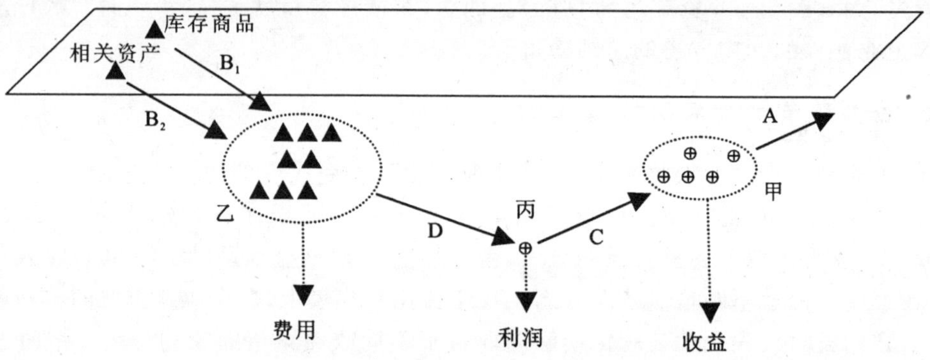

图 3－37　动态会计三要素在模型上的反映

业收入所发生的主营业务成本、为获得其他业务收入所发生的其他业务成本、因对外投资所产生的投资亏损(仍然记在投资收益账户上)、营业税金及附加、销售费用和管理费用等,即狭义费用的内涵,也包括营业活动之外所发生的各种意外损失。从会计平面模型的角度看,无论是狭义的费用还是损失,它们在会计平面模型上都通过相同的实体——土堆——表现出来,因此,其结构是相同的。

(二)会计动态三要素账户的结构分析

从图 3－37 可知,收益和利润在会计实体模型上是通过会计平面模型之外的土坑反映出来,与静态会计要素中的负债和所有者权益在模型上的实体模拟完全一样。因此,收益类、利润类账户都是增加登记在贷方,减少登记在借方。而费用在会计实体模型上通过会计平面模型之外的土堆反映出来,与静态要素中的资产在模型上的实体模拟完全一样。因此,费用类账户增加登记在借方,减少登记在贷方。在这里,收益和费用的含义是广义的。

根据会计分期假设,企业需要定期将收益和费用结合起来计算损益,因此,收益类账户和费用类账户的期末余额都为零。同时,企业需要将所确定的损益转入所有者权益,从而进行利润的分配,因此,利润类账户的余额也为零。其具体分析如图 3－37 所示。

1. 费用类账户(⊕)资金增减与资金运动关系分析(图 3－38)

发生 A 段运动时,资金为流入量,记在其"借方",在会计平面模型上反映该土堆(▲)体积的增加,反映甲账户资金数额的增加,即费用类账户借方反映增加;发生 B 段运动时,资金为流出量,记在其"贷方",在会计平面模型上反映该土堆(▲)体积的减少,反映甲账户资金数额的减少,即费用类账户贷方反映减少。从分析图 3－37 可知,在资产负债表日,企业需要将费用全部结转本年利润账户,资金会发生 D 段运动,从而导致所有的费用类账户的余额全部为零,即费用类账户的余额为零。

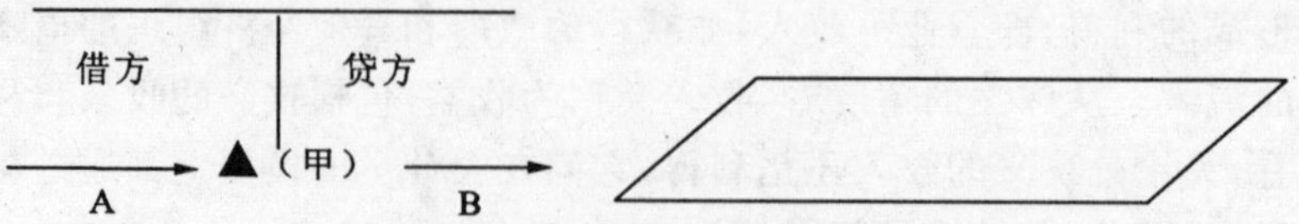

图 3－38　费用类账户结构分析

2. 收入类账户(⊕)资金增减与资金运动关系分析(图 3－39)

发生 A 段运动时，资金为流入量，记在其“借方”，在会计平面模型上反映该土坑(⊕)容积的减少，反映乙账户资金数额的减少，即收入类账户借方反映减少；发生 B 段运动时，资金为流出量，记在其“贷方”，在会计平面模型上反映该土坑(⊕)容积的增加，反映乙账户资金数额的增加，即收入类账户贷方反映增加。从分析图 3－37 可知，在资产负债表日，企业需要将所有的收入类账户全部结转本年利润账户，资金会发生 C 段运动，从而导致所有的收入类账户的余额全部为零，即收入类账户的余额为零。

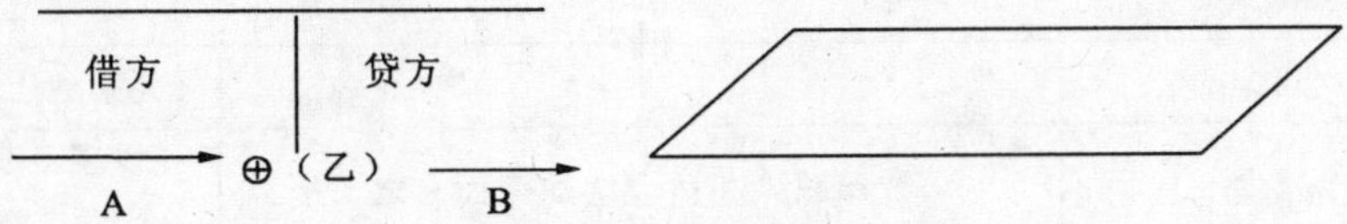

图 3－39　收入类账户结构分析

3. 利润类账户(⊕)资金增减与资金运动的关系分析(图 3－40)

发生 A 段运动时，资金为流入量，记在其“借方”，在会计平面模型上反映该土坑容积(⊕)的减少，反映丙账户资金数额的减少，即利润类账户借方反映减少；发生 B 段运动时，资金为流出量，记在其“贷方”，在会计平面模型上反映该土坑(⊕)容积的增加，反映丙账户资金数额的增加，即利润类账户贷方反映增加。在资产负债表日，企业需要将本年所实现的净利润结转未分配利润，其结果是本年利润的账户余额为零，即利润类账户的余额为零。

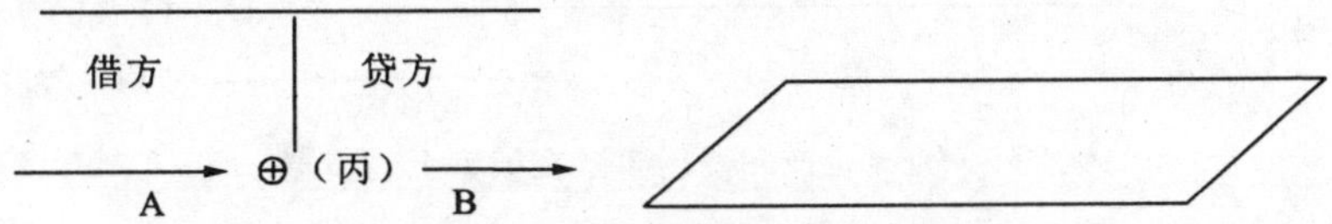

图 3－40　利润类账户结构分析

(三)动态会计要素与静态会计要素之间的关系研究

1. 静态要素与动态要素的关系

资产、负债和所有者权益是三个静态的会计要素，它们反映的是某一时点或某一时刻企业资产、资产的分布与构成状况以及企业的生产规模、企业资金的来源，包括企业承担的债务及所有者在企业中的权益等，它们是一个余额数。收入、费用和利润是会计的动态三要素，它们反映的是企业在某一段时期的经营成果和经营业绩，它们是一个发生额，是一个时期数，其余额都为零。

收入、费用和利润动态会计三要素可以用资产、负债和所有者权益静态三要素来表示。其具体情况如表 3－1 所示。

表 3-1　动态要素与静态要素的关系

动态要素	用静态要素表示			举例
	所有者权益	资产	负债	
收入	增加	增加		现金销售
	增加		减少	销售抵消预收款
	增加	资产增加和负债减少兼而有之		销售除抵消预收款外,还收到现金
费用	减少	减少		以现金支付招待费
	减少		增加	欠某酒店的业务招待费
	减少	资产减少和负债增加兼而有之		以现金支付部分业务招待费,余款未付
利润	同收入			—

因此,在会计的六大要素中,资产、负债和所有者权益是最根本的要素,它们完全可以替代收入、费用和利润动态三要素;而收入、费用和利润则是次要的,是人为创造出来的,是对销售环节基本资金运动进行技术处理的结果。

2. 资产与费用(广义,包括损失)的关系

资产和费用在会计平面模型上的反映如图 3-41 所示。

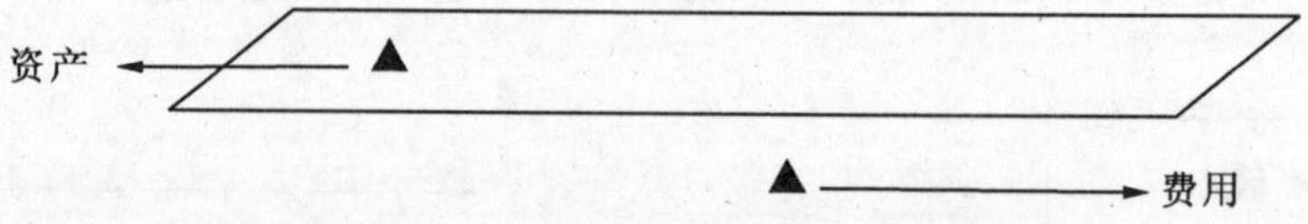

图 3-41　资产和费用要素在模型上的模拟

资产和费用的相同之处主要体现在以下两个方面:一是两者在模型中都是以相同的实体形态出现,即都是以土堆(▲)的形态出现;二是资产类账户和费用类账户的结构完全相同,都是账户的借方登记增加数,贷方登记减少数,只是两者的余额不同而已,资产账户的余额一般在借方,而费用账户的余额都为零。资产账户和费用账户统称为资产类账户。

资产和费用的不同之处主要体现在以下三个方面:从模型上看,资产位于会计平面模型之上,而费用则位于会计平面模型之外;从产生与存在的角度看,资产要不是各经营环节的终极所得,就是过程所得,是企业经营活动正常产生的,而费用是人为的进行技术处理所产生的;从性质上看,资产是企业现有的经济资源,而费用则是一种已耗的资产。

3. 负债、所有者权益与收入(广义,包括利得)、利润的关系

负债、所有者权益、收入和利润在模型上的反映如图 3-42 所示。

负债、所有者权益、收入和利润四个会计要素的相同之处主要有两点:一是四个会计要素在模型上都是以相同的实体出现,即都是以土坑(⊕)的形式出现;二是四类会计要素账户的结构相同,都是借方登记减少额,贷方登记增加额,只是账户的期末余额有所不同,负债和所有者权益账户的余额一般在贷方,而收入和利润的期末余额为零。这四类会计要素账户统称为负

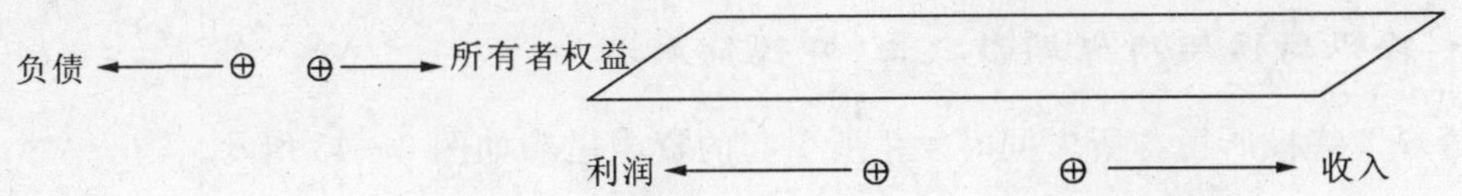

图 3-42　负债、所有者权益、收入和利润在模型上的模拟

债类账户。

负债、所有者权益、收入和利润四类会计要素的不同之处主要有以下两点：从产生与存在的角度看，负债和所有者权益是企业在正常的筹资活动中所产生的，而收入和利润是人为进行技术处理所产生的；从性质上看，负债和所有者权益反映的是企业、企业投资者与债权人之间的关系，而收入和利润反映的是企业销售情况以及所产生的经营成果。

4. 实账户与虚账户的关系研究

在传统的会计账户分类中，会计账户可分为实账户和虚账户。资产、负债和所有者权益账户一般被称为实账户，而收入、费用和利润账户一般被称为虚账户。之所以这样划分，是因为在会计的六大要素中，资产、负债和所有者权益是最根本的要素，它们完全可以替代收入、费用和利润动态三要素；而收入、费用和利润则是次要的，是人为创造出来的，是对销售环节资金运动进行技术处理的结果。

对于收入而言，只有通过资产、负债和所有者权益的变化才能把握它。从产权归属的角度看，收入应该归企业的所有者享有，因而会导致企业的所有者权益增加；从其存在的形态看，收入要么反映资产的增加，要么反映负债的减少。对于费用而言，也只有通过资产、负债和所有者权益的变动才能把握它。从产权归属的角度看，费用应该由企业的所有者承担，因而会导致企业所有者权益的减少；从其存在形态上看，费用要么反映资产的减少，要么反映负债的增加。对于利润（或亏损）而言，从产权归属的角度看，利润应该归企业的所有者享有（亏损应该由企业的所有者承担），因而会导致企业所有者权益的增加（或减少）。

从销售环节资金运动分析中可知，收入、费用和利润是人为技术处理的结果；从会计六大要素之间的关系可知，收入、费用和利润动态三要素完全可以而且只有借助于资产、负债和所有者权益静态三要素的变化表现出来。正因为如此，动态的收入、费用和利润被称为虚账户，而资产、负债和所有者权益则被称为实账户。

第四节　企业销售环节资金运动分析（上）
——基本业务

一、会计及时性原则对销售环节资金运动的影响

会计及时性原则是指企业应在规定的期限内处理各种会计事项并报告一切会计资料。具体来说，其内容主要包括两个方面：一是在发生经济业务时应及时进行会计核算；二是会计信息应及时对外提供。对于销售环节而言，其终极所得与所失在时间上存在着如下的三种关系：一是终极所得与所失同时发生（即钱货两清）；二是企业先发生所失，后获得终极所得（即赊销）；三是企业先获得终极所得，后才发生所失（即预收货款）。

(一)终极所得与所失同时发生(即钱货两清)

销售环节终极所得与所失同时发生所引起的资金运动如图 3－43 所示。

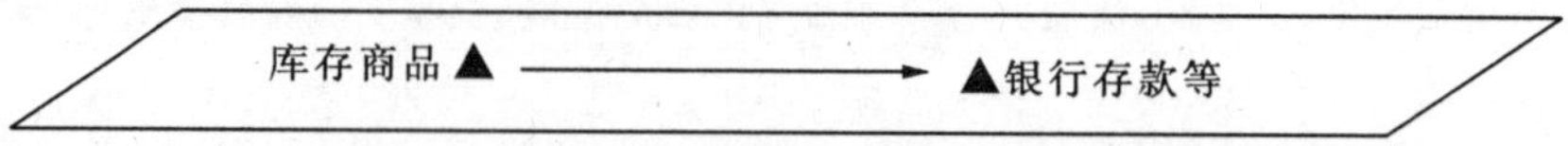

图 3－43　钱货两清销售对销售环节资金运动的影响

(二)先有所失,后才有终极所得(即赊销)

销售环节先有所失,后有终极所得所引起的资金运动如图 3－44 所示。

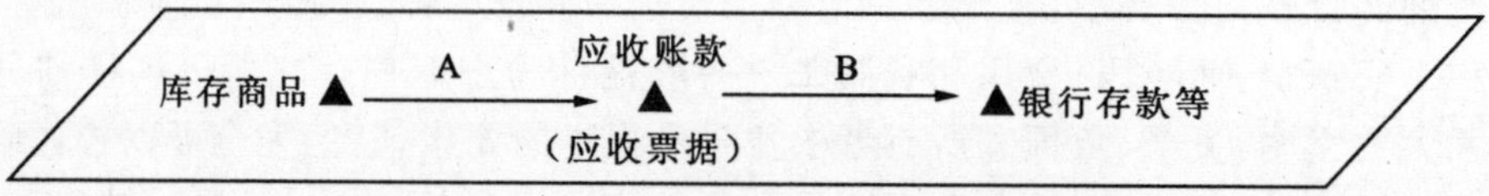

图 3－44　赊销对销售环节资金运动的影响

在这种情况下,企业已经把商品卖给了买方,但货款尚未收到,是一笔赊销业务。所失引起资金发生 A 段运动,企业获得了收取货款的权利,这种权利以“应收账款”或“应收票据”的形式存在,企业获得了一个临时的过程所得。当企业收到货款时,资金就发生 B 段运动,资金由这种临时的资金存在形态——应收账款或应收票据转化为终极所得——货币资金。

(三)先有终极所得,后才有所失(即预售款销售)

销售环节先有终极所得,后有所失所引起的资金运动如图 3－45 所示。

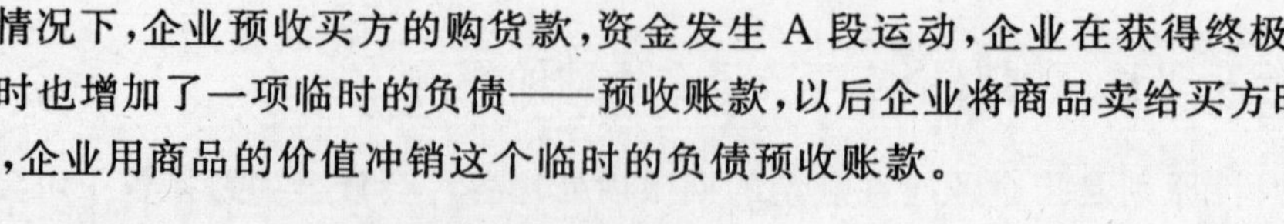

图 3－45　预收款销售对销售环节资金运动的影响

在这种情况下,企业预收买方的购货款,资金发生 A 段运动,企业在获得终极所得——银行存款的同时也增加了一项临时的负债——预收账款,以后企业将商品卖给买方时,资金就发生 B 段运动,企业用商品的价值冲销这个临时的负债预收账款。

(四)企业销售环节资金运动整体流程图

将及时性原则对销售环节的影响与前面图 3－36 结合在一起,就构成了一个完整的企业销售环节资金运动图。其具体情况如图 3－46 所示。

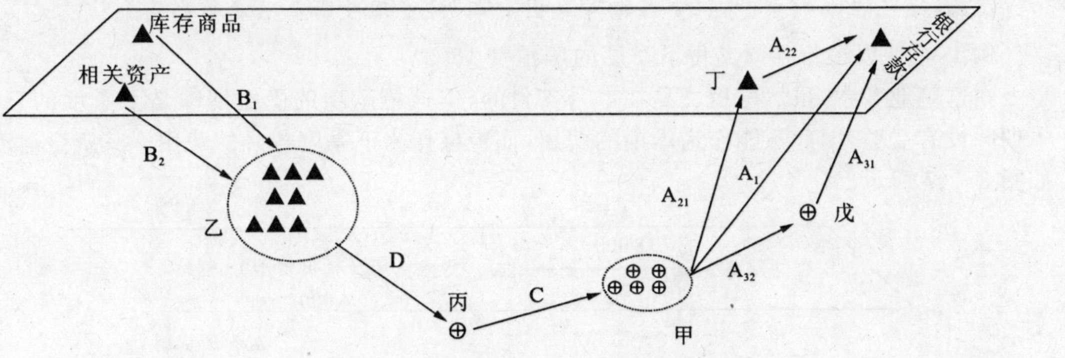

图 3-46　考虑了及时性原则后的销售环节资金运动整体流程

A_1. 所得与所失同时获得；A_2. 先失后得；A_{21}. 所失的发生；A_{22}. 终极所得的实现；A_3. 先得后失；A_{31}. 终极所得的实现；A_{32}. 所失的发生；B_1. 直接费用的发生；B_2. 间接费用的发生；C. 期末将收益全部结转到"本年利润"；D. 期末将费用全部结转到"本年利润"；甲. 主营业务收入、其他业务收入、营业外收入、投资收益；乙. 主营业务成本、其他业务成本、营业税金及附加、销售费用、财务费用、管理费用、营业外支出、所得税费用等；丙. 本年利润；丁. 应收账款或应收票据；戊. 预收账款

二、权责发生制原则对企业销售环节 B 段资金运动的影响

(一)会计确认基础的概念和种类

会计确认基础，又称会计处理基础，简称会计基础。会计确认基础是指确定一定会计期间的收入与费用，从而确定损益的标准。会计确认基础主要有两种：一是现金收付基础；二是应计基础。

现金收付基础亦称收付实现制。它是按费用和收入是否在本会计期间已经付出、收入货币资金，而不管其应否计入本期损益为标准，来处理有关经济业务的会计确认基础。

应计基础亦称权责发生制。它是按本会计期间发生的费用和收入是否应计入本期损益为标准，而不管其是否收到或支出货币资金，来处理有关经济业务的会计确认基础。

(二)权责发生制原则对销售环节资金运动中费用发生段的影响

1. 权责发生制原则对费用段资金运动的影响

在权责发生制原则下，企业的收入和费用的确认均以权利已经形成或义务(责任)已经发生为标准。按照这一标准，对于收入，无论款项是否收到，以权利形成确定其归属期；对于费用，不论款项是否付出，以支付责任的发生确定其归属期。采用权责发生制的目的在于公正、合理地确定一个会计期间的收入和费用，进而正确地计量企业的损益。它要求以权利和责任的发生与转移作为收入和费用发生的标志，即以归属期为登记入账的依据。

按照权责发生制原则，对费用的确认可能出现以下三种情况：一是该支出是属于本期的费用，且款项也在本期支出；二是款项在本期支付，但其受益期却不在本期，不是本期的费用，而是归属于以后各期，属于以后各受益期的费用；三是属于本期的费用，但款项却在以后某一期支付。下面主要探讨第二、第三两种情况。

2.“款项已在本期支付，但受益期却超出本期”对费用段资金运动的影响

例 1：企业以银行存款支付下季度的房租费 18 000 元。

在这笔业务中，虽然房租费是在本月支付的，但这笔款项的受益期却是下季度的三个月，本期并没有受益，因此不能作为本期的费用，而应该作为下季度各月的费用。其资金运动流程如图 3-47 所示。

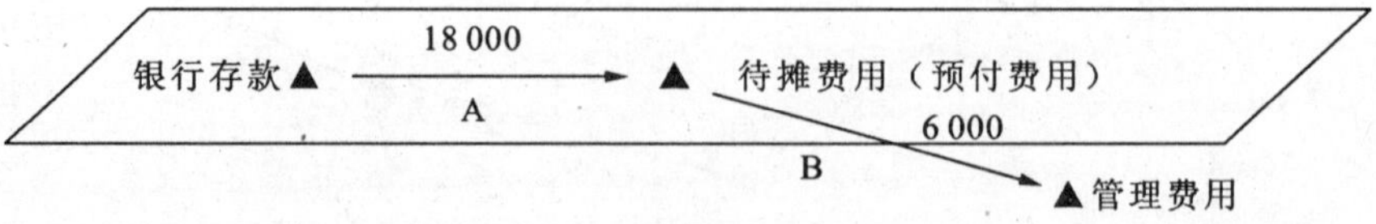

图 3-47　预付费用引起的资金运动分析

从图 3-47 可知，当支付房租费时，资金发生 A 段运动，银行存款因资金流出而减少 18 000元，但本期的管理费用并没有相应地增加，资金临时转化为一个新的过渡性存在形态——待摊费用；等到下季度的时候，资金发生 B 段运动，资金再分期分量从待摊费用（预付费用）转化为各月的管理费用。

待摊费用账户是在相关资产形态转化为管理费用等资金形态的运动过程中增设的一道资金运动关卡，其目的是为了反映、监督和控制预先已经开支但要等待以后各受益对象来摊销的资金总量及其各期具体的摊销情况。之所以会出现这种情况，就是因为开支的效用期限很长（即受益期很长），需要在受益期内根据受益量的大小分期分量地分摊其支出。待摊费用资金存在形态因支付期和受益期的脱节而产生，同时随着受益期的摊销而不断减少，直至为零；也就是说，待摊费用为一种资金存在形态（如银行存款等）转化为另一种资金存在形态（如管理费用等）起了临时的过渡性作用，起了一座桥梁的沟通作用，它是因管理的需要而主动设计的一道资金运动关卡，是技术处理的结果。但对于受益期超过 1 年（即摊销期超过 1 年）的预先开支等待摊销的资金存在形态，如固定资产大修理开支等，在会计上称之为“长期待摊费用”。

3.“费用已经发生，但款项并未在本期支付”对费用段资金运动的影响

例 2：企业本月应付银行短期借款利息 30 000 元，估计下月支付。

对于本笔业务，根据权责发生制原则，企业本月因使用借入资金而产生的借款利息应作为本月的费用——财务费用，但由于利息的支付却在下月，企业的银行存款并没有减少，从而形成对银行应付未付的债务。其引起的资金运动流程如图 3-48 所示。

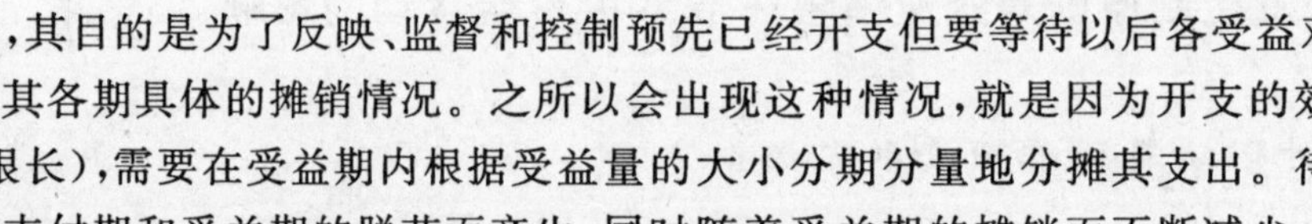

图 3-48　预提费用所引起的资金运动分析

分析图 3-48 可知，当确认本月应该承担的财务费用时，资金发生 A 段运动，本月的财务费用资金存在形态增加 30 000 元，但由于利息尚未支付，本月的银行存款并没有减少 30 000 元，企业因此形成对银行应付未付的利息——预提费用；等到下月，企业以存款支付这笔借款

利息时，资金就发生B段运动，冲销这笔债务。

预提费用账户是在相关资产形态转化为财务费用等资金形态的运动过程中增设的一道资金运动关卡，其目的是为了反映、监督和控制已经确认为本期费用但要等待以后支付的资金总量及其以后支付的具体情况。预提费用这种临时的资金来源渠道因支付期和受益期的脱节而产生，同时随着支付期债务的偿还而减少；也就是说，预提费用为一种资金存在形态（如银行存款）转化为另一种资金存在形态（如财务费用）起了临时的过渡性作用，起了一座桥梁的沟通作用，它是因管理的需要而主动设计的一道资金运动关卡，是技术处理的结果。

在例2中，预提费用就相当于应付未付的短期银行借款利息——应付利息，除此之外，预提费用还相当于应付未付的修理费——应付修理费，应付未付的房租费——应付房租费，应付未付的保险费——应付保险费等。所以预提费用是一个负债账户。

"费用已经发生，但款项并未在本期支付"对费用段资金运动的影响还有很多种情况，由此而产生的临时资金来源渠道有很多，如企业应付未付的工资薪酬，称之为"应付职工薪酬"；企业应缴未缴的税费，称之为"应交税费"；企业应付未付的电费、水费等项目，称之为"其他应付款"；等等。

三、税金引起的资金运动具体分析

（一）增值税所引起的资金运动分析

1. 增值税的计算原理

增值税是指一般纳税人销售货物、提供应税劳务和进口商品所必须缴纳的税种，其缴纳的数量等于其增值额乘以适用税率。

2. 一般纳税企业一般购销业务的会计处理

实行增值税的一般纳税企业，从税务的角度看，一是可以使用增值税专用发票，企业销售货物或提供劳务可以开具增值税专用发票（或完税凭证、购进免税农业产品凭证、收购废旧物资凭证、外购物资支付的运输费用的结算单据，下同）；二是购入货物取得的增值税专用发票上注明的增值税额可以用销项税额抵扣；三是如果企业销售货物或提供劳务采用销售额和销项税额合并定价方法的，应按公式"销售额＝含税销售额÷（1＋增值税税率）"还原为不含税销售额，并按不含税销售额计算销项税额。

根据上述特点，一般纳税企业在账务处理上的主要特点如下。一是在购进阶段，会计处理时实行价税分离，价与税分离的依据为增值税专用发票上注明的价款和增值税，属于价款的部分，计入购入货物的成本（图3－49中A段资金运动）；属于增值税额的部分，计入进项税额（图3－49中B段资金运动）。其所引起的资金运动流程如图3－49所示。

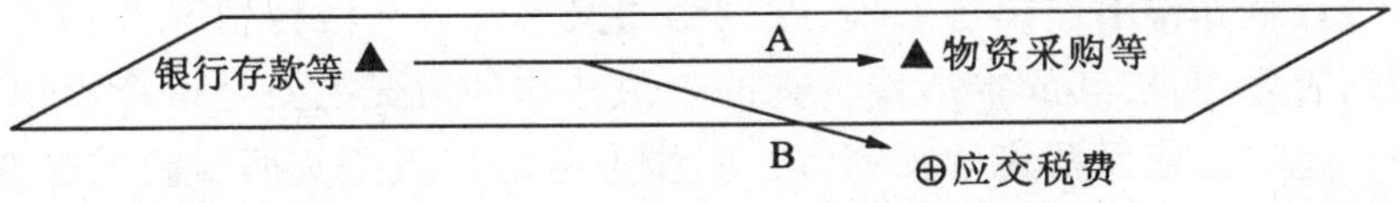

图3－49　进项税额引起的资金运动流程

二是在销售阶段，销售价格中不再含税，如果定价含税，应还原为不含税价格作为销售收入（图 3－50 中 A 段资金运动），向购买方收取的增值税作为销项税额（图 3－50 中 B 段资金运动）。其引起的资金运动流程如图 3－50 所示。

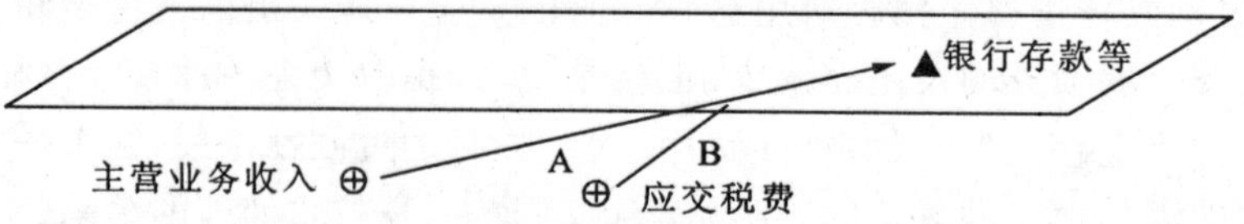

图 3－50　销项税额引起的资金运动流程

3. 一般纳税企业购进免税产品的会计处理

按增值税暂行条例的规定，对农业生产者销售的自产农业产品、古旧图书等部分项目免征增值税。企业销售免征增值税项目的货物，不能开具增值税专用发票，只能开具普通发票。企业购进免税产品，一般情况下不能扣税。其所引起的资金运动如图 3－51 所示。

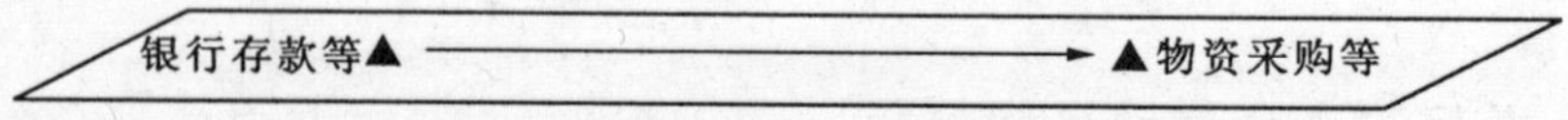

图 3－51　免税产品引起的资金运动

但按税法规定，对于购进免税农业产品、收购废旧物资等可以按买价（或收购金额）的一定比率计算进项税额，并准予从销项税额中抵扣。这里，购进免税农业产品的买价是指企业购进免税农业产品支付给农业生产者的价款和按规定代收代缴的农业特产税。在会计核算中，一是按购进免税产品有关凭证上确定的金额（买价）或者按收购金额，扣除一定比例的进项税额（扣除比率一般为 10%或 13%），作为购进农业产品或收购废旧物资的成本（图 3－52 中 A 段资金运动）；二是扣除的部分作为进项税额，待以后用销项税额抵扣（图 3－52 中 B 段资金运动）。其所引起的资金运动如图 3－52 所示。

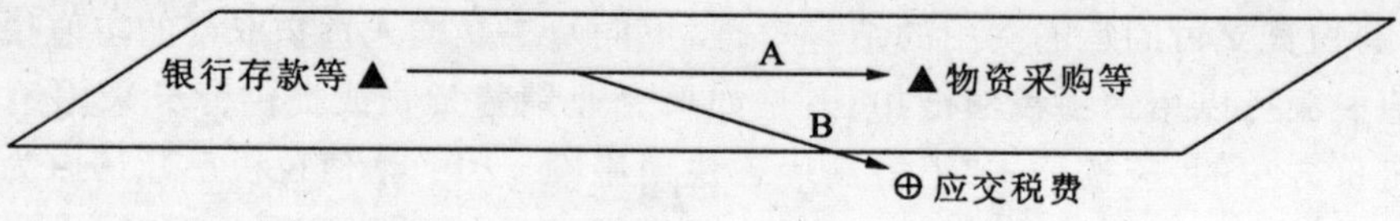

图 3－52　特殊免税产品引起的资金运动

4. 视同销售业务的会计处理

按增值税暂行条例实施细则的规定，对于企业将自产、委托加工或购买的货物分配给股东或投资者，将自产、委托加工的货物用于集体福利和个人消费等行为，视同销售货物，需计算交纳增值税。按会计核算作不作销售处理，视同销售又具体分为两种情况。

一是不作销售处理，按其成本结转货物的价值。这种情况主要是指将货物对外进行投资、库存商品用于自建的工程以及集体福利等。这类业务的特点是其所反映的是企业内部资产存在形态之间的相互转化，不影响企业可用资金总量。在这种情况下，存货的成本按其历史成本结转（图 3－53 中 A 段资金运动流量），销项税额按存货的市价计算（图 3－53 中 B 段资金运动流量)。其所引起的资金运动如图 3－53 所示。

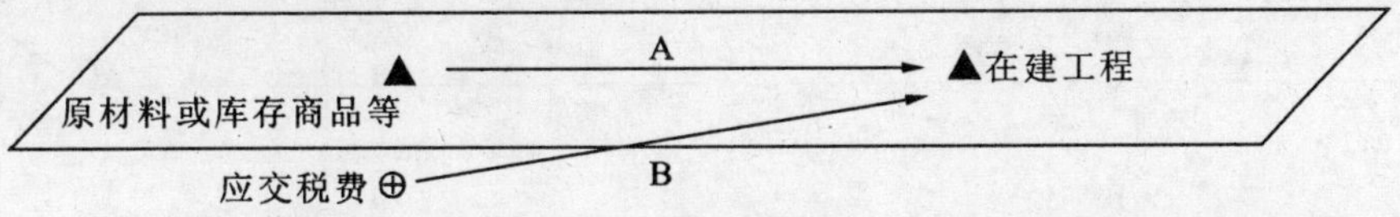

图 3－53　不作销售处理的视同销售所引起的资金运动

二是作销售处理,按其销售价格结转货物的价值。这种情况主要包括以下几种情形:企业将自产、委托加工或购买的货物分配给股东或投资者,将自产、委托加工的货物用于个人福利或个人消费等。这类业务的特点是涉及企业产权的变化,影响到所有者权益或债权人权益,影响企业可用资金总量的减少。在这种情况下,不仅货物的价值和增值税的计算都以其销售价格为基础(图 3－54 中 A 段资金运动流量),而且还要通过"主营业务收入"和　"主营业务成本"来核算。其所引起的资金运动如图 3－54 所示。

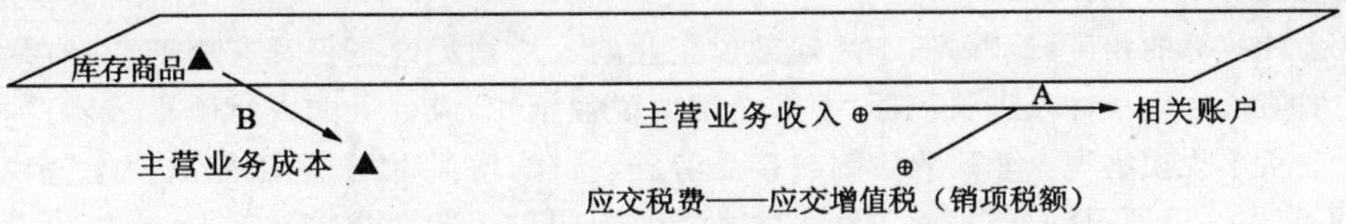

图 3－54　作销售处理的视同销售所引起的资金运动

5. 增值税进项税额不予抵扣的会计处理

按照增值税暂行条例及其实施细则的规定,企业购进固定资产、用于非应税项目的购进货物或者非应税项目的应税劳务等,按规定不予抵扣增值税进项税额。属于购入货物时即能认定其进项税额不能抵扣的,如购进固定资产、购入的货物直接用于免税项目、直接用于非应税项目、直接用于集体福利或个人消费的,进行会计处理时,其增值税专用发票上注明的增值税额,计入购入货物及接受劳务的成本。其资金运动如图 3－55 所示。

图 3－55　购买时已知进项税不能抵扣引起的资金运动

属于购入货物时不能直接认定其进项税额能否抵扣的,增值税专用发票上注明的增值税额,作进项税额处理;如果这部分购入货物以后用于按规定不得抵扣进项税额项目的,应将原已计入进项税额并已支付的增值税转入到有关的承担者予以承担,通过"进项税额转出"科目转入到有关的"在建工程""应付职工薪酬""待处理财产损溢"等科目。这种情况主要包括以下几种情形:原材料(含包装物和低值易耗品,下同)用于在建工程、用于集体福利、发生非正常损失以及库存商品发生非正常损失所耗原材料的进项税额等。其所引起的资金运动如图 3－56 所示。

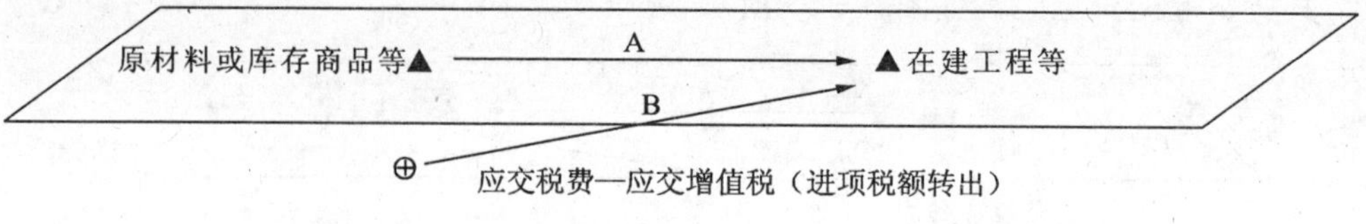

图 3-56　购买时进项税抵扣不确定引起的资金运动

6. 小规模纳税企业增值税业务的会计处理

小规模纳税企业的特点如下。一是小规模纳税企业销售货物或提供应税劳务，一般情况下，只能开具普通发票，不能开具增值税专用发票。二是小规模纳税企业销售货物或提供劳务，实行简易办法计算应纳税额，按销售额的一定比例计算。税法规定，工业性企业的征收率为6%，商品流通企业的征收率为4%。三是小规模纳税企业的销售额不包括其应纳税额。采用销售额和应纳税额合并定价方法的，按照公式"销售额＝含税销售额÷(1＋征收率)"还原为不含增值税的销售额计算。

从会计核算的角度看，首先，小规模纳税企业购入货物无论是否具有增值税专用发票，其支付的增值税额均不计入进项税额，不得由销项税额抵扣，应计入购入货物的成本。相应地，其他企业从小规模纳税企业购入货物或接受劳务支付的增值税，如果不能取得增值税专用发票，也不能作为进项税额抵扣，而应计入购入货物或应税劳务的成本。其次，小规模企业的销售收入按不含税价格计算。另外，小规模纳税企业"应交税费—应交增值税"科目，应采用三栏式账户。

（二）消费税所引起的资金运动分析

为了正确地引导消费方向，国家在普遍征收增值税的基础上，选择部分消费品，再征收一道消费税。消费税的征收方法采用从价定率和从量定额两种方法。

企业消费税会计处理需要注意的几个问题。

一是企业用应税消费品对外投资，或用于在建工程、非生产机构等其他方面，按规定应缴纳的消费税，计入有关的成本项目，其金额为该应税消费品的销售价格乘以适用消费税率。其资金运动流程如图 3-57 所示。

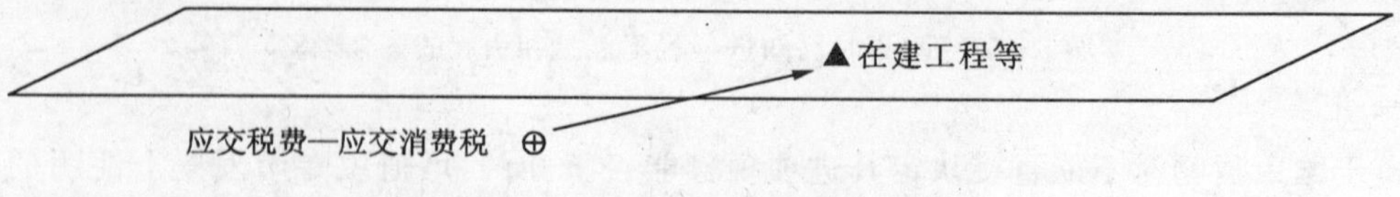

图 3-57　消费税引起的资金运动流程

二是委托加工应税消费品的会计处理。这部分将在第五章专门讲授。这里要注意的是，按税法规定，企业委托加工的应税消费品，由受托方在向委托方交货时代收代缴税款，但受托加工或翻新改制金银首饰按规定由受托方交纳消费税。

三是进出口应税消费品的会计处理。需要缴纳消费税的进口消费品，其交纳的消费税应计入该进口消费品的成本。免征消费税的出口应税消费品分不同的情况进行账务处理：属于生产企业直接出口或通过外贸企业出口的应税消费品，按规定直接予以免税的，可以不计算应交消费税；属于委托外贸企业代理出口的应税消费品的生产企业，应在计算消费税时，按应交消费税额，借记"应收账款"项目（图 3-58 中资金运动 A 段），以后收到外贸企业退回的消费税税金时，冲销"应收账款"项目（图 3-58 中资金运动 B 段）。发生退关、退货而补交已退的消费税，作相反的会计处理。其所引起的资金运动如图 3-58 所示。

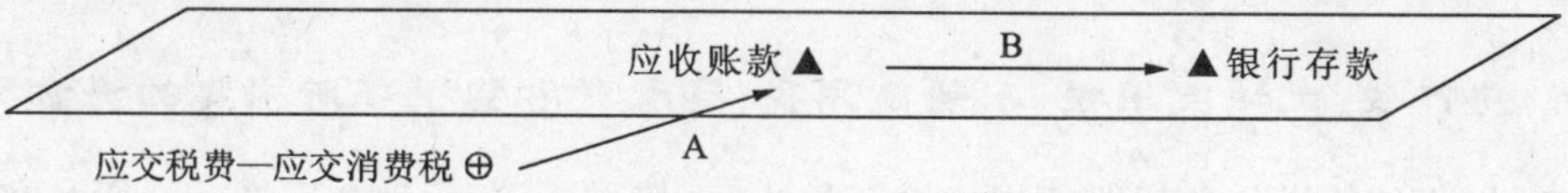

图 3-58　进出口应交税消费品引起的资金运动

（三）营业税所引起的资金运动分析

营业税是对提供劳务（除加工、修理、修配以外的劳务）、转让无形资产或者销售不动产的单位和个人征收的一种税。

当应税业务属于企业的主业时，企业按规定应交的营业税通过"营业税金及附加"来核算；工业企业经营工业生产以外的其他业务所取得的收入，按规定应交的营业税通过"其他业务成本"来核算。

企业销售不动产应当向不动产所在地主管税务机关申报交纳营业税，并通过"固定资产清理"来进行。企业出租或出售无形资产相关业务的营业税的处理，通过"其他业务成本"或"营业外收入或支出"来处理。

值得说明的是，企业收到先征后返的消费税、营业税等，应于实际收到时，冲减当期的"营业税金及附加"或"其他业务成本"等；企业收到先征后返的增值税，于实际收到时，计入当期的营业外收入。

（四）资源税和应交矿产资源补偿费所引起的资金运动分析

1. 资源税

资源税是国家对在我国境内开采矿产品或者生产盐的单位和个人征收的一种税。

企业按规定计算出销售应税产品应交纳的资源税通过"营业税金及附加"来核算；企业计算出自产自用的应税产品应交纳的资源税通过"生产成本"或"制造费用"进行核算。

按照资源税暂行条例的规定，收购未税矿产品的单位为资源税的扣缴义务人。企业应按收购未税矿产品实际支付的收购款以及代扣代缴的资源税，作为收购矿产品的成本。

按规定企业外购液体盐加工固体盐的，所购入液体盐交纳的资源税可以抵扣。在会计核算时，购入液体盐按所允许抵扣的资源税，作"应交税费—应交资源税"处理，按外购价款扣除允许抵扣资源税后的数额，作为该矿产品的成本；企业加工成固体盐后，在销售时，按计算出的销售固体盐应交的资源税通过"营业税金及附加"，企业实际交纳的资源税额为销售固体盐应交纳的资源税抵扣液体盐已纳资源税后的差额。

2. 应交矿产资源补偿费

其资金运动流程如图 3-59 所示。

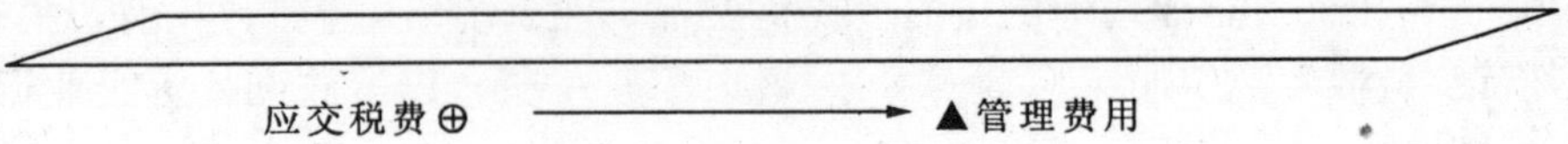

图 3－59　矿产资源补偿费引起的资金运动

(五)房产税、土地使用税、车船使用税、印花税和契税等所引起的资金运动分析

房产税、土地使用税和车船使用税这三种税所引起的资金运动如图 3－60 所示，A 段资金运动反映税金的计算和提取，B 段资金运动反映税金的缴纳。

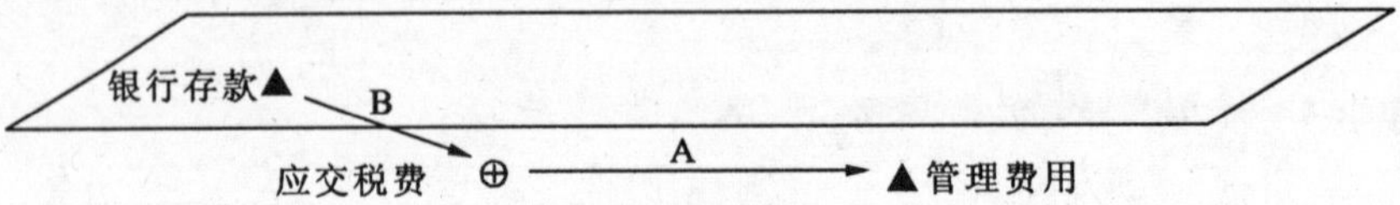

图 3－60　房产税等引起的资金运动

企业计算并缴纳的印花税，不通过“应交税费”核算(图 3－61 中 A 段资金运动)，如果一次购买印花税票过多或纳税数额过大，可通过“待摊费用”来处理(图 3－61 中 B 段资金运动)。其所引起的资金运动如图 3－61 所示。

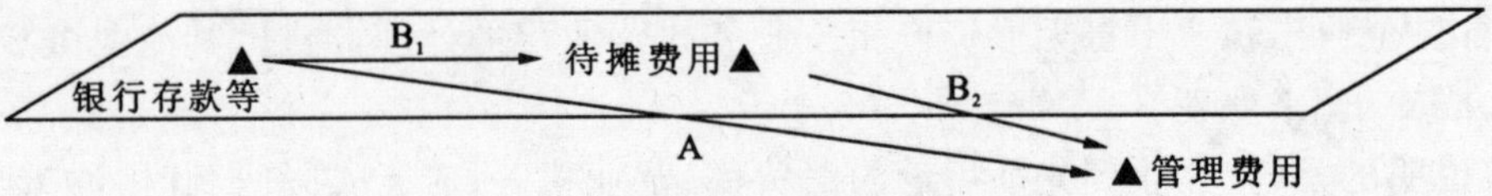

图 3－61　印花税引起的资金运动

契税是以所有权发生转移变动的不动产为征收对象，向产权承受人征收的一种财产税。其征收范围有：国有土地使用权出让、土地使用权转让(包括出售、赠与和交换)、房屋买卖、房屋赠与、房屋交换等。契税增加相关不动产的成本。

(六)土地增值税和耕地占用税所引起的资金运动分析

1. 土地增值税

转让国有土地使用权、地上建筑物及其附着物并取得收入的单位和个人，均应交纳土地增值税。其计税方法为：

应交土地增值税＝增值额×适用税率－扣除项目金额×速算扣除系数

增值额＝收入总额－扣除项目金额

扣除项目金额＝取得土地使用权所支付的金额＋房地产开发成本＋房地产开发费用＋转让房地产有关税金(营业税、城建税和教育费附加)＋加计扣除费用(取得土地使用权支付的价款和房地产开发成本的 20%)(此优惠仅适于房地产开发的纳税人)。

2. 耕地占用税

企业缴纳耕地占用税，无须通过“应交税费”账户。其资金运动流程如图 3－62 所示。

图 3 - 62　耕地占用税引起的资金运动流程

(七)城市维护建设税、教育费附加所引起的资金运动分析

城市维护建设税是一种附加税种,即对从事工商经营、缴纳增值税、消费税、营业税的纳税人按其应交的“三税”和适用的税率计征。城市维护建设税率一般为7%。其计税的方法为:

应交城建税=(应交增值税+应交消费税+应交营业税)×7%

城建税的会计处理与其主税密切相关,除增值税外,其主税计入何科目,其附加的城建税也计入相同的会计科目,这些科目主要指“营业税金及附加”“其他业务成本”和“固定资产清理”等。

教育费附加是按照企业缴纳流转税的一定比例计算,与流转税一起缴纳。目前的附加税为3%。应交的教育费附加在“应交税费”中核算。其计算公式为:

应交教育费附加=(应交增值税+应交消费税+应交营业税)×3%

计算并提取应缴纳的城建税或教育费附加时,资金发生A段运动,以后实际交税时,资金发生B段运动。其所引起的资金运动流程如图3-63所示。

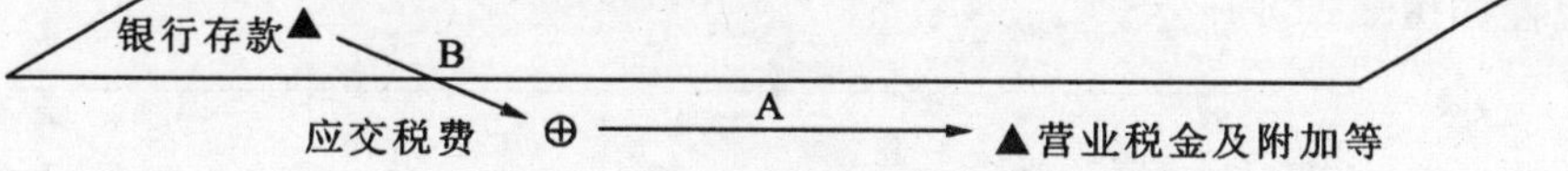

图 3 - 63　附加税费引起的资金运动流程

(八)关税所引起的资金运动分析

关税是主权国家对进出国境或关境的货物或物品所征收的税种。关税按完税价格计算。我国《进出口关税条例》第十条规定:“进口货物以海关审定的成交价格为基础的到岸价格(CIF)作为完税价格。到岸价格包括货价、运抵中国关境内输入地点起卸前的包装费、运费、保险费和其他劳务费等费用”。进口设备、物资所支付的关税直接计入所购货物的成本(如固定资产、在建工程和物资采购等),其税金一般不通过“应交税费”账户核算。其资金运动流程如图3-64所示。

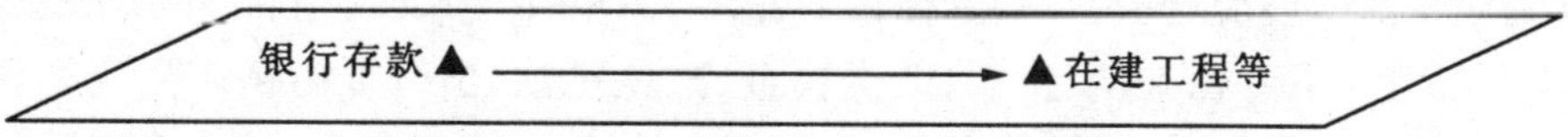

图 3 - 64　关税引起的资金运动流程

(九)所得税费用所引起的资金运动分析

企业的生产经营所得和其他所得,依照有关所得税暂行条例及其实施细则的规定需要缴纳所得税。企业当期应计入损益的所得税,作为一项费用,在净收益中扣除。其计税方法为:

应纳所得税额＝应纳税所得×适用税率

这里的应纳税所得是指企业利润按税法规定重新调整后的税务利润。其资金运动流程如图 3－65 所示，A 段资金运动反映所得税的计提，B 段资金运动反映实际缴纳所得税。

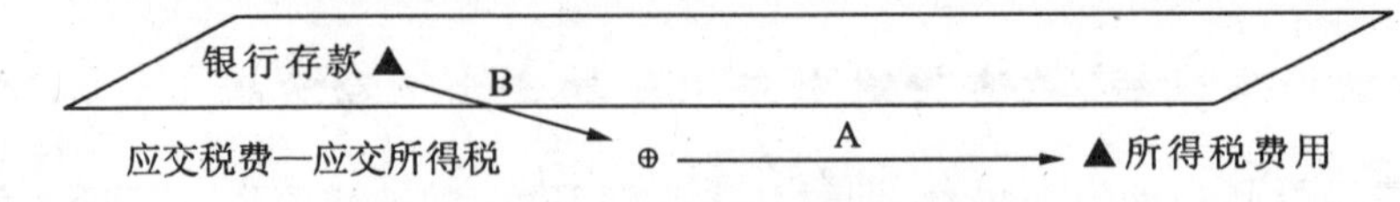

图 3－65　所得税引起的资金运动

值得注意的是，按规定实行所得税先征后返的企业，应当在实际收到返还的所得税时，冲减当期的所得税费用。

(十)代扣代缴个人所得税所引起的资金运动分析

个人所得税是对个人取得的工资、薪金所得，个体工商户的生产经营所得，对企业、事业单位承包经营、承租经营的所得，劳务报酬所得，稿酬所得，特许使用权所得，利息、股息、红利所得，财产租赁所得，财产转让所得和偶然所得等按照其规定的税率计征的税种。

企业在计算实发工资时，应先计算出代扣代缴的个人所得税，并进行会计处理(图 3－66 中 A 段资金运动)，以后代缴个人所得税时冲销“应交税费”(图 3－66 中 B 段资金运动)。其资金运动流程如图 3－66 所示。

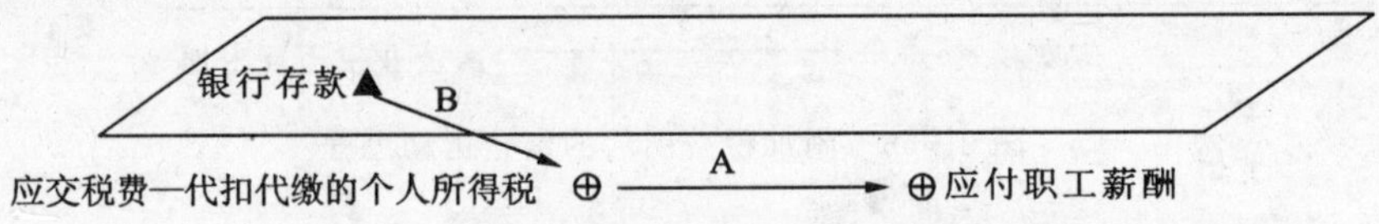

图 3－66　代扣个人所得税引起的资金运动流程

(十一)“应交税费”账户的确认

企业应该设置“应交税费”账户来反映企业因应交未交的税金而对国家形成的一种债务。

由于税金的种类繁多，应对“应交税费”账户设置明细分类账户进行明细核算。其具体的明细分类账户包括应交增值税、应交消费税、应交营业税、应交资源税、应交城市维护建设税、应交所得税、应交土地增值税、应交房产税、应交土地使用税、应交车船使用税、代扣代缴的个人所得税、应交契税等。

由于“应交税费—应交增值税”的具体内容很多，需要在“应交增值税”明细账上设置更多的专栏。其借方应设如下专栏：进项税额、已交税金、减免税款、出口抵内销产品应纳税额、转出未交增值税等；其贷方应设如下专栏：销项税额、进项税额转出、出口退税、转出多交增值税等。

四、应收款项等特殊业务引起的资金运动分析

(一)应收票据所引起的资金运动分析

1. 带息应收票据利息所引起的资金运动分析

对于带息应收票据，企业应在中期期末和年度终了，按规定计提票据利息，并增加应收票

据的账面价值，同时冲减“财务费用”。票据利息的计算公式如下：

应收票据利息＝应收票据票面金额×利率×期限

上式中，利率一般以年利率表示。“期限”指签发日至计息日的时间间隔（有效期）。票据的期限可以用月或日表示。票据期限按月表示时，应以到期月份中与出票日相同的那一天为到期日。如6月25日签发的一个月票据，到期日应为7月25日。月末签发的票据，不论月份大小，以到期月份的月末那一天为到期日。同时，计算利息使用的利率要换算成月利率（年利率除以12）。

票据期限按日表示时，应从出票日起按实际经历天数计算。通常出票日和到期日只能计算其中的一天，即“算头不算尾”或“算尾不算头”。例如，6月25日签发的90天票据，其到期日应为9月23日[90天－6月份剩余天数－7月份实有天数－8月份实有天数＝90－(30－25)－31－31＝23]。同时，计算利息使用的利率，要换算成日利率。在实际业务中，为了计算方便，常把一年定为360天。因此，日利率为年利率除以360。

需要指出的是，到期不能收回的应收票据，应按其账面余额转入应收账款核算，期末不再计提利息，其所包含的利息在有关备查簿中进行登记，待实际收到时再冲减收到当期的财务费用。

企业中期期末和年度终了计提利息所引起的资金运动如图3-67所示。

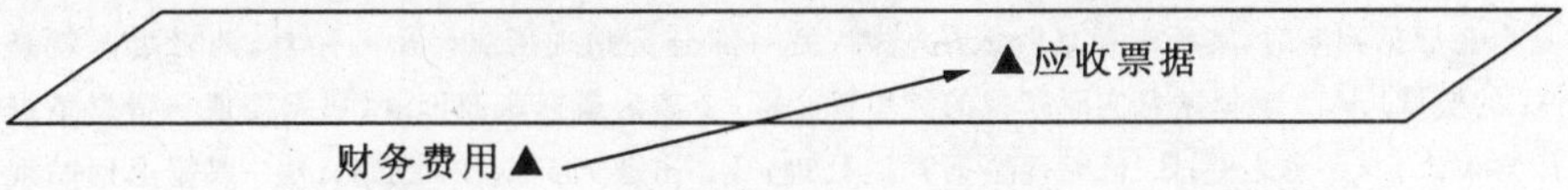

图3-67　带息应收票据利息确认所引起的资金运动

2. 应收票据出售的贴息计算

按照中国人民银行《支付结算办法》的规定，实付贴现金额按票面价值扣除贴现日至汇票到期前一日的利息计算。承兑人在异地的，贴现利息的计算应另加3天的划款日期。

票据贴现的有关计算公式如下：

票据到期价值＝票据面值×(1＋年利率×票据到期天数÷360)　或

票据到期价值＝票据面值×(1＋年利率×票据到期月数÷12)

贴现息＝票据到期价值×年贴现率×贴现天数÷360

贴现天数＝贴现日至票据到期日实际天数－1(承兑人在异地的再加3天)

贴现所得金额＝票据到期价值－贴现息

如果贴现的商业汇票到期，承兑人的银行账户不足支付，银行即将已贴现的票据退回申请贴现的企业，同时从贴现企业的账户中将票据款划回。此时，贴现企业应按所付票据本息转作“应收账款”。如果申请贴现企业的银行存款账户余额不足，银行将作为逾期贷款处理。

3. 应收票据出售所引起的资金运动分析

(1)出售后不负连带责任，流程如图3-68所示。

(2)出售后要承担连带责任，其所引起的资金运动如图3-69所示。

4. 应收票据转让所引起的资金运动分析

应收票据转让是指持票人因偿还前欠货款等原因，将未到期的商业汇票背书后转让给其

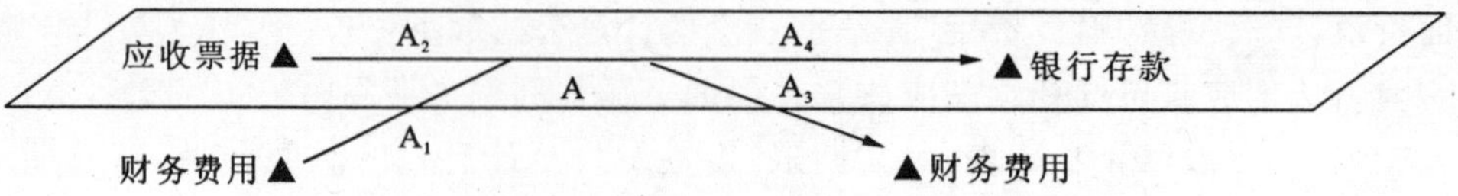

图 3-68　不附追索权的应收票据出售所引起的资金运动

A_1. 带息票据到期时所应确认的利息总额(如果票据在贴现之前已确认部分已实现的利息,其所引起的资金运动如图 3-67 所示。相应的 A_1 的流量应将其扣除。如果是无息票据,则没有本段运动,相应的 B 段流量就为票据面值);A_2. 应收票据的账面价值(如果是无息票据,则其流量为面值。如果是带息票据,则其流量还要结合应收票据利息的处理来考虑);A_3. 票据贴现息,即贴现所付出的代价;A_4. 出售所获得的净货币资金量

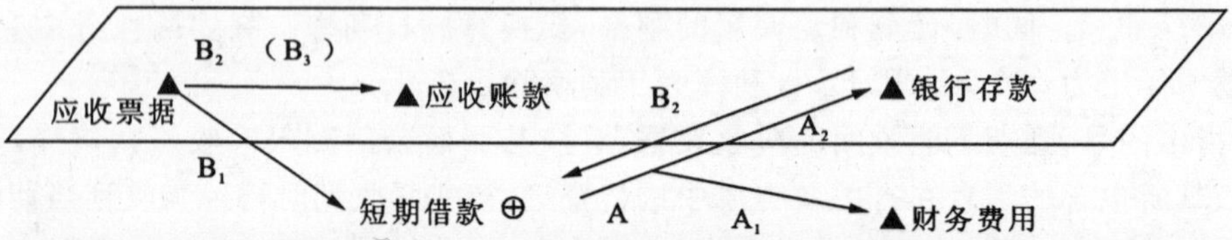

图 3-69　附追索权的应收票据出售所引起的资金运动

A. 票据的贴现;A_1. 票据贴现的贴息额(如果是带息票据,则 A_1 的流量由两部分构成,一部分是带息票据到期时,其所带利息收入的金额,另一部分是贴现所应付出的贴息,两者之差就是 A_1 的流量);A_2. 票据贴息实际获得的货币资金额,金额为票据账面价值(票据面值与带息票据所含利息)与贴息之差;B. 已贴现票据到期处理;B_1. 出票人到期按时承兑;B_2. 票据退回贴现企业,并从贴现企业的银行账户中将款项划走;B_3. 如申请贴现企业的银行存款账户余额不足,银行将作为逾期贷款处理

他单位或个人的业务活动。企业可以将自己持有的商业汇票背书转让。背书是指持票人在票据背面签字,签字人称为背书人,背书人对票据的到期付款负连带责任。

背书转让的应收票据应以其账面价值计价,如果是带息票据,还要考虑其尚未提取的利息。其所引起的资金运动如图 3-70 所示。

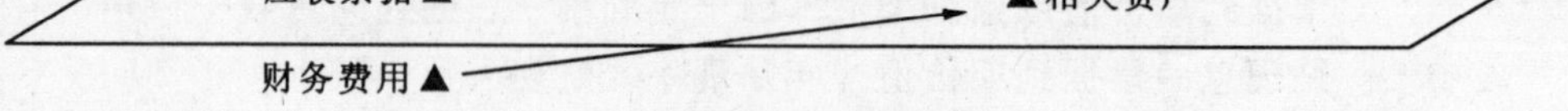

图 3-70　应收票据背书转让所引起的资金运动

(二)预收账款及其他往来

1. 预收账款

预收账款是企业按照购货合同或劳务合同规定,由购货方或接受劳务方预先支付一部分货款给供应方或提供劳务方而发生的一项负债。

企业在预收款项较少的情况下,也可不设"预收账款"账户。在不设置"预收账款"的情况下,如发生预收款业务,应通过"应收账款"来反映;但在会计报表的编制中,要将"应收账款"明细账的贷方余额列作企业的负债,在负债方的"预收账款"项目中列示。在这种情况下,其资金

运动流程如图 3 - 71 所示。

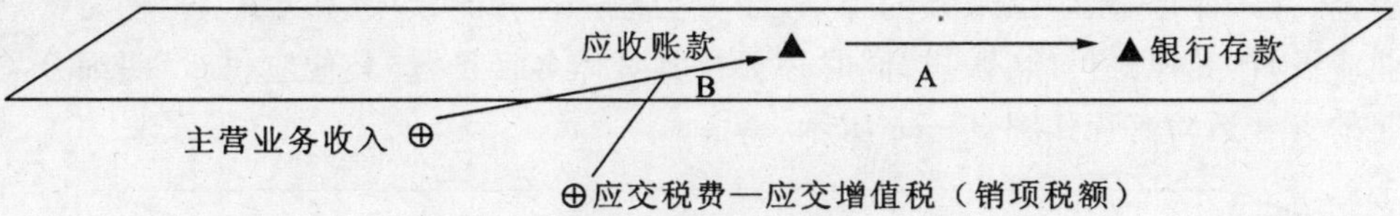

图 3 - 71 预收账款所引起的资金运动

如图 3 - 71 所示，企业收到买方的预付款时，资金发生 A 段运动，这笔预收款登记在"应收账款"账户的贷方；企业以后用货物去抵消这笔预付款时，资金发生 B 段运动。

2. 其他应收款

其他应收款是指除应收票据、应收账款和预付账款（在采购业务中产生的债权）等以外的其他各种应收、暂付款项。

为了反映和监督其他应收款的发生和结算情况，企业应设置"其他应收款"账户。同时，企业应按其他应收款的项目分类，并按不同的债务人设置明细账，期末各明细账的余额合计数应与总账余额核对相等。

备用金制度是一种常见的会计核算方法，是企业预付给内部单位或个人，用于日常零星现金开支的有一定额度的款项，属于其他应收款项。如企业零星开支金额较小、发生频繁，为了便于管理、减少工作量，可以建立备用金制度。企业提取一笔固定金额的现金，交由专人保管，以备日常开支，定期报销，等实际报销时再根据有关凭证开出支票从银行提取现金，补足定额。备用金制度所引起的资金运动流程如图 3 - 72 所示。差旅费所引起的资金运动流程如图 3 - 73 所示。

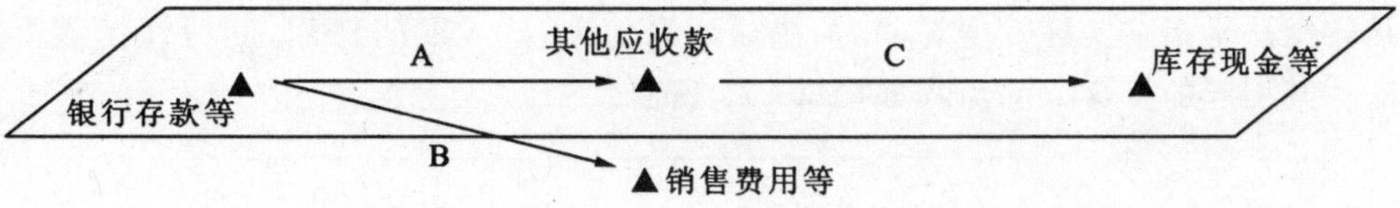

图 3 - 72 备用金制度所引起的资金运动流程

A. 建立备用金；B. 实际报销，不通过备用金明细账；C. 取消备用金明细账

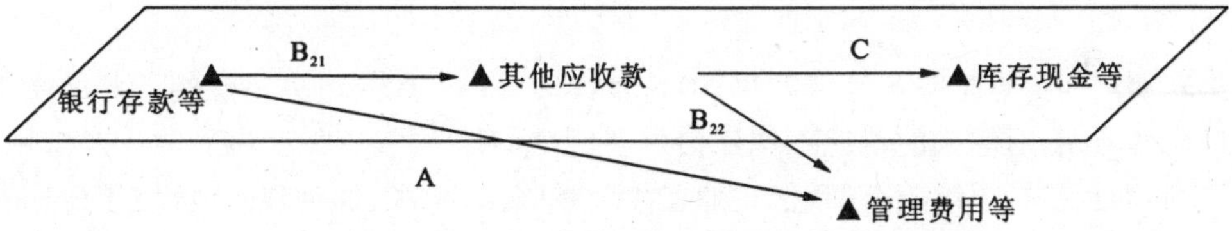

图 3 - 73 差旅费所引起的资金运动流程

A. 出差人自行垫付（未借支差旅费），据实报销；B. 出差人预借差旅费的处理；

B_{21}. 出差人预借差旅费；B_{22}. 出差人报销差旅费；C. 多退少补（如果是要补助出差人，则其流量为负数）

3. 其他应付款

企业除了应付票据、应付账款等主要与商品交易所产生的应付款项外，还会发生与商品交易不具有直接关系的应付、暂收款项。其主要内容有应付经营租赁租入固定资产的租金、租入包装物租金、存入保证金、职工未领的工资、企业为职工代扣的款项(如水电费、托儿费)等。

企业应设置“其他应付款”账户,同时还要按其具体名目设置“其他应付款”明细分类账户。其所引起的资金运动流程如图 3－74 所示。

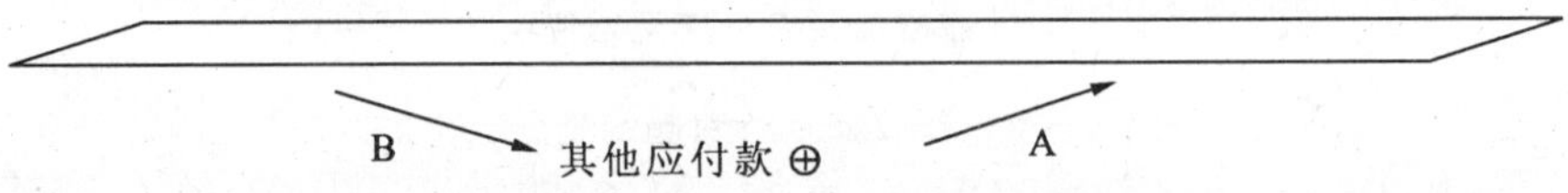

图 3－74　其他应付款所引起的资金运动

A. 其他应付款的产生;B. 其他应付款的冲销

五、会计稳健性等原则对应收款项的影响

(一)信用风险对应收款项的影响

在商品经济条件下,商业信用客观存在。激烈的市场竞争必然使那些管理不善、扭亏无望、无力偿债的企业破产倒闭,从而使债权人面临着难以收回应收账款的风险。现实经济生活中,许多企业的应收账款因为种种原因或多或少总有部分不能收回。在会计上,将不能收回的应收账款称为坏账或呆账。坏账是指企业无法收回或收回的可能性极小的应收账款。由于发生坏账而产生的损失,称为坏账损失。

对于坏账损失的核算方法有两种:直接转销法和备抵法。

(二)直接转销法

直接转销法是指在实际发生坏账时,确认坏账损失,计入期间费用,同时注销该笔应收账款的方法。其引起的资金运动流程如图 3－75 所示。

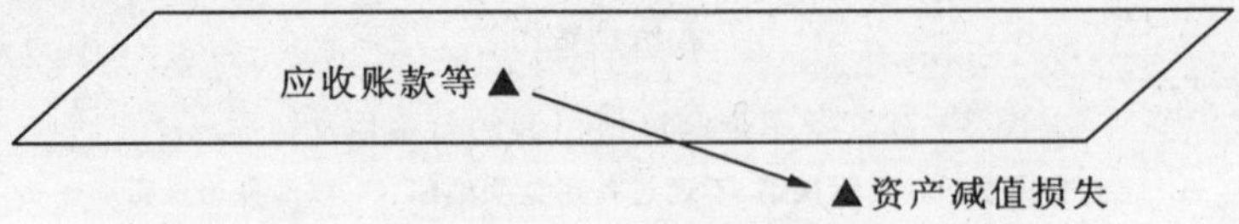

图 3－75　应收账款发生损失所引起的资金运动

直接转销法的优点是账务处理简单,但这种方法忽视了坏账损失与赊销业务的联系,在转销坏账损失的前期,对坏账的情况不作任何处理,显然不符合权责发生制及收入与费用相配比的会计原则,而且核销手续繁杂,致使企业发生大量陈账、呆账、长年挂账,虚增了前期利润,也夸大了前期资产负债表上应收账款的可实现价值,因而也违背了会计的稳健性原则。因此,我国现行的《企业会计准则》取消了这种方法。

(三)稳健性原则对应收款项的影响

稳健性原则要求在会计核算时充分考虑应收账款收不回来而成为企业损失的可能性。应收账款应按其实际可以收回的净额计量。

稳健性等原则要求企业在坏账的处理上选用备抵法。备抵法是按期估计坏账损失，形成坏账准备，当某一应收账款全部或部分被确认为坏账时，应根据其金额冲减坏账准备，同时转销相应的应收账款金额的方法。

(四)备抵法所引起的资金运动分析

1. 可能的坏账损失对企业基本资金运动的影响(图 3－76)

通过应收账款余额百分比法、销货净额百分比法、应收账款账龄分析法三种计算方法，就可以估计企业应收账款中可能的坏账损失金额。当根据会计的稳健性原则将可能的坏账损失计入本期的管理费用时，资金就发生图 3－76 中的 A 段运动，应收账款相应地减少，企业的管理费用则相应地增加。这种做法虽然遵守了会计的稳健性原则，但却违背了会计的历史成本原则。历史成本原则要求应收账款按其产生时的实际总额计量，历史成本是客观经济事实所确定的，它有现成的数据，是一个经得起验证的计价标准。能否在考虑会计稳健性原则的同时又遵守会计的历史成本原则呢?

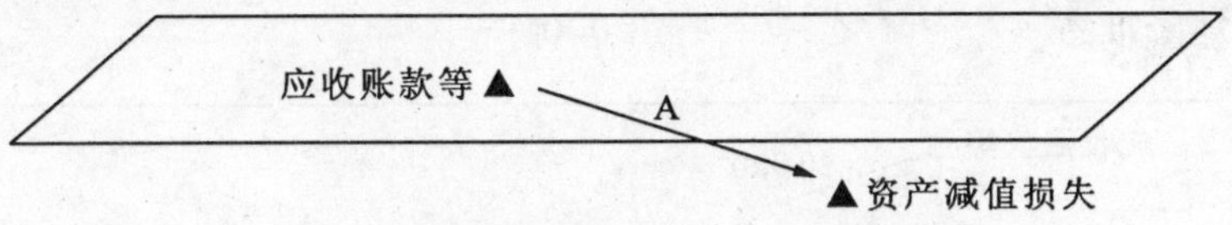

图 3－76　直接冲销法所引起的资金运动

A. 坏账实际发生时所引起的资金运动

2. 稳健性原则和实际成本原则对基本资金运动流程的影响

要遵守会计的稳健性原则，将企业应收账款中可能的损失计入到相关的成本费用之中，同时又要遵守会计的历史成本原则，不改变应收账款的总金额，可以借助于会计平面模型对“应收账款”进行固化处理：当将可能的坏账损失计入到管理费用时(进而导致“应收账款”价值减少)，由于“应收账款”在会计平面模型上已经被固化成为一个不可分割的整体(一个固化的土堆▲)，其代表可能损失的资金量可以从代表“应收账款”固化的土堆下面流出，资金从固化的土堆(▲)下面流出一部分，被固化的代表“应收账款”价值的土堆体积也就相应地、等体积地下陷一部分。在某一时刻，当把会计平面模型上已经固化的、下陷的代表“应收账款”的土堆(▲)从下陷的地方搬出来放在另外一个地方时，就会在原来下陷的地方出现一个土坑(⊕)，这个土坑⊕就代表“坏账准备”账户。其资金运动流程如图 3－77 所示。这样一来，一方面提取了坏

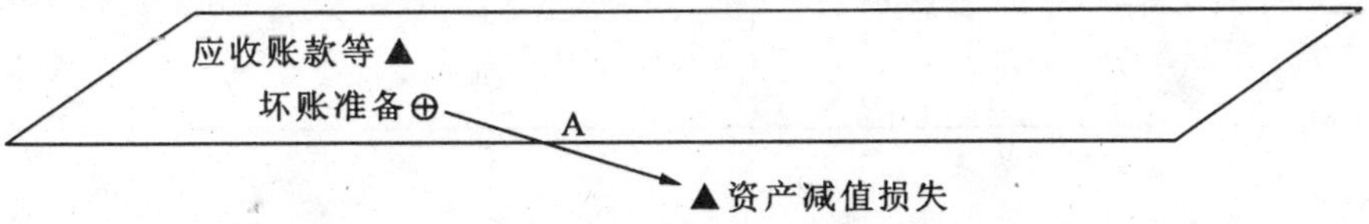

图 3－77　坏账准备提取所引起的资金运动

A. 备抵法下坏账准备提取所引起的资金运动

账准备，遵守了会计的稳健性原则，另一方面又没有影响应收账款等的原始价值，遵守了会计的历史成本原则。当以后实际发生坏账时，资金就发生 B 段运动，冲销坏账准备金。其资金

运动流程如图 3－78 所示。

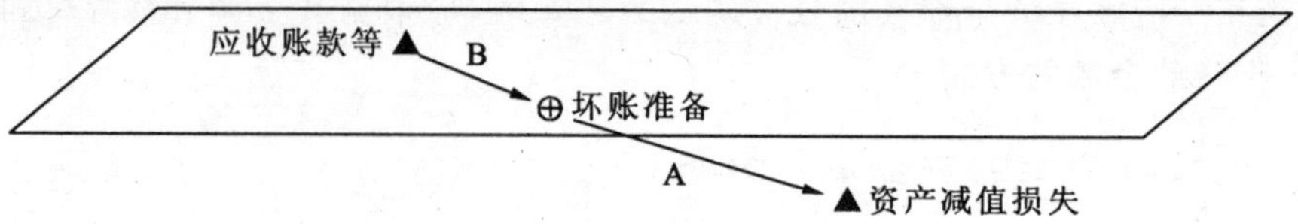

图 3－78　坏账准备的提取与坏账冲销所引起的资金运动

3. 坏账准备核算举例

企业在一定时期内连续发生与坏账准备相关的以下经济业务。

例 1：1999 年 12 月 31 日，企业应收账款余额为 4 000 000 元，估计坏账损失率为 1%。此时，"坏账准备"账户的余额为零，则该笔经济业务所引起的资金运动流程如图 3－79 中 A 段资金运动，其会计分录为：

借：资产减值损失　　　40 000

　贷：坏账准备　　　　　　40 000

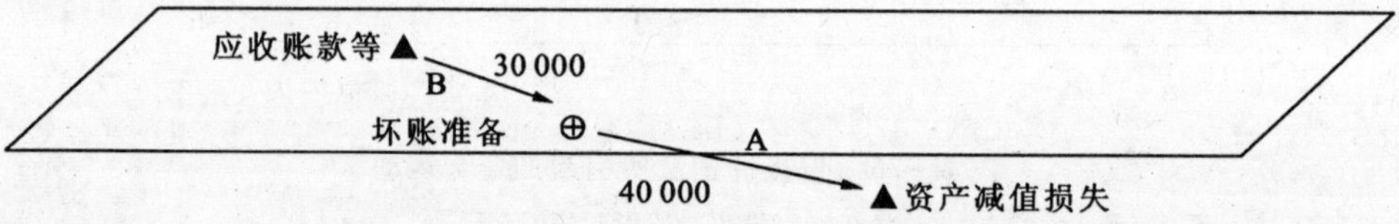

图 3－79　1999 年 12 月 31 日坏账准备提取与 2000 年坏账发生所引起的资金运动

例 2：2000 年 10 月 30 日，企业一笔价值为 30 000 元的应收款(X 企业)经确认无法收回，作为坏账冲销准备金(全年仅此一笔相关业务)。其引起的资金运动流程如图 3－79 中 B 段资金运动，其会计分录为：

借：坏账准备　　　30 000

　贷：应收账款－X　　　30 000

例 3：2000 年 12 月 31 日，企业应收账款余额为 5 000 000 元，估计坏账率为 1%。

"坏账准备"的保留数＝5 000 000×1%＝50 000(元)

"坏账准备"的提取数＝保留数－贷方余额(＋借方余额)＝50 000－10 000＝40 000

该笔经济业务所引起的资金运动如图 3－80 中 A 段资金运动，其会计分录为：

借：资产减值损失　　　40 000

　贷：坏账准备　　　　40 000

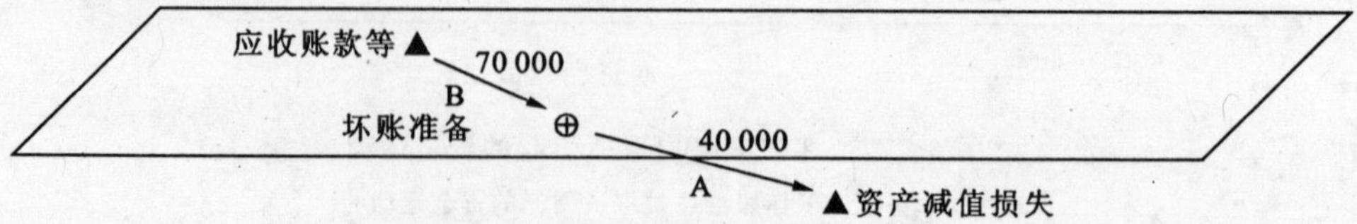

图 3－80　2000 年 12 月 31 日坏账准备提取与 2001 年坏账发生所引起的资金运动

例 4:2001 年 8 月 21 日,企业一笔价值为 70 000 元的应收款(Y 企业)经确认无法收回,冲销准备金(全年仅此一笔相关业务)。其引起的资金运动流程如图 3-80 中 B 段资金运动。

借:坏账准备　　　70 000

　贷:应收账款—Y　　　70 000

例 5:2001 年 12 月 31 日,应收账款余额为 3 000 000 元,估计坏账损失率为 1%。

"坏账准备"的保留数=3 000 000×1%=30 000(元)

"坏账准备"的提取数=保留数-贷方余额(+借方余额)=30 000+20 000=50 000(元)

其所引起的资金运动如图 3-81 中 A 段资金运动:

借:资产减值损失　　　50 000

　贷:坏账准备　　　50 000

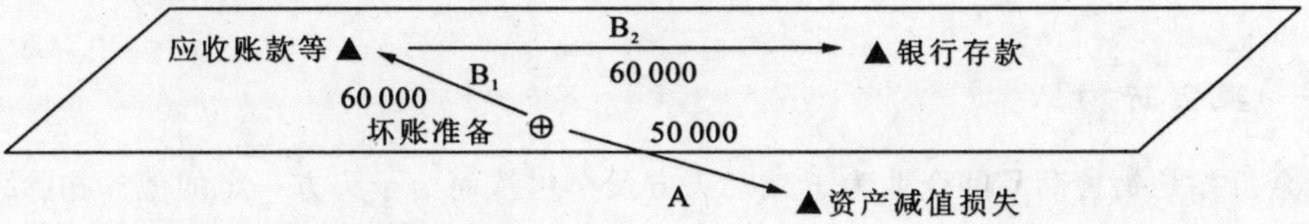

图 3-81　2001 年 12 月 31 日坏账准备提取与 2002 年坏账重新收回所引起的资金运动

例 6:2002 年 4 月 5 日,企业一笔原已确认为坏账的 60 000 元货款(Z 企业)现重新收回,款已存入银行(全年仅此一笔相关业务)。

第一步,重新确认应收账款,所引起的资金发生如图 3-81 中 B_1 段运动,其会计分录为:

借:应收账款—Z　　　60 000

　贷:坏账准备　　　60 000

第二步,反映存款增加,其所引起的资金运动如图 3-81 中 B_2 段运动,其会计分录为:

借:银行存款　　　60 000

　贷:应收账款—Z　　　60 000

例 7:2002 年 12 月 31 日,应收账款余额为 7 000 000 元,估计坏账损失率为 1%。

"坏账准备"保留数=7 000 000×1%=70 000(元)

"坏账准备"提取数=保留数-贷方余额(+借方余额)= 70 000-90 000=(-)20 000

其引起的资金运动如图 3-82 中 A 段资金运动(资金运动流量为负数时,资金运动的流向自动反向)。其会计分录为:

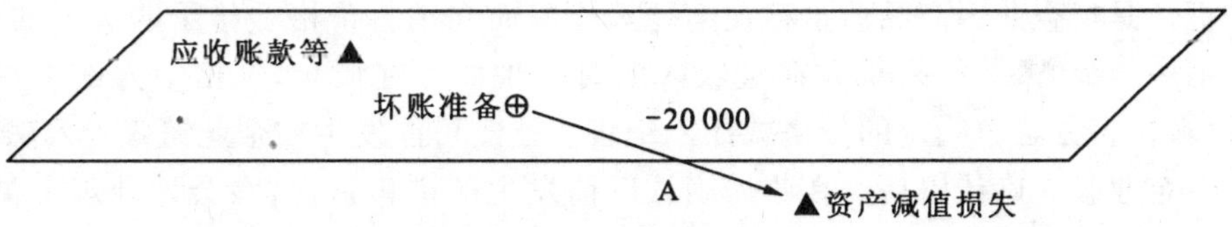

图 3-82　2002 年 12 月 31 日坏账准备提取所引起的资金运动

借:坏账准备　　　20 000

　贷:资产减值损失　　　20 000

也可以用红笔做会计分录：

借：资产减值损失　　[20 000]

　贷：坏账准备　　　　[20 000]

第五节　企业销售环节资金运动分析(下)

——特殊业务

一、现金折扣、销售折让与销售退回所引起的资金运动分析

(一)现金折扣

现金折扣是销售商品的企业为了鼓励买方及早付款而给予买方一定的债务扣除。现金折扣一般发生在企业对外提供的赊销交易之中。企业为了鼓励债务人提前偿付债务，与债务人达成协议，使债务人在不同的期限内享受不同比例的折扣，其表达方法为“折扣/付款期限”，如2/10，1/20，N/30，就是表示在10天之内付款可享有2%的折扣，超过10天但在20天内付款的可享受1%的优惠，超过20天则没有优惠，对方应该在30天之内全价付款，否则就属于违约拖欠货款。企业发生的现金折扣是为了尽快回笼资金而发生的理财费用，应在实际发生时计入财务费用。

现金折扣所引起的资金运动如图3-83所示。

图3-83　现金折扣所引起的资金运动

A. 收入的取得；B. 应收账款的回收(B_1 为实际收到的款项，B_2 为现金折扣的发生)

(二)销售折让

销售折让是指企业因商品质量存在问题等原因而在销售价格上给予购买方的减让，即企业将商品销售给买方后，如果买方在验收入库时发现商品在质量、规格等方面不符合合同要求，可以要求销售方给予一定的价格减让。销售折让既可能发生在企业销售收入确认以前，也可能发生在企业收入确认以后。在收入确认以前发生的销售折让，在会计处理上类似于商业折扣，即直接减少当时确认的收入金额；在销售收入确认后发生的销售折让，应在发生时冲减当期的销售收入。如果按规定允许扣减当期的销项税额，还应该用红字冲减“应交增值税”明细账中的“销项税额”，但在会计处理时，通常借记“应交税费—应交增值税(销项税额)”。此处的销售折让是指第二种情况。销售折让所引起的资金运动如图3-84所示。

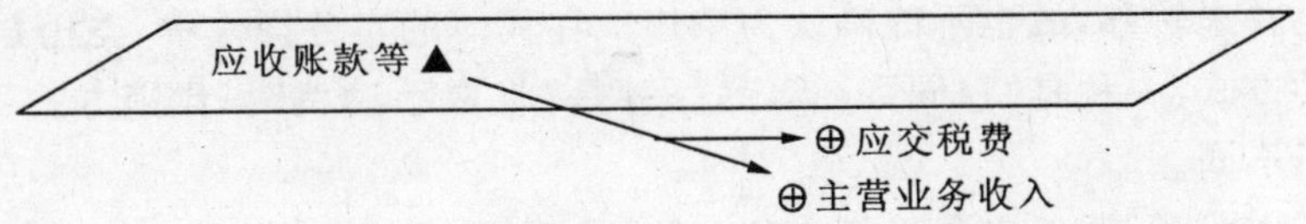

图 3-84　销售折让所引起的资金运动分析

(三)销售退回

销售退回是指企业售出的商品,因质量、品种或规格不符合合同要求等原因而发生的退回。

购买方退货既可能发生在收入之前,也可能发生在收入确认之后。如果销售退回发生在企业确认收入之前,则只需将已记入“发出商品”科目的商品成本转回“库存商品”。

一般情况下,企业确认收入后,发生销售退回的,无论是当年还是以前年度销售的,一般应冲减退回当月的销售收入,同时冲减退回当月的销售成本;如已发生现金折扣或销售折让,应在退回当月一并调整,同时用红字冲减“应交税费(应交增值税一销项税额)”。其引起的资金运动如图 3-85 所示。

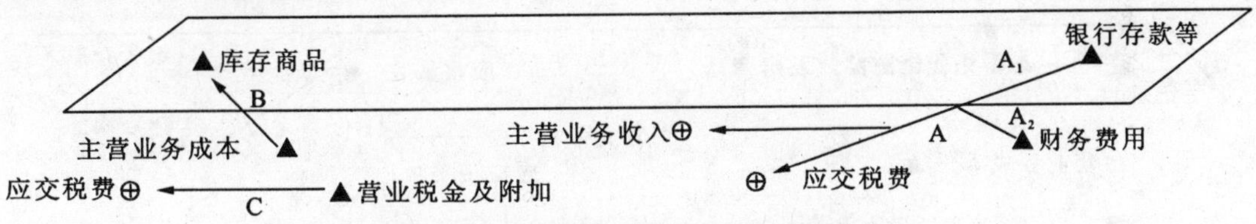

图 3-85　销售退回所引起的资金运动分析

A. 冲减收入、销项税额及折扣(A_2 为现金折扣冲减);

B. 冲减销售成本;C. 冲减消费税金所引起的主营业务税金及附加

如果在资产负债表日及之前售出的商品在资产负债表日至财务报告批准报出日之间发生退回,除应在退回当月作相关的账务处理外,还应作为资产负债表日后发生的调整事项,冲减报告年度的收入、成本与税金。如该销售在资产负债表日及之前已发生现金折扣或销售折让,还应同时冲减报告年度相关的折扣、折让。其引起的资金运动如图 3-86 所示。

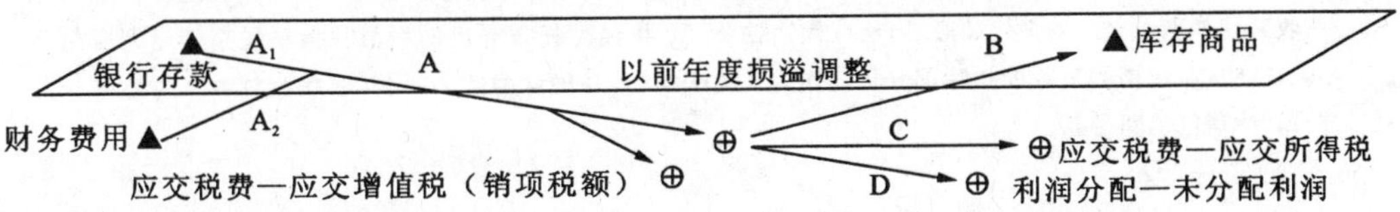

图 3-86　销售退回(日后事项)所引起的资金运动分析

A. 冲减收入、销项税额和折扣;A_1. 销售退回所应支付的款项;A_2. 仅当现金折扣在本年度发生(如果发生在资产负债表日之前,则与 A_1 段合并);B. 冲销销售成本;C. 冲减应交所得税;D. 冲减上年度未分配利润

二、代销所引起的资金运动分析

在委托代销或受托代销的情况下,委托方发出商品,其风险和报酬并未转移,不符合收入实现的基本条件,故不应该确认为销售收入的实现;而受托方,在商品尚未销售给第三方以前,

其风险和报酬也并未转移，故也不能确认为销售。在具体的实务操作中，委托方和受托方其代销合同也有两种方式：一种是“视同买断”，另一种是“收取手续费”。代销方式不同，其引起的资金运动也有所不同。

在视同买断方式下，委托方与受托方签订协议，委托方按协议价收取所代销的货款及增值税，而实际售价则由受托方自定，实际售价与协议价之间的差额归受托方所有。在这种视同买断方式下，委托方将商品交付受托方时，商品所有权上的主要风险与报酬已转移给受托方，只保留了次要风险与报酬。在符合销售商品收入确认条件时，委托方应确认相关销售收入。

在收取手续费的方式下，受托方根据所代销的商品数量向委托方收取手续费，这对受托方来说实际上是一种劳务收入。这种代销方式与视同买断方式相比，主要特点是，受托方通常应按照委托方规定的价格销售，不得自行改变售价。在这种代销方式下，委托方应在受托方将商品销售后，并向委托方开具代销清单时，确认收入；受托方在商品销售后，一方面确认对委托方的债务，并向委托方开具销售清单，另一方面按应收取的手续费确认收入。

委托方商品销售引起的资金运动如图 3 - 87 所示。受托方销售受托代销商品所引起的资金运动如图 3 - 88 所示。

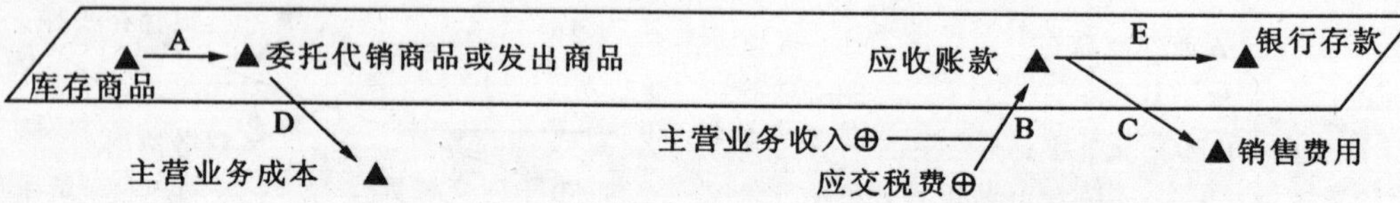

图 3 - 87　委托方销售商品所引起的资金运动分析

A. 将商品交付给受托方；B. 收到受托方的销售清单，确认收入；C. 确认代销费用；D. 确认委托代销的销售成本；E. 实际收到货币资产

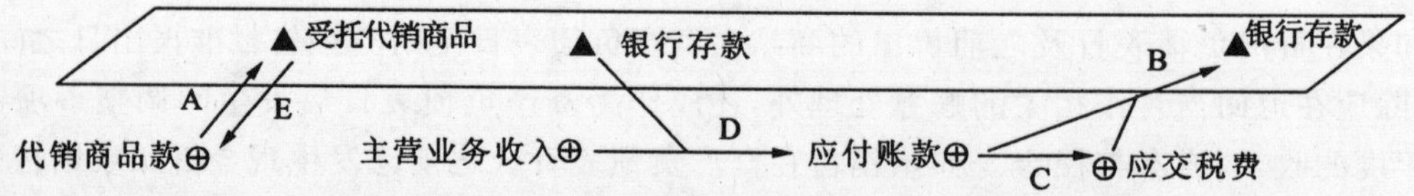

图 3 - 88　受托方代销商品所引起的资金运动分析

A. 收到代销商品；B. 销售代销商品，确认代销款项；C. 将代委托方开出的增值税销项税额转出到应付账款；D. 从所代销的货款中扣除部分货款作为代销手续费，并确认为收入，同时将剩余货款支付给委托方；E. 冲销代销商品款

三、分期收款销售所引起的资金运动分析

分期收款销售是指商品已经交付，但货款分期收回的一种销售方式。分期收款销售的特点是销售商品的价值较大（如房产、汽车、重型机器设备等），收款期限较长（有的是几年，有的长达几十年），收取货款的风险较大。因此，在分期收款销售方式下，企业应按照销售合同约定的收款日期分期、分量地确认和计量销售收入，并按相应的比例确认应转入费用的成本。

采用分期收款销售方式的企业，应设置“分期收款发出商品”账户，用以反映、控制和监督企业已经发出但尚未结转的商品成本。企业应该按销售对象设置明细账或设置备查簿，详细记录分期收款发出商品的数量、成本、售价、代垫运杂费、已收取的货款和尚未收取的货款等有关情况。分期收款发出商品所引起的资金运动如图 3-89 所示。

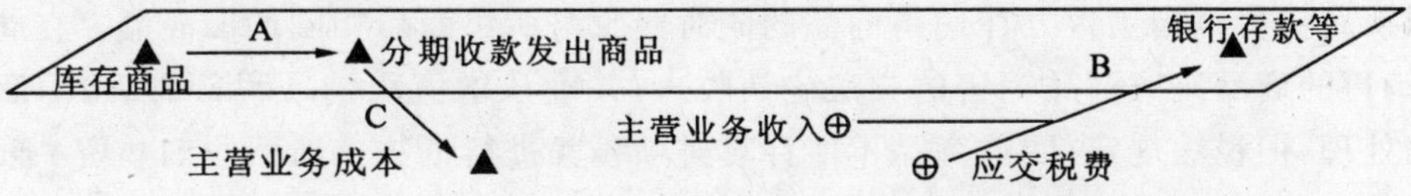

图 3-89 分期收款销售商品所引起的资金运动分析

A. 发出商品;B. 按合同约定的每次收款日期及收款金额确认销售收入和增值税;C. 根据每次确认的销售收入占该项目收入的比例确认相应的销售成本

在某些情况下,合同或协议明确规定销售商品需要延期收取价款,如分期收款销售商品实质上具有融资性质,应当按照应收的合同或协议价款的现值确定其公允价值,并作为收入计量的金额(如图 3-90 中 A 段资金运动)。应收的合同或协议价款与其公允价值之间的差额,作为未确认的融资收益处理(如图 3-90 中 B 段资金运动)。该未确认的融资收益应当在合同或协议期间内,按照应收款项摊余成本和实际利率计算确定的金额进行摊销,冲减财务费用(如图 3-90 中 C 段资金运动)。该销售所引起的资金运动如图 3-90 所示。

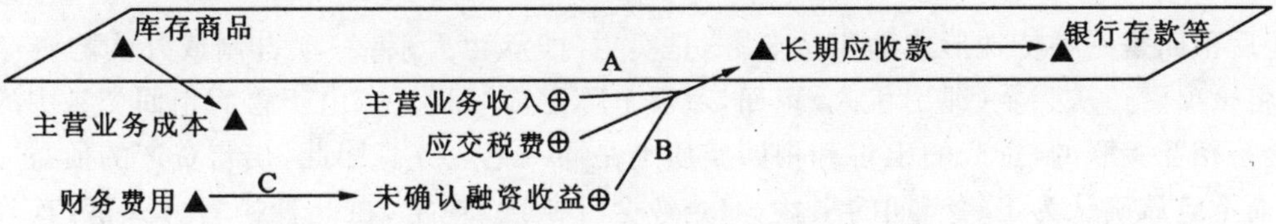

图 3-90 具有融资性质的销售所引起的资金运动分析

四、售后回购所引起的资金运动分析

售后回购是根据销售合同规定,在商品出售后一段时间内再按合同规定的价格和条件予以购回的销售行为。售后回购一般有三种情况:①卖方在销售商品后的一定时间内必须回购;②卖方有回购选择权;③买方有要求卖方回购的选择权。在融资协议下售后回购所引起的资金运动如图 3-91 所示。

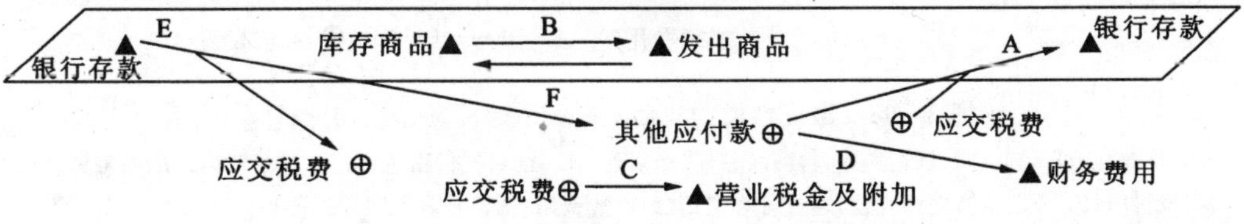

图 3-91 售后回购所引起的资金运动分析

A. 销售商品;B. 将库存商品转为发出商品;C. 应交纳的城建税和教育费附加等;D. 在售后回购的价格高于售价时,分期分量地补提两者之间的差额;E. 售后回购;F. 将发出商品转为库存商品(如果该商品涉及增值税,则需要考虑进项税)

五、以旧换新销售所引起的资金运动分析

以旧换新销售是指销售方在销售商品的同时回收与所售商品相同的旧商品。在此种销售方式下，销售的商品按照商品销售的方法确认收入，并确认增值税销项税额；回购的商品作为购进货物处理，但税法规定，回购商品不能计算进项税额进行抵扣。所回收旧物资一般作为企业的原材料处理，其金额抵减新商品销售所应收取的价款。以旧换新所引起的资金运动如图3－92所示。

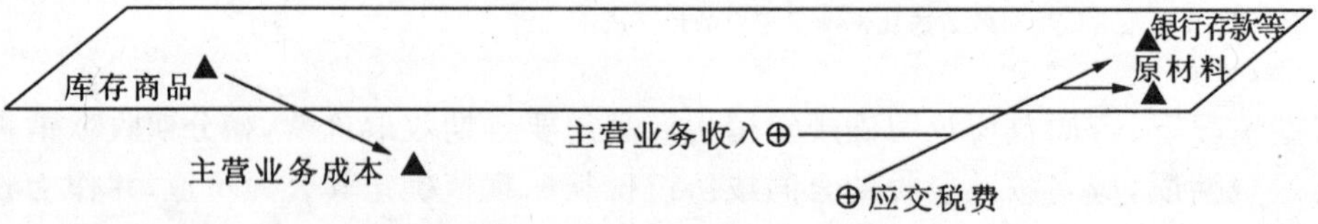

图3－92　以旧换新所引起的资金运动分析

六、售后租回销售所引起的资金运动分析

售后租回是一种特殊形式的租赁业务，是卖主（即承租人）将一项自制或外购的资产出售后，又将该项资产从买主（即出租人）租回，习惯上称之为“回租”。由于售后租回交易中的售价和租金是相互关联的，资产的出售和租回实质上是同一笔业务。因此，出售资产的损益应分期摊销，而不应该确认为出售当期的损益。《企业会计制度》规定，在此种销售方式下，其收入的确认应区分以下两种情况分别处理。

（一）售后租回交易形成融资租赁

如果售后租回形成一项融资租赁，售价与资产账面价值的差额作为递延收益处理，并按该项固定资产的折旧进度进行分摊，作为对折旧费的调整。其所引起的资金运动如图3－93所示。

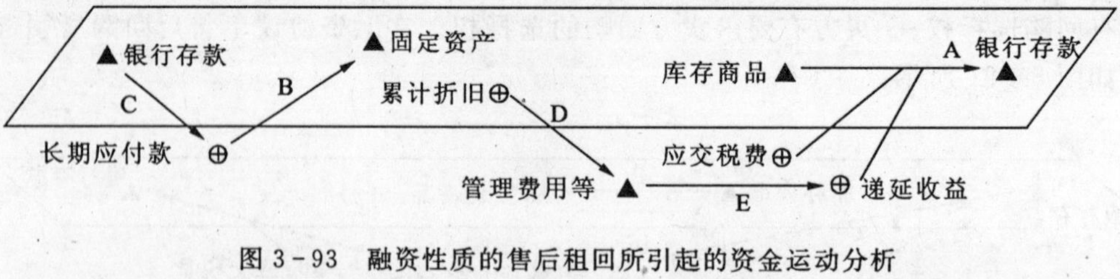

图3－93　融资性质的售后租回所引起的资金运动分析

A. 将商品销售，确认递延收益；B. 将商品租回（融资性）；C. 定期支付租赁费；D. 对融资租入的固定资产提取折旧；E. 分期摊销递延收益，通过管理费用（或制造费用）调整企业每期计提的折旧费用

（二）售后租回交易形成经营租赁

如果售后租回形成一项经营租赁，售价与资产账面价值的差额也作为递延收益处理，并在租赁期内按照租金支付的比例分摊。其所引起的资金运动如图3－94所示。

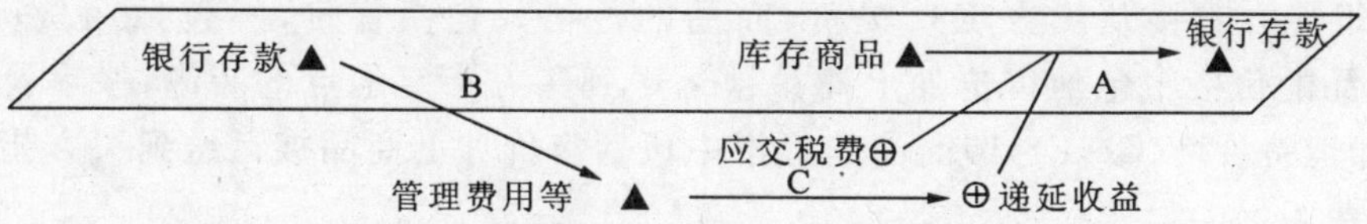

图 3－94　经营性质的售后租回所引起的资金运动分析

A. 将商品销售，确认递延收益；B. 定期支付租金；C. 分期摊销递延收益，调整企业的管理费用（或制造费用）

七、商品销售连带安装、检验等服务所引起的资金运动分析

商品销售连带需要提供安装、检验等服务，是指出售的商品需要安装或检验。在此种销售方式下，购买方在接受交货以后及安装、检验完毕以前一般不确认为销售收入，但如果安装程序比较简单，或检验是为确定合同价格而必须进行的程序，则可以在商品发出时，或在商品装运时确认为收入。其所引起的资金运动流程如图 3－95 所示。

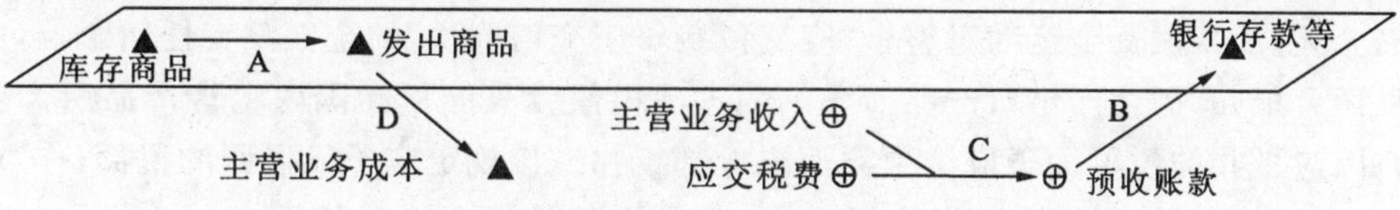

图 3－95　带安装、检验等服务商品销售所引起的资金运动分析

A. 发出商品；B. 收到货款；C. 安装完毕并经检验合格后交付使用，确认收入；D. 结转相应的销售成本

八、附有销售退回条件的商品销售所引起的资金运动分析

附有销售退回条件的商品销售，是指购买方根据协议在一定条件下有权退货的销售。在这种销售方式下，企业应当根据过去的经验对退货的可能性作出合理的估计，在发出商品时，对估计不会退货的部分确认为销售，而对估计可能退货的部分不确认为销售。如果企业无法合理估计退货的可能性，应在售出商品的退货期满后确认销售收入。在这种销售方式下，企业销售商品一般作“发出商品”处理，收到的货款作“预收账款”处理。

九、房地产销售所引起的资金运动分析

房地产销售是指房地产经营商自行开发房地产并在市场上进行的销售。房地产销售所引起的资金运动同一般企业的主营销售所引起的资金运动是一致的。如果房地产经营商事先与买方签订合同，按合同要求开发房地产的，应作为建造合同，根据《企业会计准则——建造合同》的规定进行会计处理，其所引起的资金运动见本章第十三节。

十、出口销售所引起的资金运动分析

企业出口商品，通常的成交方式有以下几种：①离岸价（FOB），即商品的价格中包括售价加上商品被搬运到车船（包括船、火车、汽车等）或其他运载工具上的所有费用；②工厂交货价

格(DAF),即买方直接从卖方工厂提货,商品的价格只包括售价,不包括运费;③到岸价(CIF),即商品的价格中包括售价加上商品被运送到买方指定地点的装卸、保险及运输等费用;④成本加运费价格(C&F),即商品的价格中包括售价加上商品被运送到买方指定地点的装卸及运输费用。

在不同的成交方式下,商品所有权上的风险和报酬转移的时间不同,确认收入的时点也不一致。另外,不同的成交方式表示售价包含的内容不同,所确认的收入金额也不相同。

除增值税的销项税额外,出口销售所引起的资金运动同一般的销售业务是一致的。

十一、增值税特殊业务处理所引起的资金运动分析

(一)出口退税

实行"免、抵、退"办法且有进出口经营权的生产性企业,按规定计算的当期出口物资不予免征、抵扣和退税的税额,计入出口物资成本(如图 3-96 中 A 段资金运动)。按规定计算的当期应予抵扣的税款,单独作"出口退税"核算,以便统计企业出口退税总体情况(如图 3-96 中 B 段资金运动,B 段资金运动对整个"应交税费—应交增值税"的金额没有任何影响,由于没有销项税额可抵扣,因生产出口产品而缴纳的进项税额就只能抵扣国内销售产品所产生的销项税额);因应抵扣的税额大于应纳税额而未全部抵扣或按规定应予以退回的税额,作"应收补贴款"处理(如图 3-96 中 B_1 段资金运动)。其所引起的资金运动如图 3-96 所示(注:甲为"应交税费—应交增值税")。

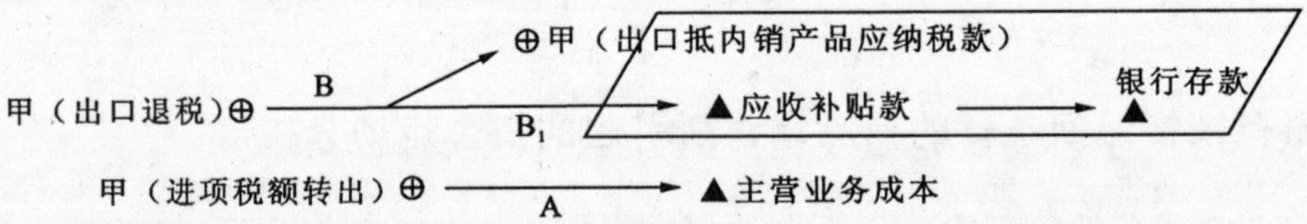

图 3-96　实行"免、抵、退"办法的企业出口退税所引起的资金运动

未实行"免、抵、退"办法的企业,按规定计算的应收出口退税,一方面反映应收补贴款的增加,另一方面还是作"销项税额"处理(如图 3-97 中 A 段资金运动);按规定不予抵扣的税金,计入出口物资成本(如图 3-97 中 B 段资金运动)。其所引起的资金运动如图 3-97 所示。

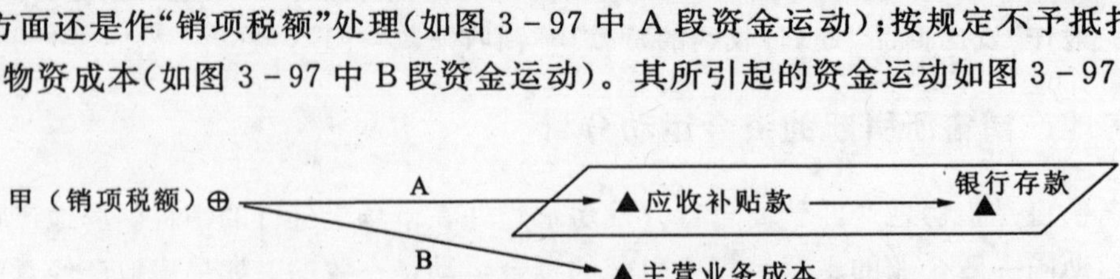

图 3-97　未实行"免、抵、退"办法的企业出口退税所引起的资金运动

(二)交纳增值税

为了分别反映增值税一般纳税企业欠交增值税款和待抵扣增值税款的情况,确保企业及时足额上交增值税,企业在会计核算中作出了如下规定:①在"应交税费"科目下增设"未交增

值税”明细科目，核算一般纳税企业月度终了转入的应交未交增值税和多交的增值税；②在“应交税费—应交增值税”明细科目下增设“转出多交增值税”和“转出未交增值税”两个专栏，分别纪录一般纳税企业月份终了转出多交或未交的增值税。

当月上交当月的应交增值税，资金发生图 3 - 98 中的 A 段运动；月度终了，将当月应交未交增值税自“应交税费—应交增值税”明细科目转入“应交税费—未交增值税”明细科目，资金发生图 3 - 98 中的 B 段运动(如果转出多交增值税，则 B 段资金流量为负数)；当月上交上期应交未交的增值税，资金发生图 3 - 98 中的 C 段运动。其所引起的资金运动如图 3 - 98 所示(甲为“应交税费—应交增值税”)。

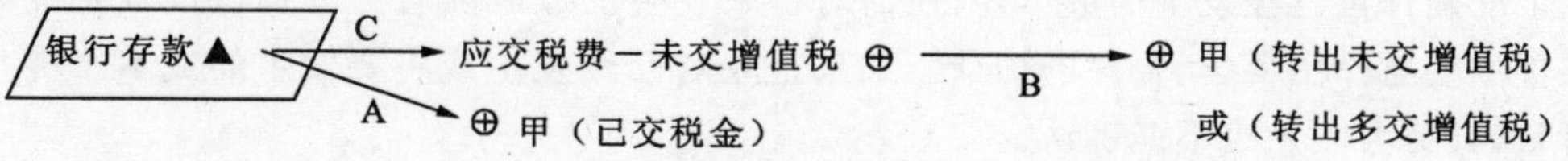

图 3 - 98 增值税缴纳所引起的资金运动分析

十二、提供劳务和他人使用本企业资产引起的资金运动分析

(一)提供劳务业务所引起的资金运动分析

劳务是指不以实物形式，而是以提供活劳动的形式满足他人某种需要的一种服务形式。比如，加工修理、修配劳务，餐饮服务劳务，咨询服务劳务等均是劳务的具体形式。

企业对外提供劳务取得的收入，一般按照企业与接受劳务方签订的合同金额确认。如果存在现金折扣，应在实际发生时将现金折扣计入财务费用。但由于提供劳务的方式不同，且劳务完成的时间亦不同，故其收入的确认方法也不完全一样。通常，劳务收入应分别以下列不同情形予以确认与计量。

1. 在同一年度内开始并完成的劳务收入的确认

在同一年度开始并完工的劳务，应在劳务完工时确认销售收入，确认收入的金额为合同或协议的总金额。其收入的确认方法类似于商品销售的处理。在确认劳务收入时，按照确定的收入金额，反映“主营业务收入”的增加；在提供劳务过程中发生的成本，反映“主营业务成本”和“营业税金及附加”的增加。期末，将收入和成本等转入“本年利润”账户，计算并结转当期利润。其所引起的资金运动如图 3 - 99 所示。

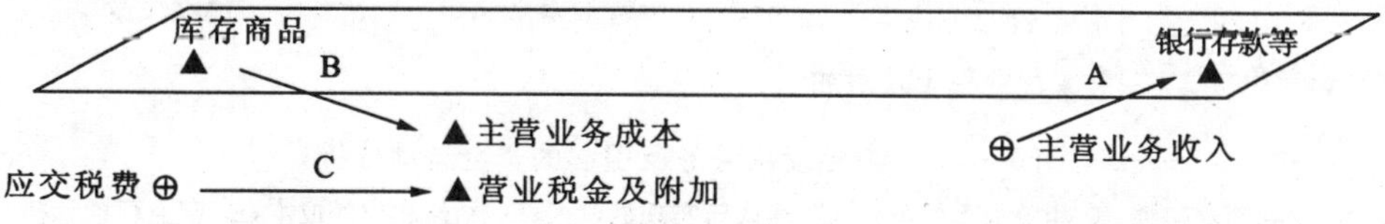

图 3 - 99 同一年度内开工并完成的劳务所引起的资金运动

2. 跨年度劳务收入的确认

我国《企业会计准则——收入》准则规定，如果劳务收入的开始和完成分属于不同的会计年度，在提供劳务交易的结果可以可靠预计的情况下，企业应在资产负债表日按照完工百分比

法确认相应的劳务收入。“劳务交易的结果可以可靠预计”是收入确认的难题,《企业会计准则——收入》准则认为,必须同时满足如下三个条件,才可确认收入。

(1)合同总收入和总成本能够可靠地计量。合同总收入一般根据双方签订的合同或协议注明的交易总额确定。但随着劳务的不断提供,可能会增加或减少交易的总额,企业必须在与客户协商一致的基础上调整其合同总金额。如果企业未与客户确定合同或者其收入金额无法可靠预计,则认为收入不能可靠计量。

合同总成本是指至资产负债表日止已经发生的成本和劳务完成还需发生的成本总和。比较而言,成本的计量一般是可靠的,因为成本的计量主要取决于企业内部的成本计算和管理要求。除了准确计量已经发生的成本外,还需对将来发生的成本随着劳务提供以及企业内外部经营条件的变化作出科学、合理的估计。如果企业对已经发生或将要发生的成本不能作出可靠的计量,其劳务收入也不能确认。

(2)与交易相关的经济利益能够可靠地流入企业。此项条件与商品销售的收入确认条件是一致的,即必须对接收劳务的企业的信誉和付款能力作出科学的预测,可根据接收劳务企业的资信状况、以往的经验、劳务价款的结算方式、结算期限以及相关的协议等进行职业判断。通常,只要双方确定有合法的协议、接收劳务方资信状况良好、本企业提供的劳务符合合同规定的质量要求,就可以判断其经济利益能够流入企业。只有当有关经济利益能够流入企业时,企业才能确认收入;否则,不能确认收入。

(3)劳务的完成程度能够可靠地确定。在劳务总收入和总成本能够可靠计量的情况下,收入确认的关键是完工程度的确定。劳务的完工程度通常用以下三种方法确定:其一,测量法,此法是一种专业方法,一般由专业测量师对已经完成的工作量或工程进行测量后,按照一定的专业方法计算完工程度;其二,劳务比率法,即根据已提供的劳务与应提供劳务的比率计算;其三,成本比率法,即根据已经发生的成本与预计总成本的比率计算。在会计实务中,后两种方法运用更为普遍。劳务比率法和成本比率法的计算公式为:

本年确认的收入＝劳务总收入(或总金额)×本年末止劳务的完成程度
－以前年度已确认的成本

本年确认的成本＝劳务总成本×本年末止劳务的完成程度－以前年度已确认的成本

一般劳务收入确认与计量所引起的资金运动流程如图 3－100 所示。

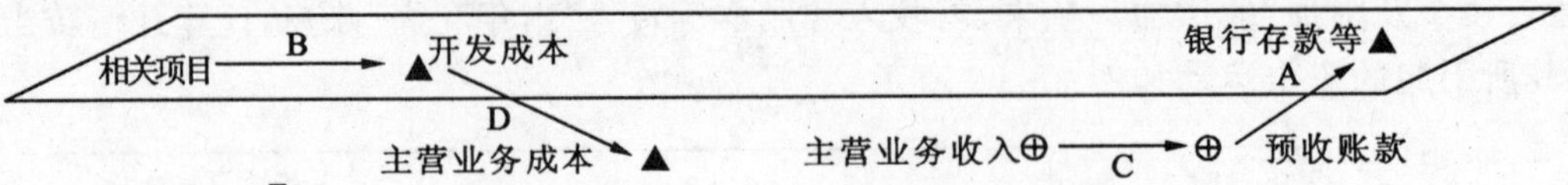

图 3－100　跨年度内劳务所引起的资金运动分析

A. 收到预收账款;B. 相关成本的发生;C. 确认已实现的收入;D. 结转相应的成本;E. 营业税的计提

3. 交易结果不能可靠预计劳务收入的确认

根据《企业会计准则——收入》准则的规定,在资产负债表日,如果不能对交易的结果作出可靠的估计,不能按照完工百分比法确认收入,此时,企业应正确预计已经收回或将要收回的款项能弥补多少已经发生的成本,并按下列办法处理:①如果已经发生的劳务成本预计能够得到补偿，应按已经发生的劳务成本金额确认收入，同时，按照相同金额结转成本，不确认利润。②如果已经发生的劳务成本预计不能全部得到补偿，应按照能够得到补偿的劳务金额确认收入，并按已经发生的劳务成本结转成本。确认的收入金额小于已经发生的劳务成本的差额，确认为损失。③如果预计已经发生的劳务成本全部不能得到补偿，则不应确认收入，但应将已经发生的成本确认为当期费用。

（二）他人使用本企业资产所引起的资金运动分析

让渡资产使用权收入主要包括两类：一类是因他人使用本企业的现金而取得的利息收入，即金融企业存贷款形成的利息收入和同业之间发生往来形成的利息收入等，另一类是因他人使用本企业的无形资产（如商标权、专利权、专营权、软件、版权）等而形成的使用费收入。

利息收入和使用费收入的确认主要有如下两条标准。

1. 与交易相关的经济利益能够流入企业

此项标准是任何交易确认为收入均应遵循的一项重要原则。企业应根据对方的信誉情况、当年的效益情况以及双方就结算方式、付款期限等达成的协议等方面进行判断。如果企业估计收入收回的可能性不大，就不应确认收入。

2. 收入的金额能够可靠地计量

利息收入根据合同或协议对等的存贷款利率确定；使用费收入按企业与其资产使用者签订的合同或协议确定。当收入的金额能够可靠计量时，才能确认为收入。

利息收入应在每个会计期末，按未收回的存款或贷款的本金、存续期限和适当的利率计算并确认利息收入。

使用费收入应按照有关合同或协议的收费方法确认，不同的使用费收入，其收费时间和收费方法不尽相同，如有一次性收回、有分期不等额地收回、有按销售收入的百分比提成收回等多种形式。在收入确认时，应按合同约定的收款时间、收款金额和收费方法分别处理。

第六节　企业供应环节资金运动分析

一、供应环节资金运动综合分析

（一）供应环节基本资金运动分析

供应阶段的终极所得就是原材料、包装物和低值易耗品等储备资产，所失就是货币资产。其基本资金运动如图 3－101 所示。

图 3－101　供应环节基本资金运动

(二)会计及时性原则对供应环节资金运动的影响

1. 会计及时性原则对所失与终极所得的影响

从终极所得与所失发生的时间角度来看,各阶段的所失与终极所得既有可能同时发生,也有可能出现脱节的情况。具体来说,可以分为三种情况:第一种是所失与终极所得同时发生;第二种是先发生所失,后才得到终极所得;第三种是先获得终极所得,后才发生所失。会计及时性原则是会计信息质量标准原则之一。它强调会计核算应及时地进行,也就是说,会计的记录和反映应该同经济业务所引起的资金运动的时间尽可能保持一致,以便更好地监督和控制企业的各项经济业务以及由此引起的资金运动。只要发生资金运动,就有必要对这种资金运动的轨迹予以记录和反映,包括资金运动的起点、终点和流量。

为了遵守及时性原则,企业不能在所失已经发生的情况下不进行任何账户处理,不反映资金形态的变化,不反映资金量的耗费,直到终极所得已经变为现实为止;企业也不可能在终极所得已变为现实时不进行任何账务处理,不反映企业终极所得资金形态的形成,不反映资金量的回收,直到所失发生为止。

所失与所得在时间上的这种关系,对企业各阶段的资金运动以及账户设置都有重要的影响。为了遵守会计及时性原则,真实地记录和反映终极所得与所失之间客观存在的时间关系,就有必要对企业供产销各个阶段的基本资金运动进行一定的技术处理,并相应地增设一些会计账户,以加强对从"失"到"得(终极所得)"过程的反映、控制和监督。

2. 所失与终极所得同时发生对基本资金运动的影响

就供应阶段而言,终极所得与所失同时发生是指企业在失去货币资产的同时,立即得到了本阶段的终极所得,即各种储备资产,包括原材料、包装物和低值易耗品等。其资金运动如图3－102所示。

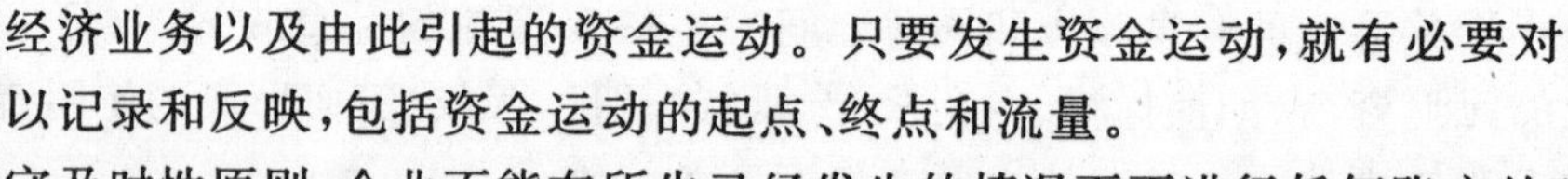

图3－102　钱货两清所引起的资金运动

该资金运动表明资金直接由货币资产形态转化为各种储备资产存在形态。资金运动的起点反映所失,资金运动的终点反映企业在本阶段的终极所得,流量反映所失与所得的价值量。企业得到了终极所得,又为此付出了代价,这说明该阶段的某一次供应活动已经全部结束,相应的账务处理也只须进行一次。

3. 先失后得(终极所得)对供应过程基本资金运动的影响

在企业的供应阶段,有时货币资产已经耗费(支付),但还没有收到材料。例如:7月2日企业用150 000元银行存款预付购买材料的定金;7月10日上批材料验收入库。在这个例子中,7月2日企业"所失"的发生并没有直接得到终极所得——原材料。直到7月10日,该材料才验收入库,在这个时刻企业才得到所想要的终极所得——原材料。根据会计的及时性原则和权责发生制原则,企业虽然没有及时获得其终极所得,但也必须进行相关的账务处理。"所失"已经发生,但"终极所得"又没有马上得到,就说明货币资产的耗费并没有马上转化为企业的希望得到——原材料,而是转化为另外一种临时的资金存在形态,收到材料验收入库后,再由这种临时的资金存在形态转化为终极所得——原材料，这种暂时的资金存在形态为“预付账款”。该阶段的整个资金运动可以分为两段，如图 3－103 所示。

图 3－103 预付款所引起的资金运动

当企业预付货款时，资金就发生 A 段运动；以后收到终极所得时，资金就发生 B 段运动。在这里，“预付账款”资金存在形态只起了一个临时的、过渡性的作用。正是由于所失与终极所得之间有一个时间差，“预付账款”就是为了解决这个脱节问题而设置的，它是沟通所失与终极所得的桥梁。借助于这个过渡性账户，可以清楚地、准确地知道，货币资产（所失）是如何最终转化为原材料（终极所得）的。

在供应过程中，当相关资产发生耗费时，企业只立即得到“预付账款”这种暂时的资金存在形态（其资金运动如图 3－103 中 A 段）。在这个时刻，一定要明白，本阶段的终极所得是原材料而不是“预付账款”；此时此刻，企业并没有马上得到终极所得，供应过程的资金运动并没有立即结束，终极所得该过程的账务处理也并没有全部完成。因此，只有采取一定的措施，资金才能尽快由“预付账款”形态转化为终极所得原材料存在形态（图 3－103 中 B 段），这样，供应过程的整个资金运动才算最终完成，企业才最终得到原材料资产，该过程的账务处理才算最终全部结束。而且在途和验收的时间越短，资金运动的速度就越快，资金存在形态之间的转化就越迅速，企业就越能更快地获得其终极所得，从而也能更好地提高资金的使用效率。

4. 先得（终极所得）后失对供应环节基本资金运动的影响

在所失与终极所得之间，有时会出现终极所得——原材料——已经获得，但却没有立即耗费任何资产，即先有终极所得后才有所失。

如：企业购买一批材料，价值 100 000 元，货物已验收入库，但货款尚未支付。在这种情况下，企业已经得到了本阶段的终极所得——原材料资产，但此时却没有耗费任何别的资产，企业没有付出任何代价。这样，企业就形成对供货方的债务，企业资金来源渠道因此而增加（即平面之外增加了一个新的土坑），这种资金来源渠道为“应付账款”或“应付票据”（图 3－104 中 A 段）。以后企业用货币资产去支付这笔赊购款时，资金就以货币资产形态流出企业，去填平“应付账款”这个土坑，去冲减这种暂时的资金来源渠道（图 3－104 中 B 段），从而完成供应过程的整个资金运动。其资金运动流程如图 3－104 所示。

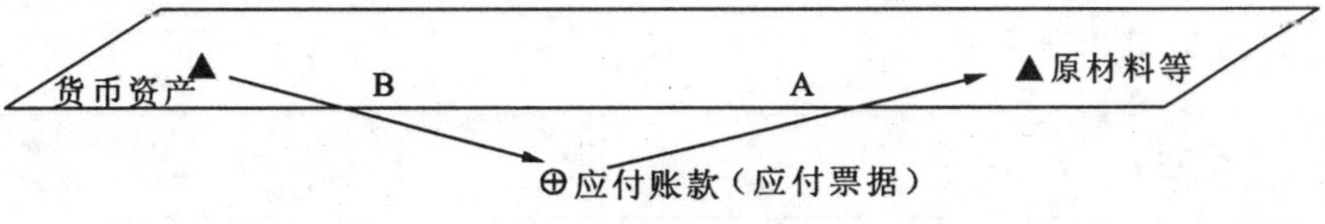

图 3－104 赊购所引起的资金运动

在图 3－104 的资金运动中，A 段资金运动反映终极所得——原材料。在这个时刻，企业虽然得到了自己的终极所得，但与此同时却并没有为此而付出代价（有所失），所以企业在该阶段的资金运动并没有全部结束，其相应的账务处理也还没有全部完成；企业还得在将来的某一时刻用货币资产来偿还这笔临时的资金来源渠道(图 3－104 中 B 段),只有偿还了这笔购货款后,采购过程的整个资金运动过程才算最终全部完成,该过程的账务处理才全部结束。因此,正是由于先有终极所得后有所失,所失与终极所得在时间上脱节,才需要开设一个新的账户来解决这个脱节问题。这个临时的、过渡性的资金来源渠道是沟通所失与终极所得的桥梁。借助于这个临时的、过渡性资金来源渠道,就可以清楚、准确地知道,在先有终极所得的情况下所失最终是如何支付的,即所失(货币资产)最终是如何转化为终极所得(原材料)的。

(三)终极所得(原材料)确认与计量的特殊性对资金运动的影响

1. 终极所得(原材料)确认与计量的特殊性

会计上的原材料账户比一般意义上的内涵要小。要符合会计上的原材料的含义,必须同时具备以下三个条件:第一,在性质上,要符合一般意义上的原材料;第二,在空间范围上,原材料在实物上已放入企业原材料仓库;第三,在价值上,原材料的单价与总价已确定。要确定某笔材料的单价和总价,就需要考虑围绕这笔材料所发生的各种支出,包括买价、运输费、运杂费、保险费、差旅费等,而这些支出可能发生在不同的时间,这样一来就导致该笔材料单价和总价确定的滞后,同时也带来供应环节终极所得实现的滞后。

由此,在购买材料的过程中就有可能出现不同时具备"终极所得"三个条件的情况:第一,货款已经支付,物资已购买,但尚未运到企业;第二,物资已运到企业,但尚未验收入库;第三,物资已验收入库,但尚不能确定其采购总成本和单位成本。对于终极所得——原材料而言,上述的各种所得仍然只是一个过程所得,采购过程并没有完成其整个资金运动过程。在会计上,对不能同时满足上面三个条件的各种可能的所得被认为是一种过程所得,在会计上称为"物资采购"(有的也称为"在途材料")。

2. 原材料确认与计量的特殊性对所得阶段资金运动的影响

我们有必要对前面分析过程中的所得含义进行更进一步的思考。通过分析得出,前面所涉及的所得有两种可能:一种可能是所得即代表终极所得——原材料;另一种可能就是所得只是代表过程所得——物资采购。第一种情况对前面的资金运动的分析没有影响。但第二种情况对前面的资金运动分析会产生很大的影响,这种影响体现在:企业在获得"所得"时,实际上只获得了一个暂时的、过渡性的过程所得(物资采购),而不是获得终极所得。只有在三个条件都满足的情况下,资金才由过程所得(物资采购)转为终极所得——原材料。第二种情况对供应过程资金运动的影响主要表现为以下方面。

(1)所失与所得(但只得到物资采购过程所得,并没有立即得到终极所得)同时发生所引起的资金运动如图 3－105 所示。

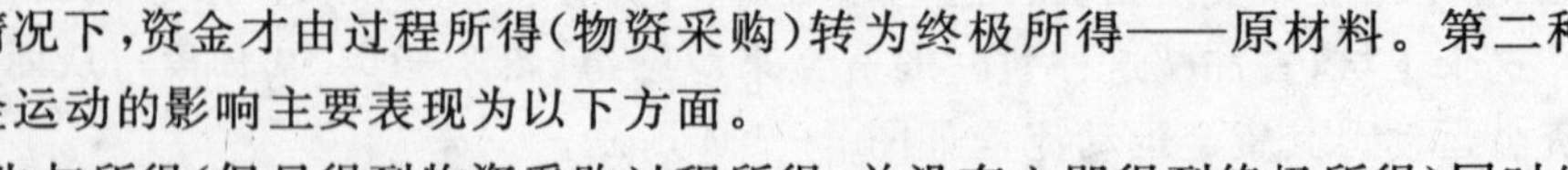

图 3－105　过程所得对钱货两清所引起的资金运动的影响

(2)对先得(但只是先得到物资采购过程所得,并未立即得到终极所得)后失段资金运动的影响如图 3－106 所示。

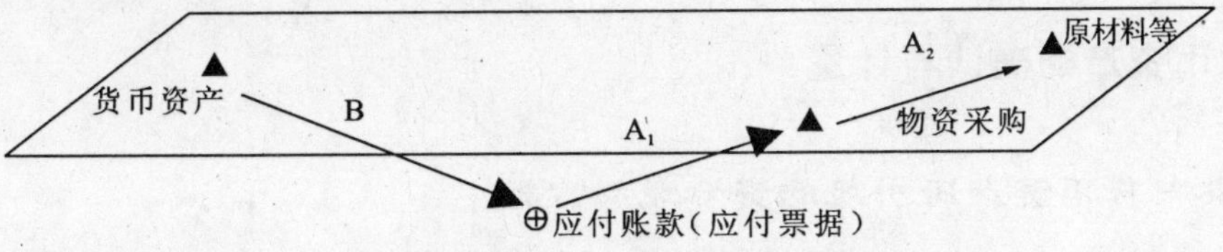

图 3-106　过程所得对赊购所引起的资金运动的影响

(3)对先失后得(但只是得到物资采购过程所得,并未立即得到终极所得)资金运动的影响如图 3-107 所示。

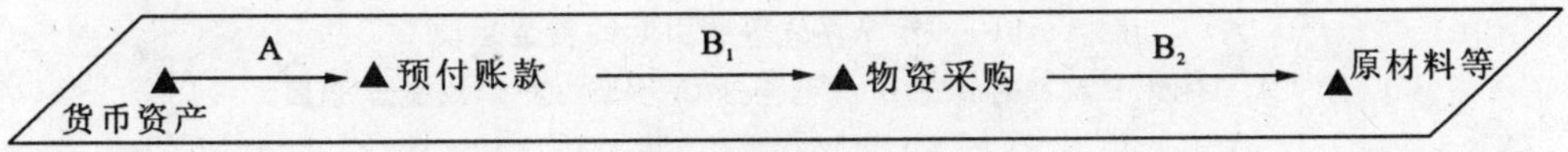

图 3-107　过程所得对预付款所引起的资金运动的影响

(四)增值税进项税额对供应环节资金运动的影响

企业在购进货物时,应预缴增值税,即“进项税额”。所预缴的增值税将从未来销售商品为国家所代收的“销项税额”中抵扣。所以,企业购货应支付给供货商的金额应包括两部分,即货物的价款(供货商的收入)和进项税额(供货商代国家收的)。增值税进项税额对资金运动的影响如图 3-108 所示。

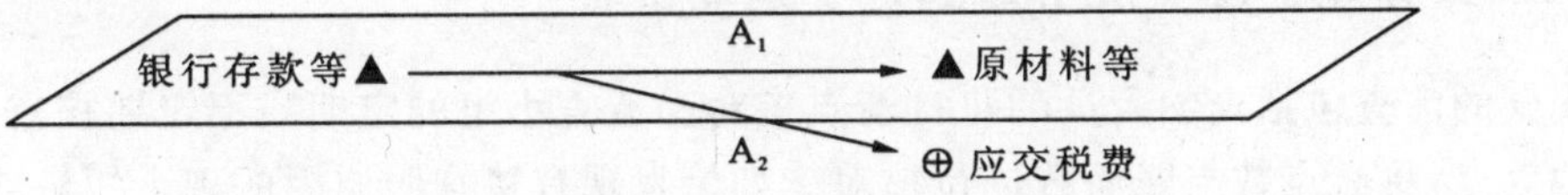

图 3-108　进项税对供应环节资金运动的影响

A_1. 所支付的货款;A_2. 所预缴的增值税

(五)供应环节资金运动整体流程图

供应环节资金运动整体流程如图 3-109 所示。

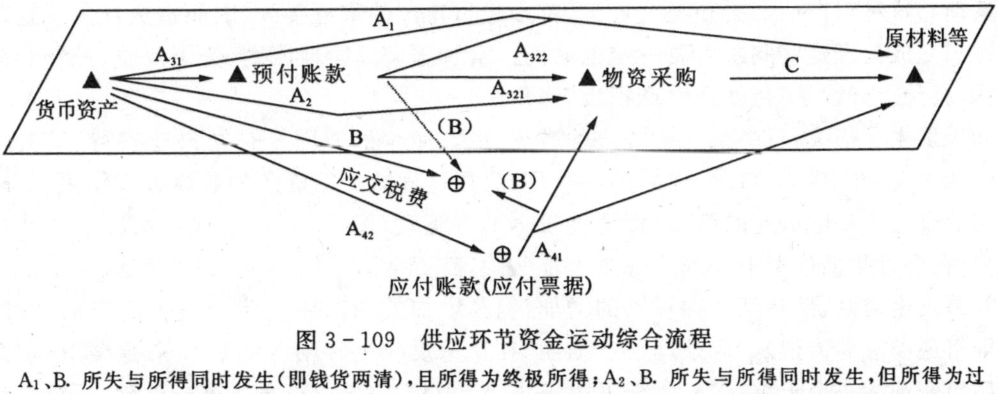

图 3-109　供应环节资金运动综合流程

A_1、B. 所失与所得同时发生(即钱货两清),且所得为终极所得;A_2、B. 所失与所得同时发生,但所得为过程所得——物资采购;A_3. 通过预付款购买材料等;A_{31}. 预付货款;A_{321}、B. 用预付款购买,但所得只是物资采购;A_{322}、B. 用预付款购买,且所得为原材料;A_4. 通过赊购方式进行;A_{41}、B. 赊购的产生(同样根据所得分两种情况处理);A_{42}. 偿还赊购款;C. 物资采购转化为原材料

二、货币资产的确认与计量

（一）其他货币资产所引起的资金运动分析

1. 外埠存款、银行汇票、银行本票所引起的资金运动(图 3－110)

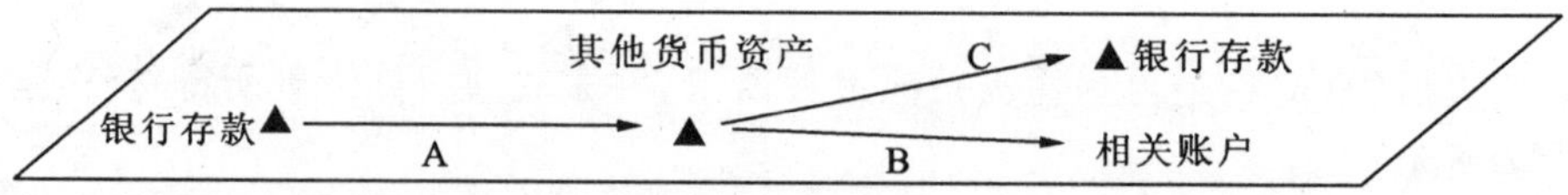

图 3－110　外埠存款等所引起的资金运动

A. 其他货币资产的形成；B. 采购业务；C. 多余的款项(或票据)退回

2. 信用卡存款、信用证保证金存款和存出投资款引起的资金运动(图 3－111)

图 3－111　信用卡存款所引起的资金运动

A. 其他货币资产的形成；B. 其他货币资产的耗费

（二）库存现金清查所引起的资金运动分析

现金的清查包括出纳人员的每日清点核对和清查小组的定期或不定期核查。清查的方法是实地盘点，将盘点数与账面数进行核对。如果发现有待查明原因的现金短缺或溢余，也就是说发现问题与处理问题在时间上产生脱节，应通过“待处理财产损溢——待处理流动资产损溢”科目核算。同时要设置“待处理流动资产损溢”和“待处理固定资产损溢”两个明细分类账。

在企业生产经营过程中，经常会出现财产的损失和溢余。从资金运动的角度上看，对于溢余而言，某种资产的实际余额增加，但企业账面上并没有记录引起该种资产增加的资金运动；对于损失而言，某种资产的实际余额已经减少，但企业账面上并没有记录引起这种资产减少的资金运动。这种财产的损失和溢余处理，都须经过特定的审批手续，因而造成从发现这些不正常问题到完成处理这些问题需要一定的时间。会计强调及时性原则，为了反映、控制和监督这种过程，会计上开设了“待处理财产损溢”账户。

如果发生了损失，反映某一种资产的减少，但其减少的原因及其结果还有待于查清楚，资金发生 A 段运动(图 3－112)；之后进行处理，反映这种减少的资产的最终处理结果，反映由此而引起的资金运动的最终的终点，资金就发生 B 段运动(图 3－112)。在这情况下，“待处理财产损溢”在会计平面模型上表现为一个土堆(▲)，其资金运动如图 3－112 所示。

如果发生溢余，反映某一种资产的增加，但其增加的原因还有待于进一步查清楚(即资金来源渠道还没有弄清楚)，“待处理财产损溢”在这里反映一种临时的资金来源渠道，在会计平面模型上表现为一个土坑(⊕)，资金发生 A 段运动(图 3－113)；之后进行处理，反映其最终的资金来源渠道已经弄清楚，资金发生 B 段运动(图 3－113)。其所引起的资金运动如图 3－113 所示。

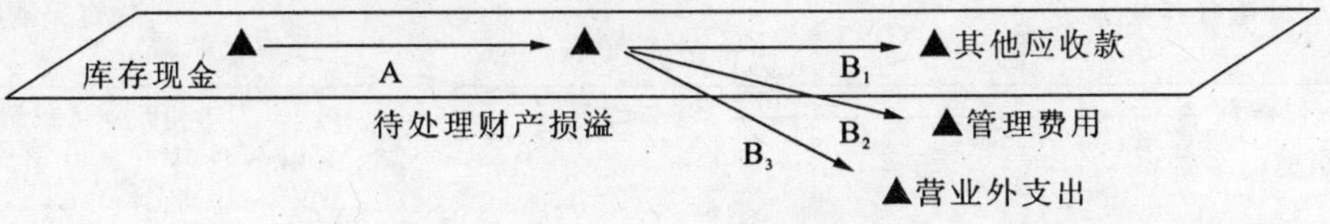

图 3-112　盘亏所引起的资金运动

A. 发现问题(盘亏),等待处理;B_1. 应由保险公司和过失人赔偿的部分;B_2. 属于计量收发差错和管理不善等造成的,应扣除残值、可回收的保险赔偿和过失人赔偿,然后记入"管理费用";B_3. 属于自然灾害或意外事故造成,扣除残值和可回收的赔偿外,作"营业外支出"处理

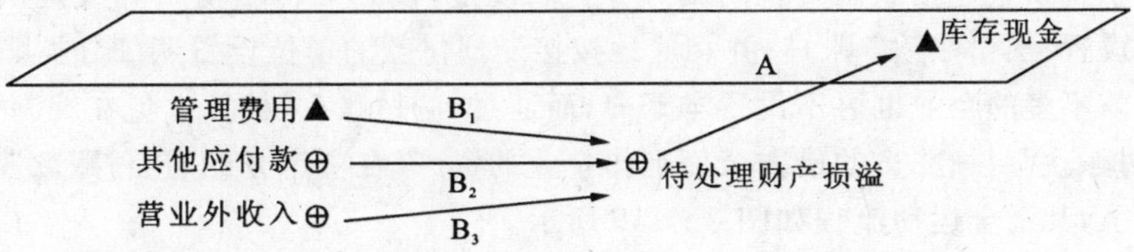

图 3-113　盘盈所引起的资金运动

A. 发现问题(盘盈),等待处理;B_1. 由于收发计量或核算上的误差等原因造成的,冲减"管理费用";B_2. 应支付给有关单位或个人的;B_3. 无法查明原因或意外原因(如固定资产盘盈),作"营业外收入"处理

"待处理财产损溢"账户既可能是资产类(资产、费用)账户的附加账户(发生损失时,在模型上以"▲"的形式存在),又可能是收入类账户的附加账户(发生溢余时,在模型上以"⊕"的形式存在)。在一般情况下,财产清查的结果应该在当期处理完毕,也就是说,"待处理财产损溢"账户的期末余额一般为零,即期末无余额。

三、供应环节其他业务所引起的资金运动分析

(一)应付票据

应付票据是由出票人签发的,委托付款人在指定日期无条件支付确定的金额给收款人或者是持票人的票据。它通常是因企业购买材料、商品和接受劳务供应等而开出、承兑的商业汇票,包括银行承兑汇票和商业承兑汇票。

商业汇票按其是否带息,可分为带息商业汇票和不带息商业汇票。按照一般会计管理办法,在期末必须对带息商业汇票的利息进行必要的会计处理。其会计处理方法主要有如下两种:第一,计算应付利息,并增加应付票据的账面价值;第二,如果票据的期限很短,利息金额不大,为了简化会计核算,也可在票据到期时,直接将利息计入财务费用。我国会计实务中采用第一种处理方法。对于逾期无法收回的带息应付票据不再计提利息。应付票据所引起的资金运动流程如图 3-114 所示。

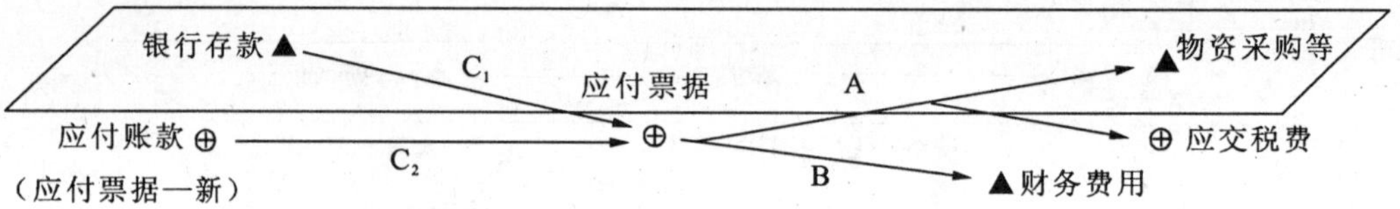

图 3-114　应付票据所引起的资金运动分析

A. 应付票据的产生；B. 带息应付票据利息的确认；C. 应付票据到期的处理；

C_1. 票据承兑；C_2. 逾期票据的处理

(二)预付账款

预付账款是指企业按照购货合同或劳务合同规定，预先支付给供货方或提供劳务方的款项。企业应设置"预付账款" 账户，并相应地按接受预付款的单位设置明细分类账户。

预付账款不多的企业也可不设置本账户，而通过"应付账款"核算。但在编制会计报表时，需要将"应付账款"明细账户的借方余额列作企业的资产，在资产方的"预付账款"项目中列示。在这种情况下，其资金运动流程如图 3-115 所示。

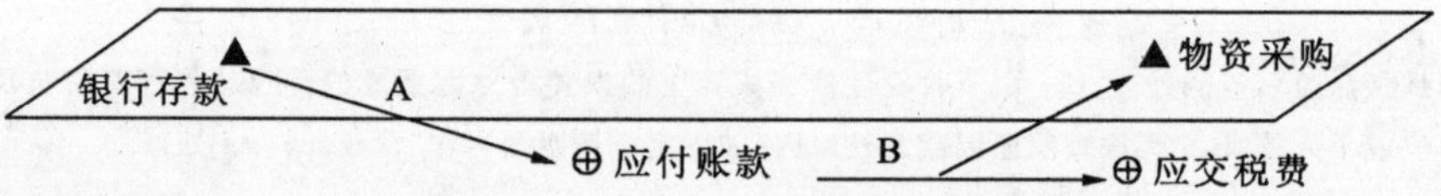

图 3-115　预付账款所引起的资金运动分析

A. 支付预付款；B. 以后收到货物

(三)一般纳税企业在供应环节购进免税产品的会计处理

按照《中华人民共和国增值税暂行条例》规定，对农业生产者销售的自产农业产品、古旧图书等部分项目免征增值税。企业销售免征增值税项目的货物，不能开具增值税专用发票，只能开具普通发票。企业购进免税产品，一般情况下不能扣税，但按税法规定，对购入的免税农业产品、收购废旧物资等可以按买价(或收购金额)的一定比率计算进项税额，并准予从销项税额中抵扣，其所引起的资金运动如图 3-116 中 A 段资金运动所示。买价中扣除进项税额后作为所购物资的成本，其所引起的资金运动如图 3-116 中 B 段资金运动所示。这里购入免税农业产品的买价是指企业购进免税农业产品支付给农业生产者的价款和按规定代收代缴的农业特产税。进项税额＝买价×扣除率(扣除率一般为 10%)购买免税物资所引起的资金运动如图 3-116 所示。

作为购进物资的新成本＝买价－进项税额

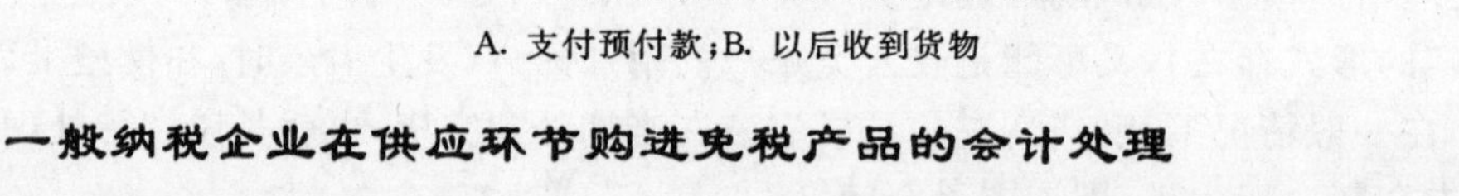

图 3-116　免税项目所引起的资金运动分析

（四）原材料按计划成本管理对供应环节资金运动的影响

在计划成本核算情况下，“原材料”账户的资金流入量、流出量和存量都只反映该材料相应的计划成本，而不是实际成本，但材料的实际成本与计划成本经常不一致。为了反映、控制和监督这种不一致而形成的差异，需要开设“材料成本差异”账户来专门对此进行核算。其具体资金运动流程如图 3－117 所示。

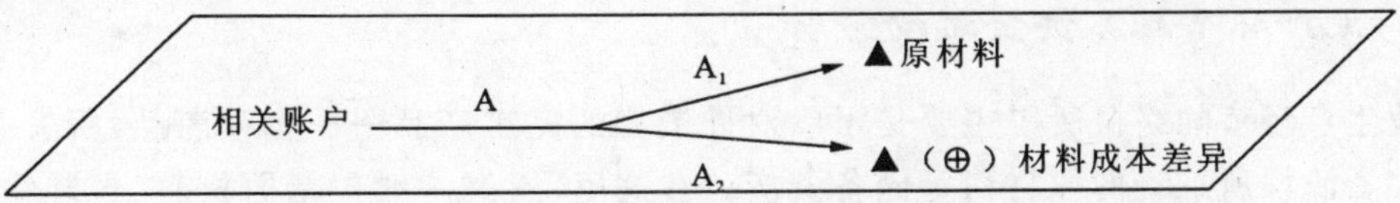

图 3－117　原材料按计划成本管理所引起的资金运动分析

从图 3－117 中 A 段资金运动看，A 段资金流量反映采购这笔材料的实际成本，A_1 段运动反映以计划成本计量的金额流入到“原材料”账户的资金流量，实际成本与计划成本的差额则通过 A_2 段运动流入到“材料成本差异”账户上。如果相关账户的流出量大于“原材料”账户接受量时，实际成本大于计划成本，反映为不利的超支差异。在这种情况下，A_2 段流量为正数，实际成本比计划成本多的部分就流入到“材料成本差异”账户上。“材料成本差异”账户在会计平面模型上以一个土堆（▲）的形态存在，“材料成本差异”附加在“原材料”之上就构成其实际成本。如果相关账户的流出量小于“原材料”账户的接受量，反映实际成本小于计划成本，反映为一种有利的差异。在这种情况下，A_2 段流量为负数，实际成本比计划成本少的部分资金量就从“材料成本差异”账户流入到“原材料”账户，“材料成本差异”账户在会计平面模型上以一个土坑（⊕）的形态存在，“材料成本差异”抵减“原材料”账户就可以得出该材料的实际成本。因此，“材料成本差异”账户既可能是抵减账户（在模型上为土坑），也可能是附加账户（在模型上为土堆）。在计划成本核算的情况下，“原材料”账户必须与“材料成本差异”账户相结合，才能反映该笔材料的实际成本。

在账户设置上，需要设置“材料成本差异”账户来反映、监督和控制在计划成本核算下实际成本与计划成本之间的差异，同时要按物资的类别或品种设置明细分类账。

材料按计划成本计价核算，其优点是：通过“材料成本差异”账户的设置与运用，可以确定各类材料的实际成本与计划成本的差异，便于考核材料采购业务的成果；在计划成本下，排除了价格变动对发出材料成本的影响，有利于分析各部门耗用材料的节约或浪费情况，考核各用料部门的经济效果，同时也简化了材料收发计价的明细核算工作。其缺点是：在材料按计划成本进行日常核算的情况下，月末需要将发出材料的计划成本调整为实际成本，一方面加大了企业月末会计核算的工作量，另一方面由于不可能按每种材料进行材料成本差异的核算，因而调整的结果不如直接按实际成本计算准确。

第七节　企业生产环节(含存货)资金运动分析

一、生产环节资金运动综合分析

(一)生产环节基本资金运动分析

企业生产环节的终极所得主要是可以对外销售的完工产品——库存商品,所失主要就是企业在储备阶段所准备的原材料等储备资产。在这里,所失一般包括原材料、包装物、低值易耗品等存货,现金、银行存款等货币资产以及固定资产等劳动资料。同时生产过程还需要机器、厂房、人工等。生产过程实际上就是劳动者(人工)运用劳动资料(机器、厂房等)对劳动对象(原材料等)进行加工改造的过程。其基本资金运动流程如图 3 - 118 所示。

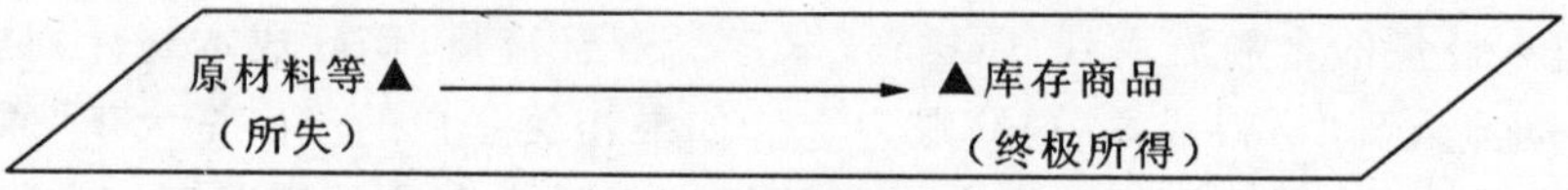

图 3 - 118　生产环节基本资金运动

(二)会计及时性原则对该环节基本资金运动的影响

对于生产过程而言,会计及时性原则对其所失与终极所得关系的影响只有一种情况,也是唯一的一种情况:先失后得,即企业先发生了支出,经过一段时间的加工,才有可能得到终极所得——库存商品。由于这些经济资源从投入生产到最终完工成品的形成需要一段时间,所以当相关的资产发生耗费时,企业并没有马上得到在该阶段的终极所得——库存商品,而只是得到一种正在生产过程中加工的各种在产品或半成品,这些在产品或半成品只有通过继续加工才能转化为库存商品,才能转化为企业在本阶段的终极所得,所以,相关的资产耗费并没有马上就转化为库存商品,而是转化为另外两种暂时性资金存在形态,它们分别被称为“生产成本”和“制造费用”。凡是能够在费用发生时直接归为某一种特定产品所发生的资产耗费,其资金形态就转化为“生产成本”;不能直接归于某一特定产品所发生的车间共同性费用,其资金形态就转化为“制造费用”。当生产完工时,就把总的以“制造费用”形态存在的共同性资金量按照一定的标准分别分配给各个产品,从而进入各个产品的“生产成本”之中。当产品完工验收入库时,资金再由“生产成本”形态转化为“库存商品”存在形态,因此图 3 - 118 就演变为图 3 - 119。

当相关的资产发生耗费时,应当分析这些资产的耗费有没有明确的归属对象,即是直接费用还是间接费用。如果是直接费用,资金就发生图 3 - 119 中 A_1 段运动,如果是间接费用,资金则发生图 3 - 119 中 A_2 段运动。当生产完工时,就需要把登记在“制造费用”账上的间接费用在所生产的产品之间进行分配,相应地,资金发生图 3 - 119 中 B 段运动。当产品最终完工验收入库时,资金就发生图 3 - 119 中 C 段运动。在这里,“生产成本”与“制造费用”都只起一

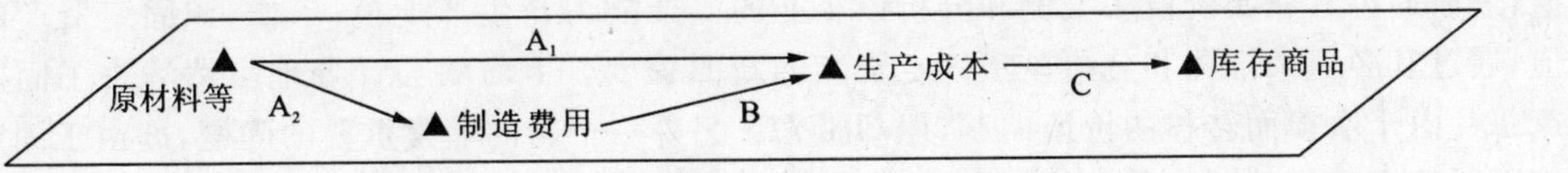

图 3-119　及时性原则对生产环节资金运动的影响

个临时的、过渡性的作用。正是由于生产过程中所失与终极所得在时间上脱节，才使得"生产成本"与"制造费用"有了产生和存在的基础及理由，这两个账户是连接生产过程中所失和终极所得的桥梁。借助于这两个过渡性资金存在形态，就可以清楚地看到所失的发生和终极所得的最终形成。当然，就"生产成本"和"制造费用"这两个临时的、过渡性资金存在形态而言，"生产成本"占主导地位，"制造费用"是为"生产成本"服务的，因而需要定期将共同性的"制造费用"按合理的比例在所服务的产品之间进行分配(图 119 中 B 段)。所以，在生产过程中，当相关的资产发生耗费时，企业只得到了"生产成本"和"制造费用"这两种临时的、过渡性的资金存在形态(图 3-119 中 A_1、A_2 段)。企业在本阶段的终极所得是"库存商品"，而不是"生产成本"和"制造费用"；此时此刻，企业并没有得到该阶段所希望得到的终极所得——库存商品，生产过程的资金运动并没有结束，该阶段相应的账务处理也还没有全部最终完成。因此，生产过程只有继续加工，资金才能由"生产成本"和"制造费用"存在形态最终转化为"库存商品"存在形态(图 3-119 中 C 段)，生产过程的整个资金运动过程才算最终完成，企业才最终得到该阶段所希望获得的终极所得，该阶段的账务处理才算全部结束。加工的时间越短，资金运动的速度就越快，资金的各种存在形态之间的转化也就越迅速，企业就越能更快地获取它所希望的所得。此外，企业也要争取少"失"多"得"。

(三)固定资产满足会计相关性原则的要求对生产环节资金运动的影响

例如，某企业有一台新购买的设备(非生产用)，价值 300 000 元，可使用 5 年，本月发生折旧费 5 000 元。则每月该笔经济业务所引起的资金运动如图 3-120 所示。

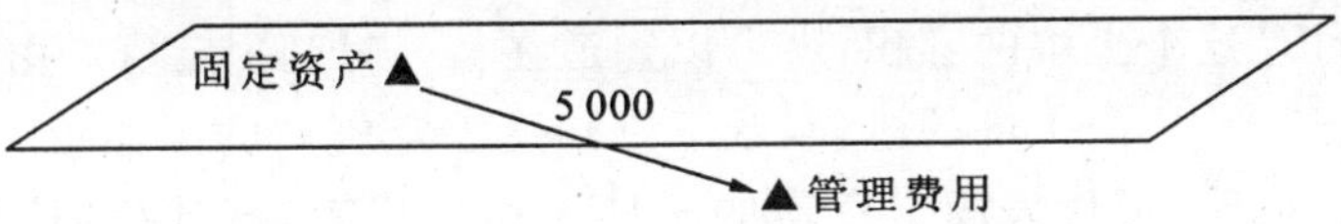

图 3-120　固定资产折旧所引起的资金运动

照此下去，假设该项固定资产已经提取折旧 59 个月，则总计已提取折旧费 29.5 万元，该项固定资产的价值就只剩下 5 000 元了。企业就应该在本期末所提供的资产负债表中列示该项固定资产的剩余价值 5 000 元。但对一个企业外部关系人而言，当他拿到这份会计报表并看到"固定资产 5 000 元"的信息时，就可能感到困惑不解：该固定资产到底是一个新固定资产还是一个旧固定资产？如果是新固定资产，那它的价值为什么会这么小呢？如果它是一个旧固定资产，那它的原值是多少，其新旧程度如何呢？

会计信息的质量强调相关性原则。会计信息的相关性是会计信息使用者进行决策不可缺少的信息，其目的在于提高会计信息使用者的经济决策能力和预测能力。就固定资产而言，外部关系人在进行经济决策时希望从中得到以下两个方面的信息：第一，该固定资产的原始价值，进而通过其原始价值来推测和分析该企业的生产能力与生产规模；第二，该固定资产的净值，通过其净值来推测和分析该项固定资产的新旧程度。上面的会计处理虽然解决了固定资产每月由于磨损而转移的价值问题，但却带来了另外一个新的非常重要的问题，即由于固定资产不断地发生变动而使其价值逐渐减少，人们无法通过该固定资产价值余额对固定资产进行各方面的评价，包括新旧程度、生产能力和规模。换句话说，上述对固定资产折旧的会计处理方法所产生的会计信息不能满足外部关系人进行经济决策的需要。

为了解决这个问题，即一方面要把固定资产因磨损转移而减少的价值记入到企业的相关成本费用之中（进而导致相关的成本费用增加），另一方面又要保持固定资产的原始价值（以便让会计信息的使用者能对其生产能力与生产规模进行正确的评价），可以借助于会计平面模型对固定资产进行固化处理：当固定资产因磨损而发生价值转移时，可以将“固定资产”在模型上固化为一个不可分割的整体[一个固化的土堆（▲）]，其磨损转移的价值可以从代表固定资产固化的土堆下面流出，资金从固化的土堆（▲）下面流出一部分，被固化的代表固定资产价值的土堆体积也就相应地、等体积地下陷一部分；固定资产因被使用而不断地发生价值的磨损转移时，资金就不断地从固化的土堆（▲）下面流出，代表固定资产的土堆体积也就不断地、等体积地下陷。在某一时刻，当把模型上已经固化的代表固定资产的土堆（▲）从下陷的地方搬出来放在另外一个地方时，就会在原来下陷的地方出现一个新的土坑（⊕），这个土坑（⊕）就代表固定资产已折旧转移的价值，即“累计折旧”账户。其资金运动如图 3 - 121 所示。

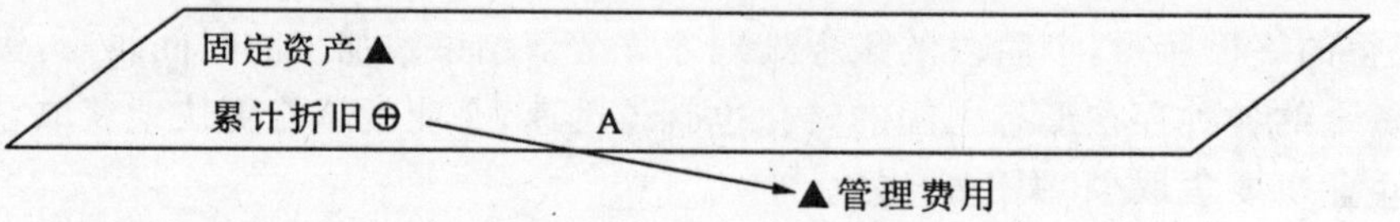

图 3 - 121　固定资产折旧所引起的实际的资金运动

从这种会计处理之中可以得到有关该固定资产丰富的经济内容。从本期“累计折旧”土坑中流出的资金量（图 3 - 121 中 A 段资金流量），就可以知道本期固定资产由于磨损而转移的价值量；从“累计折旧”这个土坑的容积，就可以知道在某一时刻固定资产由于使用而磨损的总的价值量；从“固定资产”这个土堆的体积，就可以知道固定资产的原始价值，进而推测出其生产能力与生产规模；同时，把代表固定资产的土堆体积与代表“累计折旧”的土坑容积进行比较，就可以知道固定资产已折旧的价值和未折旧的价值。这样，在评价某一固定资产时，就不能只看固定资产原价是多少（即代表固定资产原价的土堆的体积是多大），还要看固定资产是否发生了磨损（即固定资产土堆附近有没有一个代表“累计折旧”的土坑）。如果发生了磨损，还要抵减“累计折旧”的数量，这样才能得出固定资产现在还没有磨损转移的价值，即固定资产净值。从固定资产新旧的角度看，如果固定资产是新的，“累计折旧”土坑的容积为零，固定资产的净值就是固定资产的原价。如果固定资产是旧的，则“累计折旧”这个土坑容积就不为零，固定资产的净值就是固定资产原价与“累计折旧”账户余额之差。

(四)权责发生制对生产环节所失段(A 段)资金运动的影响

企业在月末计算应付给工人的工资，一般到下月初才以货币资产支付给员工，这样，在应付员工工资与实际支付之间就有时间差。根据权责发生制的原则，这笔工资费用虽然要等到下一个月才支付给工人，但应归为本月的费用，应计入到本月的“生产成本”等账户之中，使本月“生产成本”的资金量增加；但此时，工资实际上并没有支付给工人，货币资产并没有因此而减少，企业由此而形成了对企业员工的债务，这笔债务在会计上称之为“应付职工薪酬”，即企业因此而增加了一条临时的资金来源渠道。从模型上看，在模型之外增加了一个新的土坑（图3－122中A段）。以后企业用货币资产支付给员工工资时，资金就以货币资产形态流出企业，去填平“应付职工薪酬”这个土坑（图3－122中B段），冲减这种临时的资金来源渠道，从而最终完成整个资金运动过程。其他薪酬的处理和工资的处理基本上一样。其资金运动流程如图3－122所示。

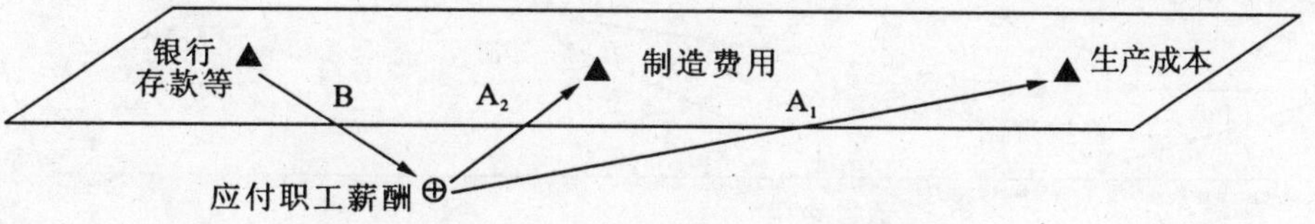

图3－122　应付职工薪酬所引起的资金运动

A. 应付工资及福利费的计提；A_1. 生产车间生产工人的工资及福利的计提；A_2. 生产车间管理人员工资及福利的计提；B. 工资及福利费的实际支付

生产车间的固定资产经过一段时间的使用，就可能要进行大修理。大修理一般耗费的资金比较大，发挥效用的时间也比较长。根据权责发生制原则，对于大修理所发生的支出应该在其受益期或效用期内均衡分摊。大修理费用的开支和摊销可以通过“待摊费用”（或“长期待摊费用”）和“预提费用”两种方式进行。在通过“待摊费用”（或“长期待摊费用”）方式摊销费用时，固定资产进行大修理所引起的资金运动如图3－123所示。在通过“预提费用”方式开支费用时，固定资产大修理所引起的资金运动如图3－124所示。

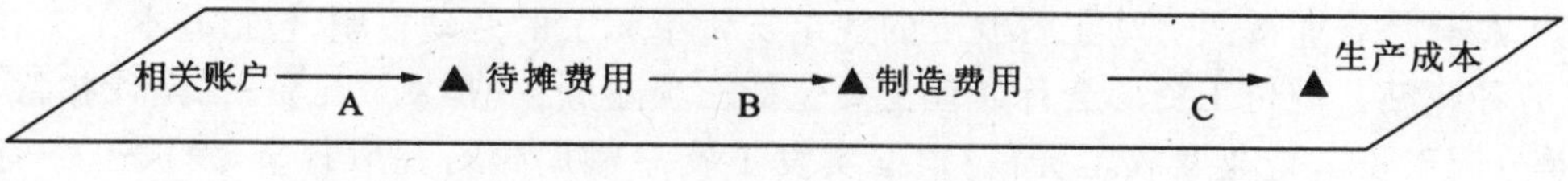

图3－123　待摊费用所引起的资金运动

A. 待摊费用的发生；B. 待摊费用的分期摊销；C. 间接性费用的分摊

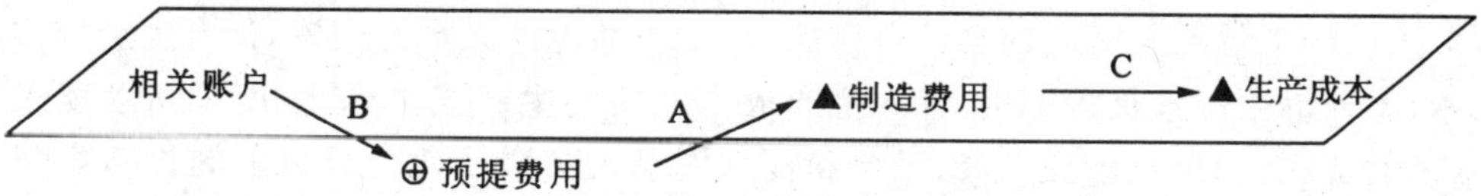

图3－124　预提费用所引起的资金运动分析

A. 预提修理费；B. 发生修理费，冲销预提准备金；C. 间接费用的分摊

生产车间除机器、厂房等固定资产要进行大修理外，还会发生相关的经济业务，包括生产车间预付的房租费、保险费、报刊杂志费等，按照权责发生制原则都需要通过待摊费用或预提费用的方式进行。

(五)生产环节资金运动整体流程

生产环节整体资金运动流程如图 3-125 所示。

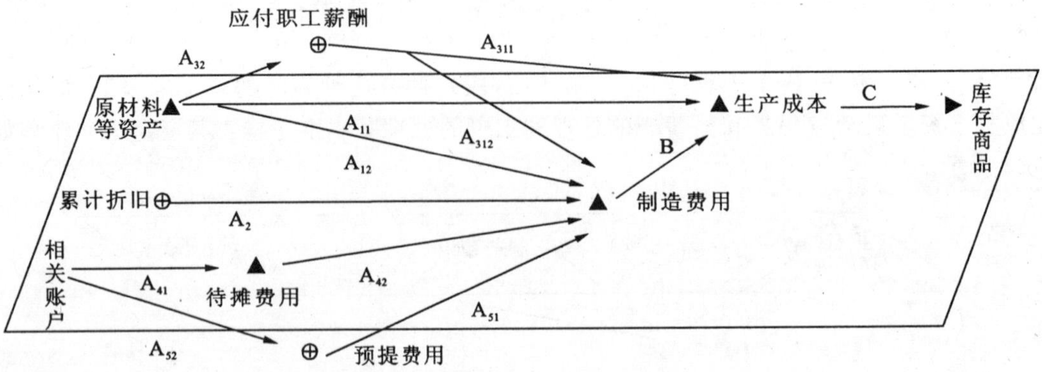

图 3-125　企业生产环节资金运动流程全貌

A. 所失的发生；A_1. 原材料等费用的发生；A_{11}. 直接费用的发生；A_{12}. 间接费用的发生；A_2. 折旧费用的发生；A_3. 工资及福利费的处理；A_{31}. 工资及福利的计算与提取；A_{311}. 直接费用的发生；A_{312}. 间接费用的发生；A_{32}. 工资及福利的支付；A_4. 大修理等费用的发生与摊销；A_{41}. 发生；A_{42}. 分期摊销；A_5. 大修理等费用的预提与支付；A_{51}. 预提；A_{52}. 支付；B. 间接费用在所服务的产品之间进行分摊；C. 所生产的产品完工入库，结转其生产成本

二、生产环节其他业务所引起的资金运动分析

(一)应付职工薪酬

工资总额是企业按照劳动工资制度的规定支付给职工的劳动报酬，包括基本工资、经常性奖金及各种津贴。应付工资的会计处理主要包括三项业务：一是发放工资；二是代扣款项的处理；三是分配工资。企业发放工资，应根据实发工资总额向银行提取现金，发放工资时，借记“应付职工薪酬”科目。如果实务中职工的工资由银行代为发放，则直接通过“银行存款”科目，不通过现金科目核算。应付工资的分配，主要是指工资费用由谁承担的问题，其基本原则是在月末必须按照有关人员的工作岗位分配计入相关的会计科目。

有关人员的岗位及其对应的会计科目如下：①产品生产人员的工资，计入生产成本—基本生产成本；②辅助生产人员的工资，计入生产成本—辅助生产成本；③生产车间管理人员的工资，计入制造费用；④企业管理人员、工会和食堂炊事人员以及六个月以上的长期病假人员的工资，计入管理费用；⑤专设销售机构人员的工资，计入销售费用；⑥医务福利人员的工资，计入应付福利费；⑦从事其他业务人员的工资，计入其他业务成本；⑧从事在建工程项目建设人员的工资，计入在建工程。应付工资所引起的资金运动流程如图 3-126 所示。

我国现行有关制度规定，企业可以按应付工资总额(其工资总额的构成与统计上的口径一致，不作任何扣除)的一定比例提取福利费，用于职工个人的福利。

企业计提福利费时，应根据职工工资的不同用途，分别计入有关的成本、费用科目。也就是说，员工工资由谁承担，其福利费也应该由谁承担。但是，医务福利人员的福利费一般计入“管理费用”，而不是计入“应付职工薪酬”，这样处理是为了能实实在在地提取福利费，以防止

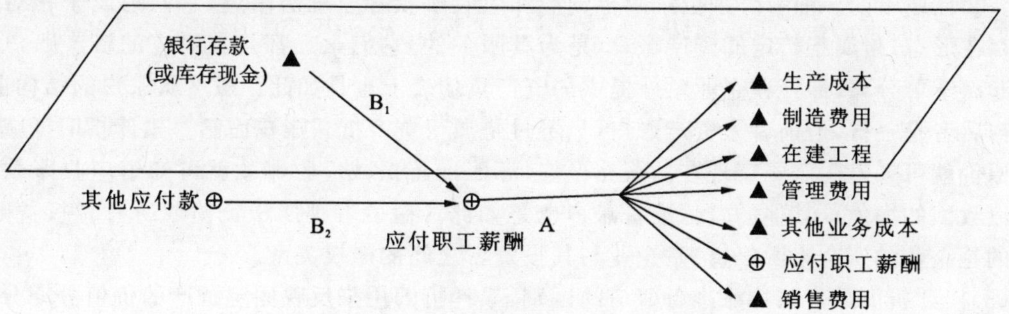

图 3-126　应付职工薪酬所引起的资金运动

A. 工资费用的分配；B_1. 实际支付的工资额；B_2. 各种代扣款的代扣

福利费被过度耗费。应付福利费所引起的资金运动如图 3-127 所示。

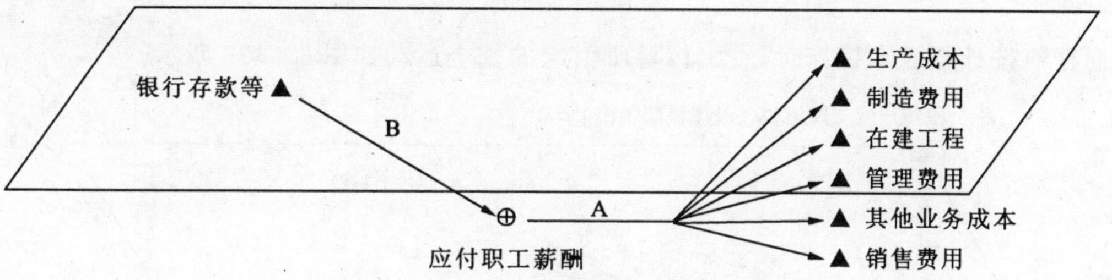

图 3-127　企业福利费所引起的资金运动

A. 福利费的分配；B. 福利费的开支

(二)累计折旧

1. 累计折旧与坏账准备在模型上的体现(图 3-128)

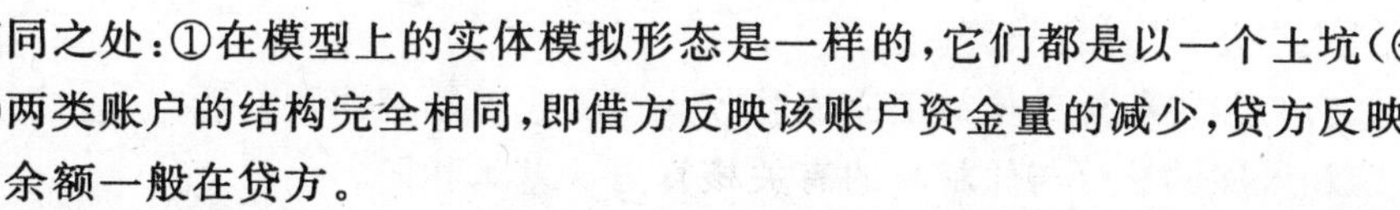

图 3-128　累计折旧与坏账准备在模型上的反映

2. 累计折旧、坏账准备与资金来源渠道之间的关系

(1)相同之处：①在模型上的实体模拟形态是一样的，它们都是以一个土坑(⊕)的实物形态出现；②两类账户的结构完全相同，即借方反映该账户资金量的减少，贷方反映该账户资金量的增加，余额一般在贷方。

(2)不同之处：①产生的原因不同。前者的产生完全是财务人员根据特殊的需要对其基本的资金运动所采用的一种变通方法而产生的，是一种人为的、技术上的处理；它们虽然也属于土坑，但并不是资金的来源渠道，不反映资金从外部流入企业。而后者产生的原因是资金来源渠道的增加，反映的是实际的资金流入企业。②在模型上的位置不同。虽然两者在模型上都是以土坑的实体形式表现出来，但前者位于平面之上而不是位于平面之外；后者则是位于平面之外。③性质不同。前者分别位于固定资产和应收账款等土堆的附近，它们附属于相对应的资金存在形态，附属于特定的资产账户，是为其服务的，它们永远都与其对应的资产账户联系在一起而不可分离，即使在企业对外提供的资产负债表上也是如此。虽然从账户的结构上看，前者与后者是一样，但前者是资产账户，只不过是属于资产抵减账户而已。累计折旧抵减固定资产原价就可知道固定资产现在的账面净值；坏账准备抵减应收账款就可知道应收账款总额中可以收回的净值。其他的减值准备账户也是如此。而后者则属于负债或所有者权益账户，反映的是企业的资金来源渠道，是企业与其投资者之间的产权关系。

(3)累计折旧账户与坏账准备账户的区别：累计折旧用来反映固定资产的价值分期分量的分配过程和活动，反映的是一种实际已经发生的费用；而坏账准备等减值准备账户则反映企业根据会计稳健性原则把一种预期的损失计入费用之中，从而得出相关资产的账面价值，反映的是一种预期的、可能的损失。

(三)按计划成本核算时，材料发出对生产环节资金运动的影响

原材料按计划成本核算时，发出材料所引起的资金运动如图 3－129 所示。

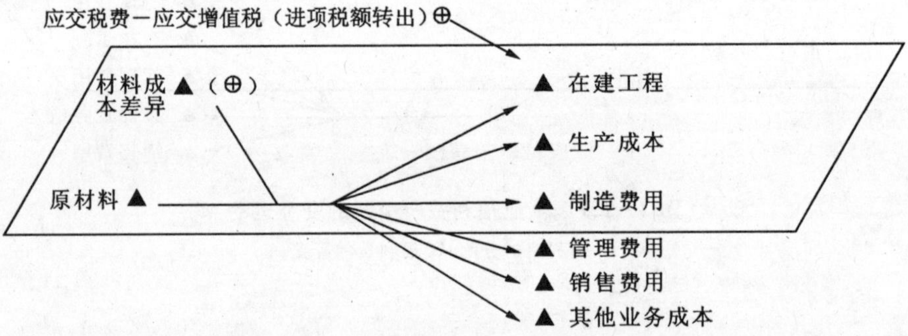

图 3－129　按计划成本核算时原材料发出所引起的资金运动分析

(四)包装物、低值易耗品核算所引起的资金运动分析

1. 包装物所引起的资金运动分析

包装物是指企业在生产经营活动中为包装本企业产品而储备的各种包装容器，如桶、箱、瓶、坛、袋等。包装物数量不多的企业，可以不设置“包装物”科目，而将包装物并入“原材料”科目核算。对包装物采用计划成本进行计价的企业，包装物的实际成本与计划成本之间的差异，也应通过“材料成本差异”科目核算。

企业购入、自制和委托外单位加工完成验收入库的包装物视同收料看待，应按规定办理收料手续，其采购和入库的核算与原材料的有关核算方法基本相同。

包装物发出的用途不同，其核算方法也不相同。①生产部门领用的包装物，构成产品的组成部分，其实际成本应计入产品生产成本(图 3－130 中 A 段)。②随同商品出售但不单独计价的包装物，视同销售过程中耗用材料处理，应于包装物发出时，按其实际成本计入销售费用(图 3－130 中 B 段)。③随同商品出售并单独计价的包装物视同材料销售处理，其实际成本计入企业的其他业务成本(图 3－130 中 C_2 段)。④出租包装物的核算，企业向购货单位租出包

装物，在第一次领用新包装物时，应按其实际成本记入“其他业务成本——出租包装物”科目。租出包装物金额较大的可通过“待摊费用”账户分次摊销其价值，以后收回已使用过的出租包装物应加强实物管理，并在备查簿上登记（图 3－130 中 C_2 段）。企业收取的出租包装物的租金，应计入企业的其他业务收入（图 3－130 中 C_1 段）。企业收取的出租包装物的押金应作为企业的一种暂收款，记在“其他应付款—存入保证金”科目（图 3－131 中 A 段）。退回押金应作与上述相反的记录（图 3－131 中 B 段）。企业出租包装物不能使用而报废时，对其残料价值应冲减其他业务支出，增加“原材料”科目（图 3－130 中 D 段）；企业的出租包装物若采用五五摊销法摊销其价值，有关业务的核算方法与低值易耗品的核算方法基本相同。⑤包装物出借的，应作为销售费用，价值大的出借包装物可以采用五五摊销法摊销其价值（图 3－130 中 B 段）。包装物所引起的资金运动如图 3－130、图 3－131 所示。

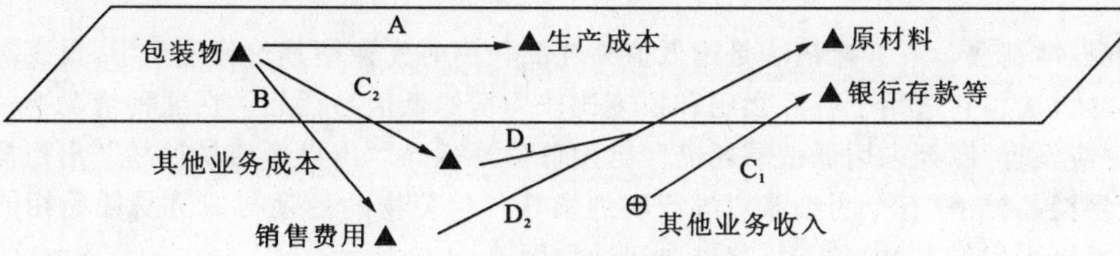

图 3－130　包装物所引起的资金运动分析

A. 生产部门领用；B. 销售部门领用，但不单独计价，或出借发生的成本；C_1. 出租、出借所获得的租金收入；C_2. 销售部门领用，但单独计价，或出租包装物成本的发生；D_1. 出租报废清理时获得残值原材料；D_2. 出借报废清理时获得残值原材料

对逾期未退包装物没收的押金，转作其他业务收入（图 3－131 中 C_1 段）；对逾期未退回包装物没收的、加收的押金，应转作企业的营业外收入（图 3－131 中 C_2 段）。

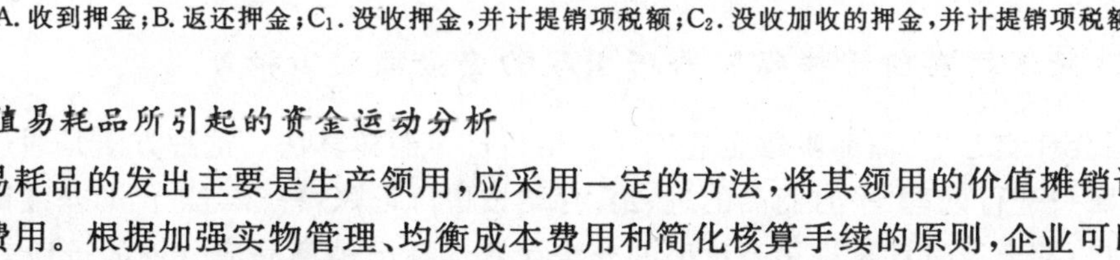

图 3－131　包装物出租租金收取所引起的资金运动分析

A. 收到押金；B. 返还押金；C_1. 没收押金，并计提销项税额；C_2. 没收加收的押金，并计提销项税额

2. 低值易耗品所引起的资金运动分析

低值易耗品的发出主要是生产领用，应采用一定的方法，将其领用的价值摊销计入产品生产成本和费用。根据加强实物管理、均衡成本费用和简化核算手续的原则，企业可以根据不同的管理要求和低值易耗品的不同情况，分别采用以下方法进行低值易耗品的摊销。

(1)一次摊销法。一次摊销法是指领用低值易耗品时，将其价值一次计入成本、费用的方法。低值易耗品报废时，将报废低值易耗品的残料价值作为当月低值易耗品摊销额的减少，冲减“制造费用”“管理费用”等账户。

(2)分期摊销法。分期摊销法是指根据领用低值易耗品的原价和预计的使用期限，计算出每月平均摊销额分月摊入成本、费用的方法。采用这种方法有利于成本、费用的合理、均衡负担。它适用于使用期较长、单位价值较高的低值易耗品。低值易耗品发出所引起的资金运动如图 3－132 所示。

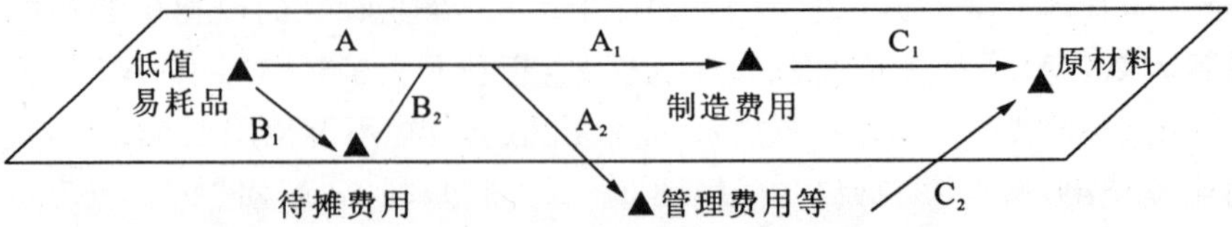

图 3－132　低值易耗品分期摊销所引起的资金运动分析

A. 一次性转销；A_1. 生产车间耗用；A_2. 厂部耗用；B. 价值大，分次摊销；B_1. 转入待摊费用；B_2. 分期摊销；C. 低值易耗品报废时获得残值，作原材料处理

(3)五五摊销法。五五摊销法是指低值易耗品领用时先摊销其价值的一半，报废时再摊销其余一半的方法。它适用于各月领用和报废比较均衡的低值易耗品。在这种情况下，“低值易耗品”账户应设置“库存未用低值易耗品”“已用低值易耗品”“出借低值易耗品”“出租低值易耗品”“低值易耗品摊销”五个明细账户进行明细核算。包装物的处理与低值易耗品相同。当低值易耗品摊销采用五五摊销法时，其资金运动如图 3－133 所示。

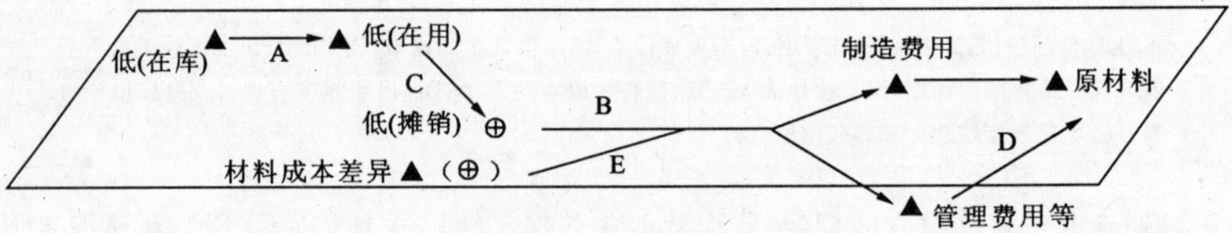

图 3－133　低值易耗品采用五五摊销所引起的资金运动分析

A. 领用低值易耗品；B. 领用和报废时分别摊销其价值的一半(报废时摊销的价值是指实际报废的数量的成本)；C. 冲销其摊销和在用(其金额只指实际报废数量的价值)；D. 残值作原材料；E. 在计划成本法，结转实际报废的低值易耗品所应当分摊的成本差异

(五)委托加工物资核算所引起的资金运动分析

委托加工物资所引起的资金运动分析如图 3－134 所示。

(六)存货采用售价金额核算法所引起的资金运动分析

在我国会计实务中，商品零售企业广泛采用售价金额核算法。这种方法是通过设置“商品进销差价”账户进行处理，平时商品的进、销、存均按售价记账，售价与进价的差额记入“商品进销差价”账户；期末通过计算进销差价率的办法计算本期已销商品应分摊的进销差价，并据以调整本期销售成本。售价金额核算法所引起的资金运动流程如图 3－135 所示。

商品零售企业在会计期末编制资产负债表时，存货项目中的商品存货部分，应根据“库存商品”科目的期末余额扣除“商品进销差价”科目的期末余额，按其差额列示。实际上，售价金额计价并不是一种单独的存货计价方法，而是零售价法的一种账务处理方式。

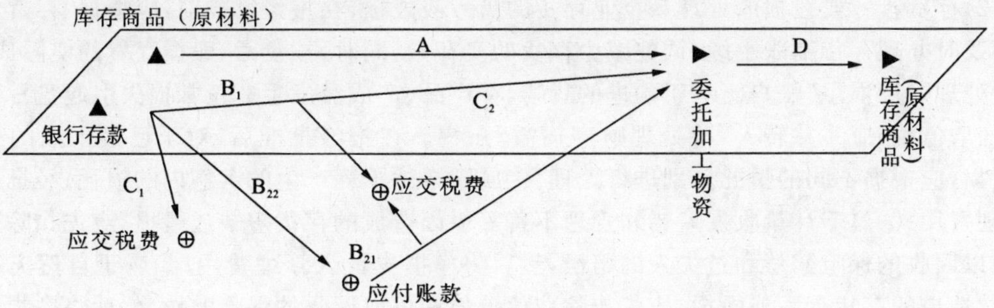

图 3-134 委托加工物资所引起的资金运动分析

A. 拨付委托加工物资；B. 支付加工费和增值税进项税额；B_1. 以银行存款支付；B_2. 款项先赊后付；C. 消费税的处理；C_1. 加工后的物资用于连续生产应税消费品；C_2. 加工后的物资直接用于销售（或生产非应税消费品）；D. 加工完工，收回加工物资

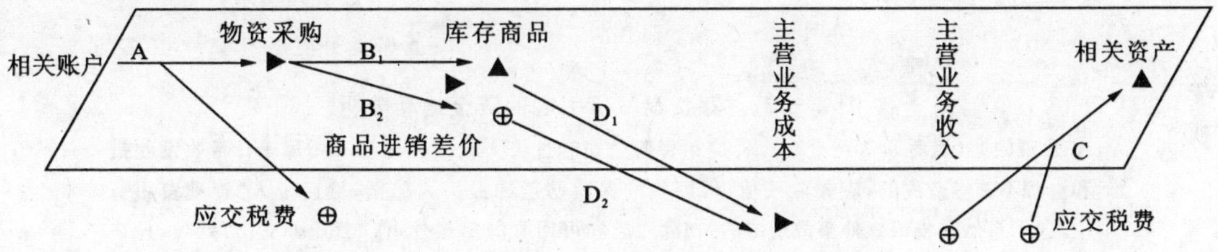

图 3-135 存货采用售价金额核算法所引起的资金运动分析

A. 过程所得的实现；B. 终极所得的实现；B_1. 终极所得中实际成本部分；B_2. 终极所得中进销差价部分；C. 销售收入的实现；D. 销售成本的结转；D_1. 按售价结转的"虚"成本；D_2. 抵消"虚"成本，得出实际销售成本（D_2 流量为负数）

（七）存货的期末计价所引起的资金运动分析

会计期末，为了客观地反映企业期末存货的实际价值，企业在编制资产负债表时，应当准确地计量存货项目的金额，即要确定期末存货的价值。正确地进行存货的计量，又取决于存货数量的确定是否准确以及采用何种期末计价原则。

1. 存货盘盈盘亏的处理

(1)存货盘盈的处理。发生盘盈的存货，经查明原因是由于收发计量或核算上的误差等原因造成的，应及时办理存货入账的手续，调整增加存货的实存数，同时按同类或类似存货的市场价格作为实际成本记入"待处理财产损溢"科目（图 3-136 中 A 段资金运动）。按规定程序报经有关部门批准之后，转销待处理存货盘盈，冲减管理费用（图 3-136 中 B 段资金运动）。其资金运动如图 3-136 所示。

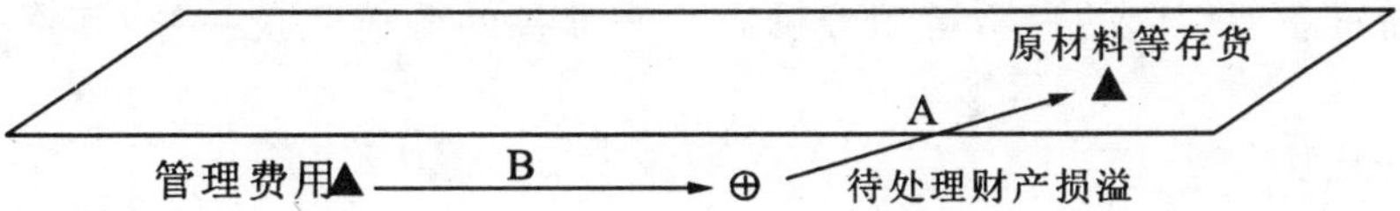

图 3-136 存货盘盈所引起的资金运动分析

(2)存货盘亏或毁损的处理。企业存货的盘亏或毁损，在报经批准前，应根据“存货盘存报告表”及时办理存货销账手续，调整减少存货的实存数，同时，按盘亏、毁损存货的实际成本，记入“待处理财产损溢”账户。对于购进的货物、在产品、产成品发生非正常损失引起盘亏存货应负担的增值税，应一并转入“待处理财产损溢”账户。在报经批准后，对于已经入账的存货盘亏、毁损，应根据不同的情况分别进行处理：①属于自然损耗产生的定额内的损耗，经批准后转入管理费用；②属于计量收发差错和管理不善等原因造成的存货短缺或毁损，应先扣除残值价值、可以回收的保险赔偿和过失人的赔偿，然后将净损失计入管理费用；③属于自然灾害或意外事故造成的存货盘亏或毁损，应先扣除残值价值和可以回收的保险赔偿，然后将净损失计入营业外支出。其引起的资金运动流程如图 3－137 所示。

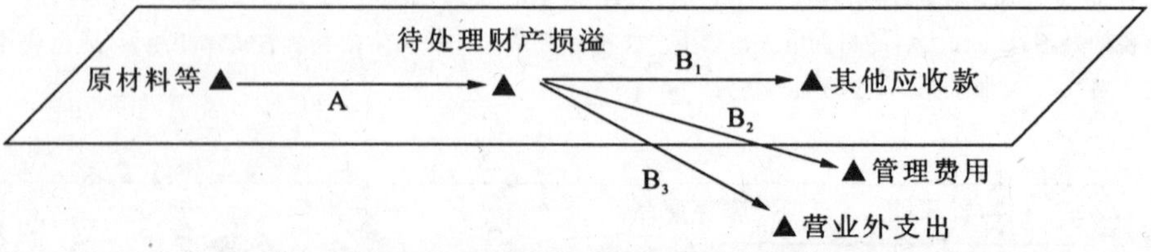

图 3－137　存货盘亏所引起的资金运动分析

A. 发现问题(盘亏)，等待处理；B_1. 应由保险公司和过失人赔偿的部分；B_2. 属于计量收发差错和管理不善等造成的，应扣除残值、可回收的保险赔偿和过失人赔偿，然后记入“管理费用”；B_3. 属于自然灾害或意外事故造成的，扣除残值和可回收的赔偿外，作“营业外支出”处理(只在本情况下考虑存货进项税转出)

2. 存货期末计价所引起的资金运动分析

(1)存货期末计价的基本原则。《企业会计准则第 1 号——存货》规定：“会计期末，存货应当按照成本与可变现净值孰低计量”。所谓成本与可变现净值孰低法是指对期末存货按照成本与可变现净值两者之中较低者进行计价的方法。即当成本低于可变现净值时，存货按成本计量；当成本高于可变现净值时，存货按可变现净值计量。

(2)存货期末计价所引起的资金运动分析。企业在根据成本与可变现净值孰低法的原则确定了期末存货的价值之后，应视具体情况进行相关的账务处理：如果期末存货的成本低于可变现净值，则不需要进行账务处理，资产负债表中的存货仍按期末账面价值列示；如果期末存货的成本高于可变现净值，则必须在当期确认存货跌价损失，并进行相关的账务处理。

每一会计期末(这里的“每一会计期末”指企业对外提供财务会计报告时，即一个会计年度)，比较成本与可变现净值计算出应该计提的准备，然后与“存货跌价准备”账户的余额进行比较，若应提数大于已提数，应予补提，增加企业的管理费用；反之，应冲销部分已提数。如果以前减记存货价值的影响因素已经消失，则减记的金额应当予以恢复，并在原已计提的存货跌价准备的金额内转回，转回的金额应当减少计提的存货跌价准备。

存货跌价准备所引起的资金运动分析同坏账准备的分析完全一样，其资金运动如图 3－138 所示。

3. 存货的转销

存货的转销是指将存货的账面价值全部转入当期损益。企业会计制度规定，当存在以下一项或若干项情况时，应将存货账面价值全部转入当期损益：①已霉烂变质的存货；②已过期

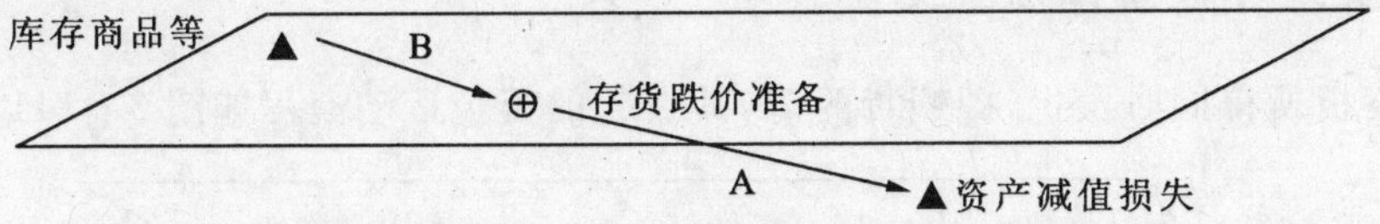

图 3-138 存货减值所引起的资金运动分析

A. 计提存货跌价准备；B. 跌价实际发生时，冲销准备金（当冲销多提的跌价准备时，A段资金流量为负数，资金实际流向反向）

且无转让价值的存货；③生产中不再需要，并且已无使用价值和转让价值的存货；④其他足以证明已无使用价值和转让价值的存货。

企业当期发生上述情况时，应将存货的账面价值和相应的跌价准备全部转入管理费用，其所引起的资金运动如图 3-139 所示。

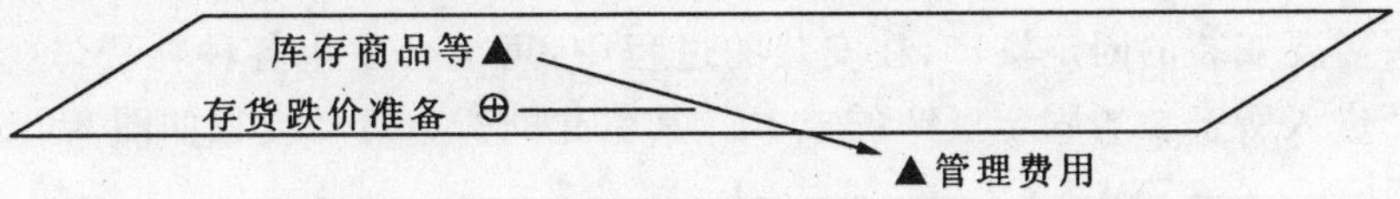

图 3-139 存货转销所引起的资金运动分析

第八节 企业投资环节资金运动分析（上）
——固定资产

一、固定资产取得的资金运动分析

固定资产是指使用期限较长，单位价值较高，并且在使用过程中保持原来实物形态的资产，包括房屋及建筑物、机器设备、运输设备、工具器具等。

（一）会计及时性原则对固定资产取得基本资金运动的影响

固定资产取得的基本资金运动流程如图 3-140 所示。

图 3-140 取得固定资产所引起的基本资金运动

在其基本资金运动中，企业发生的所失主要就是银行存款等货币资产，而终极所得就是固定资产。但在企业取得固定资产的具体操作中，所失的发生和终极所得的实现在时间关系上会出现以下三种情况：第一，银行存款的所失与固定资产的获得同时发生；第二，银行存款的所失已经发生，但固定资产却并没有同时获得，所得在以后才产生；第三，银行存款的所失并没有发生，但固定资产这个终极所得却已经获得，所失在以后才发生。

(二)所失与终极所得同时发生

所失与终极所得同时发生,即钱货两清,其引起的资金运动流程如图 3-141 所示。

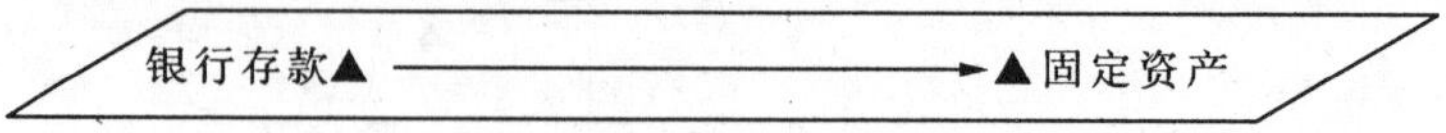

图 3-141　钱货两清所引起的资金运动

(三)先失后得(终极所得)所引起的资金运动分析

在固定资产取得过程中,先失后得又可以分为三种情况:一是企业购买需要安装的固定资产;二是企业自行建造固定资产;三是将工程出包等。

1. 企业购买需要安装的固定资产

企业购买需要安装的固定资产,在安装的过程中,可能会发生各种耗费,这些耗费都将通过“在建工程”进入所安装的固定资产的成本。其引起的资金运动流程如图 3-142 所示。

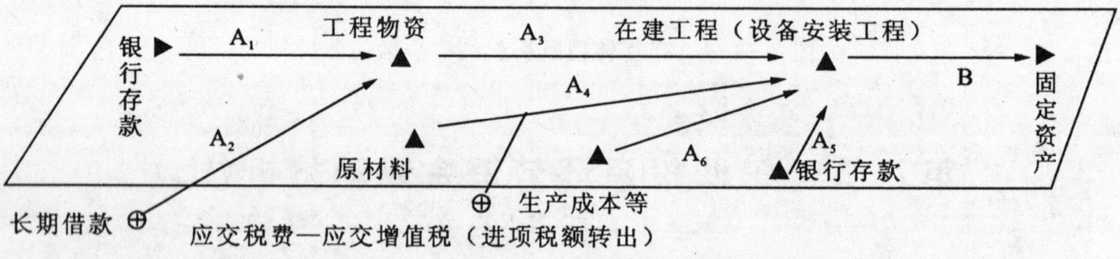

图 3-142　购买需要安装的固定资产所引起的资金运动

A. 所失的发生;A_1、A_2. 购买需要安装的机器设备;A_3. 将机器设备投入安装;A_4. 从原材料仓库领用的材料投入安装;A_5. 直接以货币资产从市场购得安装材料;A_6. 企业的辅助生产部门安装的人工费(如委托外单位安装,则直接支付安装费,资金发生 A_5 段运动);B. 设备安装完工,交付使用

2. 自营工程

企业进行自营工程,一般分为三个阶段:购买建筑物资和材料;进行施工;项目建设完毕交付使用。

企业在进行固定资产建造时,首先是外购建筑材料。根据现行增值税暂行条例规定,企业外购建筑材料进行项目建设所取得增值税专用发票上注明的增值税,不能作为进项税额抵扣。在项目建设中,有时还领用企业生产产品所用的原材料以及企业的产成品。建设项目领用的原材料,还要计算进项额转出;建设项目领用的产成品,应视同销售行为,除结转其成本外,还需计算销项税额;如果领用的是应税消费品,还需计算应纳的消费税。自营工程所引起的资金运动如图 3-143 所示。

3. 出包工程

企业采用出包方式建设固定资产时,其工程成本在承建单位核算,而企业只与承建单位进行工程款的结算。其会计核算主要有三个环节:第一,签订合同并预付工程款;第二,按工程进度支付工程款;第三,工程完工,根据原定的合同和工程竣工决算表(单)结转固定资产(其间,

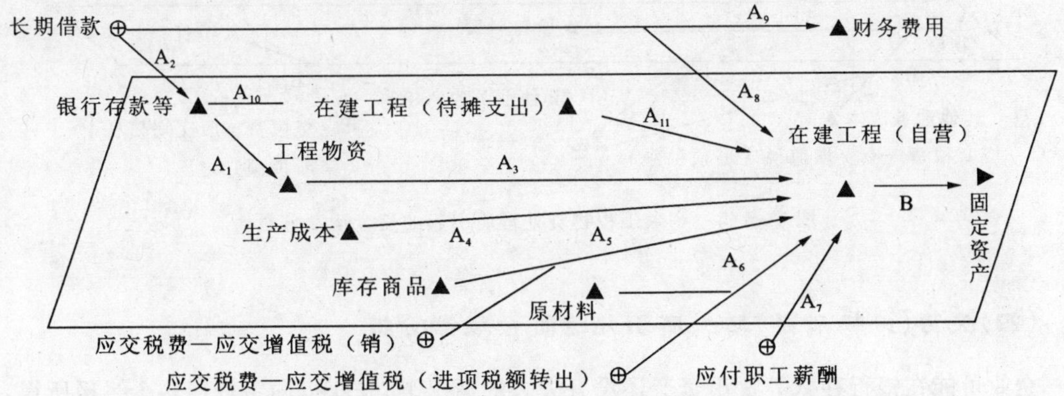

图 3-143　自营工程所引起的资金运动

A. 所失的发生；A_1. 用货币资产购买工程物资；A_2. 为购买工程物资，取得长期借款；A_3. 将工程物资投入到工程；A_4. 所耗辅助生产部门所提供的水、电、劳务等；A_5. 领用本企业的产品投入工程；A_6. 领用企业用于生产产品的原材料工程；A_7. 工程人员工资及福利；A_8. 借款利息资本化；A_9. 借款利息当期费用化；A_{10}. 发生待摊支出；A_{11}. 将待摊支出转入自营工程；B. 工程完工，转入固定资产（所得）

如果工程资金有来源于银行的借款，还有结算长期借款利息的问题，详见借款费用处理）。企业按合同预付承建单位工程款或补付、补记工程款，所发生的资金运动如图 3-144 中 A 段运动，工程完工交付使用所引起的资金运动如图 3-144 中 B 段运动。其具体的资金运动流程如图 3-144 所示。

图 3-144　出包工程所引起的资金运动分析

4. 工程物资结余处理所引起的资金运动分析

企业应当设置"工程物资"账户。"工程物资"账户核算企业为基建工程、更改工程和大修理工程准备的各种物资的实际成本，包括为工程准备的材料、尚未交付安装的需要安装设备的实际成本，以及预付大型设备款和基本建设期间根据项目概算购入为生产准备的工具及器具等的实际成本。

相应的，企业应设置明细分类账进行明细核算。这些明细账户包括专用材料、为生产准备的工具和器具、预付大型设备款、专用设备四个明细分类账。

工程完工后剩余的工程物资，如转作本企业存货的，如包装物、低值易耗品和原材料等，应按减去增值税进项税额后的实际成本或计划成本入账（图 3-145 中 A 段资金运动）；如将其销售的，其会计处理与一般的原材料销售一样（图 3-145 中 B 段资金运动）。工程物资节余所引起的资金运动流程如图 3-145 所示。

企业盘盈、盘亏、报废和毁损的工程物资，减去保险公司、过失人赔偿部分，工程项目未完工的，计入或冲减所建工程项目成本；工程已经完工的，计入营业外收支。

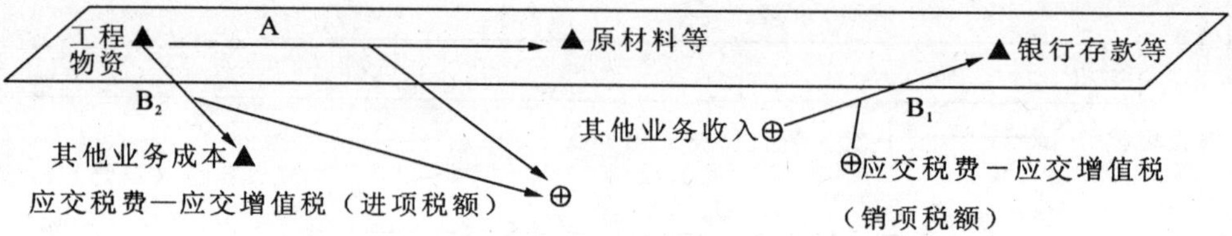

图 3-145　剩余工程物资处理所引起的资金运动分析

（四）先得（终极所得）后失所引起的资金运动分析

企业可能在银行存款等货币资产还没有失去的情况下，先获得固定资产这个终极所得，在这种情况下，企业因此而形成一种应付未付的债务——“应付账款或应付票据”（图 3-146 中 A 段资金运动）。以后企业以货币资产偿还时，冲销这笔债务（图 3-146 中 B 段资金运动）。其资金运动流程如图 3-146 所示。

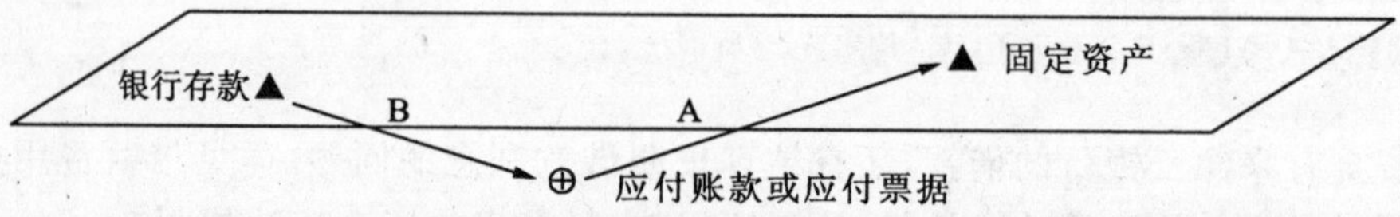

图 3-146　赊购固定资产所引起的资金运动

企业可能在银行存款等货币资产还没有失去的情况下，先获得所得，但可能这个所得（如机器）并不能满足固定资产的条件，需要安装调试才能使用，因此，当企业获得机器设备等时，也需要通过“在建工程”进行核算（图 3-147 中 A_1 段资金运动）。当机器设备经过安装调试可以使用后，再转为“固定资产”（图 3-147 中 A_2 段，其安装调试同上，本处略）。最后，企业支付货款偿还债务（图 3-147 中 B 段）。其资金运动流程如图 3-147 所示。

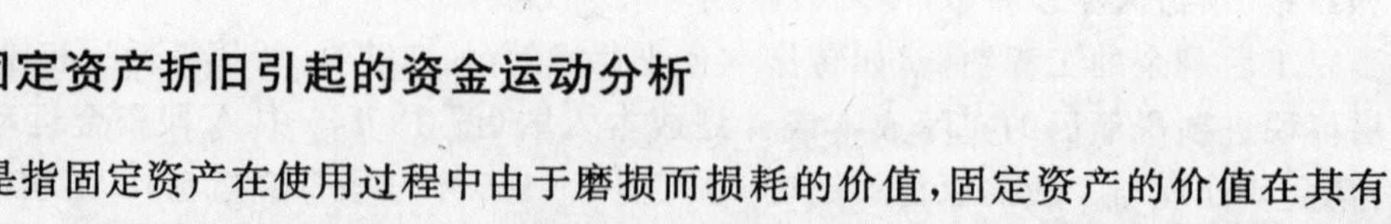

图 3-147　过程所得对固定资产取得所引起的资金运动影响

二、固定资产折旧引起的资金运动分析

折旧是指固定资产在使用过程中由于磨损而损耗的价值，固定资产的价值在其有效使用年限内进行分摊而形成折旧费用，计入各期成本、费用。固定资产折旧计入成本、费用的过程，即是随着固定资产价值的逐渐转移，以折旧的形式从销售收入中得到补偿，并转化为货币资产的过程。

在我国会计实务中，应以月初固定资产账面原价为依据，而且各月计提折旧的工作是通过编制“固定资产折旧计算表”完成的。计算出当月的折旧额后，根据固定资产的用途将其已磨损价值通过“累计折旧”账户分别流转到“制造费用”(生产用固定资产)“管理费用”(管理部门用和非生产经营用固定资产)“销售费用”(专设销售机构所用的固定资产)以及“其他业务成本”(经营租赁方式租出固定资产)等账户。其资金运动流程如图 3 - 148 所示。

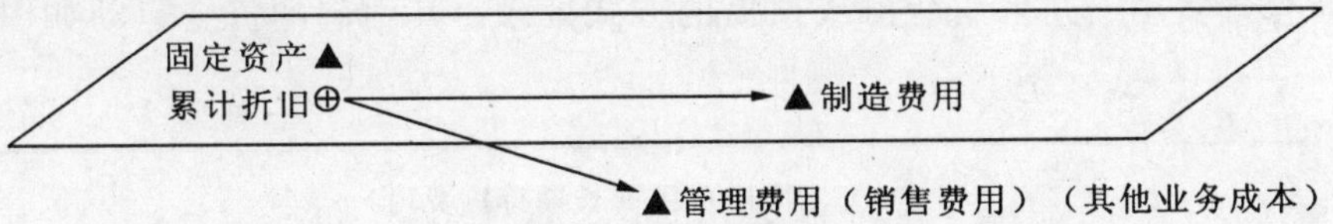

图 3 - 148　固定资产折旧所引起的资金运动分析

三、固定资产改良与修理引起的资金运动分析

(一)固定资产改良支出所引起的资金运动分析

固定资产改良,亦即固定资产的改建或扩建。固定资产的改良支出一般数额较大,收益期较长(超过一年),而且使固定资产的性能、质量都有较大的提高。

1. 自有固定资产改良支出所引起的资金运动分析

企业自有固定资产发生改良支出后,将会影响固定资产的价值,在会计处理时,除了进行增加固定资产价值的处理外,还需调整相应的折旧率和折旧额。其资金运动流程如图 3 - 149 所示。

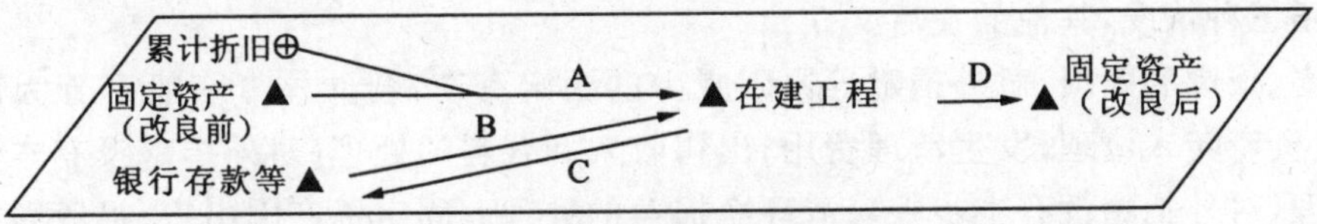

图 3 - 149　自有固定资产改良支出所引起的资金运动分析

A. 将固定资产投入改良;B. 发生改良支出;C. 收到改良过程中的变价收入;D. 改造完毕交付使用

2. 租入固定资产改良支出所引起的资金运动分析

企业租入固定资产改良支出所引起的资金运动流程如图 3 - 150 所示。

图 3 - 150　租入固定资产改良支出所引起的资金运动分析

A. 发生改良支出;B. 根据受益期进行分摊

(二)固定资产修理所引起的资金运动分析

固定资产修理是指恢复固定资产原有性能的经济行为。通常,修理并不能延长固定资产的使用年限,提高其服务功能,但能维持原有的服务能力。固定资产修理按其修理范围的大

小、修理时间的长短和修理支出的多少分为大修理和中小修理(亦称日常修理)。

企业发生的固定资产修理费用，如果是日常发生的数额较小的修理费用，可在发生时直接作为收益性支出计入当期的成本、费用；如果修理费用发生不均衡或者数额较大，也可将大修理费用、日常修理费用一并采用待摊或预提的方式处理。其引起的资金运动如图 3－151 所示。

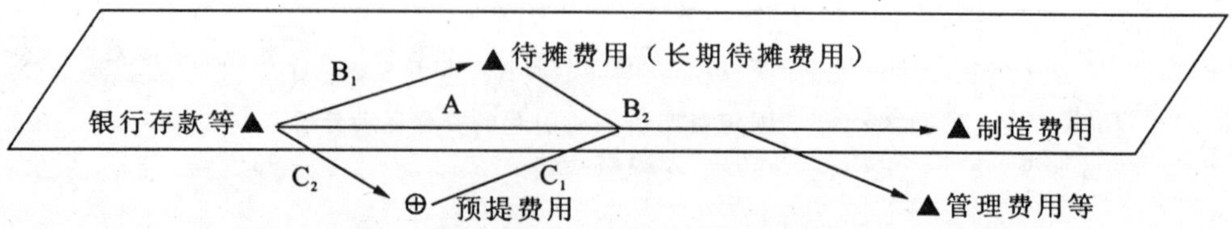

图 3－151 固定资产修理所引起的资金运动分析

A. 数额小，一次性计入当期成本或费用；B. 数额大，通过待摊的方式；B_1. 修理费用的发生；B_2. 修理费用的分期摊销；C. 数额大，通过预提的方式；C_1. 计提修理费用；C_2. 发生修理费，冲销准备金

四、固定资产处置与期末计价所引起的资金运动分析

(一)固定资产处置所引起的资金运动分析

固定资产处置是指企业的固定资产因清理、对外投资、转让出售、非货币性交易换出、用于抵偿债务、对外捐赠或无偿调出等原因而发生的固定资产退出企业。这里只介绍出售、报废毁损和对外捐赠三种情况，其他的在后文介绍。

企业出售、报废和毁损、对外捐赠等原因减少的固定资产，会计核算一般可分为以下几个步骤：将固定资产转入清理；发生清理费用；出售收入和残料的处理(对外捐赠没有本步骤)；保险赔偿的处理(对外捐赠没有本步骤)；清理净损益的处理。固定资产因出售、报废毁损和对外捐赠等清理后的净损益，属于生产经营期间的，计入营业外收支；属于筹建期间的，计入长期待摊费用。

企业出售、报废毁损和对外捐赠所引起的资金运动如图 3－152 所示。

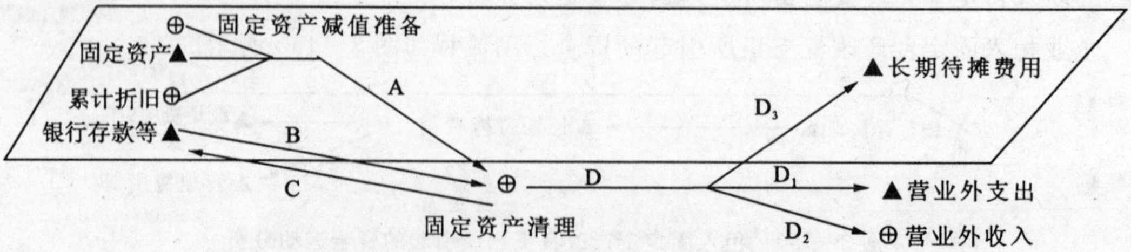

图 3－152 固定资产处置所引起的资金运动分析

A. 将固定资产转入清理；B. 发生清理费用；C. 获得清理收入、残值与保险赔偿收入；D. 清理净损益的处理；D_1. 清理净损失转入营业外支出；D_2. 清理净收益转入营业外收入；D_3. 筹建期间发生的清理结果的处理

由于固定资产的清理过程较长，而且在清理过程中既有清理费用也有清理收益和残值，还有清理结果的处理，因此，企业需要设置“固定资产清理”账户来专门反映固定资产的清理过程

及其清理结果的处理。在固定资产处置的七种方式中，除了以固定资产对外投资外，其他处置方式都需要通过“固定资产清理”账户来进行。从会计平面模型上看，“固定资产清理”账户在模型上虽然是以一个土坑的形态出现，但实际上其在模型上的实体形态是变化的：当清理结果是净损失时，它以土堆的形态存在；当清理结果是净收益时，它以土坑的形态存在。所以说，“固定资产清理”账户是一个双重性质的账户。

同时，“固定资产清理”账户应按被清理的固定资产设置明细账，进行明细核算。

（二）固定资产清查所引起的资金运动分析

1. 固定资产盘亏所引起的资金运动（图 3 - 153）

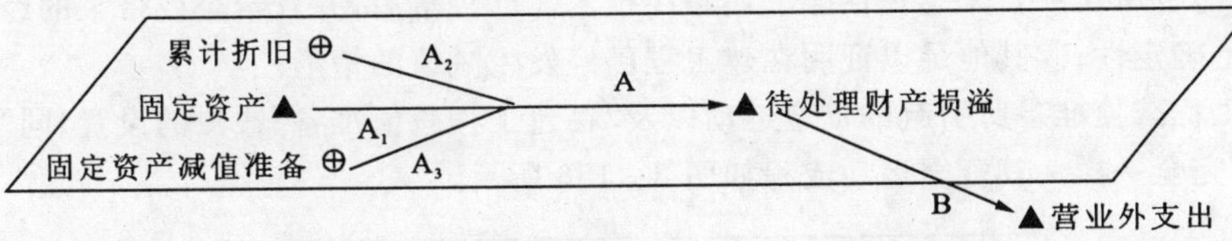

图 3 - 153　固定资产盘亏所引起的资金运动分析

A. 发现问题（A_2、A_3 的流量为负数或零）；B. 处理问题

2. 固定资产盘盈亏引起的资金运动（图 3 - 154）（作为错账更正）

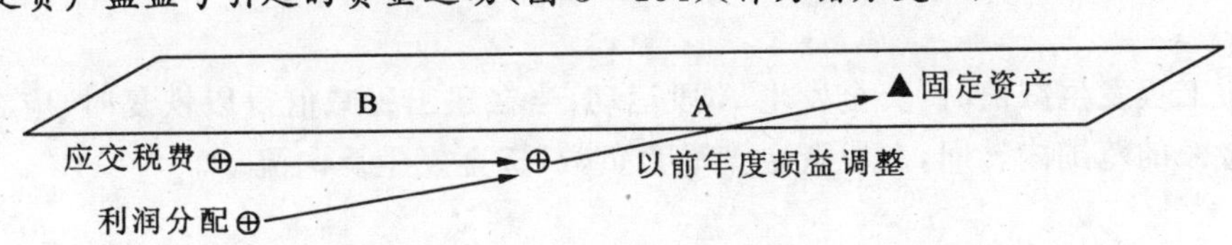

图 3 - 154　固定资产盘盈所引起的资金运动分析

A. 发现问题；B. 处理问题

（三）固定资产期末计价所引起的资金运动分析

1. 固定资产减值准备的确认

固定资产由于发生损坏、技术陈旧或其他经济原因，导致其可收回的金额低于其账面净值，这种情况称为固定资产价值减值。

固定资产在使用过程中，由于存在有形损耗和无形损耗以及其他方面的经济原因，发生资产价值减值是必然的。对于已经发生的资产价值的减值，如果不予确认，必然导致虚夸资产价值，这既不符合真实性原则，又有悖于稳健性原则。因此，企业应当在期末或者至少在每一会计年度终了，对固定资产进行逐一检查，计算固定资产的可回收金额，以确定固定资产是否发生减值。固定资产减值一经提取，不得转回。

2. 固定资产减值准备所引起的资金运动分析

固定资产减值准备所引起的资金运动分析以及“固定资产减值准备”账户的设置同“坏账准备”所引起的资金运动以及“坏账准备”账户的设置完全一样。其资金运动流程如图 3 - 155 所示。当固定资产发生减值时，资金发生 A 段运动。

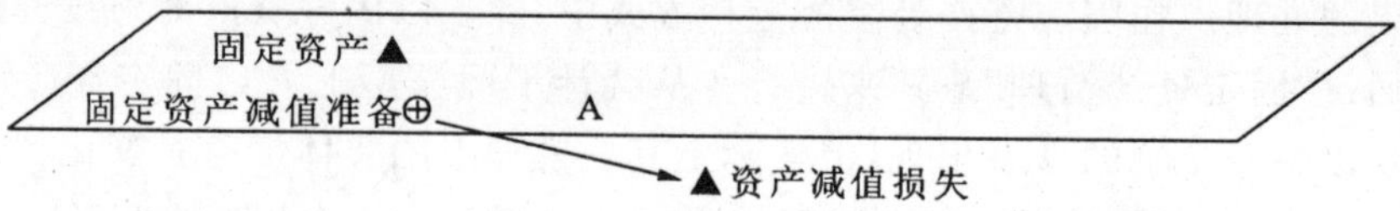

图 3－155　固定资产减值所引起的资金运动分析

3. 在建工程减值准备

企业应该定期或者至少每年年度终了，对在建工程进行全面的检查，如存在下列一项或若干项情况的，应当计提在建工程减值准备。①长期停建并且预计在未来三年内不会重新开工的在建工程；②所建项目无论在性能上还是在技术上已经落后，并且给企业带来的经济利益具有很大的不确定性；③其他足以证明在建工程已经发生减值的情形。

在建工程减值准备所引起的资金运动以及“在建工程减值准备”账户的设置，同“固定资产减值准备”完全一样。其资金运动流程如图 3－156 所示。

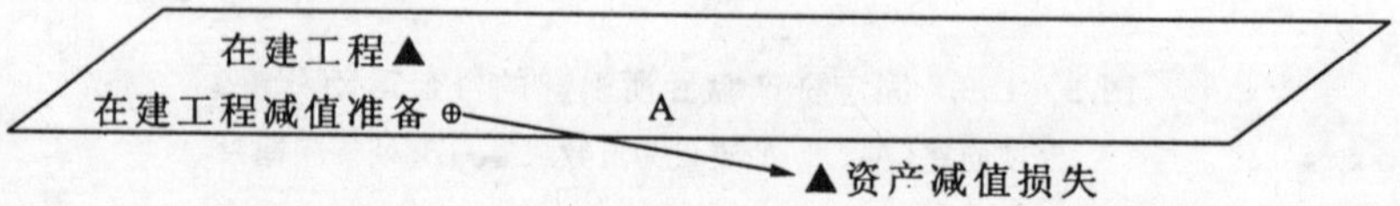

图 3－156　在建工程减值所引起的资金运动分析

当在建工程发生减值时，资金发生 A 段运动；当在建工程减值得以恢复时，应在原已计提减值准备金额的范围内转回，A 段资金流量为负数，资金发生反向流动。

第九节　企业投资环节资金运动分析（中）
——无形资产及其他资产

一、无形资产引起的资金运动分析

无形资产是指企业为生产商品、提供劳务、出租给他人或为管理目的而持有的、没有实物形态的非货币性长期资产。

（一）无形资产取得所引起的资金运动分析

无形资产取得的计量又称为无形资产的初始计量。无形资产由于取得方式不同，其入账价值的确定亦有所不同。无形资产有如下几种取得方式：外购无形资产；换入的无形资产；投资者投入无形资产；债务重组取得无形资产；接受捐赠的以及自行开发的无形资产。外购无形资产所引起的资金运动流程如图 3－157 所示。

企业发生的研发费用分研究性支出和开发性支出。对于研究性支出，其发生后先记入“研发支出—费用化支出”（图 3－158 中 A 段资金运动），到期末再转为管理费用（图 3－158 中 B 段资金运动）；对于开发性支出，其发生时先记入“研发支出—资本化支出”（图 3－158 中 A 段

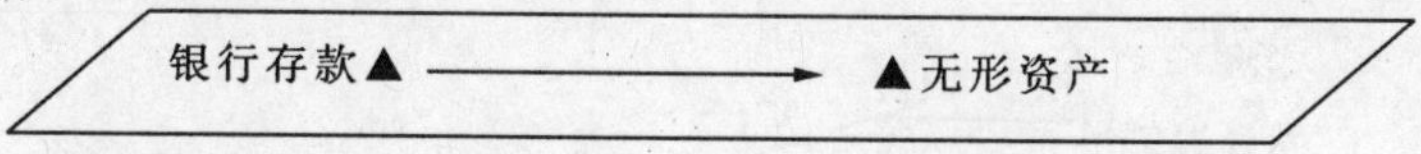

图 3-157 外购无形资产所引起的资金运动分析

资金运动)。之后如果开发成功,则将其全部转为无形资产(图 3-158 中 C 段资金运动);如果开发不成功,则将其转为当期的管理费用(图 3-158 中 B 段资金运动)。其引起的资金运动如图 3-158 所示。

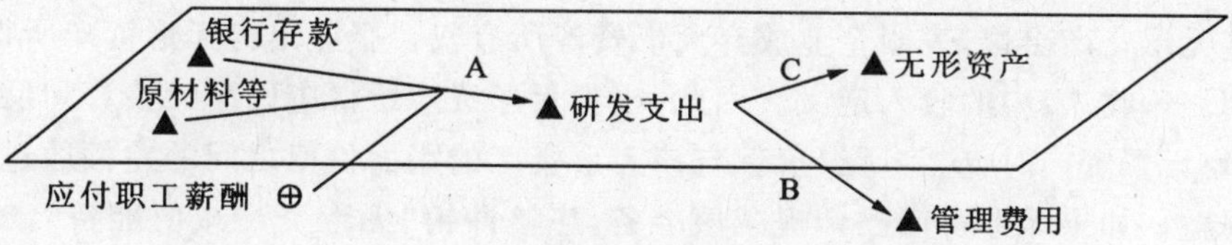

图 3-158 自创无形资产所引起的资金运动分析

A. 研究、开发费用的发生;B. 研发费用转为管理费用;C. 研发费用转为无形资产

无形资产的后续支出是指为确保无形资产能够给企业带来预期收益,在无形资产入账后还可能发生的各种后续支出。如宣传活动支出。由于这些支出仅仅是未来确保已确认的无形资产能够为企业带来预定的经济利益,因而应在发生时确认为当期费用,而不得追加到无形资产的价值中去。

(二)无形资产摊销所引起的资金运动分析

无形资产的摊销又称为无形资产的再计量。无形资产摊销涉及无形资产的成本价值、摊销开始月份、摊销方法、摊销年限和残值等因素。

无形资产摊销需要设置"累计摊销"账户来反映无形资产累计转移的价值。该账户的设置与"累计折旧"账户的设置原因完全一样,其具体分析可参见累计折旧的分析。无形资产摊销引起的资金运动如图 3-159 所示。

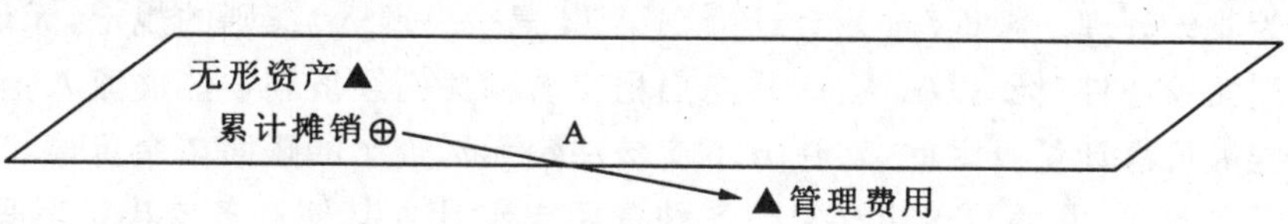

图 3-159 无形资产摊销所引起的资金运动分析

(三)无形资产注销所引起的资金运动分析

如果某项预期不能为企业带来未来经济利益,从而不再符合无形资产的定义,则应将其账面价值予以转销(注销),计入当期损益管理费用中。其资金运动如图 3-160 所示。

(四)无形资产转让所引起的资金运动分析

企业所拥有的无形资产可以依法转让。企业转让无形资产的方式有两种:一是转让其所

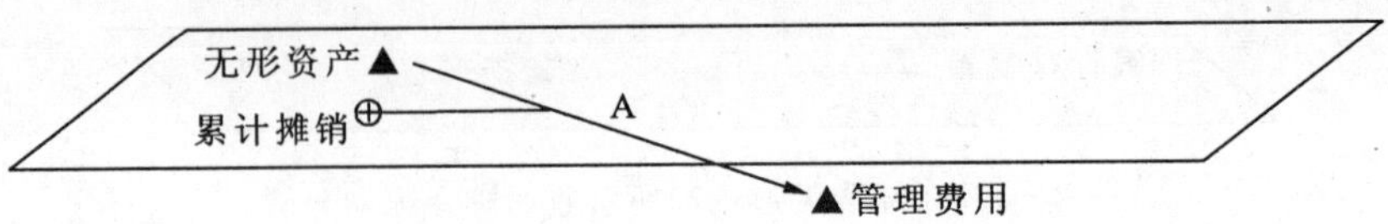

图 3－160　无形资产转销所引起的资金运动分析

有权；二是转让其使用权。两者所引起的资金运动和会计处理有所区别。

1. 转让无形资产所有权

企业将无形资产出售，表明企业放弃无形资产所有权。企业出售无形资产所得不符合《企业会计准则——收入》中的收入定义。因此，出售无形资产所得应以净额核算和反映。也就是说，企业出售无形资产时，应将所得价款与该无形资产的账面价值之间的差额通过营业外收支计入当期损益。如果无形资产已计提减值准备，应该冲销“无形资产减值准备”。其引起的资金运动如图 3－161 所示。

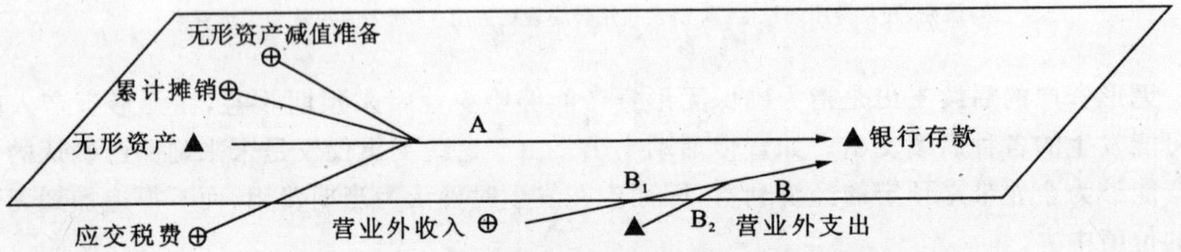

图 3－161　无形资产转让所引起的资金运动分析

A. 销售成本的结转（包括其成本、减值准备和营业税等）；B. 转让损益的结转（如果是转让损失，则 B_2 段资金流量为负数）

2. 转让无形资产使用权

无形资产出租是指企业将所拥有的无形资产使用权让渡给他人，并收取租金。根据《企业会计准则第 14 号——收入》（简称《收入》）的规定，此类交易属于企业让渡资产使用权，因而相关所得应作为收入处理。根据《企业会计准则第 14 号——收入》准则的规定，无形资产的出租收入符合下列两项条件时予以确认：一是与出租交易相关的经济利益能够流入企业；二是租金收入的金额能够可靠计量。因此，转让方不应该注销无形资产的账面摊余价值，转让取得的收入计入其他业务收入，发生与转让有关的各种费用支出计入其他业务支出。其所引起的资金运动如图 3－162 所示。

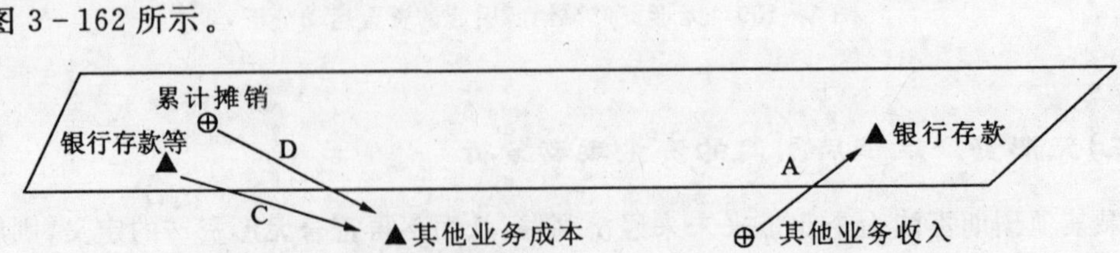

图 3－162　无形资产出租所引起的资金运动分析

A. 租金的获得；B. 营业税等的计提；C. 相关费用的发生（培训费等）；D. 无形资产的正常摊销

(五)无形资产期末计价所引起的资金运动分析

企业应当定期或至少在每年年度终了检查各项无形资产预计给企业带来未来经济利益的能力，对预计可收回金额低于其账面价值的，应当计提减值准备。

无形资产减值准备对资金运动的影响同"坏账准备"对应收账款的影响完全一样，其计提减值准备时，资金发生A段运动；但减值准备一旦提取，不得转回。其资金运动流程如图3-163所示。

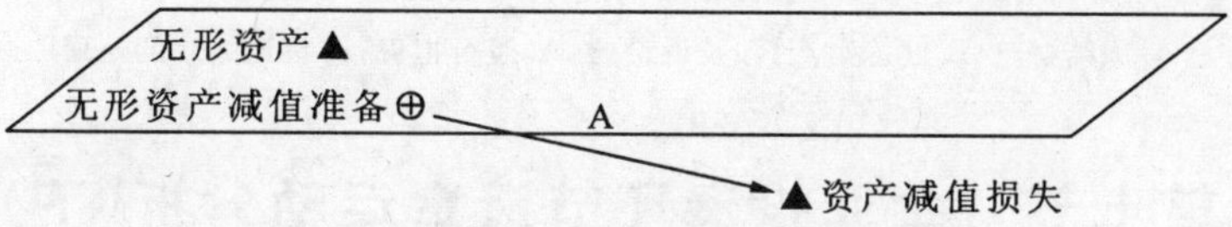

图3-163　无形资产减值所引起的资金运动分析

二、其他资产所引起的资金运动分析

其他资产是指流动资产、长期投资、固定资产、无形资产等以外的资产，主要包括长期性质的待摊费用和其他长期资产。

(一)长期待摊费用

长期待摊费用是指企业已经支出，但摊销期限在一年以上(不含一年)的各项费用，包括固定资产大修理支出、租入固定资产改良支出、股份有限公司股票发行的手续费或佣金以及公司筹建期间所发生的费用等。

(二)其他长期资产

其他长期资产是指除流动资产、长期投资、固定资产、无形资产以外的各项资产，主要包括特准储备物资、银行冻结存款和冻结物资以及涉及诉讼的财产等。

1. 特准储备物资

企业由于特殊原因经国家特准在正常范围之外储备指定用途的物资，如为了应付自然灾害的需要及战备的特殊需要等，这些特准储备物资是为了满足某种特殊目的而进行的储备，其表现形式虽然具有存货的某些特征，但不能作为存货管理。其所引起的资金运动如图3-164所示。

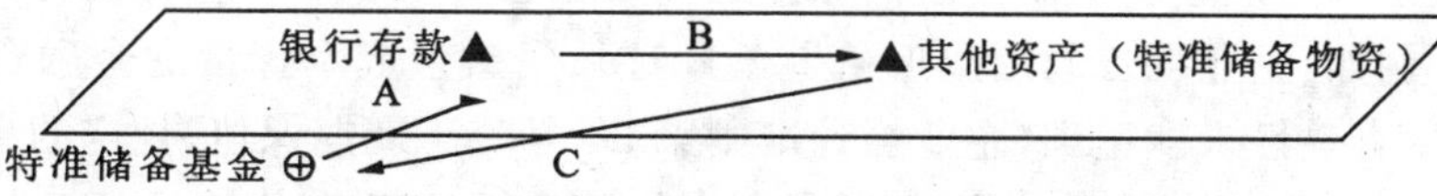

图3-164　特准储备物资所引起的资金运动分析

A.收到拨入基金；B.采购特准储备物资；C.动用特准储备物资

2. 银行冻结存款、冻结物资以及涉及诉讼财产

企业发生银行存款被冻结或有关物资被冻结时，直接冲减相关的资产并借记"其他资产"；

反之，如果被冻结的存款、物资“解冻”，则从“其他资产”科目中转入相关资产科目。

涉及诉讼的财产是企业为其他单位担保或因所有权问题未最后落实而发生诉讼中涉及的财产。涉及诉讼的财产在诉讼问题得到解决前，企业不得隐藏、转移、变卖和毁损。冻结存款、物资以及诉讼财产所引起的资金运动如图 3 - 165 所示。

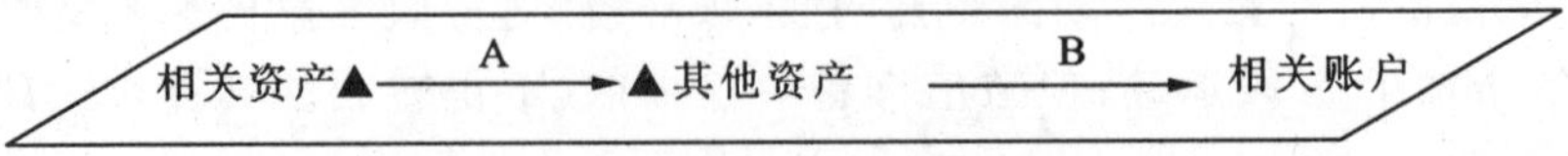

图 3 - 165　冻结等资产所引起的资金运动分析

A. 冻结财产；B. 解冻财产（涉及诉讼的：A. 履行担保；B. 诉讼结果的处理）

第十节　企业投资环节资金运动分析（下）
——对外投资

企业在正常生产经营之外，可能为了有效地利用暂时闲置的资金，以获取一定的经济利益，或者为了影响或控制其他企业的经营与财务政策，以保障本企业正常经营业务的顺利进行和经营规模的扩大，或者为了积累整笔巨额资金，以满足企业未来某些特定用途做准备等，而将现金、实物资产或无形资产让渡给其他单位，而获得股票、债券、期货、房地产、固定资产等，从而形成企业的各种投资。

会计上的投资有广义和狭义之分，一般说来，广义的投资既包括对外投资，又包括对内投资；狭义的投资仅包括权益性证券投资和债权性证券投资等对外投资。我国《企业会计准则第 2 号——长期股权投资》中所指的投资仅指对外投资，而不包括企业取得的为其增值而持有的对内投资，下面所指的投资都是指狭义的对外投资。

一、交易性金融资产引起的资金运动分析

（一）界定与分类

交易性金融资产主要是指企业为了交易的目的而持有的金融资产。例如：企业为了充分利用闲置资金，以赚取差价为目的从二级市场购入的股票、债券、基金等。其核算特点就是期末以公允价值计量，且其变动要记入当期损益。

与交易性金融资产类似的还有一类也是以公允价值计量且其变动计入当期损益的金融资产。其主要是企业基于风险管理需要或消除金融资产在会计确认和计量方面存在不一致情况等所作的指定。例如：企业准备运用某项衍生工具对采用摊余成本计量的金融资产进行套期保值，但由于套期有效性未能达到《企业会计准则第 24 号——套期保值》规定的条件而无法运用套期会计方法。在这种情况下，将该金融资产直接指定为以公允价值计量且其变动计入当期损益类，可以更好地反映企业风险管理的实际，提供更相关的会计信息。此处只分析交易性金融资产。

（二）交易性金融资产核算的科目设置

需要设置“交易性金融资产”和“公允价值变动损益”两个账户来核算交易性金融所引起的

资金运动。“交易性金融资产”账户还需要设置两个明细账——“成本”和“公允价值变动”。前者反映交易性金融资产的历史成本,而后者则专门用来反映因期末公允价值的变动对交易性金融资产历史成本的影响。“公允价值变动损益”账户是损益账户,反映因期末公允价值的变动对本期损益的影响。

(三)交易性金融资产引起的资金运动分析

1. 交易性金融资产的取得

交易性金融资产的取得按公允价值计量。该公允价值中不含支付的价款中所包含的、已到付息期但尚未领取的利息或已宣告但尚未发放的现金股利,该部分应单独作为应收股利或应收利息核算。相关的交易费用在发生时通过投资收益直接计入当期损益。其引起的资金运动如图 3 - 166A 段运动所示。

2. 交易性金融资产的期末计价

资产负债表日,交易性金融资产需要按公允价值计价。其公允价值的变化一方面要调整交易性金融资产的账面价值,另一方面所形成的利得或损失要通过“公允价值变动损益”计入当期损益。其引起的资金运动如图 3 - 166B 段运动所示。

3. 交易性金融资产在持有期间应收股利或应收利息的处理

交易性金融资产在持有期间应收的股利或利息直接作为投资收益处理,不调整交易性金融资产的账面价值。其引起的资金运动如图 3 - 166C 段运动所示。

4. 交易性金融资产的处置

交易性金融资产处置所取得价款与其账面价值的差额通过投资收益记入当期损益,其引起的资金运动如图 3 - 166D 段运动所示。除此之外,还需要将原来记在公允价值变动损益账户上的累计金额转作投资收益,其所引起的资金运动如图 3 - 166E 段运动所示。

交易性金融资产所引起的资金运动如图 3 - 166 所示。

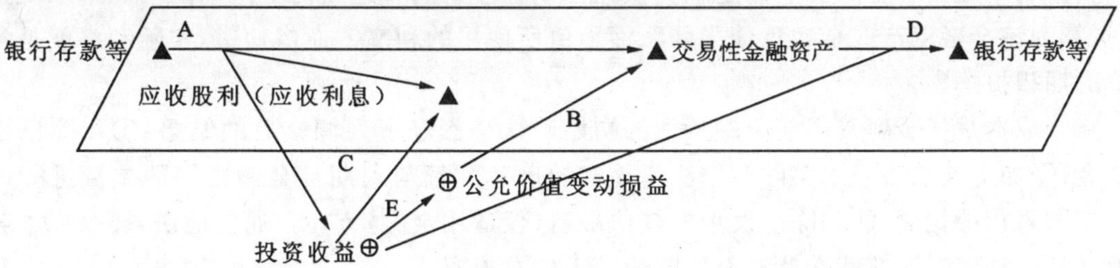

图 3 - 166 交易性金融资产所引起的资金运动分析

二、持有至到期投资引起的资金运动分析

持有至到期投资是指到期日固定、回收金额固定或可确定,且企业有明确意图和能力持有至到期的非衍生金融资产。

持有至到期投资所引起的资金运动主要涉及以下几个方面的问题:一是持有至到期投资取得成本的确定;二是投资收益的处理和利息调整的处理;三是到期的收回处理等。

(一)持有至到期投资账户的设置

企业需要设置“持有至到期投资”账户来核算该业务。该账户需要设置三个明细账：“成本”“利息调整”和“应计利息”。其中，“持有至到期投资—成本”明细账专门核算所持有的债券的面值；“持有至到期投资—利息调整”专门核算所支付的价款与所买债券的面值的差额；而“持有至到期投资—应计利息”则专门核算在到期一次性收回利息的情况下应收未收的利息，如果利息是分期支付，则应收而未收的利息应通过“应收利息”来核算。

(二)持有至到期投资取得所引起的资金运动分析

在购买债券时，按债券的面值记入持有至到期投资的成本明细账(图 3－167 所示 A_1 段资金运动)，所支付的价款(包括相关的交易费用)与面值部分有差额的作为持有至到期投资的利息调整明细账(图 3－167 所示 A_2 段资金运动，该资金流量既可能是正数，也可能是负数)。如果购买的是旧债券，所支付的买价中包含已实现的债券利息应单独处理；如债券是分期付息，则应将已实现但尚未支付的债券利息作为“应收利息”处理；如是到期一次付息的，则应将已实现但尚未到支付期的利息作为“持有至到期投资—应计利息”处理(图 3－167 资金运动 A_3 段)。

(三)债券利息收入和利息调整所引起的资金运动流量的计量

在每一个资产负债表日，企业应当计算应收取得的应收利息，并对应收利息进行调整，从而确认当期的利息收入。该持有至到期投资的应收利息与利息收入的计算如下：

应收利息＝应计利息＝票面面值×票面利率

利息收入＝投资收益＝摊余成本×实际利率

利息调整＝应收利息－利息收入(投资收益)

实际利率是指将金融资产或金融负债在预期存续期间或适用的更短期间内的未来现金流量，折算为该金融资产或金融负债当前账面价值所使用的利率。通俗地讲，实际利率就是各个企业的期望报酬率。

摊余成本是指金融资产或金融负债的初始确认金额经下列调整后的结果：①扣除已偿还的本金；②加上或减去采用实际利率法将该初始确认金额与到期日金额之间的差额进行摊销所形成的累积摊销额；③扣除已发生的减值准备(仅适用金融资产)。通俗地讲，摊余成本就是企业在某一特定时刻花费在持有至到期债券上的总投资。

将实际利率和摊余成本结合起来就会发现，利息收入(投资收益)取决于企业实际花费在债券上的投资和企业的期望报酬率。

从资金运动的角度看，利息收入(投资收益)的确认所引起的资金运动如图 3－167 中 B_1 段所示，其金额为 B_1 段的流量；而应收利息(应计利息)的确认所引起的资金运动如图 3－167B 段所示，其金额为 B 段的流量；利息收入与应收利息的差额就是利息调整，其所引起的资金运动如图 3－167B_2 段所示，其金额就是利息收入与应计利息之差，即 B_2 段资金运动的流量，其流量既可能是正数，也可能是负数，取决于利息收入与应计利息之差。

持有至到期投资的成本＝到期债券面值的现值＋应收的应计利息的现值

（四）持有至到期投资减值所引起的资金运动

企业需要设置“持有至到期投资减值准备”账户来反映、监督和控制由于减值对持有至到期投资的影响。其减值所引起的资金运动如图 3－167C 段运动所示。

（五）持有至到期投资到期收回所引起的资金运动分析

持有至到期投资到期时，企业收回本金。如利息是分期支付的，则到期收回本金及最后一期利息（记在“应收利息”账户上）；如利息是最后一次性支付的，则到期收回本金外，还应收回所有的应收未收的累积利息（记在“持有至到期投资—应计利息”账户上），其资金运动如图 3－167D_2 段运动所示。如果在收回本息时，该项目还有减值的，应冲销“持有至到期投资减值准备”账户，将其转回资产减值损失，调整当期损益，其所引起的资金运动如图 3－167C 段运动所示（其流量可能是负数）。持有至到期投资所引起的资金运动如图 3－167 所示。

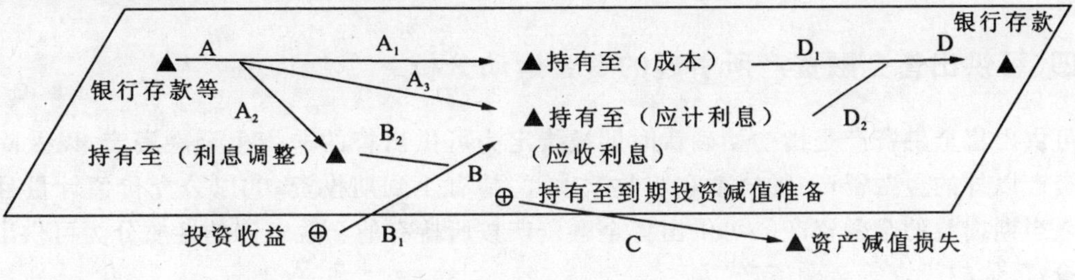

图 3－167　持有至到期投资所引起的资金运动分析

三、贷款所引起的资金运动分析

除持有至到期投资之外，还有其他类似的债权投资，如企业的委托贷款。委托贷款是企业按规定委托金融机构向其他单位贷出的款项。企业应单独设置“委托贷款”账户来反映、控制和监督这种特殊的投资。同时，还应当设置“成本”（即本金）、“应计利息”、“利息调整”等明细账进行明细核算。为了反映其可能发生的减值，需要设置“贷款减值准备”账户。

委托贷款的整个会计处理与持有至到期投资的处理完全一样。委托贷款的成本是指企业取得委托贷款按贷款合同应所支付的贷款本金（图 3－168 中 A_1 段运动），实际所支付的贷款金额与贷款本金的差额计入“贷款—利息调整”账户（图 3－168 中 A_2 段运动）。对于为委托贷款支付的委托手续费，金额较小的，可于委托贷款时一次计入损益；金额较大的，可于委托贷款时计入委托贷款的利息调整，并在委托贷款期内于确认利息收入时摊销，调整投资损益。

利息收入的确认与持有至到期投资一样，取决于实际利率与摊余成本之乘积（图 3－168 中的 B_1 段资金运动）。按贷款合同的贷款本金和贷款利率计算确定的应收利息（应计利息）与利息收入的差额，作为“贷款—利息调整”金额（图 3－168 中 B_2 段资金运动，其流量可能是负数，取决于应收利息与利息收入之差）。对于可能发生了减值损失的贷款，应提取“贷款减值准备”（图 3－168 中 C 段运动）。

贷款到期时，企业收回本息。如利息是分期支付的，则到期收回本金及最后一期利息（记在“应收利息”账户上）；如利息是最后一次性支付的，则到期除收回本金外，还应收回所有的应收未收的累积利息(记在“贷款—应计利息”账户上),其资金运动如图 3－168D_2 段运动所示。如果在收回本息时,该项目还有减值的,应冲销“贷款减值准备”账户,将其转回资产减值损失,调整当期损益,其所引起的资金运动如图 3－168C 段运动所示(其流量可能是负数)。委托贷款所引起的资金运动流程如图 3－168 所示。

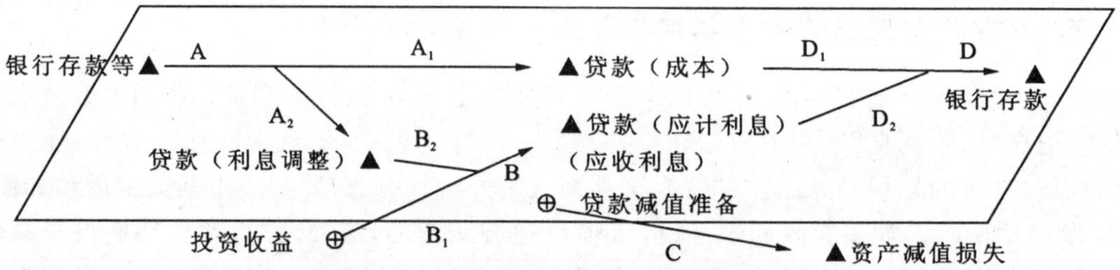

图 3－168　贷款所引起的资金运动分析

四、可供出售金融资产所引起的资金运动分析

可供出售金融资产是指初始确认时即被指定为可供出售的非衍生金融资产,以及除下列各类资产以外的金融资产:①贷款和应收款项;②持有至到期投资;③以公允价值计量且其变动计入当期损益的金融资产。可供出售金融资产按所持有的金融资产的性质分为可供出售的股票投资、债权投资等金融资产。

可供出售金融资产的核算特点是其期末按公允价值计价。具体而言,企业一方面需要根据该资产的期末公允价值对其账面价值进行调整,另一方面需要将公允价值的正常波动通过“资本公积”计入资产负债表。

(一)可供出售金融资产账户设置

企业需要设置“可供出售金融资产”账户来反映、监督和控制该资产增减变化情况。在该账户下,需要设置“成本”“公允价值变动”“利息调整”和“应计利息”四个明细分类账。其中,“成本”明细账专门核算企业取得可供出售金融资产所支付的初始投资成本,如果是债券的话,该明细账反映取得债券的面值;“公允价值变动”明细账核算企业在期末按公允价值计量时,其公允价值的正常波动对可供出售金融资产的账面价值的影响;“利息调整”明细账核算企业最初取得可供出售债券资产时所支付的价款与债券面值之间的差额及其摊销;“应计利息”明细账核算企业在所购买的债券属于到期一次性还本付息的情况下,已实现但并未实际收到的债券利息。

(二)可供出售股权性金融资产所引起的资金运动分析

1. 可供出售股权性金融资产的初始取得

企业取得股权性可供出售金融资产,应该按其公允价值与交易费用之和作为初始投资成本,计入“可供出售金融资产—成本”明细账,其所引起的资金运动如图 3－169 中 A 段运动所示。如果所支付的价款中含已宣告但尚未支付的现金股利,应单独作为“应收股利”核算,其所引起的资金运动如图 3－169 中 B 段运动所示。

2. 股权性可供出售金融资产持有期间所获得的现金股利的处理

企业持有股权性可供出售金融资产期间所获得的现金股利或利润，应直接作为投资收益处理，不调整可供出售金融资产的账面价值。其所引起的资金运动如图 3-169 中 C 段运动所示。

3. 期末股权性可供出售金融资产计价

可供出售金融资产在期末需要按其公允价值计量。企业一方面需要按其期末的公允价值对该资产的账面价值进行调整，另一方面则需要将公允价值的正常波动通过资本公积计入资产负债表。其所引起的资金运动如图 3-169D 段运动所示（当期末公允价值小于账面价值，其流量为负数）。

4. 股权性可供出售金融资产的处置

企业在处置可供出售金融资产时，所取得的价款与可供出售金融资产之间的差额计入投资收益。其所引起的资金运动如图 3-169E 段运动所示。与此同时，企业还需要将原记在资本公积账上的累积金额全部转为投资收益。其所引起的资金运动如图 3-169 中 F 段运动所示（如果原记在资本公积账上的累积金额为借方金额时，其流量为负数）。股权性可供出售金融资产所引起的资金运动如图 3-169 所示。

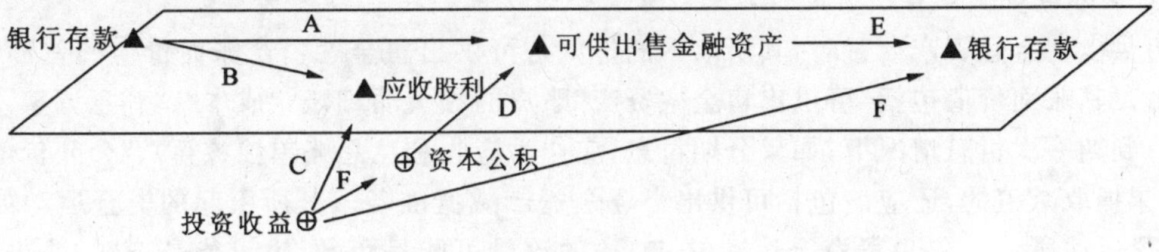

图 3-169　股权性可供出售金额资产所引起的资金运动分析

（三）债券性可供出售金融资产所引起的资金运动分析

债券性可供出售金融资产的会计处理及其所引起的资金分析与持有至到期投资大致相同。不同之处在于可供出售金融资产期末需要按公允价值计量。此处不考虑减值的问题，减值问题由本节后面的内容来解决。

1. 债券性可供出售金融资产取得所引起的资金运动分析

在购买债券时，按债券的面值记入可供出售金融资产的成本明细账（图 3-170A_1 段资金运动），所支付的价款（包括相关的交易费用）与面值部分有差额的作为可供出售金融资产的利息调整明细账（图 3-170A_2 段资金运动，该资金流量既可能是正数，也可能是负数）。如果购买的是旧债券，所支付的买价中包含已实现的债券利息应单独处理；如债券是分期付息，则应将已实现但尚未支付的债券利息作为“应收利息”处理；如是到期一次性付息的，则应将已实现但尚未到支付期的利息作为“持有至到期投资—应计利息”处理（图 3-170A_3 段运动）。

2. 债券利息收入和利息调整所引起的资金运动分析

在每一个资产负债表日，企业应当计算应收取得的应收利息，并对应收利息进行调整，从而确认当期的利息收入。该可供出售金融资产的应收利息与利息收入的计算如下：

应收利息＝应计利息＝票面面值×票面利率

利息收入＝投资收益＝摊余成本×实际利率

利息调整＝应收利息－利息收入(投资收益)

将实际利率和摊余成本结合起来就会发现,利息收入(投资收益)取决于企业实际花费在债券上的投资和企业的期望报酬率。

从资金运动的角度看,利息收入(投资收益)的确认所引起的资金运动如图 3－170B_1 段所示,其金额为 B_1 段的流量;而应收利息(应计利息)的确认所引起的资金运动如图 3－170B 段所示,其金额为 B 段的流量;利息收入与应收利息的差额就是利息调整,其所引起的资金运动如图 3－170B_2 段所示,其金额就是利息收入与应计利息之差,即 B_2 段资金运动的流量,其流量既可能是正数,也可能是负数,取决于利息收入与应计利息之差。

3. 企业期末按公允价值计量

可供出售金融资产在期末需要按其公允价值计量。企业一方面需要按其期末的公允价值对该资产的账面价值进行调整,另一方面则需要将公允价值的正常波动通过资本公积计入资产负债表。其所引起的资金运动如图 3－170 中 C 段运动(当期末公允价值小于账面价值,其流量为负数)。

4. 可供出售金融资产处置所引起的资金运动分析

可供出售金融资产处置时,其所取得的价款与可供出售金融资产账面价值的差额计入投资收益。其账面价值包括"可供出售金融资产"账户的相关明细账:"成本"、"利息调整"、"应计利息"(到期一次付息情况下;如果分期付息,应作为应收利息总账单独核算)、"公允价值变动"等,如果提取减值的,还应该包括可供出售金融资产减值准备。其所引起的资金运动如图 3－170D 段运动所示。在 D 段资金运动中,D_2 段的流量可能是负数,也可能是正数,取决于公允价值变动对可供出售金融资产的累积影响;当所取得的价款小于其账面价值时,D_3 段的流量就是负数。与此同时,企业还需要将原记在资本公积账上的累积金额全部转为投资收益。其所引起的资金运动如图 3－170 中 E 段运动(如果原记在资本公积账上的累积金额为借方金额时,其流量为负数)。债权性可供出售金融资产所引起的资金运动如图 3－170 所示。

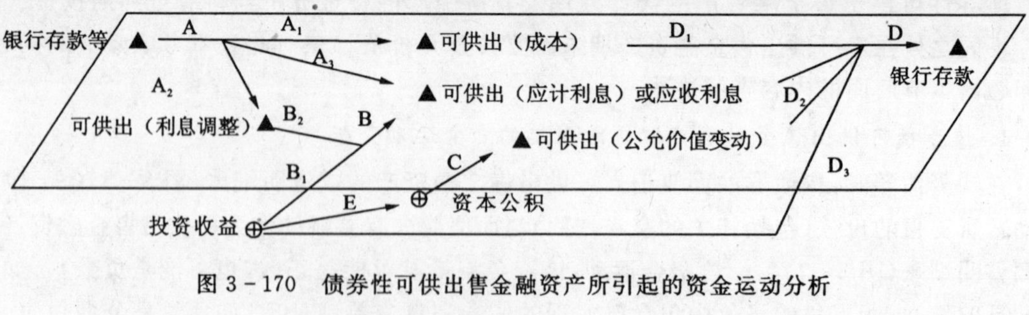

图 3－170　债券性可供出售金融资产所引起的资金运动分析

五、金融资产减值所引起的资金运动分析

(一)金融资产减值损失的确认

企业应当在资产负债表日对以公允价值计量且其变动计入当期损益的金融资产以外的金融资产的账面价值进行检查,有客观证据表明该金融资产发生减值的,应当确认减值损失,计

提减值准备。

(二)金融资产减值损失的计量

本部分所涉及的金融资产主要包括持有至到期投资、贷款和应收款项、可供出售金融资产等项目。在这些金融资产中,持有至到期投资、贷款和应收款项采用摊余成本计量,而可供出售金融资产则采用公允价值计量。由于计量方法不同,其减值准备的提取应需要分开考虑。

1. 持有至到期投资、贷款和应收款项

对于这类金融资产,当其账面价值大于其预计未来现金流量的现值时,表明该金融资产发生了减值,就需要提取减值准备。在计算这类金融资产预计未来现金流量现值时需要注意以下三个问题:一是折现率应为初始确认该资产时计算确定的实际利率;二是短期应收款项一般不考虑其现值;三是外币金融资产现金流量先按外币确定,后按资产负债日即期汇率折算。

企业需要设置相应的账户来反映减值核算。这些账户包括"持有至到期投资减值准备""坏账准备"和"贷款减值准备"等。其所引起的资金运动如图 3 - 171 中 A 段运动所示。当其价值得以恢复时,应恢复其价值,但不得超过其原提取的金额,其所引起的资金运动如图 3 - 171 中 B 段运动所示。

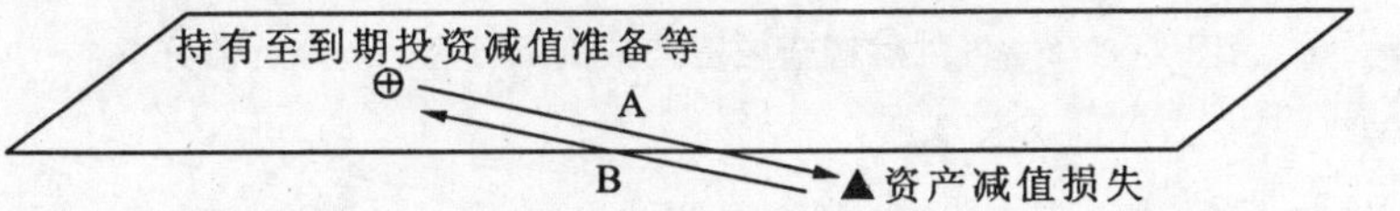

图 3 - 171　持有至到期投资减值所引起的资金运动分析

对于持有至到期投资和贷款而言,一旦提取减值准备,就改变了该金融资产的摊余成本,也就相应地改变了投资收益的确认金额,与此相对应的利息调整明细账的金额也会相应地发生变化。

2. 可供出售金融资产

(1)可供出售金融资产减值的判断标准。由于可供出售金融资产本身期末就是按公允价值计价,因而其减值准备的提取就具有一定的特殊性。其特殊性就体现在期末当该资产的公允价值下降时,该下降到底是公允价值的正常波动,还是发生了减值,需要有一定的标准来进行区分。

可供出售金融资产减值判断的具体标准主要有三个方面:一是公允价值持续下降;二是公允价值下降的幅度较大(20%以上);三是下降趋势非暂时性(6 个月以上)。满足上面任何一条,就可以确认其发生了减值,否则需要按正常的公允价值波动处理。

为了核算减值,企业可以单独设置"可供出售金融资产减值准备"账户。在这种设置下,"可供出售金融资产减值准备"账户专门核算该资产的减值,而"可供出售金融资产—公允价值变动"账户则专门核算公允价值的正常波动。企业也可以不设该账户,而直接通过"可供出售金融资产—公允价值变动"账户来核算减值。在这种情况下,"可供出售金融资产—公允价值变动"账户则承担双重任务,既反映该资产公允价值的正常波动,也反映该资产的减值。

(2)原计入所有者权益的累计损失的处理应转出。一旦将可供出售金融资产公允价值的下降确认为减值,不仅需要将其本期下降的部分确认为资产减值损失(图 3 - 172 中 A 段资金

运动)，还需要将原已计入所有者权益的累积损失转出，即借记“资产减值损失”科目，按应从所有者权益中转出原计入资本公积的累计损失，贷记“资本公积—其他资本公积”科目(图3-172中B段资金运动)。

(3)当可供出售金融资产价值得以恢复的处理。当可供出售金融资产价值得以恢复时，该资产原计提的减值准备可以转回，但转回的路径有一定的区别。如果是债券性可供出售金融资产，其减值准备应转回到资产减值损失，增加本期的利润(图3-172中C段资金运动)；如果是股权性可供出售金融资产，其减值准备应转回到资本公积，增加企业资产负债表的净资产(图3-172中D段资金运动)。

(4)债务工具减值后利息收入的确定。在债务工具减值后，其账面价值相应发生变化，新的摊余成本应该扣除已提取的减值准备，其利息收入(投资收益)=(摊余成本－已提减值准备)×实际利率。与此同时，“可供出售金融资产—利息调整”账户的摊销金额也会相应地发生变化。可供出售金融资产减值所引起的资金运动如图3-172所示。

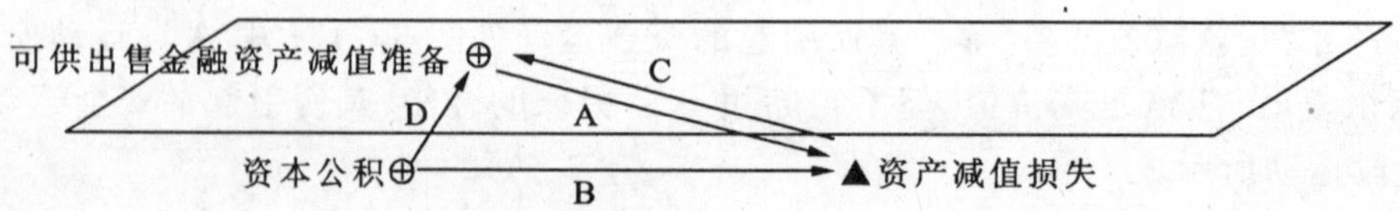

图3-172　可供出售金融资产减值所引起的资金运动分析

六、长期股权投资引起的资金运动分析

长期股权投资是指能够取得并意图长期持有投资单位股份的投资，包括股票投资和其他股权投资。股票投资是指企业以购买股票的方式对其他企业所进行的投资。其他股权投资是指除股票投资以外具有股权性质的投资，一般是企业直接将现金、实物或无形资产等投入其他企业取得股权的一种投资。

(一)长期股权投资的成本法核算

长期股权投资应根据不同情况，分别采用成本法或权益法核算。

1. 长期股权投资成本法的概念及适用范围

成本法是指投资按投资成本计价的方法。在成本法下，长期股权投资以取得股权时的初始投资成本计价入账后，除了投资企业追加或收回投资外，长期股权投资的账面价值一般应保持不变。

企业持有的长期股权投资，在下列情况下应采用成本法核算：①对被投资企业实施控制；②对被投资单位不具有共同控制或重大影响，并且在活跃市场中没有报价、公允价值不能可靠计量的长期股权投资；③被投资单位在严格的限制条件下经营，其向投资企业转移资金的能力受到限制。

2. 成本法下投资收益的确认与计量

应当按照享有被投资单位宣告发放的现金股利或利润确认投资收益，不管有关利润分配是属于对取得投资前还是取得投资后被投资单位实现净利润的分配。

3. 长期股权投资成本法所引起的资金运动分析

在成本法下，企业取得长期股权投资所实际支付的价款全部作为长期股权投资的初始成本(图 3－173 中 A_1 段资金运动)。如果所支付的价款中包含已宣告但尚未支付的现金股利，应单独作为"应收股利"处理(如图 3－173 中 A_2 段资金运动)。如果以后追加投资或抽回投资，其所引起的资金运动如图 3－173 中 A_1 段(如果抽回，其流量为负数)。

在会计期期末，投资企业需要根据被投资企业所发放的现金股利来确认与计量投资收益，其所引起的资金运动如图 3－173 中的 B 段所示。如果长期股权投资发生了减值，其所引起的资金运动如图 3－173 中 C 段所示。减值准备一旦提取，不得转回。

当企业收回投资时，其所取得的价款与长期股权投资账面价值(长期股权投资和长期股权投资减值准备账户上的金额)之差就作为投资收益，其所引起的资金运动如图 3－173 中的 D 段所示。值得注意的是，长期股权投资减值准备的冲销所引起的资金运动为 D_2 段运动，其流量应该为负数。长期股权投资所引起的资金运动流程如图 3－173 所示。

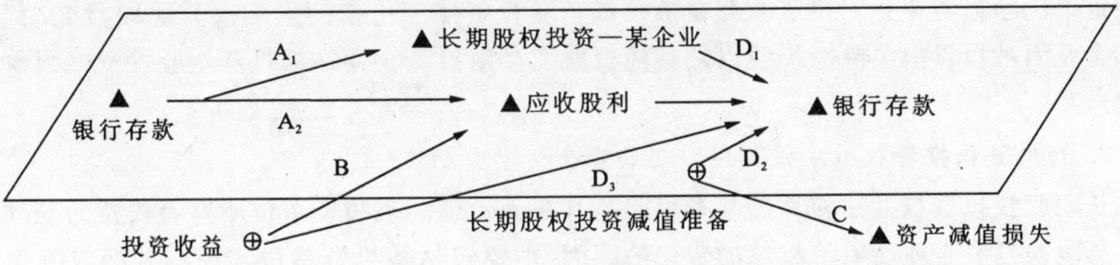

图 3－173　长期股权投资成本法核算所引起的资金运动分析

4. 在同一控制下取得长期股权投资的初始成本的确认与计量及其资金运动分析

在同一控制下的企业合并中，投资方以支付现金、转让非现金资产、发行权益性证券或承担债务方式作为合并对价的，应当在合并日按照取得被合并方所有者权益账面价值的份额作为长期股权投资的初始成本。长期股权投资的初始成本与所支付的现金、转让的非现金资产、发行的权益性证券以及所承担的债务的账面价值之间的差额，应调整资本公积；资本公积不足冲减的，调整留存收益。其所引起的资金运动如图 3－174 所示。

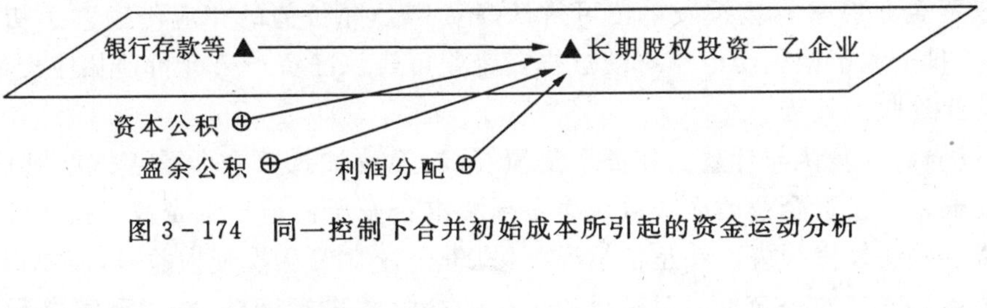

图 3－174　同一控制下合并初始成本所引起的资金运动分析

(二)长期股权投资的权益法核算

1. 长期股权投资的权益法概念及适用范围

权益法是指投资最初以投资成本计价，以后根据投资企业享有被投资单位所有者权益份额的变动对投资的账面价值进行调整的方法。在权益法下，长期股权投资的账面价值随着被投资单位所有者权益的变动而变动，包括被投资单位实现净利润或发生净亏损以及其他所有者权益项目的变动。

长期股权投资的权益法适用于投资企业对被投资企业具有共同控制或重大影响。所谓共同控制是指按照合同约定对某项经济活动所共有的控制，它仅在与该项经济活动相关的重要财务和经营决策需要分享控制权的另一方一致同意时存在。所谓重大影响是指对一个企业的财务和经营政策有参与决策的权力，但并不能控制或者与其他方一起控制这些政策的制定。一般来说，企业对其他单位的投资占该公司有表决权资本总额的20%或20%以上，但低于50%，或虽投资不足20%但有重大影响的，适用于权益法核算。

2. 长期股权投资权益法核算下账户的设置

在权益法下，企业需要设置三级账，一级账为“长期股权投资”，二级账为“某企业”，三级账分别为“成本”“损益调整”和“其他权益变动”。其中，“成本”明细账专门核算企业最初取得投资时的初始投资成本，企业增资或减资也在本明细账核算；“损益调整”明细账专门核算企业因被投资单位净损益变化对投资企业在被投资企业投资账面价值的影响；“其他权益变动”账户核算企业因被投资单位除净损益以外其他权益变动对投资企业在被投资企业投资账面价值的影响。

3. 长期股权投资权益法核算所引起的资金运动分析

长期股权投资权益法核算的基本思路是其账面价值随被投资单位所有者权益的变动而变动。影响被投资企业所有者权益的变化的原因，主要包括被投资单位实现净利润或发生净亏损和其他所有者权益项目变动两种。

(1)长期股权投资的取得。企业取得长期股权投资，按实际支付的购买价款或所支付的资产的公允价值(包括支付的税金、手续费等相关费用)作为初始投资成本(图3－177中A_1段资金运动)。企业取得的长期股权投资，如果实际支付的价款中包含已宣告而尚未领取的现金股利，应按实际支付的全部价款扣除已宣告而尚未领取的现金股利后的金额，作为长期股权投资的取得成本，实际支付的价款中包含的已宣告而尚未领取的现金股利，应作为应收股利单独核算(图3－177中A_2段资金运动)。此外，企业为取得长期股权投资所发生的评估、审计、咨询等费用，不构成初始投资成本。

如果投资企业应享有被投资单位可辨认净资产公允价值的相应份额大于初始投资成本的，应将初始投资成本调整至应享有的被投资企业可辨认净资产公允价值相应份额的金额，其差额作为营业外收入处理。

(2)投资损益的确认与计量。在资产负债表日，无论被投资企业是否进行利润分配，投资企业都需要根据被投资企业的净收益或净亏损和本企业所占被投资企业的持股比例来确认本企业的投资收益或投资损失。在正常情况下，投资企业在确认投资损益时，需要以取得投资的被投资单位各项资产的公允价值对被投资单位的净收益进行调整，并以调整之后的被投资企业收益作为确认本企业投资损益的依据。

在计算确定投资损益时，有两点值得注意：一是被投资企业的会计政策与会计期间要与本投资企业的一致，如果不一致，应以投资企业的会计政策和会计期间为准进行调整；二是投资企业在满足下列条件之一的情况下，可以不对被投资企业的净损益进行调整：无法取得各项可辨认资产的公允价值；公允价值与账面价值差额不重要的；由于其他原因无法取得被投资单位有关资料。在不需要调整的情况下，投资企业需要在附注中说明这一事实，以及无法合理确定被投资单位各项可辨认资产公允价值等原因。

投资损益的确认，一方面增加本期的投资收益（如果亏损就减少本企业的投资收益），另一方面增加本企业对被投资企业的投资（如果亏损就减少本企业对被投资企业的投资），该损益对本企业投资的影响记在“长期股权投资—某企业（损益调整）”账上。其所引起的资金运动如图 3－177 中 B 段运动所示（在亏损的情况下，其流量为负数）。

(3)取得现金股利或利润。在一般情况下，企业取得现金股利或利润，应冲减长期股权投资账面价值，即冲减“长期股权投资—某企业（损益调整）”，其资金运动如图 3－175 中 A 段运动所示；如果企业获得的现金股利或利润超过本企业已确认的投资收益，但未超过被投资单位账面净利润中本企业应享有的部分，则超出的部分作为投资收益处理，其所引起的资金运动如图 3－175 中 B 段运动所示；如果企业获得的现金股利或利润不仅超过本企业已确认的投资收益，而且还超过被投资单位账面净利润中本企业应享有的部分，则超出被投资单位账面净利润中本企业应享有的部分作为投资成本回收，其所引起的资金运动如图 3－175 中 C 段运动所示。企业实际收到现金股利或利润，其资金运动如图 3－175 中 D 段运动所示。

分回的股票股利，投资企业不作账务处理，但应于除权日注明所增加的股数，以反映股份的变化。

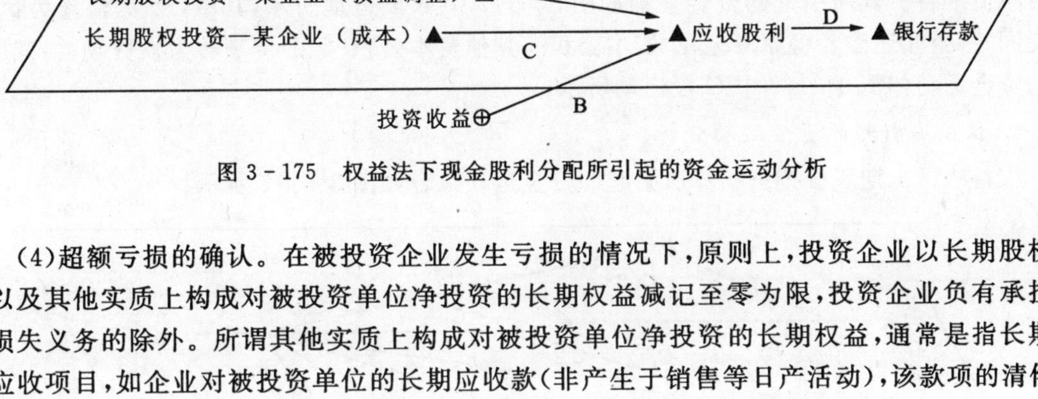

图 3－175　权益法下现金股利分配所引起的资金运动分析

(4)超额亏损的确认。在被投资企业发生亏损的情况下，原则上，投资企业以长期股权投资以及其他实质上构成对被投资单位净投资的长期权益减记至零为限，投资企业负有承担额外损失义务的除外。所谓其他实质上构成对被投资单位净投资的长期权益，通常是指长期性的应收项目，如企业对被投资单位的长期应收款（非产生于销售等日产活动），该款项的清偿没有明确的计划且在可预见的未来期间难以收回的，实质上构成长期权益。

具体而言，投资企业对被投资企业亏损的确认应按照以下顺序进行处理：

首先，减记长期股权投资的账面价值，其资金运动如图 3－176A 段运动所示（其流量为负数）；

其次，不足以冲减的，应以该长期权益的账面价值为限继续确认投资损失，冲减长期应收款等的账面价值，其资金运动如图 3－176 中 B 段运动所示（其流量为负数）；

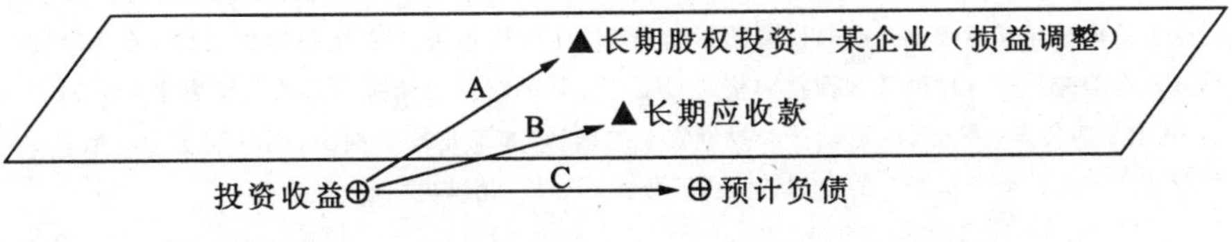

图 3－176　权益法下亏损确认所引起的资金运动分析

再次，长期权益的价值减记至零时，如果按照投资合同或协议约定需要企业承担额外义务的，应确认预计负债，同时确认投资损失，其资金运动如图 3－176C 段运动所示（其流量为负数）。如果没有的，则账外登记；

最后，被投资单位以后期间实现盈利的，应按以上相反顺序恢复各自的账面价值，同时确认投资收益。

(5)被投资单位除净利润以外其他所有者权益的变动。此变动主要包括被投资单位因增资扩股而增加的资本公积、因被投资单位专项拨款转入的资本公积、因被投资企业关联方交易差价形成的资本公积等。

在持股比例不变的情况下，按照持股比例与被投资单位除净利润以外其他所有者权益的变动额计算应享有或承担的部分，调整长期股权投资的账面价值（主要通过"长期股权投资—其他权益变动"来进行），同时增加或减少资本公积（其他资本公积），其引起的资金运动如图 3－177中 D 段运动所示。

(6)长期股权投资的减值。企业需要单独设置"长期股权投资减值准备"账户来核算其减值问题。长期股权投资减值一旦提取，不得转回。其所引起的资金运动如图 3－177 中 E 段运动所示。

(7)长期股权投资的处置。长期股权投资处置时，所收到的价款与长期股权投资的账面价值的差额，应确认为投资收益。长期股权投资的账面价值包括其成本、损益调整、其他权益变动和减值准备。其所引起的资金运动如图 3－177 中 F 段运动所示，其中，F_4 的流量为负数。与此同时，企业还需要将原来记在"资本公积—其他资本公积"账的金额转为投资收益，其所引起的资金运动如图 3－177 中 G 段运动所示。

4. 权益法引起的资金运动分析

权益法下长期股权投资核算所引起的资金运动综合如图 3－177 所示。

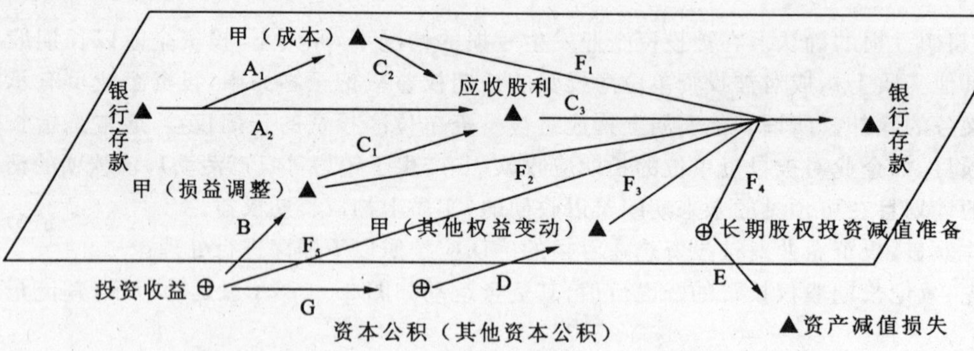

图 3－177　权益法下长期股权投资所引起的资金运动分析

A. 长期股权投资的取得；A_1. 投资成本确认；A_2. 已宣布但尚未领取的现金股利；B. 投资收益的确认；C. 现金股利的发放；C_1. 由净损益带来的应收股利；C_2. 由投资成本转来的应收股利；C_3. 收到现金股利；D. 投资企业确认被投资企业接受捐赠等其他权益变动对投资的影响；E. 长期股权投资减值准备的提取；F. 长期股权投资的处置；F_1. 投资成本的冲销；F_2. 已确认为损益调整的回收；F_3. 其他权益变动所引起的投资变动的收回；F_4. 减值准备的冲销，其流量为负数，资金反向流动；F_5. 投资收益的确认，如果是投资损失，则其流量为负数；G. 将原来因其他权益变动而记在资本公积账上的全部转为投资收益；甲. 长期股权投资—某企业

(三)成本法与权益法的相互转换

1. 权益法转为成本法

当投资企业对被投资企业的持股比例发生下列变化时,企业应该将原采用的权益法改为成本法:一是当持股比例下降,或因其他原因对被投资单位不再具有共同控制或重大影响时,并且在活跃市场中没有报价、公允价值不能可靠计量的长期股权投资;二是当持股比例上升,达到控制的水平时。

当权益法转换为成本法时,应以转换时权益法核算的长期股权投资账面价值作为成本法核算的基础。转换当年取得现金股利或利润时,应以转换时被投资单位账面留存收益中本企业享有份额为准来冲减其投资成本(即原来权益法下本企业的损益调整的金额)——一般意义上就是本企业损益调整的金额。超出的部分确认为投资收益。

权益法转为成本法所引起的资金运动如图 3－178 所示。

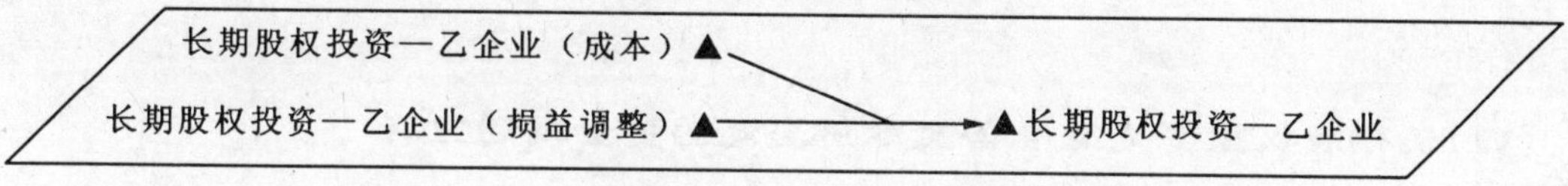

图 3－178　权益法转为成本法所引起的资金运动分析

2. 成本法转为权益法所引起的资金运动分析

成本法核算转为权益法核算的原因主要有两个:一是由于追加投资使其对被投资单位的持股比例增加,或其他原因使投资企业具有共同控制或重大影响但不构成控制时,即持股比例上升至能对被投资企业施加重大影响或共同控制;二是由于持股比例下降,由对被投资企业的控制降为共同控制或重大影响。

在因持股比例上升至能对被投资企业施加重大影响或共同控制而由成本法改为权益法的会计处理程序如下。

首先,要对原有的投资进行分析,将原有投资的账面价值与其所占被投资企业对应份额的公允价值进行比较。如果原有的账面价值小于所占份额的公允价值,则一方面增加长期股权投资的账面价值,另一方面调整留存收益,其所引起的资金运动如图 3－179 中 A 段运动所示。如果原有的账面价值大于所占份额的公允价值,则不需要进行调整,也不会产生相应的资金运动。但不管是否存在差异,都需要将原有的按成本法核算的账户设置改为按权益法核算的账户设置,其所引起的资金运动如图 3－179 中 B 段运动所示。

其次,要对新增的投资进行会计处理,其投资成本的确定同前面讲授的一样。其所引起的资金运动如图 3－179 中 C 段运动所示。

最后,对原取得至新增投资时被投资单位可辨认净资产公允价值的变动部分,投资企业需要按比例分享或承担。属于被投资单位净损益所产生的,计入留存收益(这里假设被投资企业 1 元的净收益会导致被投资企业的公允价值上升 1 元),其所引起的资金运动如图 3－179 中 D_1 段运动所示;超过被投资单位净损益的部分,应确认为其他原因产生,计入资本公积,其所引起的资金运动如图 3－179 中 D_2 段运动所示。

对因持股比例下降而导致对被投资企业的控制降为共同控制或施加重大影响时，其成本法改为权益法的会计处理同第一种情况基本一致。需要注意的主要有两个方面：一是由于没有新增投资，所以不需要分析新增投资的会计处理；二是在分析原有的投资时，要注意该原有投资是在处置部分投资之后的那一部分。长期股权投资成本法转为权益法所引起的资金运动如图 3－179 所示。

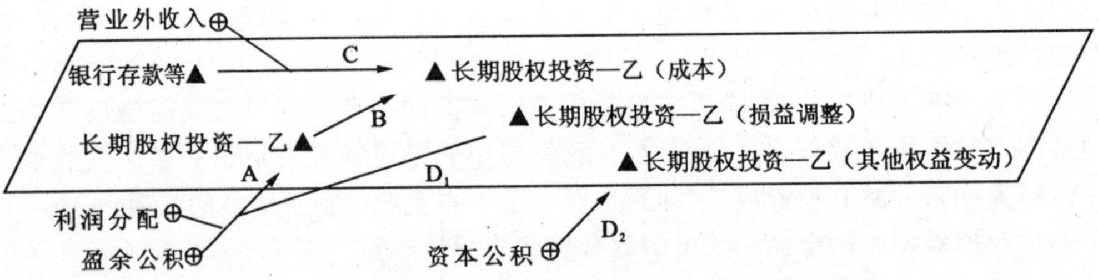

图 3－179　成本法转为权益法所引起的资金运动分析

（四）长期股权投资减值准备提取所引起的资金运动分析

企业持有的长期股权投资作为一项资产，应能为企业带来未来的经济利益，长期股权投资的账面价值应能反映该项资产为企业带来未来经济利益的能力。当一项长期投资不能再为企业带来未来的经济利益，或者虽然还能为企业带来一定的经济利益，但其能力已大大削弱，则表明该项长期投资价值已发生减值，就不能再保持原来的账面价值。

长期股权投资的减值是指长期股权投资未来可收回金额低于账面价值所发生的损失。在实际工作中，可收回金额应取企业资产的出售净价与预期从该资产的持有和投资到期处置中形成的预计未来现金流量的现值之中的较高者。其中，出售净价是指资产的出售价格减去所发生的资产处置费用后的余额。

在企业的长期股权投资出现减值迹象的情况下，企业应当计算其可回收金额。一旦其可收回金额低于账面价值，应将可收回金额低于账面价值的差额确认为当期资产减值损失，并计提减值准备，以抵减长期股权投资的账面价值。长期股权投资减值准备提取所引起的资金运动如图 3－180 所示。

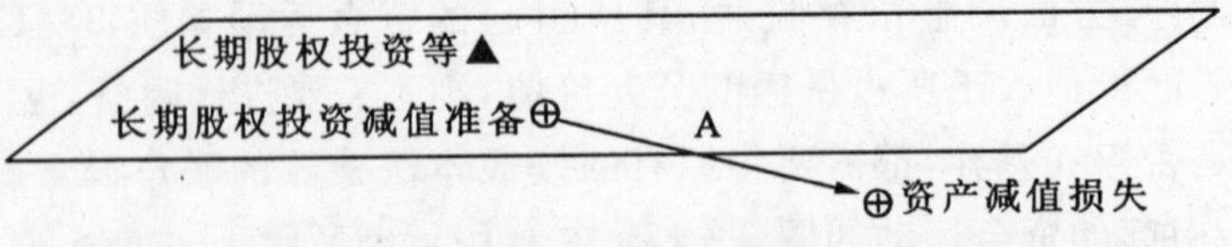

图 3－180　长期股权投资减值所引起的资金运动分析

长期股权投资减值准备一旦提取，不得转回。只有将其处置时，其所提取的减值准备才能冲销。

第十一节　企业筹资环节资金运动分析(上)
——负债性筹资

一、流动负债引起的资金运动分析

流动负债是指将在一年或者超过一年的一个营业周期内偿还的债务。流动负债具有如下特点:①偿还期限短。流动负债是债权人提出要求时即期偿付,或在一年或一个营业周期内必须履行的义务。②到期清偿。一般情况下,流动负债到期,必须动用资产、提供劳务或举借新的负债来清偿。

按流动负债产生的原因有:借贷形成的、结算过程形成的、经营过程形成的以及利润分配过程形成的四种。此处只分析借贷原因所形成的流动负债——短期借款。

短期借款是指企业向银行或其他金融机构等借入的期限在一年以内(含一年)的各种借款。短期借款一般是企业为了维护正常的生产经营活动所需要的资金而借入,或者为偿还某些债务而借入的借款。其会计处理主要包括三项内容:取得借款、计息和归还本息。

当企业取得短期性借款时,资金从外部流入企业,企业在货币资产增加的同时所应承担的负债也相应地增加,其所引起的资金运动如图 3-181 中 A 段。企业应该在每期期末计算并提取短期借款利息,并将利息作为费用计入当期损益。但按现行的银行结算制度,企业向银行借入的短期借款的利息一般是按季度支付的,这样一来企业就有可能形成对银行应付未付的债务,其所引起的资金运动如图 3-181 中 B 段。如果短期借款利息金额非常小,也可以不预提借款利息,在借款到期时一次性偿还本息。企业在短期借款到期时应一次性还本付息,其金额就包括借款本金、已经预提的前期借款利息以及本期未预提的借款利息;但如果利息是每期都支付,则借款到期时偿还本金和最后一期的借款利息。当借款到期时,企业应还本付息,其所引起的资金运动如图 3-181 中 C 段。

在账户设置上,对于短期借款应付未付的利息,可以设置"应付利息"账户核算,也可以通过"预提费用"账户核算。短期借款所引起的资金运动如图 3-181 所示。

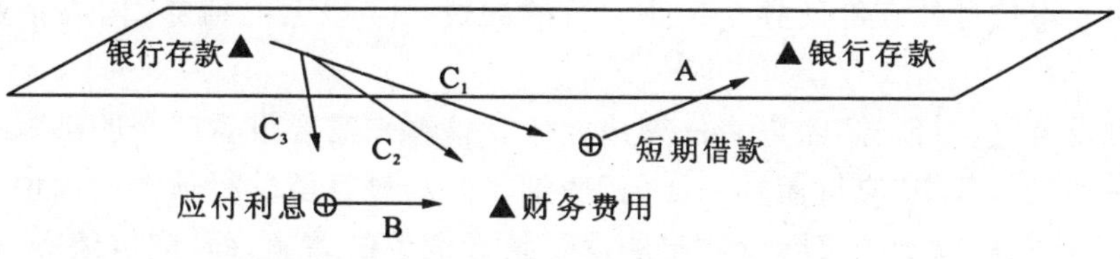

图 3-181　短期借款所引起的资金运动分析

二、长期性负债筹资引起的资金运动分析

(一)长期借款所引起的资金运动分析

长期借款是企业向金融机构或其他单位借入的偿还期在一年以上的各种借款。长期借款

应按实际的发生额计价，主要包括两部分内容：借款的本金和长期借款利息。按照现行会计准则的规定，与购建固定资产和无形资产有关的利息支出，在资产交付使用前，予以资本化；在资产交付使用后，计入当期损益。

1. 一次性还本付息的长期借款

在一次性还本付息的情况下，企业的长期借款主要包括三类业务：一是取得长期借款。资金从外部流入企业，企业在银行存款增加的同时长期债务——长期借款也相应地增加（图 3－182 中 A 段资金运动）。二是按期计算利息。借款利息要分资本化和费用化两种情况进行处理，应资本化的借款利息应记入“在建工程”等账户（图 3－182 中 B_1 段资金运动），应费用化的借款利息应记入当期的“财务费用”账户（图 3－182 中 B_2 段资金运动），企业所欠银行的借款利息直接增加“长期借款”账户的金额。三是归还借款本息。企业银行存款减少，相应的企业的长期负债——长期借款也减少（图 3－182 中 C 段资金运动）。一次还本付息长期借款所引起的资金运动如图 3－182 所示。

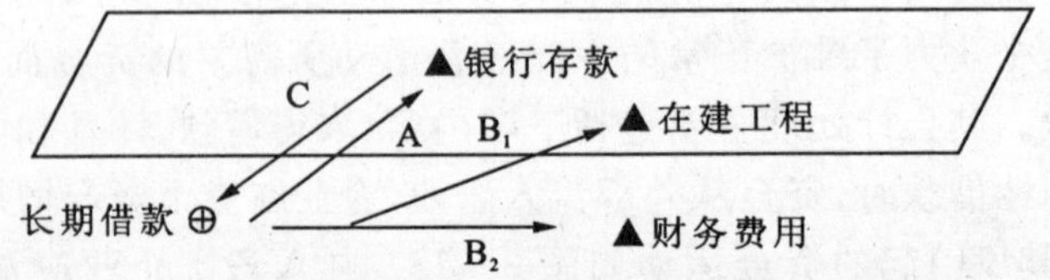

图 3－182　长期借款一次性还本付息所引起的资金运动分析

2. 分期还本付息的长期借款

分期还本付息与一次性还本付息的业务类似，只是各年未偿还的本金逐年减少，偿还的利息金额也不尽相同。由于是分期还本付息，所以图 3－182 中 C 段资金运动在每期都会发生，而且其流量也可能不一样；相应地图 3－182 中 B 段资金运动流量也会在每期发生变化。

（二）应付债券业务所引起的资金运动分析

公司债券是企业为了筹集长期资金经法定程序批准发行的一种载明利率、期限，并允诺在未来一定时期还本付息的有价证券。企业发行的超过一年以上的债券，构成企业的一项长期负债。

企业需要设置“应付债券”账户来核算该业务。该账户需要设置三个明细账：“面值”“利息调整”和“应计利息”，其中“应付债券—面值”明细账专门核算所发行债券的面值，“应付债券—利息调整”专门核算所收到的实际价款与所发行债券面值的差额，而“应付债券—应计利息”则专门核算在到期一次性支付利息的情况下应付未付的利息，如果利息是分期支付，则应付未付的利息应通过“应付利息”来核算。

1. 应付债券发行所引起的资金运动分析

在发行债券时，按该债券的面值记入应付债券的面值明细账（图 3－183 中 A_1 段资金运动），实际收到的价款（包括相关的交易费用）与面值部分有差额的作为应付债券的利息调整明细账（图 3－183 中 A_2 段资金运动，该资金流量既可能是正数，也可能是负数）。

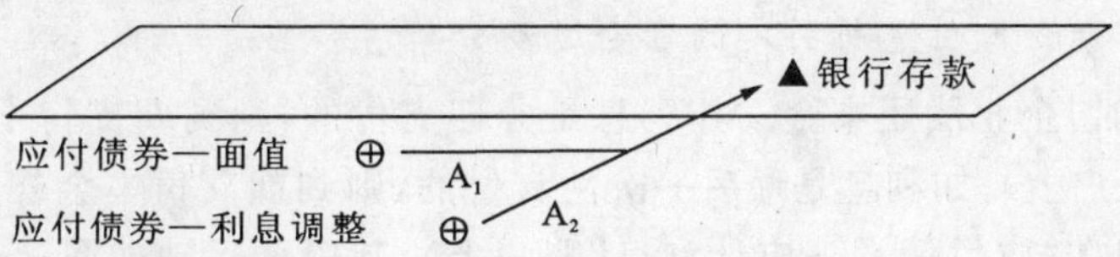

图 3-183　应付债券发行所引起的资金运动分析

2. 债券利息费用和利息调整所引起的资金运动分析

在每一个资产负债表日，企业应当计算应支付的应付利息，并对应付利息进行调整，从而确认当期的利息费用。该应付债券的应付利息与利息费用的计算如下：

应付利息＝应计利息＝票面面值×票面利率

利息费用＝借款费用＝摊余成本×实际利率

利息调整＝应付利息－利息费用

实际利率是指将金融资产或金融负债在预期存续期间或适用的更短期间内的未来现金流量，折算为该金融资产或金融负债当前账面价值所使用的利率。通俗地讲，实际利率就是各个企业的期望报酬率。

摊余成本是指金融资产或金融负债的初始确认金额经下列调整后的结果：①扣除已偿还的本金；②加上或减去采用实际利率法将该初始确认金额与到期日金额之间的差额进行摊销所形成的累积摊销额；③扣除已发生的减值准备(仅适用金融资产)。通俗地讲，摊余成本就是企业在某一特定时刻花费在持有至到期债券上的总投资。

将实际利率和摊余成本结合起来就会发现，利息费用取决于企业实际筹措到的资金和企业愿意支付的资金成本率。

从资金运动的角度看，利息费用的确认所引起的资金运动如图 3-184 中 B 段所示，其金额为 B 段的流量；而应付利息(应计利息)的确认所引起的资金运动如图 3-184 中 B_1 段所示，其金额为 B_1 段的流量；利息费用与应付利息的差额就是利息调整，其所引起的资金运动如图 3-184 中 B_2 段所示，其金额就是利息费用与应计利息之差，即 B_2 段资金运动的流量，其流量既可能是正数，也可能是负数，取决于利息费用与应计利息之差。与此同时，借款费用还需要考虑资本化还是费用化的问题，其所引起的资金运动如图 3-184 中 B_3、B_4 段运动所示。

实际利率的确定一般采用插入法，其具体计算方式如下：

应付债券实际收到的资金＝到期债券面值的现值＋应付利息的现值

应付债券利息费用的处理所引起的资金运动如图 3-184 所示。

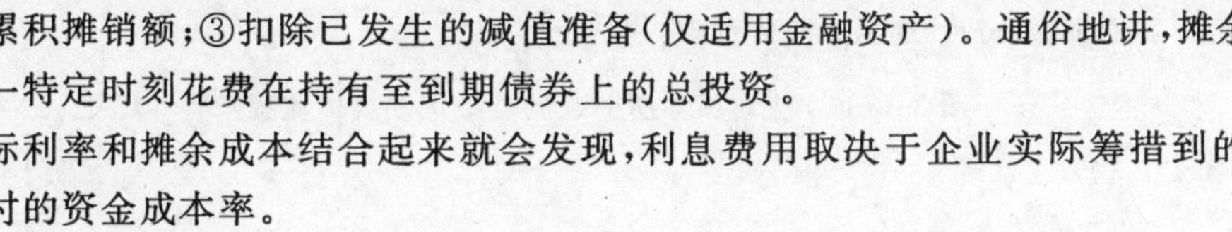

图 3-184　应付债券利息费用处理所引起的资金运动分析

3. 应付债券到期还本付息所引起的资金运动分析

应付债券到期时，企业偿还本金。如利息是分期支付的，则到期支付本金及最后一期利息（记在“应付利息”账户上）；如利息是最后一次性支付的，则到期支付本金外，还包括所有的应付未付的累积利息（记在“应付债券—应计利息”账户上），其资金运动如图 3-185 中 C 段运动所示。

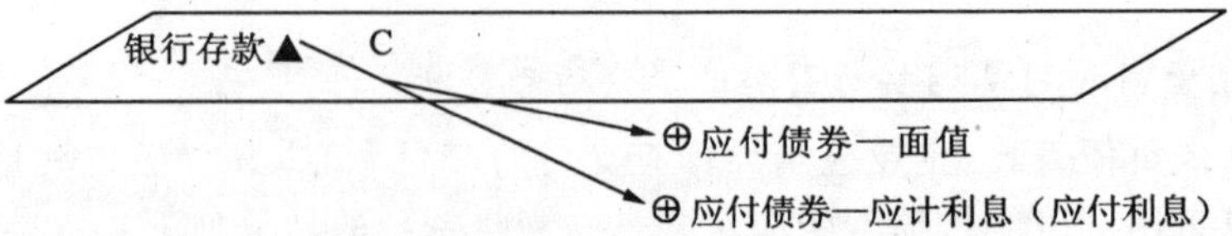

图 3-185　应付债券到期还本付息所引起的资金运动分析

4. 应付债券所引起的资金运动整体流程（图 3-186）

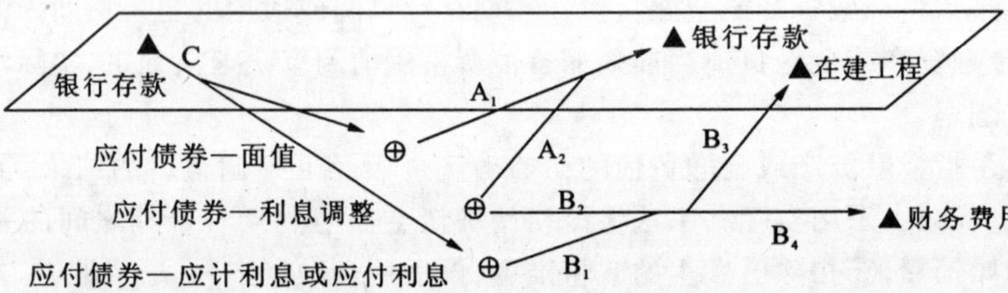

图 3-186　应付债券所引起的资金运动整体流程

（三）可转换公司债券所引起的资金运动分析

企业发行可转换公司债券，必须在“应付债券”科目下设置“可转换公司债券”明细科目核算。在“可转换公司债券”明细科目下还需要设置“面值”“应计利息”和“利息调整”等二级明细账户。

可转换公司债券与一般应付债券所引起的资金运动的区别主要在以下两个方面：一是在发行可转换债券的时候。因为可转换债券含有股权的成分，所以需要将所取得的价款在股权成分和债权成分之间进行分配。其具体分离的办法就是按同一市场上类似无转换权的债券的市场利率来确定债权成分的价值，然后再反推股权成分的价值。经分离后的债券就可以按一般的债券处理。可转换债券发行所引起的资金运动如图 3-187 所示。

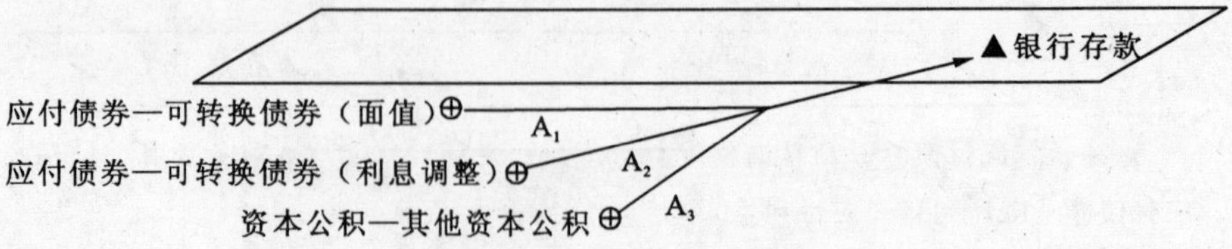

图 3-187　可转换公司债权发行所引起的资金运动

二是可转换公司债券转换为股份的时候。一般来说，按可转换债券的约定条款确定转换股票的面值，作为“股本”核算（图 3－188 中 C_1 段资金运动）。其账面价值（包括可转换公司债券的面值、未摊销完的债券利息调整和已计提的债券利息）在扣除以现金支付的不可转换债券价值后（图 3－188 中 C_2 段资金运动），作为“资本公积”处理（图 3－188 中 C_3 段资金运动）。与此同时，还需要将发行债券时所分解出来的，计入“资本公积—其他资本公积”的股权成分所对应的价值转为“资本公积—股本溢价”（图 3－188 中 C_4 段资金运动）。可转换公司债券转换时所发生的资金运动如图 3－188 所示。

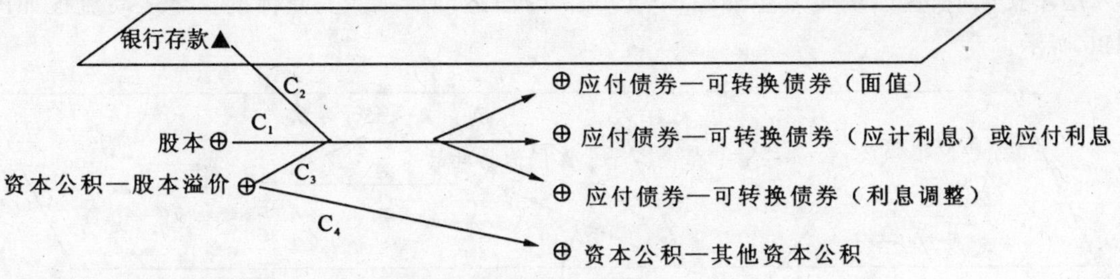

图 3－188 可转换公司债券转化时所引起的资金运动分析

（四）债券偿债基金所引起的资金运动分析

为了对债券持有者提供足够的偿债保证，有些债券合同要求债券发行公司定期提存一定的资金，作为偿还债务的专用资金，即偿债基金。偿债基金通常是选定一家银行作为信托管理人，将该项资金存入该银行，由信托管理人利用此项基金进行投资，投资收益则增加偿债基金。因此，偿债基金相当于一笔专用基金存款。其所引起的资金运动如图 3－189 所示。

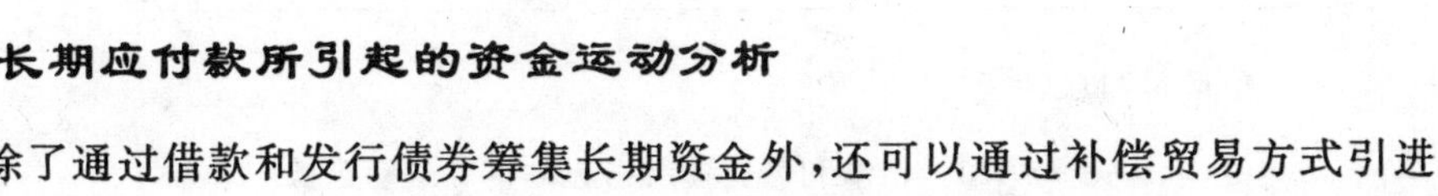

图 3－189 债券偿债基金所引起的资金运动分析

A. 提存偿债基金；B. 确认信托投资收益；C_1. 清偿到期债务；C_2. 将节余存款转入一般存款户

（五）长期应付款所引起的资金运动分析

企业除了通过借款和发行债券筹集长期资金外，还可以通过补偿贸易方式引进国外的设备或融资租入固定资产。通常情况下，补偿贸易引进设备和融资租入固定资产是使用资产在前，支付款项在后。在未偿还有关款项或尚未支付租赁费前，应付引进设备款和融资租赁款构成企业的一项长期负债。

补偿贸易是指企业从国外引进设备，再用该设备所生产的产品归还设备价款的贸易方式和筹资方式。

企业引进设备时，应按照设备、工具、零配件等价款以及国外的运杂费的外币金额和规定的汇率折算为人民币入账。需要安装的设备先作为工程物资处理（图 3－190 中 A_1 段资金运动）；所购买的配套工具作为低值易耗品处理（图 3－190 中 A_2 段资金运动）；所购买的零配件作为原材料处理（图 3－190 中 A_3 段资金运动）。企业引进设备时，支付的关税及其他税费（包括进口关税、运杂费、保险费和安装调试费)，计入在建工程(图 3-190 中 B_1、B_2 段资金运动)。将设备投入安装时，资金发生如图 3-190 中 C 段运动所示。如果企业还通过长期借款的形式借入资金，则借款利息应根据具体情况将其资本化或费用化(图 3-190 中 D_1、D_2 段资金运动)；所涉及到的汇兑损益一方面要增加“长期应付款”的账面价值，另一方面应资本化或费用化。一旦在建工程完工交付使用，就应该将在建工程转化为固定资产(图 3-190 中 E 段资金运动)。企业销售产品取得收入，资金发生如图 3-190 中 F 段资金运动所示，用所取得的销售收入偿还长期应付款，资金发生如图 3-190 中 G 段运动所示。其具体的资金运动流程如图 3-190 所示。

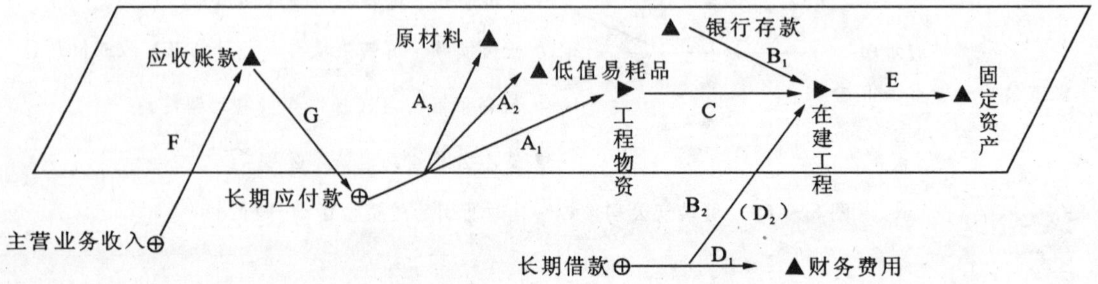

图 3-190　长期应付款所引起的资金运动分析

三、借款费用所引起的资金运动分析

借款费用是指企业承担的、与借入资金相关的利息和其他费用，主要包括借款利息、借款溢价和折价的摊销、借款辅助费用、外币借款的汇兑差额。

企业借款发生的利息支出满足资本化条件的，应计入当期的在建工程，其所引起的资金运动如图 3-191 中 A 段资金运动所示；不满足资本化条件的，应计入当期财务费用，其所引起的资金运动如图 3-191 中 B 段资金运动所示。

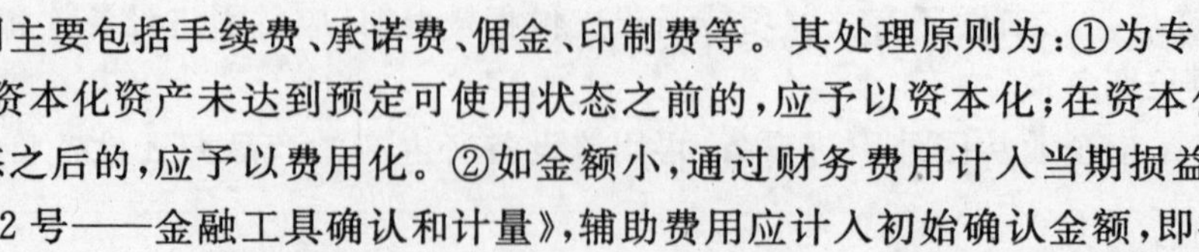

图 3-191　借款利息处理所引起的资金运动分析

辅助费用主要包括手续费、承诺费、佣金、印制费等。其处理原则为：①为专门借款发生的辅助费用，在资本化资产未达到预定可使用状态之前的，应予以资本化；在资本化资产达到预计可使用状态之后的，应予以费用化。②如金额小，通过财务费用计入当期损益。③按《企业会计准则第 22 号——金融工具确认和计量》，辅助费用应计入初始确认金额，即抵减相关借款的初始金额，从而导致实际利率的上升。因此，对于辅助费用，可以与借款利息资本化结合在一起计算。

外币专门借款汇兑差额产生的原因主要是不同时点的汇率变化。汇兑差额的主要内容包括借款本金汇兑差额和借款利息的汇兑差额。其基本处理原则为：在资本化期间内，每期实际发生的汇兑差额全部资本化。

四、债务重组所引起的资金运动分析

债务重组指在债务人发生财务困难的情况下，债权人按照其与债务人达成的协议或者法院的裁定作出让步的事项。

债务重组的方式：①以资产清偿；②债务转为资本；③修改其他债务条件其（主要是指债务人不以其资产清偿债务，也不将其债务转为资本，而是与债权人达成债务重组协议，以减少未来债务本金、降低利率、减少或免除债务利息等方式清偿债务）；④以上三种方式结合。

（一）债务人债务重组的基本原则

重组债务的账面价值大于清偿的货币资金，或非现金资产的公允价值，或所转股份的公允价值，或重组后债务的账面价值，作为"营业外收入—债务重组利得"处理。

（二）债务人债务重组所引起的资金运动分析

在用货币资金清偿债务时，该货币金额与重组债务的差额直接作为营业外收入处理。当用非现金资产等进行债务重组时，需要考虑所付出项目的公允价值，其账面价值与公允价值的差额，要根据具体情况进行相应的处理。

1. 用存货进行债务重组

用存货进行债务重组的，需要按公允价值确认收入，同时结转成本。存货的公允价值与增值税销项税额之和（图 3－192 中 A 段资金运动），与应付账款的差额，作为债务重组收益计入营业外收入（图 3－192 中 B 段资金运动）。其引起的资金运动如图 3－192 所示。

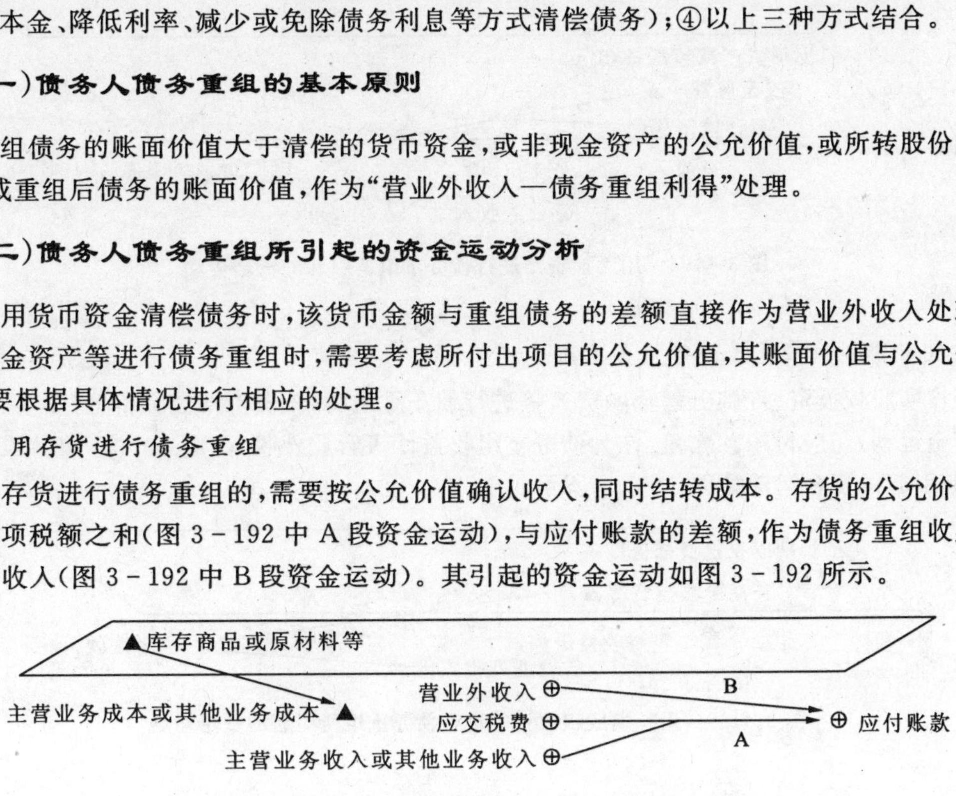

图 3－192　用存货进行债务重组所引起的资金运动

2. 用固定资产、无形资产进行债务重组

用固定资产进行债务重组时，需要通过"固定资产清理"账户来核算固定资产的账面价值（图 3－193 中 A 段资金运动）。固定资产的公允价值（图 3－193 中 B 段资金运动）与应付账款之差，作为债务重组收益计入营业外收入（图 3－193 中 C 段资金运动）。其引起的资金运动如图 3－193 所示。

用无形资产进行债务重组时，该无形资产的公允价值（图 3－194 中 A 段资金运动）与应付账款之差，作为债务重组收益计入营业外收入（图 3－194 中 B 段资金运动）。其引起的资金运动如图 3－194 所示。

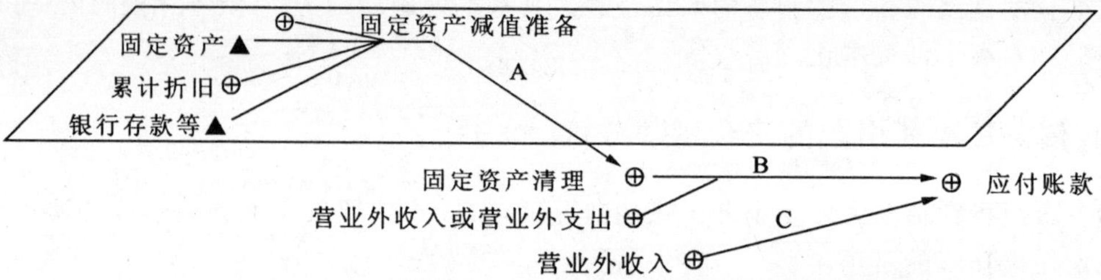

图 3-193　用固定资产进行债务重组所引起的资金运动

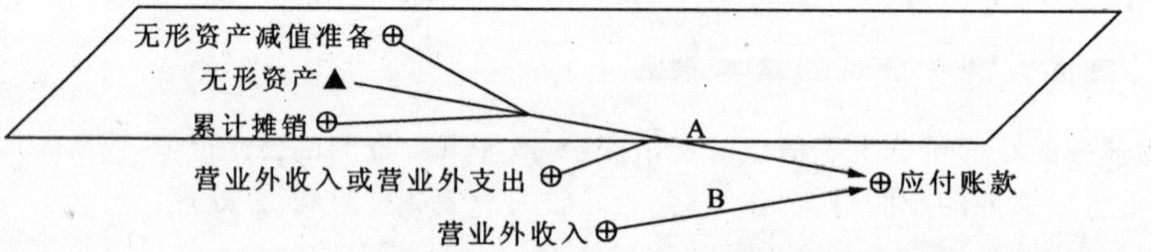

图 3-194　用无形资产进行债务重组所引起的资金运动

3. 用长期股权投资等进行债务重组

用长期股权投资、可供出售金融资产等进行债务重组时，该资产的公允价值(图 3-195 中 A 段资金运动)与应付账款之差，作为债务重组收益计入营业外收入(图 3-195 中 B 段资金运动)。其引起的资金运动如图 3-195 所示。

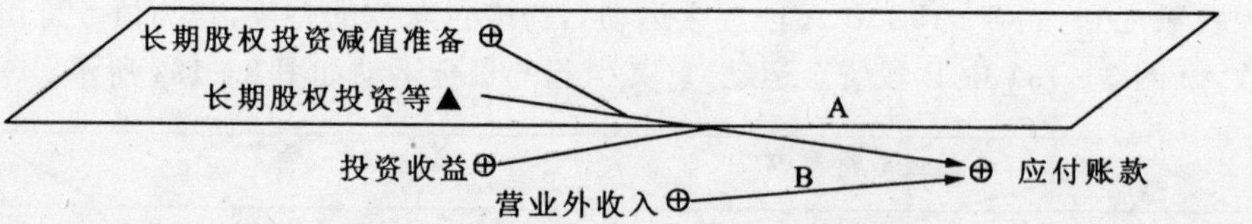

图 3-195　用长期股权投资等进行债务重组所引起的资金运动

4. 债转股

在债转股时，股份的公允价值与股份账面价值的差额计入"资本公积"。与股票发行直接相关的手续费，抵减资本公积；其他税费，可直接记入当期损益，如印花税等。其所转换的股份的公允价值(图 3-196 中 A 段资金运动)与应付账款之差，作为债务重组收益计入营业外收入(图 3-196 中 B 段资金运动)。其引起的资金运动如图 3-196 所示。

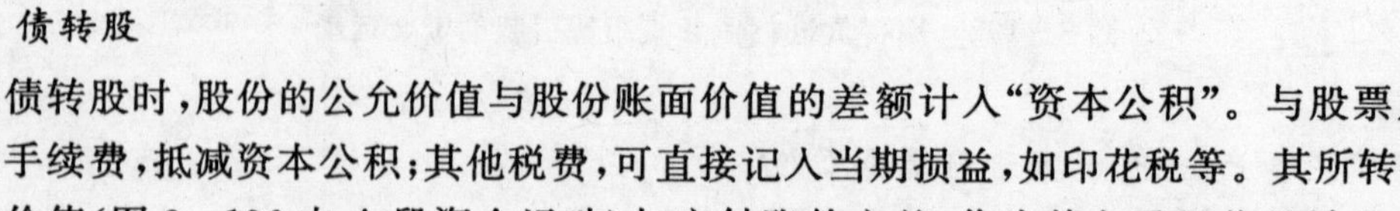

图 3-196　债转股所引起的资金运动

5. 以修改其他债务条件清偿债务

在修改其他债务条件进行债务重组时，如果不涉及或有负债的，重组后的应付账款与重组之前的应付账款之差，作为债务重组利得记入营业外收入。其引起的资金运动如图 3－197 中 A、B 段所示。

在涉及或有应付金额时，当或有负债符合或有事项中有关的预计负债确认条件的，应确认为“预计负债”(图 3－197 中 C 段资金运动)；重组之前债务的账面价值与重组后债务的入账价值和预计负债金额之和的差额，作为重组收益计入营业外收入(图 3－197 中 B 段资金运动)。之后，或有应付金额没有发生的，应冲减预计负债，转入营业外收入。修改债务条件所引起的资金运动如图 3－197 所示。

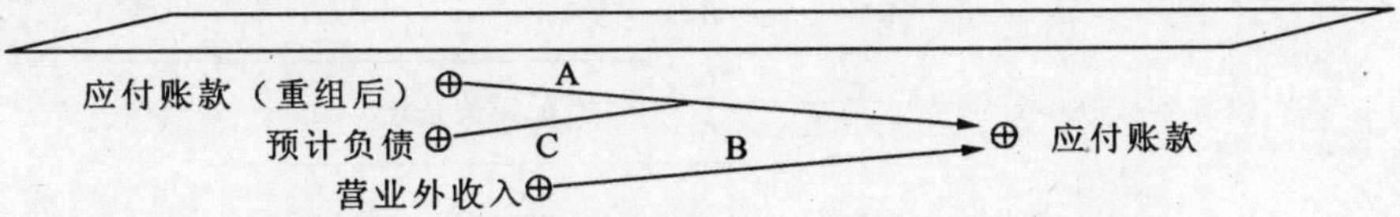

图 3－197　修改债务条件进行债务重组所引起的资金运动

(三)债务重组中债权人业务处理所引起的资金运动分析

在债务重组过程中，债权人所收到的资产应该以该资产的公允价值入账。所进行的债务重组的债权的账面价值大于所受让的资产的公允价值，或所转的股份的公允价值，或重组后债权的账面价值的部分，首先要冲减所提取的坏账准备(图 3－198 中 A 段资金运动)，冲完后还不够的再作为“营业外支出—债务重组损失”处理(图 3－198 中 B 段资金运动)。如果冲销差额后，坏账准备还有余额的，应转回并冲减资产减值损失(图 3－198 中 C 段资金运动，该流量为负数)。其引起的资金运动如图 3－198 所示。

在涉及或有应收金额的情况下，债权人不确认为或有资产，待实际收到时计入当期损益。

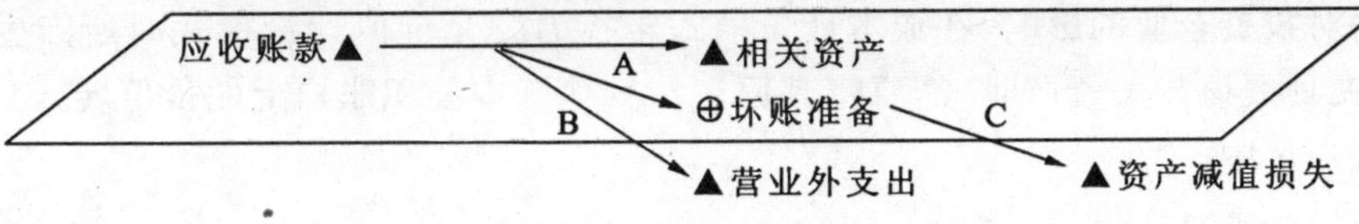

图 3－198　债务重组中债权人业务所引起的资金运动

第十二节　企业筹资环节资金运动分析(下)
——股权性筹资

一、投入资本引起的资金运动分析

企业投入资本主要包括两部分：一是与企业注册资本对应的部分，该部分形成企业的实收资本或股本；二是超过注册资本的部分，该部分形成企业的资本公积。

（一）注册资本形成引起的资金运动分析

企业收到投资者以所有者身份投入的资金时，一方面引起企业资产的增加，另一方面则引起企业资金来源渠道的增加。就来源渠道而言，它反映的是企业与企业产权主体之间的关系，反映的是企业所有者权益的增加；就企业资产的增加而言，它反映的是企业产权价值存在形态的增加。

为了反映、控制和监督企业所有者投入的资金，企业需要设置"实收资本"账户，如果企业所获得的投入资金是通过发行股票筹集的，则将"实收资本"账户改设为"股本"账户。同时，企业还需要根据具体的资金来源设置明细分类账进行明细核算。企业投入资本所引起的资金运动如图 3 - 199 所示。

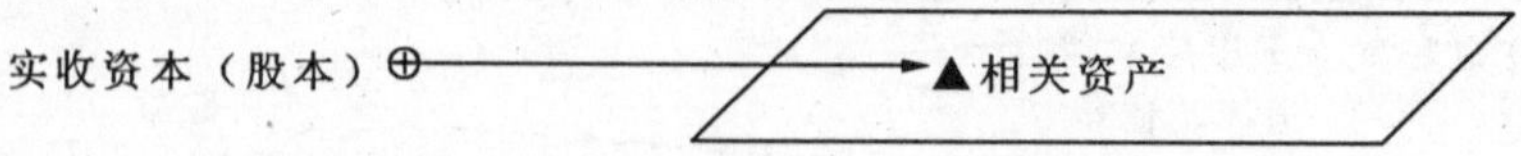

图 3 - 199　投入资本所引起的资金运动分析

（二）资本公积基本业务所引起的资金运动分析

资本公积是指由投资者在投入资本过程中所发生的与投入资本有直接联系，但又不能构成实收资本或股本的积存资金，以及从其他来源取得属于所有者享有的资金。

资本公积主要包括资本溢价或股本溢价、其他资本公积。投资者投入的资本超出了其在注册资本中应承担的部分，应作为资本溢价或股本溢价处理。由于其他原因造成所有者权益增加的，一般都作为其他资本公积处理。

直接计入所有者权益的利得和损失，也通过其他资本公积核算。这些直接计入所有者权益的利得和损失主要包括以下内容：以公允价值计量，但其变动不立即计入当期损益的金融资产的期末公允价值的变动；在长期股权投资权益法的核算中，由于被投资企业除净损益外的其他权益变动对投资企业的影响；在成本计量模式转换为公允价值计量模式时所产生的价值变动；等等。在处置该相关资产时，需要将其原记在其他资本公积账户上的价值转入到投资收益等损益类账户之中。

1. 资本溢价或股本溢价

资本溢价主要是指企业、公司在吸收新的投资者时，因企业经营了一段时间后，其资本利润率会高于初创阶段，所以，相同数量的投资，由于其出资时间不同，其对企业的影响程度也不完全一样。因此，新加入的投资者应比原投资者付出更多的投资额，才能拥有相同的出资比例，并享有其权利。超过其出资额的部分，应计入"资本公积—资本溢价"科目。根据我国《公司法》等法律法规的规定，股份公司可以按面值发行股票，也可溢价发行股票，但在溢价发行股票的情况下，在会计处理时，计入"股本"科目的金额只能是按面值计价，超过股票面值的部分，在扣除有关股票发行的手续费、佣金后的差额计入"资本公积—股本溢价"科目。其资金运动如图 3 - 200 所示。

2. 资产评估增值准备

我国会计准则规定，资产以取得时的历史成本计价，在物价发生变动时，除国家另有规定

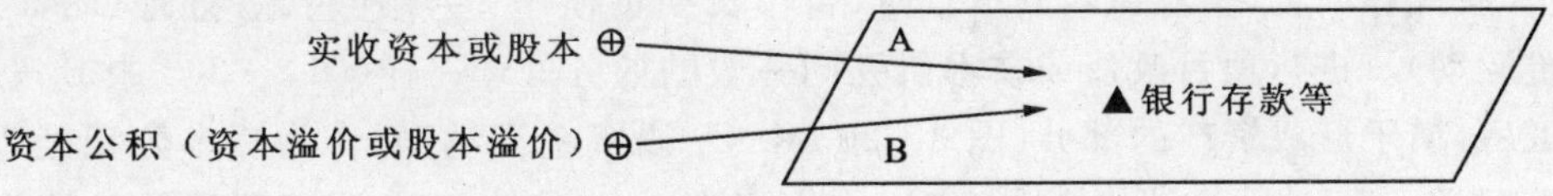

图 3-200　资本溢价所引起的资金运动

A. 投入额中与其所占份额相等的金额；B. 投入额中超过其所占份额部分的资金

外，不得调整其账面价值。但《国有资产评估办法》又规定，国有资产占有单位在发生如下情形时，必须进行资产评估：①资产拍卖、转让；②企业兼并、出售、联营、股份经营；③与外国公司、企业和其他经济组织或者个人开办中外合资经营企业或中外合作经营企业；④企业清产核资、企业清算等。

企业发生了资产评估后，在会计处理上必须作出适当的处理，其评估目的不同，所产生的评估增值或减值在会计处理上也不尽相同。

(1)清产核资。对于国有企业，国家采取不定期的方式进行清产核资、核实企业的资产，摸清国有企业的“家底”。在清产核资过程中发生的资产评估净增值，计入“资本公积”科目，并按清产核资的办法进行特别处理。其引起的资金运动如图 3-201 所示。

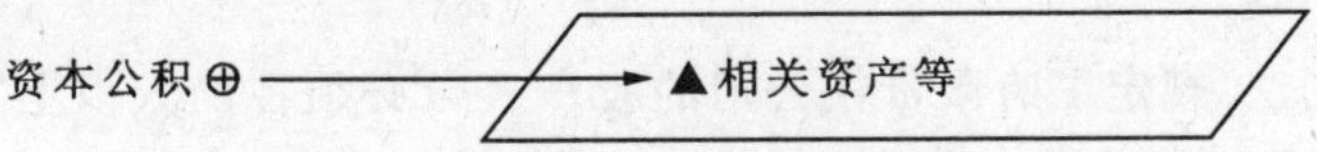

图 3-201　资产评估增值所引起的资金运动

(2)企业兼并。企业在兼并过程中，必须依法对被兼并企业的资产进行评估，评估机构评估的资产价值应报经国有资产管理部门审批、确认。评估确认的资产价值与原账面价值有差额的，其差额应调整资产的原账面价值和资本公积。在具体调整时，应分不同的资产进行处理：①对于流动资产、长期投资和无形资产评估确认的价值与原账面价值的差额，借(或贷)记有关资产科目，贷(或借)记“资本公积”科目；②对于固定资产，应按评估确认的固定资产原值与原账面原值之间的差额，借(或贷)记“固定资产”科目，按评估确认的固定资产净值与原固定资产的净值之间的差额，贷(或借)记“资本公积”科目，按照固定资产原值和净值之间的差额，贷(或借)记“累计折旧”科目。

(3)企业股份制改制。企业在改制为股份制公司时，必须进行资产评估，其评估、确认的价值与原账面价值有差额的，应将扣除未来应交的所得税后的余额计入“资本公积”科目。其引起的资金运动如图 3-202 所示。

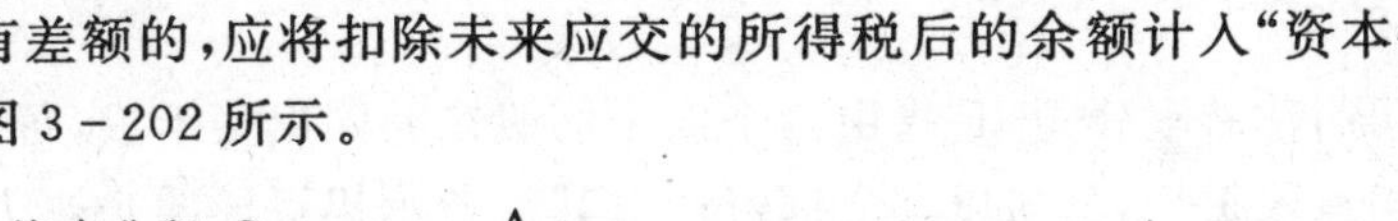

图 3-202　股份制改制所引起的资金运动

3. 拨款转入

拨款转入是指国家对某些国有企业拨入的专项用于某项目的拨款，在该项拨款项目完成后，形成资产的拨款部分转作资本公积。在我国，国家对企业拨出专款，专门用于企业的技术改造、技术研究等项目，企业在收到拨款时，暂作长期负债—“专项应付款”处理(图 3-203 中 A 段资金运动)。进行项目改造或技术研究同一般的业务处理一样(图 3-203 中 B 段)。待该项目完工后，属于形成资产的部分(图 3-203 中 C_1 段资金运动)暂作为资本公积处理(图 3-203 中 C_2 段资金运动)，待转增资本金时，化为资本金的一项来源；属于费用并且按规定予以核销的部分，冲减长期负债(图 3-203 中 D 段资金运动)，对于项目总支出超过专项拨款的部分作为企业当期费用处理。拨款转入所引起的资金运动如图 3-203 所示。

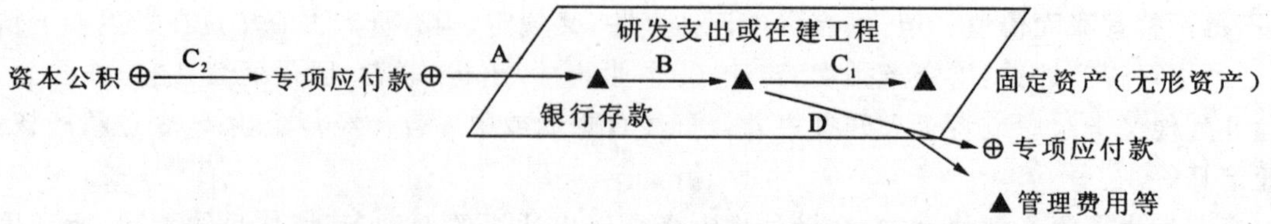

图 3-203　拨款转入所引起的资金运动

(三)不同组织形式企业投入资本的核算

1. 国有独资企业

虽然我国《公司法》规定了有限责任公司的股东人数必须在两人以上，但同时又规定了国家授权投资的机构或国家授权的部门可以单独投资设立国有独资的有限责任公司。在《公司法》颁布以前成立的国有独资企业，可以依法改制为国有独资有限责任公司。

国有独资公司的投入资本核算较为简单，即所有者投入的资本全部作为实收资本入账，不存在资本溢价问题，加之国有独资公司不对外发行股票，因而也不产生股票溢价收入，也不会在追加投资时，为维持投资比例而产生资本溢价的资本公积。在会计处理时，收到有关国有机构或部门的投资时，借记“银行存款”等科目，贷记“实收资本”科目。其资金运动如图 3-204 所示。

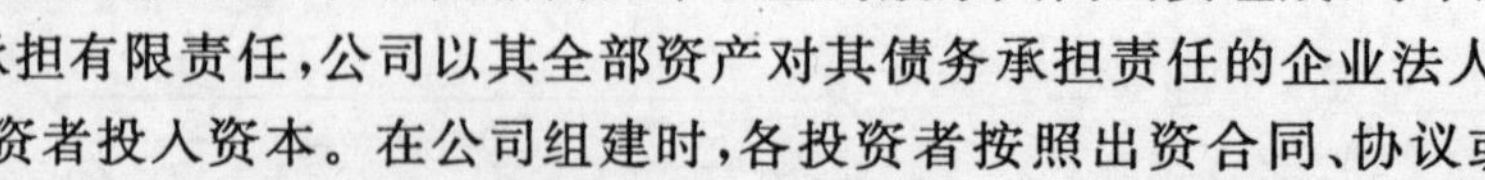

图 3-204　国有独资企业投入资本所引起的资金运动分析

2. 有限责任公司

有限责任公司简称有限公司，是指由两个以上的股东共同出资组成，每个股东以其认缴的出资额对公司承担有限责任，公司以其全部资产对其债务承担责任的企业法人。

(1)收到投资者投入资本。在公司组建时，各投资者按照出资合同、协议或公司章程的规定投入企业的资金，应全部计入“实收资本”科目，企业的实收资本应等于注册资本(图 3-205 中 A 段资金运动)。在企业增资扩股时，如果有新的投资者加入，新加入的投资者缴纳的出资额大于按其约定的比例计算的其在注册资本中所占的份额部分，不计入实收资本，而作为资本公积处理(图 3-205 中 A、B 段资金运动)。

(2)投资者转让其出资。有限责任公司在生产经营过程中，除了以产权关系为纽带将各位投资者联系在一起外，各投资者之间的信誉、管理技能等均可以作为共同经营的条件。因此，

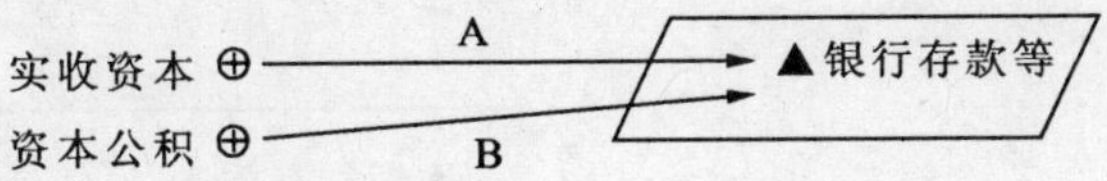

图 3-205　有限责任公司投入资本所引起的资金运动分析

某个投资者欲转让其投资时，要事先经过其他超过半数的投资者的同意，如果其他投资者有异议，应由其他投资者优先购买，如果持异议的投资者不购买该项投资，应视同同意转让。如其他投资者无异议，原投资者具有优先购买权。其转让所引起的资金运动如图 3-206 所示（乙将股份转给甲）。

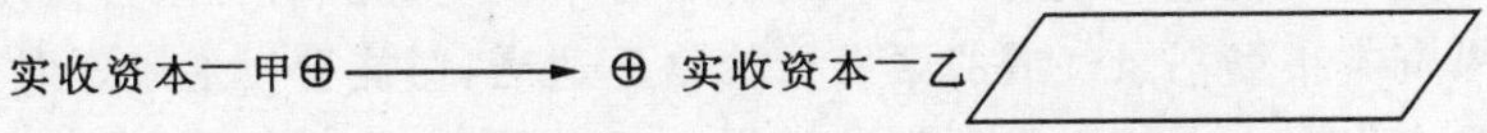

图 3-206　投资者转让股份所引起的资金运动分析

3. 股份有限公司

股份有限公司，简称股份公司，是指注册资本由等额股份构成并通过发行股票或股权证书的方式筹集资本，股东以其所认购的股份对公司承担有限责任，公司以其全部资产对公司债务承担责任的法人。

股份有限公司的设立有两种方式，即发起设立和募集设立。发起设立是指公司的股份全部由发起人认购，公司不向发起人以外的任何人募集股份。而募集设立是指由发起人认购公司应发行股份的一部分（我国《公司法》规定，以募集方式设立的股份有限公司，其发起人认购的股份不得少于公司股份总额的 35%），其余部分向社会公开募集而设立公司。

(1)发起设立股份有限公司所引起的资金运动分析。采用发起设立方式设立股份有限公司时，因股东是固定的，毋需聘请证券商向社会募集股份，因而其筹资费用相对较少，其筹资费用可以直接计入"长期待摊费用"或"管理费用"。投资者投入资本后，一方面反映"银行存款"等的增加，另一方面则反映"股本"的增加。发起设立所引起的资金运动如图 3-207 所示。

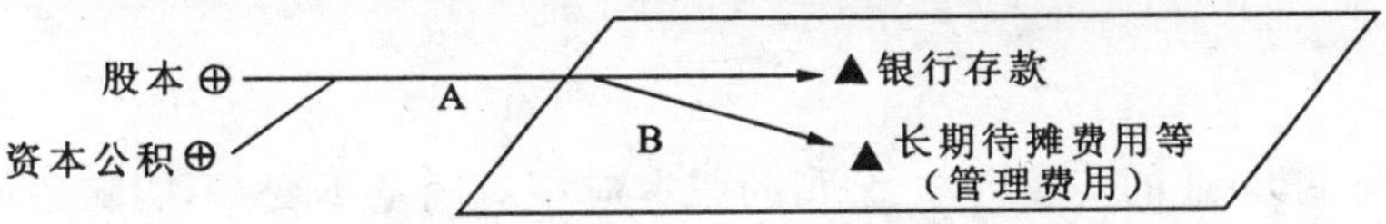

图 3-207　股份有限公司发起设立所引起的资金运动分析
A. 通过发起设立方式发行股票获得资金；B. 发行费用的处理

(2)募集设立股份有限公司所引起的资金运动分析。在采用募集设立方式设立股份有限公司时，其股票发行数量大、费用支出大，其筹资费用（主要是支付给证券商的股票发行手续费）需要进行特殊的会计处理。如果是溢价发行股票，其支付给证券商的费用可以从股票溢价收入中扣除；如果股票发行成功，则按实际收到的金额反映"银行存款"的增加，按照发行股票的面值反映"股本"的增加，实收的款额超过股票面值的差额扣除筹资费用后反映"资本公积"的增加（图 3-208 中 A 段资金运动）。如果是按照面值发行股票，其支付给证券商的费用作为长期待摊费用，计入开业后的损益（图 3-208 中 B、C 段资金运动）。募集设立所引起的资金运动如图 3－208 所示。

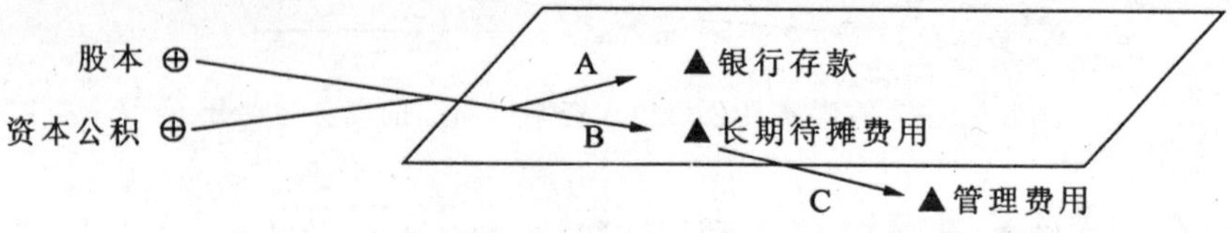

图 3－208　股份公司募集设立所引起的资金运动分析

(3)股票发行失败所引起的资金运动分析。发起设立股份公司时，因所需的资本由发起人认购，通常不会产生公司设立失败的问题。而对于募集设立的股份有限公司，因需要在证券市场筹集资本，如果资本市场不景气或股票发行价格不适当，可能会发生股票发行失败。如果股票发行失败，损失由发起人承担。发行失败损失包括公司的筹建费用、筹建过程中的债务，以及认股款的同期银行存款利息等。如果公司预计股票有可能发行失败，可以通过设立"已认购股本"账户来反映已认购的股份(图 3－209 中 A 段资金运动)，发行费用反映长期待摊费用的增加(图 3－209 中 B 段资金运动)。一旦股票发行成功，则将"已认购股本"所反映的资金量全部转入到"股本"账户(图 3－209 中 C 段资金运动)；一旦股票发行失败，则退还其认购款(图 3－209 中 D 段资金运动)，并承担相应的股票发行失败损失。其发行失败损失，计入长期待摊费用(图 3－209 中 E 段资金运动)。股票发行失败所引起的资金运动流程如图 3－209 所示。

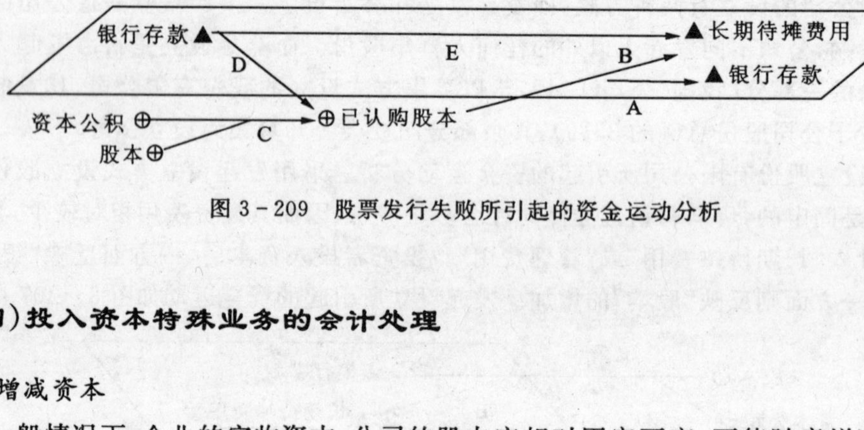

图 3－209　股票发行失败所引起的资金运动分析

(四)投入资本特殊业务的会计处理

1. 增减资本

在一般情况下，企业的实收资本、公司的股本应相对固定不变，不能随意增减。但在某些特殊情况下，实收资本(或股本)也会发生增减变化。我国《企业法人登记条例》规定，企业的实收资本与原来注册资本数额增减变化超过 20%时，应持有关资金证明或验资报告，向原登记机关申请变更登记。

(1)增加资本所引起的资金运动分析。公司增加注册资本的方式或途径主要有以下四种：一是资本公积金转增资本金(图 3－210 中 A 段资金运动)。二是盈余公积金转增资本金(图 3－210 中 B 段资金运动)。由于将盈余公积金转增给资本金实际上就是将收益分配给投资者，所以企业需要代扣代缴个人所得税(图 3－210 中 B_1 段资金运动)，可提供的盈余公积金在扣除代扣代缴个人所得税后的部分才能转增资本金(图 3－210 中 B_2 段资金运动)。但需特别注意的是，用盈余公积金转增资本金后，留存的盈余公积金的数额不得少于注册资本的 25%。三是投资者追加投入。投资者投入包括原有的投资者追加投资，也包括吸收新的投资者。企业在收到投资者投入的资金时，一方面反映“实收资本”的增加，另一方面则反映企业相关资产的增加(图 3-210 中 C 段资金运动)。四是股份有限公司发行股票股利增资。对于股份有限公司而言，可以根据股东大会(或股东代表大会)的决议以发放股票股利的形式增资，但须注意两大问题：其一，在公司董事会提请股东大会批准方案中涉及到股票股利时，毋需作会计处理，只有股东大会批准了发放股票股利的方案并办理了增资手续后，按照股票的面值反映“股本”的增加(图 3-211 中 A_1 段资金运动)，按照股票股利的金额(目前，我国股票股利的金额一般为股票票面价值)与实际发放股票股利票面金额之间的差额，反映“资本公积—股本溢价”的增加(图 3-211 中 A_2 段资金运动)，还需要代扣代缴个人所得税(图 3-211 中 A_3 段资金运动)。与此同时，企业利润分配也相应地增加。其二，在发行股票股利时，按照股东原来持有的股数分配，如果股东所持有的股份按比例分配不足一股时，应采取恰当的方法处理。通常采用两种方式解决：一是将不足一股的股票股利改为现金股利，用现金支付；二是由股东之间相互转让，凑为整股。其所引起的资金运动如图 3-211 所示。

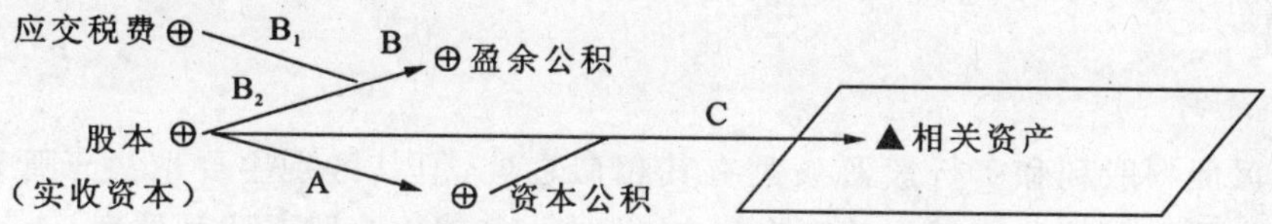

图 3-210 有限责任公司增加资本所引起的资金运动

图 3-211 股份有限公司增加资本所引起的资金运动

(2)资本减少所引起的资金运动分析。企业资本减少一般有如下两种原因：①企业因资本过剩减资。一般国有企业和有限责任公司减资所引起的资金运动相对较为简单，通常按照发行股款的金额，一方面反映“实收资本”的减少，另一方面反映“银行存款”的减少(图 3-212 中 A 段资金运动)。股份有限公司减资的会计处理相对要复杂一些，因为公司是采用发行股票的方式筹集资本。在发还股款时，实际上是公司收购自己的股票，股票的发行价格与股票的面值可能不一致，也可能与收购时的价格不一致。因此，在会计处理上应分别按不同的情况处理。如果公司的股票是按面值发行的，将收购价款与股票面值的差额直接冲减盈余公积和未分配利润。如果还不够，则冲减资本公积；如果公司的股票是溢价发行的，收购价款与股票面值的差额首先冲减资本公积，不足部分再冲减盈余公积，如果盈余公积还不足，再冲减未分配利润(图 3-212 中的 A、B、C、D 段资金运动)。当收购价格低于发行价格时，其差额增加“资本公积”。其所引起的资金运动如图 3-212 所示。②企业因亏损减资。企业因严重亏损而减资，只要经过有关部门批准并办理了相关手续后，其会计处理非常简单，借记“实收资本(或股本)”科目；贷记“利润分配—未分配利润”科目。从会计的角度而言，实收资本与未分配利润都属于所有者权益，不影响所有者权益总额。但是，企业因发生严重亏损不减资，根据有关规定，企业即使以后实现了利润，也必须先弥补亏损，然后才能发放股利，如果企业长时期不发放股利，会

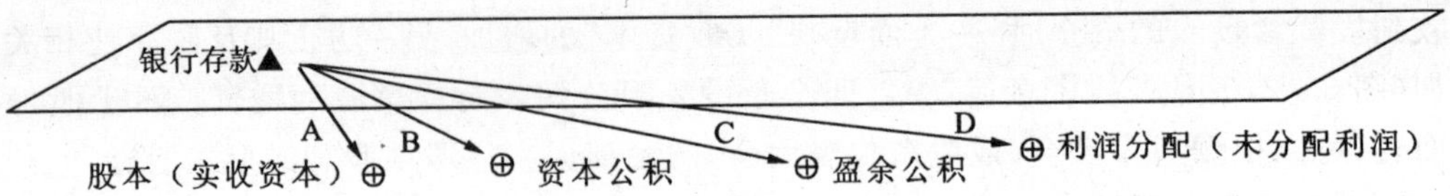

图 3-212　因资本过剩减资所引起的资金运动

影响公司的信誉。故企业发生严重亏损，在一定时期采用减资的手段，也不失为一种明智的选择。但应注意的是，企业减资必须有董事会或股东会的决议并履行有关减资手续后，方可进行会计处理。其资金运动如图 3-213 所示。

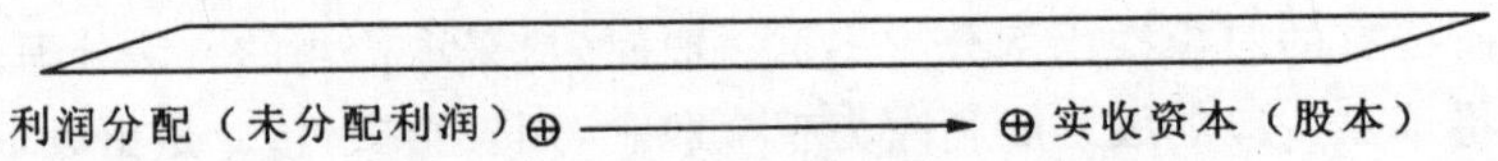

图 3-213　因亏损而减资所引起的资金运动

2. 股票分割

公司分派股票股利和实行股票分割有其相似之处，但其区别主要取决于管理者的意图。如果管理者意图将一部分留存收益转为资本，此种业务就作为股票股利处理；倘若是压低发行在外股票的市价，则将其作为股票分割处理。

一般而言，每种股票都有其最佳的价格范围，即当股票的市价在一定的合理区间内，其公司的价值将达到最大。因为如果股票价格过高，购买股票的投资者就可能减少，此时，通过股票分割则可以降低股票的市价，以刺激股票交易，从而使股票的分布更为广泛。因此，股票分割仅仅是企业的一项财务运作，并未产生新的会计问题。

3. 认股权证

认股权证是赋予其持有者按规定价格购买公司一定数量普通股票权利的证券。认股权证可单独发行，有时也可在发行其他证券时（如发行新普通股或公司债券时）同时发行。当认股权证单独发行时，收到的款项即代表了投资者对企业投入的资本（图 3-214 中 A 段资金运动）；在认股权证被行使时，持证人原先的付款加上行使认股权证另付的款项就代表了新股东的投资总额，这一数额应重新分为股本和超面额缴入股本（资本公积）两部分（图 3-214 中 B 段资金运动）。其所引起的资金运动如图 3-214 所示。

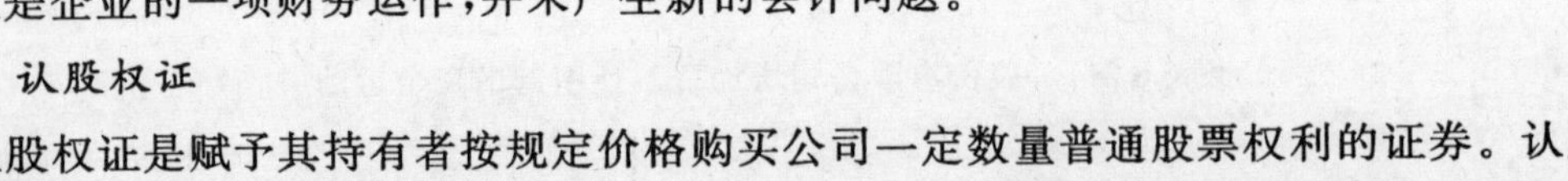

图 3-214　认股权证所引起的资金运动分析

4. 库藏股票

公司将发行在外的股票收回，称为库藏股票或库藏股份。对于库藏股票所引起的资金运动，可参见前述有关内容，此处不再赘述。

二、留存收益引起的资金运动分析

留存收益是指企业从历年实现的净利润中提取或形成的留存于企业的内部积累，即企业在经营过程中已实现，但由于企业经营发展的需要或由于法定的原因等而没有分配给所有者所累积的盈利或亏损。

(一)利润分配所引起的资金运动分析

1. 利润分配所引起的基本资金运动

企业所赚取的利润是企业所有者投资办企业应得的报酬。企业应该在一定的时间将企业实现的利润分配给企业的所有者。利润分配的结果就是资金以某一种资产形态从企业内部流出到“本年利润”账户，并冲销“本年利润”账户。如果利润分配在会计年度内经常发生，则“本年利润”账户的余额只能反映未分配完的利润。其资金运动如图 3-215 所示。

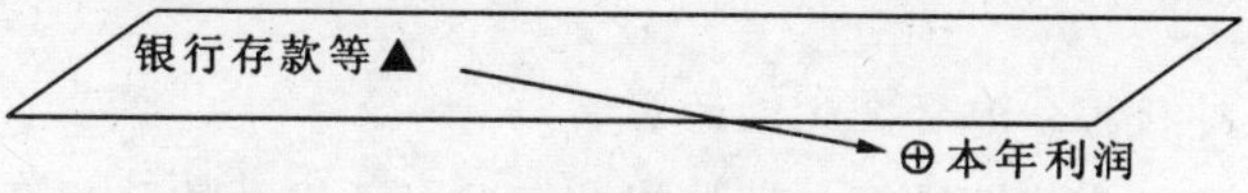

图 3-215 利润分配所引起的基本资金运动

2. 相关性原则对利润分配环节资金运动的影响

按照会计的相关性原则，企业应该完整而及时地向外部关系人和内部关系人提供有关企业在一定时期内的经营业绩和经营成果以及企业的利润分配情况。具体来说，会计信息的使用者对利润分配环节所关注的焦点主要有三个方面：第一个方面是企业到目前为止累计已实现的利润总额；第二个方面则是企业到目前为止累计已分配的利润；第三个方面则是未分配完的利润总额。图 3-215 的资金流程虽然反映了利润分配的情况，但却无法完整地提供“本年利润”总额指标。

为了保证“本年利润”这个指标数额的完整，同时又能如实地反映利润分配所引起的资金运动，需要对由于利润分配所引起的资金运动进行技术处理，引入“利润分配”账户。具体的技术处理同费用的处理完全一致，即利润分配所引起的资金流量并不直接流入到“本年利润”账户中，而是在该账户的附近暂时停留下来，因此，其资金运动人为地在“本年利润”土坑附近形成一些土堆(图 3-216 中 A 段资金运动)，这些土堆在会计上就代表“利润分配”账户。其资金运动如图 3-216 所示。

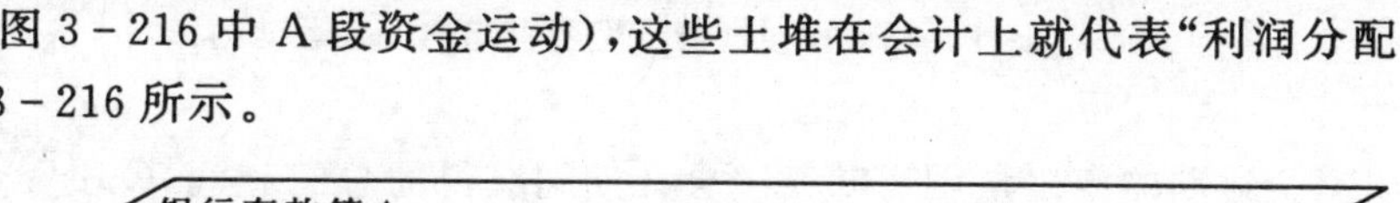

图 3-216 相关性原则对利润分配所引起的资金运动的影响

3. 会计及时性原则和相关法规等对利润分配环节资金运动的影响

一般来说，企业从宣布分配股利或利润到实际支付会有一段时间的间隔。一旦宣布分配股利或利润，企业就形成了对其所有者的债务。会计强调及时性原则，因此，企业需要在对外宣布分配股利或利润的当天反映企业对其所有者所应该承担的应付而未付的债务，这个临时的债务在会计上称为“应付利润(应付股利)”(图 3-217 中 A_1 段资金运动)。

我国《公司法》规定，企业应按税后利润的 10%提取法定盈余公积金。同时企业也可自行提取任意盈余公积金。盈余公积金的提取属于企业利润分配的组成部分，但并未直接支付给所有者，而是留在企业内部用于特殊目的的需要。因此，该部分的分配并未导致企业实际资产等的减少，该部分的资金仍然流在企业内部(图 3-217 中 A_2 段资金运动)。其引起的资金运动如图 3-217 所示。

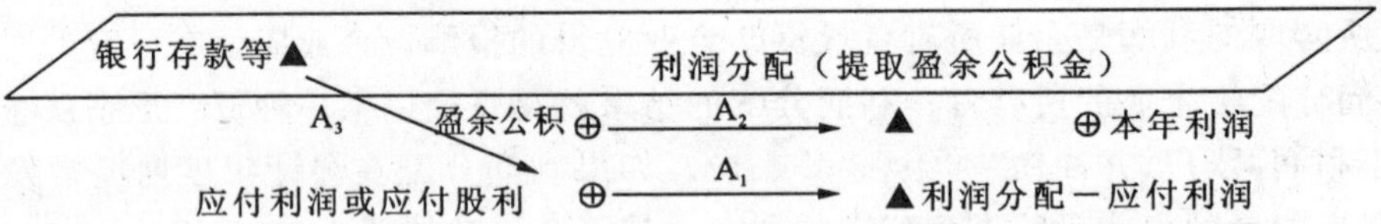

图 3-217　及时性原则等对利润分配所引起的资金运动

4. 会计分期假设对利润分配资金运动的影响

会计分期假设要求企业分期结算各期的损益情况以及损益的分配情况。这就要求企业分期将各期的已实现利润总额和已分配利润总额结合起来，得出企业期末未分配的利润总额，同时也为下一期的利润实现和利润分配打下基础。计算未分配利润，并不是直接将那些代表利润分配的土堆流入到“本年利润”账户中，而是采用一种间接方法，借助于一个新的账户——“未分配利润”来把已分配的利润和已实现的利润连接起来。这种间接处理过程如图 3-218 中 B 段和 C 段所示。通过 B 段资金运动，把“本年利润”全部结转到“未分配利润”账户；通过 C 段资金运动，把由于利润分配所引起的、暂时停留在“本年利润”附近的资金量结转到“未分配利润”账户。其整体资金运动如图 3-218 所示。

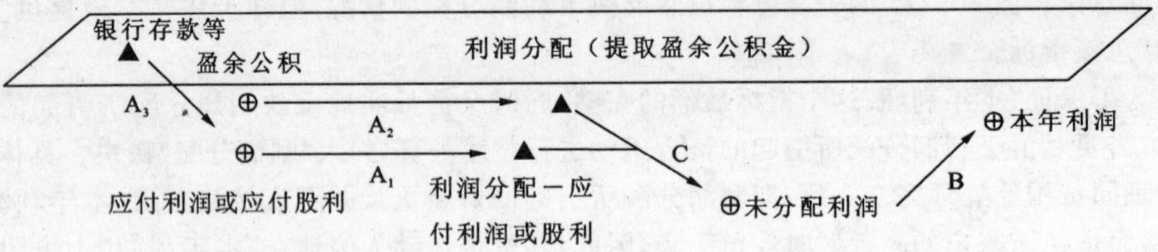

图 3-218　会计分期假设对利润分配所引起的资金运动的影响

这样，B 段资金运动的流出量就反映某一会计期间获得的总的利润，C 段资金流入量就反映相应的会计期间已经被分配的利润；二者流出流入之差就反映未分配完的利润，这种存量就以余额的形式反映出来。在会计上，把由于技术处理所引起的这些以土堆形态存在的账户称为“利润分配”账户，并根据具体情况予以不同的明细账户；把由于技术处理所引起的这些以土坑形态存在的账户称为“未分配利润”账户。利润分配过程的账户设置理由及其所引起的资金运动与销售过程费用和收入账户的设置理由及其相关的资金运动完全一样。利润分配过程中的“利润分配”账户与销售过程中的各个费用账户可以类比；利润分配过程中的“本年利润”账户与销售过程中的各个收入账户可以类比；利润分配过程中的“未分配利润”账户与销售过程中的“本年利润”账户可以类比。

“利润分配”是所有者权益类抵减账户，因为“利润分配”抵减“本年利润”就可以知道本年未分配完的利润。但“未分配利润”账户对所有者权益而言，既可能是抵减账户（当其余额为负数时），又可能是附加账户（当其余额为正数时，如实际未分配完的利润）。

5.利润分配与未分配利润账户分析

(1)利润分配账户分析。企业应设置如下的明细科目：其他转入、提取法定盈余公积、提取法定公益金、提取储备基金、提取企业发展基金、提取职工奖励及福利基金、利润归还投资、应付优先股股利、提取任意盈余公积、应付普通股股利、转作资本的普通股股利、未分配利润（在不设“未分配利润”账户时）。“利润分配”账户在会计平面模型上的体现如图 3－219 所示。

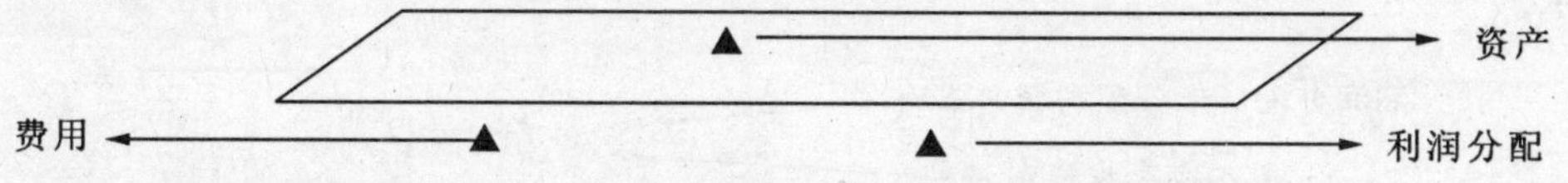

图 3－219　利润分配账户在会计平面模型上的反映

利润分配账户与资产、费用账户的相同之处：①在模型上的实体模拟形态是一样的；②两类账户的结构是完全相同的，即借方反映该账户资金量的增加，贷方反映该账户资金量的减少，余额一般在借方。

利润分配账户与资产、费用账户的不同之处：①产生的原因不同。利润分配账户是根据特殊的需要对利润分配过程的基本资金运动所采用的一种变通方法而产生的，是一种人为的、技术上的处理，它虽然也属于土堆，但并不是资金的存在形态，也不是损益过程中人为产生的费用存在形态。②在模型上的位置不同。虽然三者在模型上都是以土堆的实体形式表现出来，但利润分配账户和费用账户同位于平面之外（同为人为产生）；而资产账户则位于平面之上。③性质不同。利润分配账户位于“本年利润”土坑的附近，它附属于特定的账户，是为“本年利润”账户服务的，它永远都是与其对应的账户联系在一起而不可分离。虽然从账户的结构上看利润分配账户与资产费用账户是一样的，但利润分配账户是利润（或所有者权益）账户，只不过是属于利润（或所有者权益）抵减账户而已；“利润分配”抵减“本年利润”就可知道企业本年未分配利润的情况。

(2)未分配利润账户分析。未分配利润账户在模型上的实体模型形态是变化的。当企业有留存收益放在“未分配利润”账户上时，其在模型上以土坑的形态存在；当企业亏损或未分配利润为负数时，其在模型上则以土堆的形态存在。

未分配利润账户属于所有者权益性质。当未分配利润为负数时，该账户属于所有者权益抵减账户。

很多企业没有设置“未分配利润”总账，而是在“利润分配”总账下设“未分配利润”明细账。在这种情况下，企业期末“利润分配”的余额就是企业未分配的利润余额。在这种情况下，前面结转已分配利润所引起的 C 段资金运动，实际上只是在“利润分配”总账所属的几个明细账之间进行转换。

(二)盈余公积使用所引起的资金运动分析

企业提取的盈余公积包括法定盈余公积金和任意盈余公积金。一般盈余公积主要用于弥补亏损和转增资本金等。

企业用盈余公积弥补亏损,在数量关系上并不影响所有者权益的总额,但改变了所有者权益的内部结构(图 3 - 220 中 A 段资金运动)。

企业用盈余公积转增资本金,必须有董事会的提议、股东大会的决议,在转增资本金后,还必须向原登记机关办理变更登记。在会计处理时,还应当按照转增资本金前的实收资本结构比例,将盈余公积转增资本金的数额计入“实收资本(或股本)”科目下某个投资者的明细账,以增加投资者对权益的资本投资(图 3 - 220 中 B 段资金运动)。其所引起的资金运动如图 3 - 220 所示。

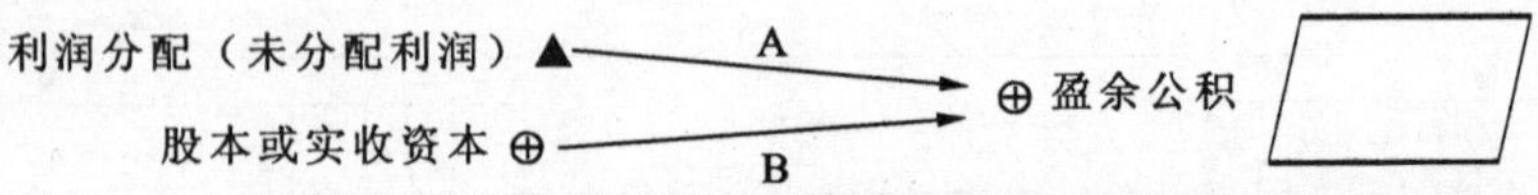

图 3 - 220　盈余公积使用所引起的资金运动分析

(三)以前年度损益调整所引起的资金运动分析

企业在报出年度会计报表后,如果由于记账发生差错或其他原因(包括期后事项)导致会计报表不实,但以前年度的账目已经结清,不再调整以前年度的账目,一般也不调整以前年度的会计报表(如果属于资产负债表日后事项,可以调整报告年度的会计报表),而是调整本年度会计报表相关项目的年初数,但在对外提供比较会计报表时,应当调整会计报表相关项目的数据。

1. 多计费用所引起的资金运动分析(图 3 - 221)

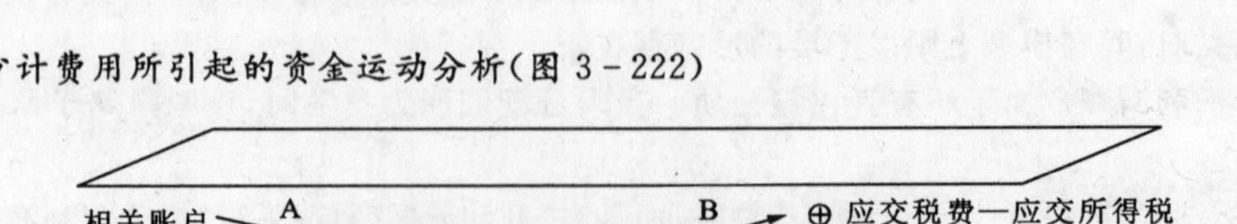

图 3 - 221　多计费用更正所引起的资金运动分析

A. 多计的费用转出;B. 调增应缴纳的所得税;C. 调增未分配利润

2. 少计费用所引起的资金运动分析(图 3 - 222)

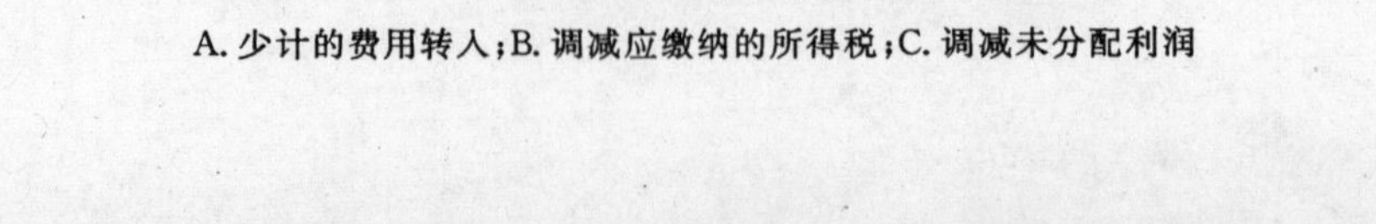

图 3 - 222　少计费用更正所引起的资金运动分析

A. 少计的费用转入;B. 调减应缴纳的所得税;C. 调减未分配利润

第十三节　企业其他特殊经济业务引起的资金运动分析

一、非货币性资产交换所引起的资金运动分析

(一)非货币性资产交换的界定

货币性资产是指企业持有的货币资金和将以可确定的金额收取的资产,包括现金、银行存款、应收账款和应收票据以及准备持有至到期的债券投资等。

非货币性资产交换是指交易双方主要以存货、固定资产、无形资产和长期股权投资等非货币性资产进行的交换。非货币性资产交换不涉及或只涉及少量的货币性资产(即补价)。其中,少量的货币性资产的认定通常以补价占整个资产交换金额的比例低于25%作为参考。

支付的货币性资产占换入资产公允价值(或占换出资产公允价值与支付的货币性资产之和)的比例,或者收到的货币性资产占换出资产公允价值(或占换入资产公允价值和收到的非货币性资产之和)的比例低于25%的,视为非货币性资产交换;高于25%(含25%)的,视为以货币性资产取得非货币性资产,适用《企业会计准则第14号——收入》等相关准则。

(二)商业实质的判断标准

所谓具有商业实质是指满足下列条件之一的非货币性资产交换:①换入资产的未来现金流量在风险、时间和金额方面与换出资产显著不同;②换入资产与换出资产的预计未来现金流量现值不同,且其差额与换入资产和换出资产的公允价值相比是重大的。

具体而言,换入资产的未来现金流量在风险、时间和金额方面与换出资产显著不同,其差异主要有四种情况:①风险、金额相同,但时间不同,如存货换固定资产;②时间、金额相同,但风险不同,如国库券换专利权;③风险、时间相同,但金额不同,如专利权换商标权;④风险、时间、金额都不相同。

所谓换入资产与换出资产的预计未来现金流量现值不同,且其差额与换入资产和换出资产的公允价值相比是重大的,是指其交换对企业的作用或价值不同。如非专利技术换长期股权投资(控股)。

因为关联方关系的存在可能导致发生的非货币性资产交换不具有商业实质。

(三)以公允价值作为计量模式的非货币性资产交换所引起的资金运动分析

1. 以公允价值模式计量的原则

非货币性资产交换同时满足如下两个条件的,应以公允价值加上相关税费作为换入资产的成本,公允价值与换出资产账面价值的差额确认为当期损益:①该项资产具有商业实质;②换入资产或换出资产的公允价值能够可靠地计量。

如果非货币性资产交换不同时满足上述两个条件,其换入资产的成本只能按照换出资产的账面价值加上相关的税费作为换入资产的成本,不确认损益。

2. 公允价值的确定

满足以下条件之一的资产，其公允价值才能视为能够可靠地计量。

(1)对于存在活跃市场的交易性证券、存货、长期股权投资、固定资产、无形资产等非货币性资产，应当以资产的市场价格为基础确定其公允价值。

(2)换入或换出资产本身不存在活跃市场，但类似资产存在活跃市场的，应当以调整后的类似资产市场价格为基础确定其公允价值。

(3)对于不存在同类或类似资产可比市场交易的长期股权投资、固定资产、无形资产等非货币性资产，应当参照《企业会计准则第 22 号——金融工具确认和计量》等，采用估值技术确定其公允价值。采用估值技术确定的公允价值估计数的变动区间很小，或者在公允价值估计数变动区间，各种用于确定公允价值估计数的概率能够合理确定的，视为公允价值能够可靠计量。

3. 以公允价值为基础的非货币性资产交换的会计处理

(1)换入资产的成本。要以换出资产公允价值和应支付的相关税费作为换入资产的成本。如果涉及到补价，支付补价的，应以换出资产公允价值加上支付的补价、应支付的相关税费作为换入资产的成本；收到补价的，应以换出资产公允价值减去收到的补价，加上应支付的相关税费作为换入资产的成本。

(2)收益确认。总体而言，企业需要将换出资产公允价值与账面价值的差额计入当期损益。其具体处理应当分别情况处理：①换出资产为存货的，应当视同销售处理，根据《企业会计准则第 14 号——收入》按其公允价值确认商品销售收入，同时结转商品销售成本；②换出资产为固定资产、无形资产的，换入资产公允价值和换出资产账面价值的差额计入营业外收入或营业外支出；③换出资产为长期股权投资、可供出售金融资产的，换入资产公允价值和换出资产账面价值的差额计入投资收益。

4. 以公允价值为基础的非货币性资产交换所引起的具体资金运动分析

(1)甲企业以其存货交换乙企业的资产，甲企业将换入的资产作为固定资产，乙企业将换入的资产作为原材料处理。

甲企业交换所引起的资金运动如图 3-223 所示。

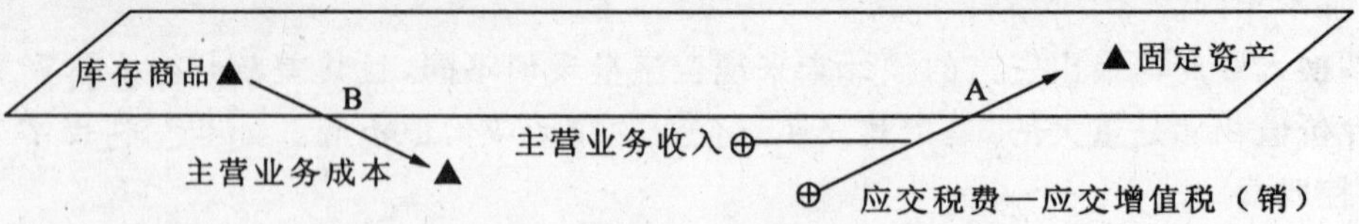

图 3-223　换出存货所引起的资金运动

A. 按公允价值换入所需要的固定资产(如果是原材料，则将主营业务收入改为其他业务收入)；B. 结转所换出的库存商品的成本(如果换出的是原材料，则将库存商品改为原材料，主营业务成本改为其他业务成本)

乙企业交换所引起的资金运动分析如图 3-224 所示。

(2)甲以固定资产换入乙企业的固定资产，甲为此支付了补价。

甲企业(支付补价)交换所引起的资金运动如图 3-225 所示。

乙企业(收到补价)非货币性资产交换所引起的资金运动如图 3-226 所示。

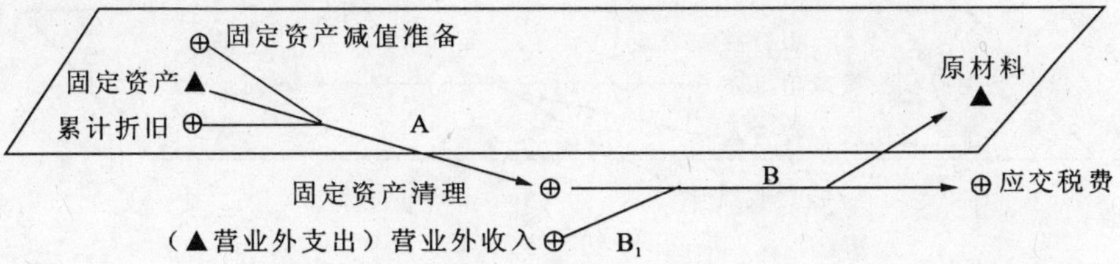

图 3-224　换入存货所引起的资金运动

A. 将固定资产转入清理（A 的流量反映固定资产的账面价值）；B. 确认所换入的资产（B_1 反映固定资产清理的结果，即其公允价值与其账面价值的差额，如果清理结果是亏损的，则应该将营业外收入改为营业外支出，B_1 的流量为负数，A 与 B_1 的流量之和，也就是 B 的流量，反映固定资产的公允价值与相应交易费用之和）

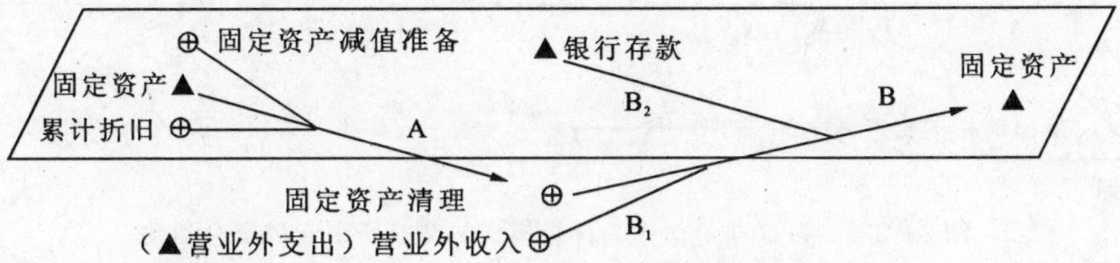

图 3-225　支付补价所引起的资金运动

A. 将固定资产转入清理（A 的流量反映固定资产的账面价值）；B. 确认所换入的资产（B_1 反映固定资产清理的结果，如果清理结果是亏损的，则应该将营业外收入改为营业外支出，B_1 的流量为负数。A 与 B_1 的流量之和就是固定资产的公允价值与相关税费之和，B_2 是支付的补价）

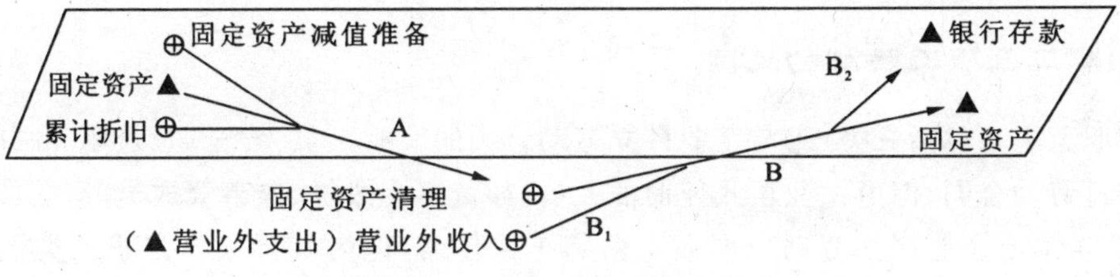

图 3-226　收到补价所引起的资金运动

A. 将固定资产转入清理（A 的流量反映固定资产的账面价值）；B. 确认所换入的资产与收到的补价的处理（B_1 反映固定资产清理的结果，如果清理结果是亏损的，则应该将营业外收入改为营业外支出，B_1 的流量为负数。A 与 B_1 的流量之和就是固定资产的公允价值与相关税费之和，B_2 是收到的补价）

(3)企业以长期股权投资换入资产。该非货币性资产交换所引起的资金运动如图 3-227 所示。

(四)以账面价值作为计量模式的非货币性资产交换所引起的资金运动分析

在以账面价值为基础计量的情况下，换入资产的成本以换出资产账面价值和应支付的相关税费作为成本。如果涉及到补价的，作为支付补价的一方，应以换出资产账面价值加上支付的补价、应支付的相关税费作为换入资产的成本；收到补价的一方，应以换出资产账面价值减

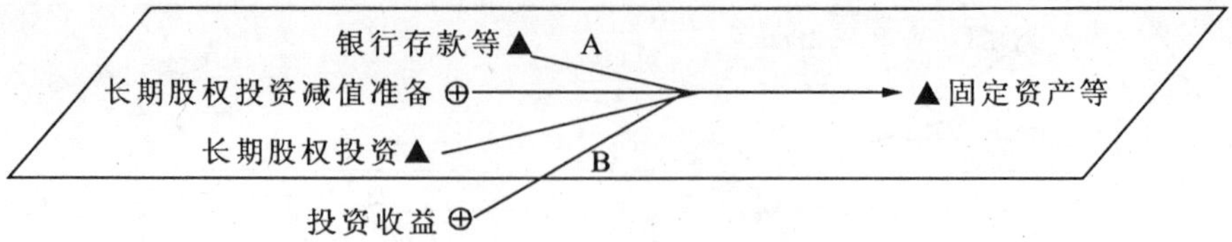

图 3－227　换出长期股权投资所引起的资金运动

A. 在交换的过程中所支付的相关税费；B. 长期股权投资的账面价值与其公允价值之差

去收到的补价，加上应支付的相关税费作为换入资产的成本。在以账面价值为基础计量的情况下，交易双方都不确认损益。其所引起的资金运动如图 3－228 所示。

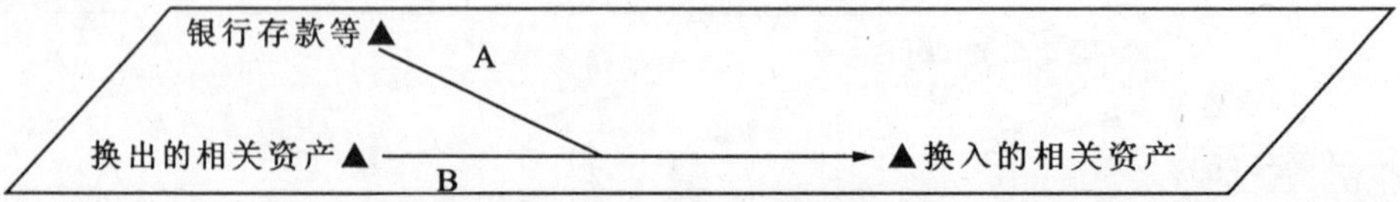

图 3－228　以账面价值作为计量模式的交换所引起的资金运动

A. 交换过程中所支付的相关税费；B. 换出资产的账面价值（如果是存货，就应该是库存商品或原材料与相应的存货跌价准备构成，如果涉及到增值税，还需要按其公允价值计算增值税；如果是固定资产或无形资产，就应该是固定资产或无形资产、累计折旧或累计摊销、固定资产减值准备或无形资产减值准备之和；如果是长期股权投资等，就应该是长期股权投资与长期股权投资减值准备之和）

二、职工薪酬业务所引起的资金运动分析

（一）职工及职工薪酬的范围

企业职工主要包括三类：①与企业订立劳动合同的所有人员，含全职、兼职和临时工；②未与企业签订劳动合同，但由企业正式任命的人员，如董事会成员、监事会成员等；③在企业计划和控制下，虽未与企业订立劳动合同或未由其正式任命，但为其提供与之职工类似服务的人员，如与中介机构签订的劳务用工合同所包含的人员等。

职工薪酬包括企业为职工在职期间和离职后提供的全部货币性薪酬和非货币性福利。提供给职工配偶、子女或其他被赡养人的福利等，也属于职工薪酬。

职工薪酬主要包括：①职工的工资、奖金、津贴和补贴；②职工福利费，主要是指尚未实行分离办社会职能或主辅分离、辅业改制的企业，内设医务室、职工浴室、理发室、托儿所等集体福利机构人员的工资、医务费用、职工负伤赴外地就医路费、职工生活困难补助、未实行医疗统筹企业职工医疗费用，以及按规定发生的其他职工福利支出；③医疗保险费、养老保险费、失业保险费、工伤保险费和生育保险费等社会保险费，其中养老保险费包括基本养老保险制度和补充养老保险制度；④住房公积金；⑤工会经费和职工教育经费；⑥非货币性福利；⑦因解除与职工的劳动合同关系而给予的补偿，即辞退福利；⑧其他与获得职工提供的服务相关的支出，如：以权益形式结算的认股权、以现金形式结算但以权益工具公允价值为基础确定的现金股票增值权等。

为了核算职工薪酬，企业需要设置"应付职工薪酬"账户。在该账户下，企业需要设置"工资"、"职工福利"、"社会保险费"、"住房公积金"、"工会经费"、"职工教育经费"、"非货币性福利"、"辞退福利"、"带薪休假"和"股份支付"等明细分类账。

(二)职工薪酬的确认与计量所引起的资金运动分析

1. 职工薪酬确认的基本原则

职工薪酬的确认应遵循"谁受益、谁承担"的原则。服务于不同职能部门和不同岗位的员工，其薪酬的确认可能会有所不同。应由生产产品、提供劳务负担的，应计入产品成本和劳务成本，但非正常消耗的，应在发生时计入当期损益；应由在建工程、无形资产负担的，应计入在建工程或研发支出；其他的薪酬，一般在发生时计入当期损益。

2. 货币性职工薪酬确认与计量所引起的资金运动分析

货币性职工薪酬是指企业以货币资金的形式向职工支付薪酬。货币性职工薪酬有的有明确的计提标准，如医疗、养老、失业、工伤、生育和住房公积金"五险一金"，工会经费2%，职工教育经费1.5%(特殊企业可以按2.5%提取)。

货币性职工薪酬所引起的资金运动如图3-229所示。

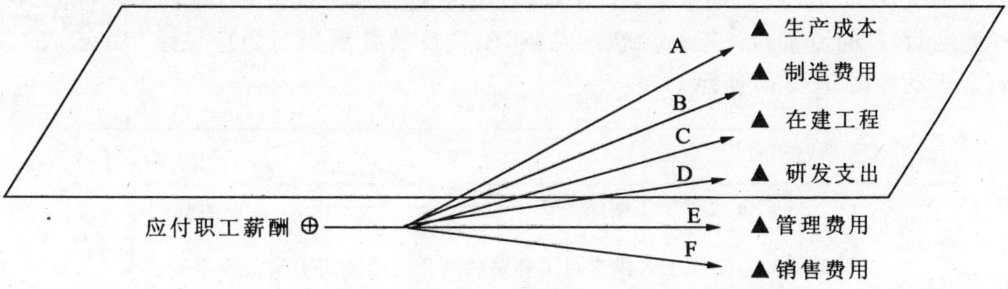

图3-229 货币性职工薪酬所引起的资金运动分析

A. 生产工人薪酬的确认与计量；B. 生产车间管理人员薪酬的确认与计量；C. 工程施工人员薪酬的确认与计量；D. 研究与开发人员薪酬的确认与计量；E. 管理人员薪酬的确认与计量；F. 销售人员薪酬的确认与计量

3. 非货币性职工薪酬确认与计量所引起的资金运动分析

(1)以自产产品或外购商品发放给职工作为福利。所支付给职工的薪酬应按产品或外购商品的公允价值和相关税费计量。自产产品按正常商品销售确认收入，并结转成本。外购的商品直接按所支付的价款核算。自产产品作为福利发放给职工所引起的资金运动如图3-230所示。

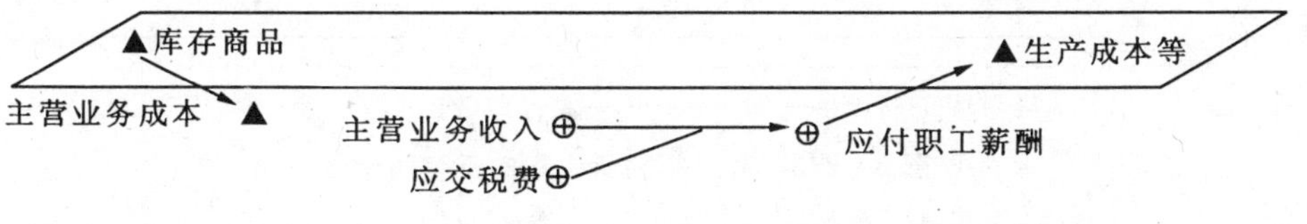

图3-230 以自产产品等作为职工薪酬支付所引起的资金运动

(2)将拥有的房屋等资产无偿提供给职工使用或租赁房屋等资产给职工无偿使用。企业首先根据收益对象分配计入成本或费用，同时确认应付职工薪酬(如图 3－231 中 A 段资金运动)，然后冲销应付职工薪酬。如果是将企业的房屋等资产无偿提供给职工使用，则在提取折旧时冲销应付职工薪酬(图 3－231 中 B 段资金运动)；如果将租赁的房屋无偿提供给职工使用，在支付租金时冲销应付职工薪酬(图 3－231 中 C 段资金运动)。其引起的资金运动如图 3－231 所示。

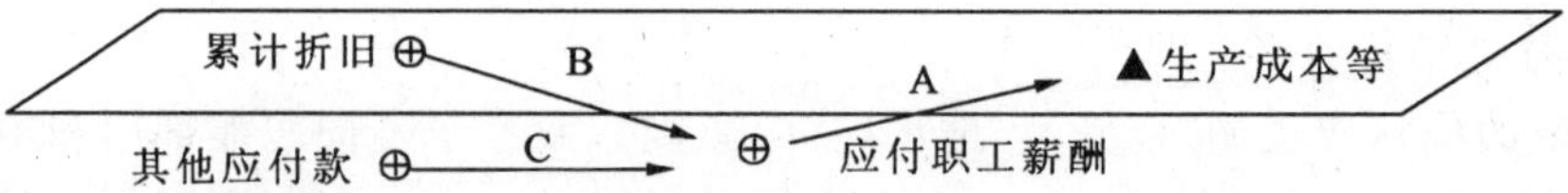

图 3－231　无偿或租赁房屋供职工使用所引起的资金运动

(3)向职工提供企业支付了补贴的商品或服务。企业向职工提供支付了补贴的商品或服务，主要包括以低于成本的价格向职工出售住房，以低于企业支付的价格向职工提供医疗保健服务等。

企业支付的补贴部分的处理取决于受益者必须在未来为企业提供一定服务的强制性。如果有强制性，则作为长期待摊费用，在合同或协议规定的服务年限内分期计入成本或费用(图 3－232 中 A、B、C 段资金运动，B、C 其流量为分期摊销金额)；如果没有强制性，则该长期待摊费用直接一次性全部计入当期损益，作为对职工过去提供服务的一种补偿(图 3－232 中 A、B、C 段资金运动，A 的流量为长期待摊费用总额，B、C 反映各承担对象应该承担的金额)。其引起的资金运动如图 3－232 所示。

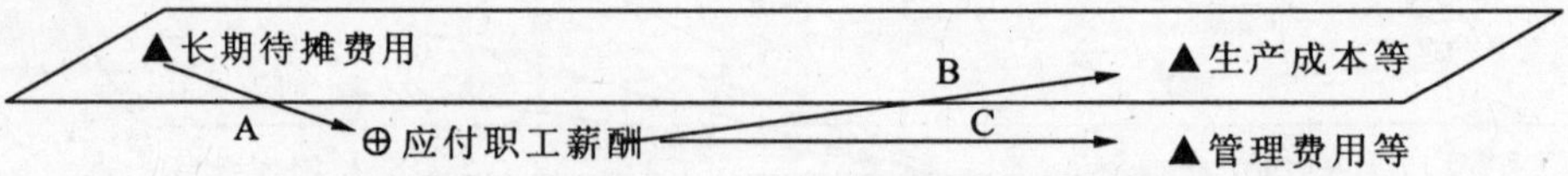

图 3－232　向职工提供支付了补贴的商品或劳务所引起的资金运动

4. 解除劳动关系补偿(亦称辞退福利)

辞退福利的确认与计量主要按职工薪酬准则和或有事项准则进行处理。辞退福利同时满足下列条件的，应当确认并合理估计因解除与职工的劳动关系给予补偿而产生的负债，同时计入管理费用。

(1)企业已制定正式的解除劳动关系计划或提出自愿裁减建议，并即将实施。该建议已经董事会或类似权力机构批准，并将在一年内实施完毕。

(2)企业不能单方面撤回解除劳动关系计划或裁减建议。

辞退福利所引起的资金运动如图 3－233 所示。

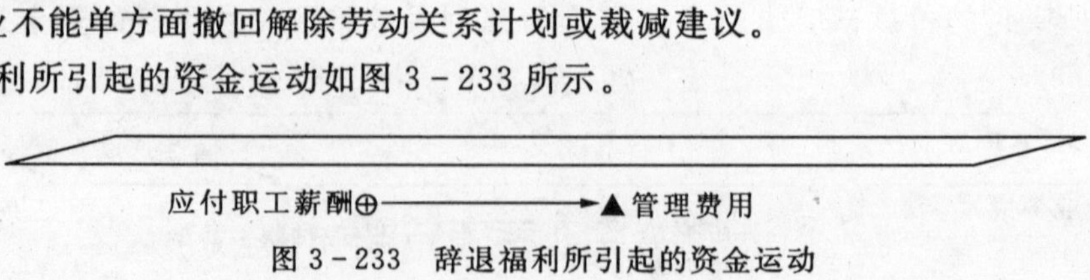

图 3－233　辞退福利所引起的资金运动

5. 带薪休假

带薪休假包括累积带薪休假和非累积带薪休假两种情况。累积带薪休假是指本期未休假的权利可以结转到下期使用，有些累计带薪休假在职工离开企业时需要对未使用的权利以现金支付。非累积带薪休假主要是指本期未休假的权利过期作废。此处主要讲授累积带薪休假。

在带薪休假制度下,企业需要按职工不休假的状态来确认与计量所需要额外支付的薪酬(图 3-234 中 A 段资金运动)。如果职工本期已经享受了带薪休假,则需要冲销已确认的额外薪酬,因为职工虽然休假但并没有减少工资,不再需要额外支付薪酬(图 3-234 中 B 段资金运动)。如果职工本期未带薪休假,但该休假属于累积性质的,职工在未来享受了休假,企业也不需要支付原已确认的额外薪酬,也需要冲销已提取的额外薪酬,但由于原来的相关账户不便调整,一般冲减未来期间的管理费用(图 3-234 中 C 段资金运动)。累计的未使用带薪休假最后可能以货币支付(图 3-234 中 D 段资金运动),也可能过期作废(其资金运动同图 3-234 中 C 段资金运动一样)。累计带薪休假所引起的资金运动如图 3-234 所示。

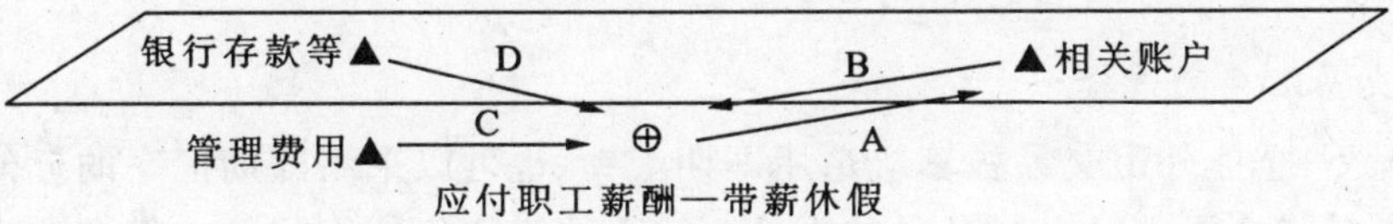

图 3-234 带薪休假所引起的资金运动

6. 利润分享和奖金计划

为了鼓励职工长期留在企业提供服务,企业可能制定利润分享和奖金计划,规定企业职工在企业工作了特定年份后,能够享有按照企业利润的一定比例计算的奖金。

利润分享和奖金计划只有符合以下两个条件时,才能确认为职工薪酬:①企业因过去事项现在负有作出支付的法定义务或推定义务;②能够可靠计量。在以下三种情况下,利润分享和奖金计划属于可以计量:在财务报表批准报出之前企业已确定应支付的奖金金额;该奖金计划的正式条款中包括确定奖金金额的公式;过去的惯例为企业确定推定义务金额提供了明显证据。利润分享和奖金计划所引起的资金运动如图 3-235 所示。

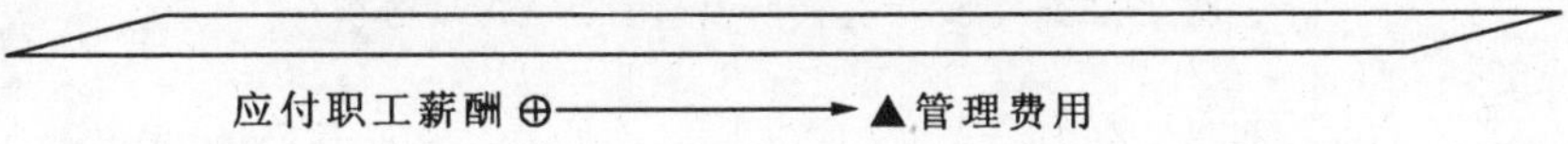

图 3-235 利润分享和奖金计划所引起的资金运动

三、外币折算所引起的资金运动分析

(一)外币交易的相关概念

外币折算是指把不同的外币金额换算成为本国货币的等值或者另外一种外币的等值的程序,它只是在会计上对原来的外币金额的重新表述,或者说,将外币统一换算成记账本位币的等值。

外币交易是指以外币计价或者结算的交易。其中,外币是企业记账本位币以外的货币。外币交易包括:①买入或者卖出以外币计价的商品或者劳务;②借入或者借出外币资金;③其他以外币计价或者结算的交易。

（二）记账本位币的确定

记账本位币是指企业经营所处的主要经济环境中的货币。我国企业通常选择人民币作为记账本位币。如果企业的业务收支以人民币以外的某种外国货币为主，也可以选定该种外币作为记账本位币进行日常的业务处理。但是，编报的财务报表应当折算为人民币。

企业记账本位币一经确定，不得随意变更，除非企业经营所处的主要经济环境发生重大变化，主要使用的货币也随之发生重大的变化。确需变更记账本位币的，应当采用变更当日的即期汇率，将所有项目折算为变更后的记账本位币。

（三）外币交易的会计处理

1. 外币交易汇率的选择

一般情况下，企业外币交易核算应选用即期汇率，也可以采用即期汇率的近似汇率。所谓即期汇率通常是指中国人民银行公布的当日人民币外汇牌价的中间价。但企业发生的外币兑换业务或涉及外币兑换的交易事项，应该按照实际的买入价或卖出价折算。所谓即期汇率的近似汇率是指采用按照系统合理的方法确定的，与交易发生日即期汇率近似的汇率。通常采用当期平均汇率或加权平均汇率作为即期汇率的近似汇率。

2. 外币交易业务发生时的会计处理

(1)外币兑换业务。涉及外币兑换业务，其汇率的选择应直接以实际买入价或卖出价作为兑换汇率。其所引起的资金运动如图 3－236 所示。当人民币兑换为美元时，其资金流向反向，即图 3－236 中 A 段流量为负数。

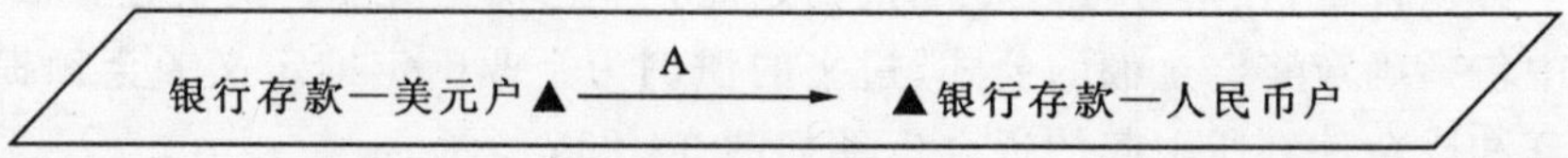

图 3－236　外币兑换所引起的资金运动分析

(2)非外币兑换业务。非外币兑换业务其汇率一般按发生当日即期汇率，也可采用即期汇率的近似汇率入账。如：以美元购买原材料，货款尚未支付。其所引起的资金运动如图 3－237 所示。A 段资金运动反映在用美元购买原材料过程中所发生的其他以人民币支付的项目。B 段资金运动反映因赊购以外币计价的原材料所应付未付的款项。

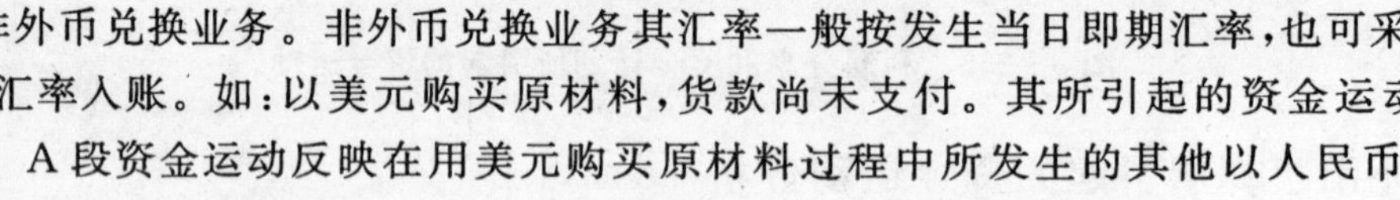

图 3－237　非外币兑换所引起的资金运动分析

(3)外币投入资本。外币投入资本的核算，应按交易发生日的即期汇率折算，不得采用合同约定汇率或即期汇率的近似汇率，不产生折算差额。其所引起的资金运动如图 3－238 所示。

(4)资产负债表日汇兑差额的折算。在计算资产负债表日汇兑差额时，一般将折算项目划分为外币货币性项目和外币非货币性项目。这两种不同的项目，其折算方法是有差异的。

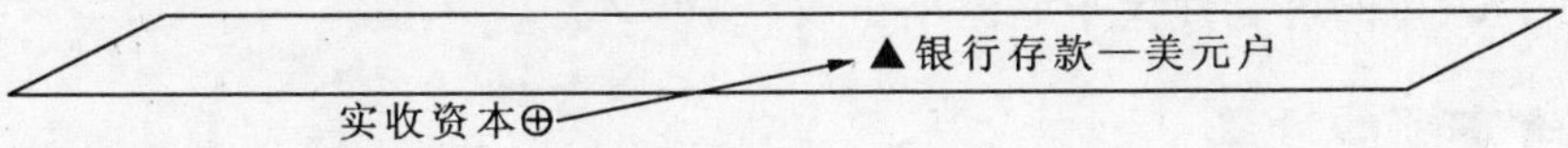

图 3-238　外币投入资本所引起的资金运动分析

外币货币性项目是指企业持有的货币资金和将以固定或可确定的金额收取的资产或者偿付的债务。其折算的汇率选择资产负债表日即期汇率。其折算金额与原账面价值的差额产生的汇兑差额，计入当期损益。

外币非货币性项目要分几种情况加以考虑。以历史成本计量的项目，应采用交易发生日的即期汇率折算，不改变其记账本位币金额。以公允价值计量的项目，应采用公允价值日的即期汇率折算，其折算金额与原账面价值的差额，作为公允价值变动处理，计入当期损益。资产负债表日汇兑差额的折算所引起的资金运动如图 3-239 所示。

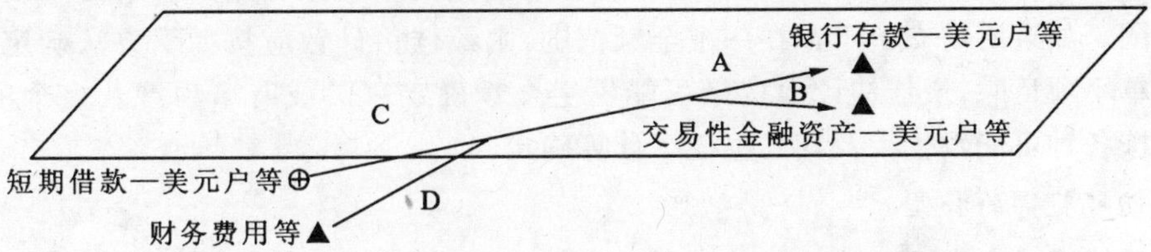

图 3-239　资产负债表日外币折算所引起的资金运动分析

A. 外币货币性资产按即期汇率计算与按原汇率计算所得的差额（如果差额为正，则 A 段流量为正数，否则，A 段流量为负数）；B. 外币非货币性资产按即期汇率计算或相应汇率与按原汇率计算所得的差额（如果差额为正，则 B 段流量为正数，否则为负数）；C. 外币性负债类货币项目按即期汇率或相应汇率计算所得金额与原汇率计算的差额（如果差额为正，则 C 段流量为正数，否则为负数）；D. 该段流量为企业总的汇兑差额的合计，即其流量为 A、B、C 三段流量之差（当 A 与 B 之和大于 C 时，D 的流量为正数，否则为负数）

四、或有事项所引起的资金运动分析

或有事项形成的一种状况，其结果须由未来不确定事件的发生或不发生加以证实。常见的或有事项有商业票据背书转让或贴现、未决诉讼、未决仲裁、产品质量保证（含产品安全保证）、为其他企业债务提供担保、促销增奖、尚未确定的欠交款项等。

（一）或有事项的确认

或有事项的确认只涉及到或有负债的问题，也就是说，与或有事项有关的义务应在符合一定条件时确认为负债。如果与或有事项相关的义务同时符合以下条件，企业应将其确认为负债：一是该义务是企业承担的现时义务；二是该义务的履行很可能导致经济利益流出企业；三是该义务的金额能够可靠地计量。

在对或有事项加以确认时，通常需要对其发生的概率加以分析和判断。这涉及到对发生概率的区间加以确定。一般情况下，发生的概率分为以下几个层次：基本确定、很可能、可能、极小可能。其中，“基本确定”是指发生的可能性大于 95%但小于 100%；“很可能”是指发生的可能性大于 50%但小于或等于 95%；“可能”是指发生的可能性大于 5%但小于或等于 50%；

“极小可能”是指发生的可能性大于零但小于或等于5%。

(二)或有事项的计量

或有事项的计量是指或有负债的计量问题,也就是说,当与或有事项有关的义务符合确认为负债的条件时,应以一定金额入账。因或有事项而确定的负债金额,应是清偿该负债所需支出的最佳估计数。此外,企业因履行或有事项所形成的义务,还可能从第三方或其他方得到补偿。因此,或有事项的计量主要涉及两个问题:一是最佳估计数的确定;二是预期可获得的补偿的处理。

1.最佳估计数的确定

企业因或有事项而确认的负债金额,应是清偿该负债所需支出的最佳估计数。其中,最佳估计数的确定分两种情况考虑:①所需支出存在一个金额范围。如果所需支出存在一个金额范围,则最佳估计数应按该范围的上限金额和下限金额的平均数确定。②所需支出不存在一个金额范围。如果所需支出不存在一个金额范围,则最佳估计数应按如下方法确定:(a)或有事项涉及单个项目时,最佳估计数按最可能发生金额确定;(b)或有事项涉及多个项目时,最佳估计数按各种可能发生额及其发生概率计算确定。

2.预期可获得的补偿

如果清偿因或有事项而确认的负债所需支出全部或部分预期由第三方或其他方补偿,则补偿金额只能在基本确定能收到时,作为资产单独确认,且确认的补偿金额不应超过所确认负债的账面价值。预期可能获得补偿的情况通常有:①发生交通事故等情况时,企业通常可以从保险公司获得合理的赔偿;②在某些索赔诉讼中,企业可以通过反诉的方式对索赔人或第三方另行提出赔偿要求;③在债务担保业务中,企业在履行担保义务的同时,通常可以向被担保企业提出额外追偿要求。

补偿金额的确认涉及两个问题:一是确认时间,二是确认金额。补偿金额只有在“基本确定”能收到时予以确认,确认的金额是基本确定能收到的金额。

(三)因或有事项而确认的负债所引起的资金运动分析

因或有事项确认的负债应在资产负债表中单列项目反映,并在会计报表附注中作相应披露;而与所确认负债有关的费用或支出应在扣除确认的补偿金额后,在利润表中反映。

在将或有事项确认负债的同时,应确认一项支出或费用。这项支出或费用在利润表中不应单列项目反映,而应与其他费用或支出项目(如“销售费用”“管理费用”“营业外支出”等)合并反映。比如:企业因产品质量保证确认负债时所确认的费用,在利润表中,应作为“销售费用”的组成部分予以反映;又比如:企业因对其他单位提供债务担保确认负债时所确认的费用,应作为“营业外支出”的组成部分予以反映。因或有事项而确认的负债所引起的资金运动流程如图3-240所示。

图3-240　或有负债所引起的资金运动分析

五、建造合同所引起的资金运动分析

(一)建造合同的概述

建造合同是指为建造一项资产或者在设计、技术、功能、最终用途等方面密切相关的数项资产而订立的合同。合同的甲方成为客户,乙方成为建造承包商。

在建造合同中,资产主要是指房屋、道路、桥梁、水坝等建筑物以及船舶、飞机、大型机器设备等。

建造合同的主要特征包括:①先有买主(即客户),后有标底(即资产),建造资产的造价在签订合同时已经确定;②资产建设期长;③资产体积大,造价高;④一般为不可取消的合同。

建造合同的类型主要有固定造价和成本加成两种类型。固定造价合同是指按照固定的合同价或固定单价确定工程价款的建造合同。在固定造价合同下,合同风险由建造承包方承担。成本加成合同是指以合同允许或者其他方式议定的成本为基础,加上该成本的一定比例建造或定额费用确定工程价款的建造合同。在成本加成合同下,合同风险由业主承担。

在确定建造合同的会计核算对象时,需要考虑建造项目的分立和合并。通常情况下,应以所订立的单项合同为对象,分别计算和确认各单项合同的收入、费用和利润。

(二)合同成本、合同收入和合同费用

1. 合同成本

合同成本是指从合同签订开始至合同完成止所发生的、与执行合同有关的直接费用和间接费用。合同直接费用是指合同过程中发生的人工、材料、机械使用费和其他直接费用。间接费用是指企业下属的施工单位或生产单位组织和管理施工生产活动发生的费用,类似工业企业的车间制造费用。

其他注意事项:①与借款合同相关的借款费用,应参照《企业会计准则第 17 号——借款费用》处理;②合同完成后处置残余物资取得的收益等与合同有关的零星收入收益,应当冲减合同成本;③合同成本一般不包括行政管理部门发生的管理费用,船舶等企业的销售费用、财务费用和因订立合同而发生的差旅费及投标费等费用(应直接计入当期管理费用),这些费用应直接计入当期损益。

2. 合同收入和合同费用

(1)合同收入的组成。合同收入的基本内容主要包括合同中规定的初始收入和因合同变更、索赔、奖励等形成的收入。

(2)合同结果能够可靠估计的建造合同。在资产负债表日,建造合同的结果能够可靠估计的,应当根据完工百分比确认合同收入和合同费用。完工百分比法是指根据合同完工进度确认收入与费用的方法。

(3)建造合同的结果不能可靠估计。在这种情况下,合同成本能够收回的,则按等金额确认合同收入与合同费用;合同成本不能收回的,则按成本发生额确认为费用,不确认合同收入。

(4)合同预计总成本超过合同总收入。在这种情况下,应计提减值准备,确认预计损失,并计入当期费用(图 3 - 241 中 A 段所示)。在工程完工后,应将存货跌价准备转入到主营业务

成本之中。其所引起的资金运动如图 3－241 所示。

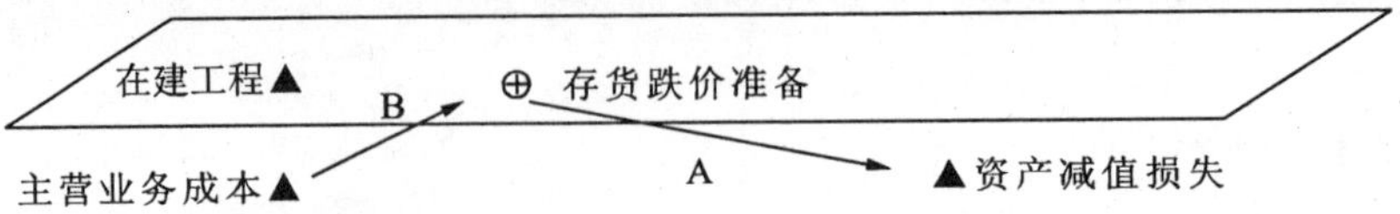

图 3－241　建造合同减值所引起的资金运动分析

如果工程合同还未进行就发生了减值，由于还没有标的物，该减值的处理应作为预计负债处理。其所引起的资金运动如图 3－242 所示。

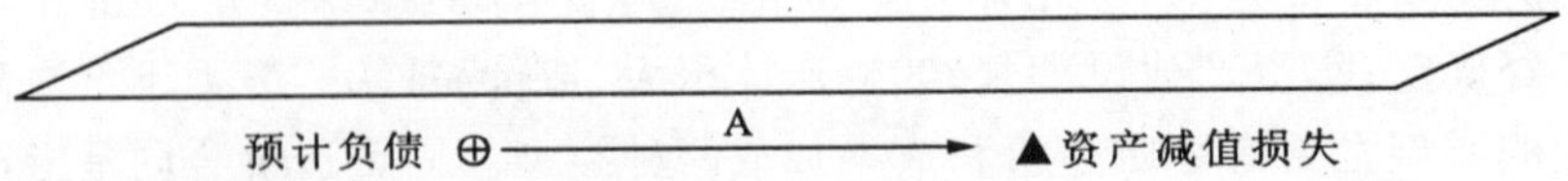

图 3－242　没有标的物的建造合同减值所引起的资金运动分析

（三）建造合同所引起的资金运动分析

建造合同的账务处理程序主要分三块进行。第一块是记录实际成本的发生，主要通过"工程施工"（包括机械作业）账户进行核算。第二块是记录与客户的结算情况，主要通过"工程结算"账户进行。第三块是合同收入和费用的确认与计量，主要通过"主营业务收入""主营业务成本"和"工程施工—某合同—合同毛利"账户进行。

1. 合同实际成本发生所引起的资金运动分析

为核算合同成本，企业需要设置"工程施工"总分类账户，同时还需要设置"工程施工—某合同—合同成本""工程施工—某合同—合同毛利"和"工程施工—间接费用"三个明细分类账户。其中，合同建造时发生的人工费、材料费、机械使用费以及施工现场的二次搬运费、生产工具和用具使用费、检验试验费、临时设施折旧费等其他直接费用，在发生时直接计入"工程施工—某合同—合同成本"（图 3－243 中 A_1 段资金运动）。发生的施工、生产单位管理人员职工薪酬，固定资产折旧费，财产保险费，工程保修费，排污费等间接费用，发生时先计入"工程施工—间接费用"（图 3－243 中 A_2 段资金运动），然后在资产负债表日按照系统、合理的方法分摊计入"工程施工—某合同—合同成本"（图 3－243 中 A_3 段资金运动）。间接费用的分配方法主要有人工费用比例法和间接费用比例法等。

企业在施工过程中，为了加强对机械作业的管理，需要设置"机械作业"账户。该账户核算企业及其内部独立核算的施工单位、机械站和运输队使用自有施工机械和运输设备进行机械作业（包括机械化施工和运输作业等）所发生的各项费用。各项费用按成本项目一般分为人工费、燃料及动力费、折旧及维修费、其他直接费用、间接费用（为组织和管理机械作业生产所发生的费用）。机械作业支出发生时，直接计入该科目（图 3－243 中 A_4 段资金运动）；期（月）末结转时，将为本企业承包单位的工程进行机械化施工和运输作业的成本结转"工程施工"账户，将对外单位、专项工程等提供机械作业（包括运输设备）的成本结转"劳务成本"账户（图 3－243 中 A_5 段资金运动）；该账户期末无余额。从外单位或本企业其他内部独立核算的机械站租入施工机械发生的机械租赁费，在"工程施工"账户核算。

2. 合同收入和费用的确认与计量所引起的资金运动分析

企业应该按完工百分比法确认合同收入和费用。所确认的合同收入与合同费用的差额计入“工程施工—某合同—合同毛利”账户，其所引起的资金运动如图 3-243 中 B_1 和 B_2 所示。

在确认合同毛利之前，“工程施工”账户反映企业目前为止建造工程所发生的累计实际成本。在确认合同毛利之后，“工程施工”账户不仅反映累计发生的实际成本，而且还包括企业到目前为止所累计实现的毛利。也就是说，一旦确认工程毛利之后，“工程施工”账户不再反映工程所发生的实际成本，而反映工程已完工的累计合同工作量，当工程完工时，“工程施工”账户金额应等于建造合同总金额。

企业建造合同执行中预计总成本超过合同总收入时，应确认为资产减值损失，计提减值准备。合同完工时，冲减主营业务成本。

3. 工程结算所引起的资金运动分析

企业需要设置“工程结算”账户核算企业与业主之间的工程结算事项。企业应根据建造合同的约定向业主办理结算已完工工程款项，其所引起的资金运动如图 3-243 中 C_1 和 C_2 段所示。该账户的金额反映到目前为止已结算的累计金额。当工程完工并已办理了全部的工程结算时，“工程结算”账户的金额应该等于建造合同总金额。当企业办理交接手续，将已完工的工程移交给业主时，应将“工程结算”账户和“工程施工”账户对冲，其所引起的资金运动如图 3-243 中 D 段所示。建造合同所引起的资金运动如图 3-243 所示（甲代表“工程施工—某合同”）。

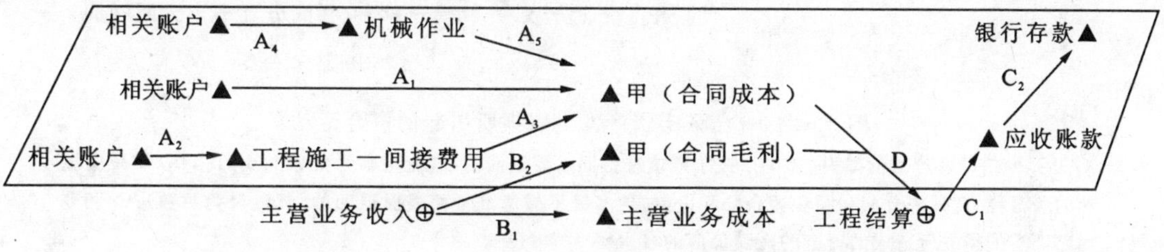

图 3-243 建造合同所引起的资金运动整体分析

六、资产负债表日后事项

资产负债表日后事项是指，自年度资产负债表日至财务报告批准报出日之间发生的需要调整或说明的事项（中期财务报告另有规定的除外，下同）。

资产负债表日后事项不是在这一特定期间内发生的全部事项，而是与资产负债表日存在状况有关的事项，或虽然与资产负债表日存在状况无关，但对企业财务状况具有重大影响的事项。

资产负债表日后事项包括两类：一类是对资产负债表日存在的情况提供进一步证据的事项，另一类是资产负债表日后才发生的事项。前者称为调整事项，后者称为非调整事项。对于非调整事项，只需要在报表附注中加以说明。

资产负债表日后发生的调整事项，应当视同资产负债表所属期间发生的事项一样，作出相关的账务处理，并对资产负债表日已编制的会计报表作相应的调整。这里的会计报表包括资产负债表、利润表及其相关的附表和现金流量表的补充资料内容，但不包括现金流量表正表。

由于资产负债表日后事项发生在次年，上年度的有关账目已经转出，特别是损益类科目在结账后已无余额，因此，资产负债表日后发生的调整事项，应当分别以下情况进行账务处理：①涉及损益的事项，通过“以前年度损益调整”科目核算，同时还需要调整“应交税费—应交所得税”科目。②涉及利润分配调整的事项，直接在“利润分配—未分配利润”科目核算。③不涉及损益和利润分配的事项，直接调整相关科目。④通过上述账务处理以后，还应同时调整会计报表相关项目的数字，包括：(a)资产负债表日编制的会计报表相关项目的数字；(b)当期编制的会计报表相关项目的年初数；(c)提供比较资产负债表时，还应调整相关会计报表的上年数；(d)经过上述调整后，如涉及会计报表附注内容的，还应当调整会计报表附注相关项目的数字。

调整事项的具体会计处理方法如下。

(1)已证实资产发生了减损。这一事项是指，在年度资产负债表日以前或在年度资产负债表日，根据当时资料判断某项资产可能发生了损失或永久性减值，但没有最后确定是否会发生，因而按照当时最好的估计金额反映在会计报表中。但在年度资产负债表日至财务报告批准报出日之间，所取得的新的或进一步的证据能证明该事实成立，即某项资产已经发生了损失或永久性减值，则应对资产负债表日所作的估计予以修正。同时还要调整会计报表项目金额。已证实资产发生了减值所引起的资金运动如图 3－244 所示。

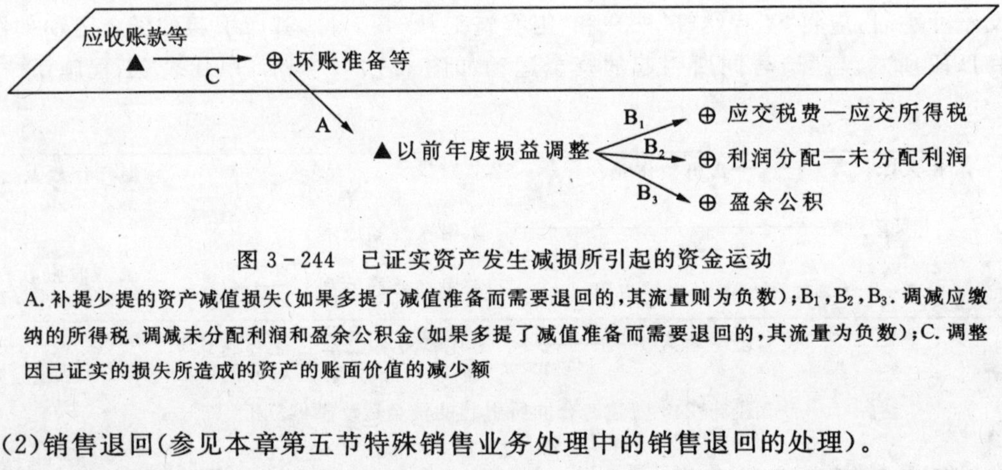

图 3－244　已证实资产发生减损所引起的资金运动

A. 补提少提的资产减值损失（如果多提了减值准备而需要退回的，其流量则为负数）；B_1，B_2，B_3. 调减应缴纳的所得税、调减未分配利润和盈余公积金（如果多提了减值准备而需要退回的，其流量为负数）；C. 调整因已证实的损失所造成的资产的账面价值的减少额

(2)销售退回(参见本章第五节特殊销售业务处理中的销售退回的处理)。

(3)已确定获得或支付的赔偿。这一事项是指，在资产负债表日以前或资产负债表日已经存在的赔偿事项，资产负债表日至财务报告批准报出日之间提供了新的证据，表明企业能够收到赔偿款或需要支付赔偿款，这一新的证据如果对资产负债表日所作的估计需要调整的，应对会计报表进行调整。

已确定支付的赔款所引起的资金运动如图 3－245 所示。

已确定收到的赔款所引起的资金运动如图 3－246 所示。

(4)在资产负债表日或资产负债表日以前提起的诉讼，以不同于资产负债表中登记的金额而结案[同(3)]。

(5)新的证据表明，在资产负债表日对长期合同应计收益的估计存在重大误差[同(3)]。

(6)解决在资产负债表日正在商议的债务重组协议[同(3)]。

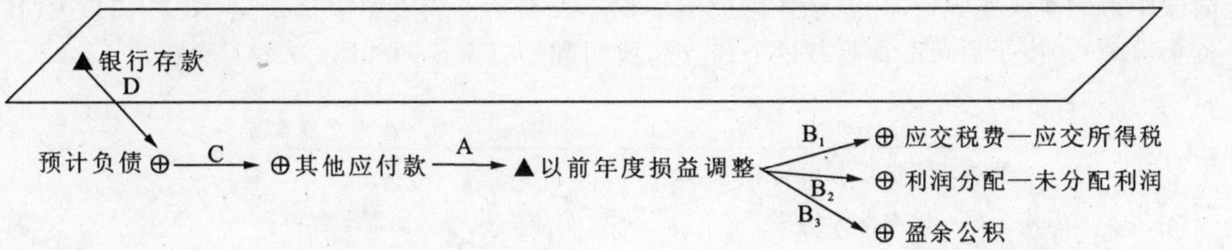

图 3-245　已确定支付赔偿所引起的资金运动

A. 补提少提的赔款损失(如果多提了而需要退回的,其流量则为负数);B_1,B_2,B_3. 调减应缴纳的所得税、调减未分配利润和盈余公积金(如果多提了而需要退回的,其流量为负数);C. 调整因已证实的损失,将预计负债确认为实际的其他应付款;D. 实际赔款的支付

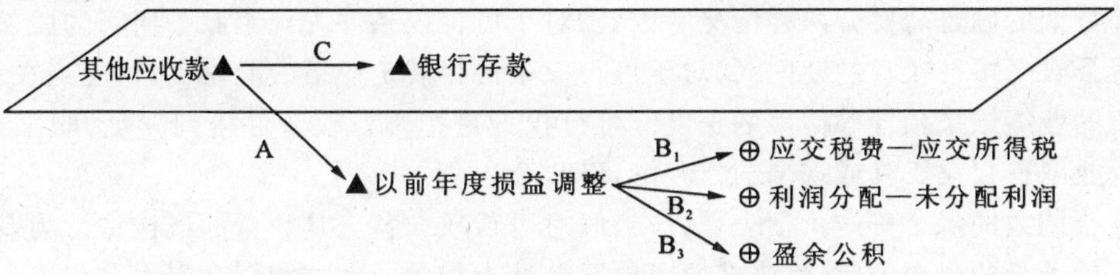

图 3-246　已确定获得赔偿所引起的资金运动

A. 冲销多提的赔款收入(如果少提了而需要追加的,其流量则为负数);B_1,B_2,B_3. 调减应缴纳的所得税、调减未分配利润和盈余公积金(如果少提了而需要追加的,其流量为负数);C. 实际赔款的收到

七、股份支付所引起的资金运动分析

股份支付是指企业为获取职工和其他方提供服务而授予权益工具或者承担以权益工具为基础确定的负债的交易。

股份支付主要有以权益结算的股份支付和以现金结算的股份支付两种。以权益结算的股份支付是指企业为获取服务以股份或其他权益工具作为对价进行结算的交易。以现金结算的股份支付是指企业为获取服务承担以股份或其他权益工具为基础计算确定的交付现金或其他资产义务的交易。

(一)以权益结算的股份支付

以权益结算的股份支付换取职工提供服务的,应当以授予职工权益工具的公允价值计量。其具体的核算又分为两种情况:一种是授予后立即可行权的,另一种是授予后不能立即行权的。

1. 授予后立即可行权的股份支付

企业应当在授予日按照权益工具的公允价值计入相关成本或费用,相应增加资本公积—其他资本公积(图 3-247 中 A 段资金运动)。其中,授予日是指股份支付协议获得批准的日期。所谓获得批准是指企业与职工或其他方就股份支付的协议条款和条件已达成一致,该协议获得股东大会或类似机构的批准。企业在实际支付以权益结算的股份时,按股份的股数与面值作为股本或实收资本,差额作为资本公积—股本溢价或资本溢价处理(图 3-247 中 B 段资金运动)。授予后可立即行权的股份支付所引起的资金运动如图 3-247 所示。

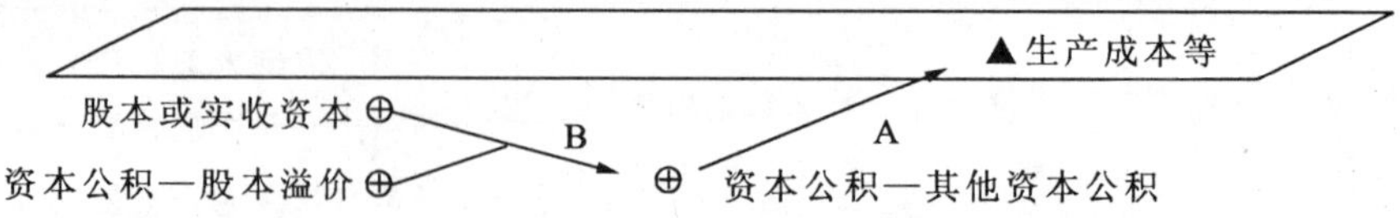

图 3-247　以权益结算的股份支付所引起的资金运动分析

2. 授予后不能立即行权的股份支付

授予后不能立即行权的股份支付是指股份支付授予后,受益对象需要等到满足一定条件后才能行使该权利。这其中就有一个等待期的问题。所谓等待期是指可行权条件得到满足的期间。等待期的确定需要分两种情况考虑:①对于可行权条件为规定服务期间的股份支付,等待期为授予日至可行权日的期间;②对于可行权条件为规定业绩的股份支付,应当在授予日根据最可能的业绩结果预计等待期的长度。可行权日是指可行权条件得到满足、职工和其他方具有从企业取得权益工具或现金的权利的日期。

在等待期内的每个资产负债表日,应当以对可行权权益工具数量的最佳估计为基础,按照权益工具授予日的公允价值,将当期取得的服务计入相关成本或费用和资本公积。

在资产负债表日,后续信息表明可行权权益工具的数量与以前估计不同的,应当进行调整,并在可行权日调整至实际可行权的权益工具数量。

授予后不能立即行权的股份支付所引起的资金运动与授予后立即行权的股份支付所引起的资金运动基本一致。其区别主要表现在两个方面:一是在确认的时点上,前者是在每一个资产负债表日确认应承担的部分,后者是在授予日立即确认;二是在计量上,前者是将按照权益工具授予日的公允价值在等待期内均衡分摊,后者是将按照权益工具授予日的公允价值在授予日全额计入相关项目。

以权益结算的股份支付换取其他方服务的,其他方服务的公允价值能够可靠计量的,应当按照其他方服务在取得日的公允价值计入相关成本或费用,相应增加所有者权益;其他方服务的公允价值不能可靠计量但权益工具公允价值能够可靠计量的,应当按照权益工具在服务取得日的公允价值计入相关成本或费用,相应增加所有者权益。

企业在可行权日之后不再对已确认的相关成本或费用和所有者权益总额进行调整。

如果全部或部分权益工具未被行权而失效或作废,应在行权有效期截止日将其从资本公积(其他资本公积)转入资本公积(股本溢价),不冲减成本费用。

(二)以现金结算的股份支付

企业应当按照承担的以股份或其他权益工具为基础计算确定的负债的公允价值计量。其具体的业务核算主要分两种情况考虑:①授予后立即可行权的股份支付,企业应当在授予日以企业承担负债的公允价值计入相关成本或费用,相应增加负债,其所引起的运动如图 3-248 中 A 段运动所示;②授予后不能立即行权的股份支付,在等待期内的每个资产负债表日,应当以对可行权情况的最佳估计为基础,按照企业承担负债的公允价值金额,将当期取得的服务计入成本或费用和相应的负债,其所引起的资金运动也如图 3-248 中 A 段运动所示,但该段运动确认的时点在等待期内的每个资产负债表日，而且其流量是分期计量。

在资产负债表日，后续信息表明企业当期承担债务的公允价值与以前估计不同的，应当进行调整，并在可行权日调整至实际可行权水平。

企业应当在相关负债结算前的每个资产负债表日以及结算日，对负债的公允价值重新计量，其变动计入当期损益。

企业在实际行权时，以货币资金支付，其所引起的资金运动如图 3－248 中 B 段运动所示。企业在可行权日之后不再确认成本费用增加，负债（应付职工薪酬）公允价值的变动应当计入当期损益（公允价值变动损益）（图 3－248 中 C 段运动）。以现金结算的股份支付所引起的资金运动如图 3－248 所示。

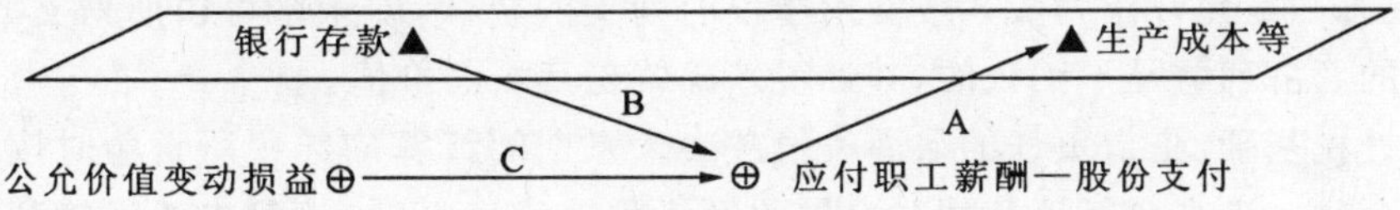

图 3－248　以现金结算的股份支付所引起的资金运动分析

（三）回购股份进行职工期权激励

企业回购股份应当按照回购股份的全部支出作为库存股处理，同时进行备查登记，其所引起的资金运动如图 3－249 中 A 段所示。

企业应当在等待期内每个资产负债表日按照权益工具在授予日的公允价值，将取得的职工服务计入成本费用，同时增加资本公积（其他资本公积），其所引起的资金运动如图 3－249 中 B 段所示。

员工在行权时，企业应按职工行权购买本企业股份时收到的价款，借记“银行存款”等科目，同时转销等待期内在资本公积（其他资本公积）中累计的金额，借记“资本公积—其他资本公积”科目，按回购的库存股成本，贷记“库存股”科目，按照上述借贷方差额，贷记“资本公积—股本溢价”科目，其所引起的资金运动如图 3－249 中 C 段所示。

回购股份进行职工期权激励所引起的资金运动如图 3－249 所示。

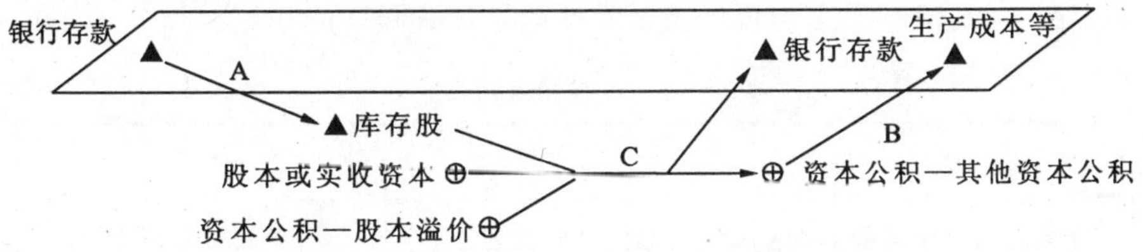

图 3－249　回购股份进行股权激励所引起的资金运动分析

八、所得税会计处理所引起的资金运动分析

资产负债表债务法是从资产负债表出发，通过比较资产负债表上列示的资产、负债按照会计准则规定确定的账面价值与按税法规定确定的计税基础，对于两者之间的差异分别确认为应纳税暂时性差异和可抵扣暂时性差异，确认相关的递延所得税资产与递延所得税负债，并在

此基础上确定每一会计期间利润表中的所得税费用。

在资产负债表债务法下，会计与税务的差异体现在资产和负债的账面价值与计税基础之上，而资产和负债都是面向未来的概念范畴，所以现行所得税会计准则强调会计与税务未来的差异，即企业未来的利润表与未来的纳税申报表的差异。

（一）资产、负债的计税基础及暂时性差异

资产的计税基础，是指企业回收资产账面价值过程中，计算应税所得额时按税法规定可以自应税经济利益中抵扣（或不却认为收入）的金额。

资产在未来使用或处置时，会引起未来经济利益流入企业：①如果这些未来经济利益是应税的，其计税基础是允许作为成本或费用于税前列支的金额，即未来可税前列支的金额；②如果这些未来的经济利益是不纳税的，其计税基础就是其账面价值。

负债的计税基础，是指负债的账面价值减去未来期间计算应纳税所得额时按照税法规定可予抵扣的金额。未来履行该负债时会导致经济利益流出企业，该流出的经济利益分两种情况：①与纳税相关的，可从税前列支的金额，即计税基础＝账面价值－未来可税前列支的金额；②与纳税无关的，不需要从税前列支，即计税基础＝账面价值。

暂时性差异是指资产或负债的账面价值与其计税基础之间的差额。按其对未来期间应纳税所得额的影响，可分为应纳税暂时性差异和可抵扣暂时性差异。

应纳税暂时性差异是指在确定未来回收资产或清偿负债期间的应纳税所得额时，将导致产生应税金额的暂时性差异。主要包括两种情况：①资产账面价值大于其计税基础；②负债账面价值小于其计税基础。

可抵扣暂时性差异是指在确定未来收回资产或清偿债务期间的应纳税所得额时，将导致产生可抵扣金额的暂时性差异。主要包括两种情况：①资产账面价值小于其计税基础；②负债账面价值大于其计税基础。

账面价值、计税基础与递延所得税资产或负债的关系如表 3－2 所示。

特殊项目产生的暂时性差异的处理：①未作为资产、负债确认的项目产生的暂时性差异，如因不符合资产、负债的确认条件而未在资产负债表中体现出来，但按税法规定能够确认其计税基础；②可抵扣亏损及税款抵减产生的暂时性差异，虽然不是因资产、负债的账面价值与计税基础不同而产生的，但本质上与可抵扣暂时性差异具有同样的作用。

表 3－2　暂时性差异的分类

分类	资产	负债
账面价值大于计税基础	应纳税暂时性差异	可抵扣暂时性差异
账面价值小于计税基础	可抵扣暂时性差异	应纳税暂时性差异

（二）递延所得税负债和递延所得税资产

1. 递延所得税负债的确认与计量

一般情况下，企业对所有应纳税暂时性差异均应确认相关的递延所得税负债。其金额为

相关应纳税暂时性差异乘以适用税率。

下列项目不确认为递延所得税负债：①商誉的初始确认；②交易或事项既不影响会计利润，也不影响应税所得；③对子公司、联营企业、合营企业投资等相关的应纳税暂时性差异，如果同时能控制其转回而且很可能不会转回，则不确认递延所得税负债。

2. 递延所得税资产的确认与计量

一般情况下，企业应将可抵扣暂时性差异确认为递延所得税资产，其金额为可抵扣暂时性差异乘以适用税率。其确认的一般原则为，在资产负债表日，有确凿证据表明未来期间很可能获得足够的应纳税所得额用来抵扣暂时性差异。如果有确凿证据表明未来期间很可能不能获得足够的应纳税所得额用来抵扣暂时性差异，则不能确认为递延所得税资产。

其他注意事项：①应以未来期间很可能取得的用来抵扣暂时性差异的应纳税所得额为限；②可结转的未弥补亏损和税款抵扣，应视同可抵扣暂时性差异处理。

如果未来期间很可能无法取得足够的应纳税所得额用以利用可抵扣暂时性差异带来的经济利益，则应减记其账面价值。

（三）所得税费用的确认与计量

企业所得税费用由当期所得税费用和递延所得税费用构成。

当期所得税费用是指企业按照税法规定计算确定的针对当期发生的交易和事项，应交纳给税务部门的所得税金额，即应交所得税。

递延所得税费用需要考虑递延所得税资产和递延所得税负债当期发生额。

递延所得税费用＝（期末递延所得税负债－期初递延所得税负债）－（期末递延所得税资产－期初递延所得税资产）

（四）与所得税有关的资金运动分析

在与所得税有关的资金运动分析中，企业需要根据纳税申报表所确认的金额来计算并确认应缴未缴的企业所得税，其所引起的资金运动如图 3－250 中 A 段所示。在此情况下，“应交税费”项目会进入企业的资产负债表，而“所得税费用”项目则会进利润表。但由于 A 段的流量是以纳税申报表上的应纳税所得额为基础计算的，而资产负债表和利润表的编报基础都是以企业会计政策为基础，因而“应交税费”进入资产负债表和“所得税费用”进入利润表会破坏资产负债表和利润表编报基础的一致性。因此，需要对 A 段的流量进行调整。“递延所得税资产”和“递延所得税负债”项目就是专门用来调整“应缴税费”和“所得税费用”的。B 段和 C 段流量可能是正数，也可能是负数。B 段资金运动的流量取决于递延所得税资产项目期末与期初余额的差额。C 段资金运动的流量取决于递延所得税负债项目期末与期初余额的差额。与所得税有关的资金运动如图 3－250 所示。

对于本期发生的亏损，如果企业有非常充分的理由相信，这个亏损一定能在未来的五年内得以弥补，那么企业就可以对由于现在的亏损所导致的对未来应纳税额的抵扣的权利加以确认，从而形成企业的递延所得税资产。其所引起的资金运动如图 3－251 中 A 段所示。当本期的亏损抵扣未来的税款时，其所引起的资金运动如图 3－251 中 B 段所示。

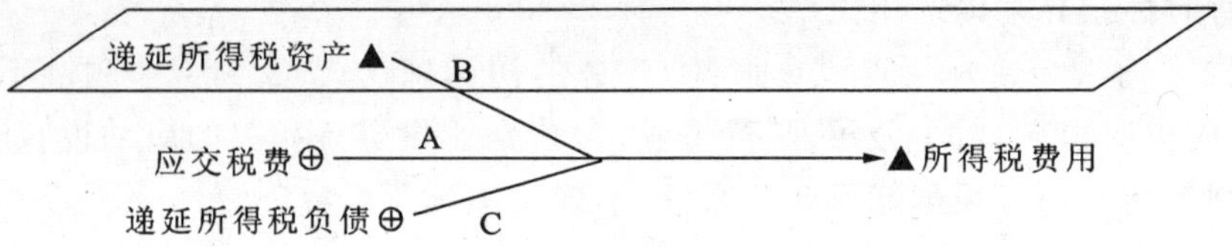

图 3－250　与所得税有关的资金所引起的资金运动分析

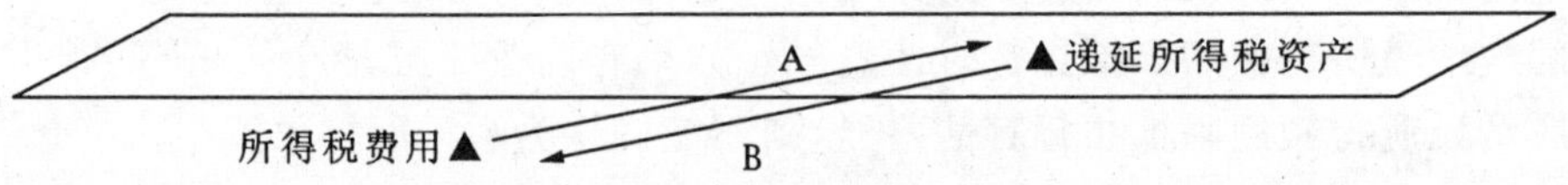

图 3－251　亏损所引起的资金运动分析

九、会计政策、会计估计变更和会计差错更正

（一）会计政策及其变更

会计政策，指企业在会计核算时所遵循的具体原则以及企业所采纳的具体会计处理方法。

在我国，会计准则和会计制度属于行政法规，上述具体原则和具体会计处理方法绝大多数是由会计准则或会计制度规定的。企业基本上是在会计准则和会计制度所允许的范围内选择适合企业自己实际情况的会计政策。

会计政策变更，是指企业对相同的交易或事项由原来采用的会计政策改用另一会计政策的行为。也就是说，在不同的会计期间可以执行不同的会计政策。

《企业会计制度》规定，企业应该按照会计准则和会计制度规定的原则和方法进行核算，各期采用的会计原则和会计方法应当保持一致，不得随意变更。若确实需要改变会计政策，则应当将变更的情况、变更的原因及其对企业财务状况和经营成果的影响在财务报表附注中加以说明。

在下述两种情况下，企业可以变更会计政策：第一，法律或会计准则等行政法规、章程等要求变更；第二，变更会计政策后，能够使所提供的企业财务状况、经营成果和现金流量信息更为可靠、更为相关。

发生会计政策变更时，有两种会计处理方法，即追溯调整法和未来适用法，这两种方法适用于不同情形。

1. 追溯调整法

追溯调整法指对某项交易或事项变更会计政策时，如同该交易或事项初次发生时就开始采用新的会计政策，并以此对相关项目进行调整的方法。在追溯调整法下，应计算会计政策变更的累积影响数，并调整变更年度期初留存收益以及会计报表及其他相关项目。

如果提供比较会计报表，对于比较会计报表期间的会计政策变更，应当调整比较期间各期的净损益和有关项目，就像该政策在比较会计期间一直采用一样；对于比较会计报表期间以前的会计政策变更的累积影响数，应当调整比较会计报表最早期间的期初留存收益，会计报表及其他相关项目的数字也应该作相应调整。

追溯调整法的运用通常由以下几步构成：第一步，计算确定会计政策变更的累积影响数；第二步，进行相关的账务处理；第三步，调整会计报表相关项目；第四步，附注说明。

会计政策变更的累积影响数，指按变更后的会计政策对以前各期追溯计算的变更年度期初留存收益应有的金额与原有的金额之间的差额。会计政策变更的累积影响数是假设与会计政策变更相关的交易或事项在初次发生时即采用新的会计政策，而得出的变更年度期初留存收益应有的金额与现有的金额的差额。会计政策变更的累积影响数是对变更会计政策所导致的对净损益的累积影响，以及由此导致的对利润分配及未分配利润的累积影响金额，不包括分配的利润或股利。这里所指的留存收益，包括法定盈余公积、法定公益金、任意盈余公积和未分配利润各项目。

会计政策变更的累计影响数，可以通过以下几个步骤计算获得：第一步，根据新的会计政策重新计算受影响的前期交易或事项；第二步，计算两种会计政策下的差异；第三步，计算差异的所得税影响金额；第四步，确定前期中的每一期的税后差异；第五步，计算会计政策变更的累计影响数。

以成本法改为权益法为例（因持股比例上升至能对被投资企业施加重大影响或共同控制），首先，要对原有的投资进行分析，将原有投资的账面价值与其所占被投资企业对应份额的公允价值进行比较。如果原有的账面价值小于所占份额的公允价值，则一方面增加长期股权投资的账面价值，另一方面调整留存收益，其所引起的资金运动如图 3－252 中 A 段所示。如果原有的账面价值大于所占份额的公允价值，则不需要进行调整，也不会产生相应的资金运动。但不管是否存在差异，都需要将原有的按成本法核算的账户设置改为按权益法核算的账户设置，其所引起的资金运动如图 3－252 中 B 段所示。

其次，要对新增的投资进行会计处理，其投资成本的确定同前面介绍的一样。其所引起的资金运动如图 3－252 中 C 段所示。

最后，对于原取得至新增投资时被投资单位可辨认净资产公允价值的变动部分，投资企业需要按比例分享或承担。属于被投资单位净损益所产生的，计入留存收益（这里假设被投资企业 1 元的净收益会导致被投资企业的公允价值上升 1 元），其所引起的资金运动如图 3－252 中 D_1 段所示；超过被投资单位净损益的部分，应确认为其他原因产生，计入资本公积，其所引起的资金运动如图 3－252 中 D_2 段所示。

对于因持股比例下降而导致对被投资企业的控制降为共同控制或施加重大影响时，其成本法改为权益法的会计处理同第一种情况基本一致。需要注意的主要有两个方面：一是由于没有新增投资，所以不需要分析新增投资的会计处理；二是在分析原有的投资时，要注意该原有投资是在处置部分投资之后的哪一部分。

长期股权投资成本法转权益法所引起的资金运动如图 3－252 所示。

2. *未来适用法*

未来适用法，指对某项交易或事项变更会计政策时，新的会计政策适用于变更当期及未来期间发生的交易或事项的方法。在该方法下，不需要计算会计政策变更产生的累积影响数，也无须重编以前年度的会计报表。企业会计账簿记录及会计报表上反映的金额，变更之日仍保留原有的金额，不因会计政策变更而改变以前年度的既定结果，并在现有金额的基础上再按新的会计政策进行核算。

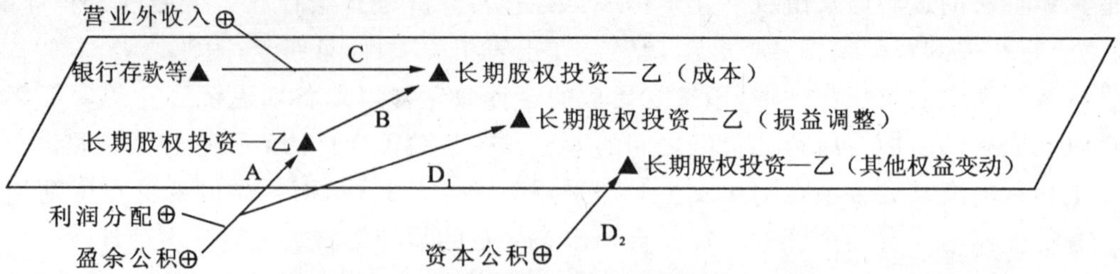

图 3 - 252　长期股权投资成本法转为权益法所引起的资金运动分析

(二)会计估计及其变更

为了定期、及时地提供有用的会计信息，将延续不断的经营活动人为地划分为一定的期间，并在权责发生制的基础上对企业的财务状况和经营成果进行定期确认、计量和报告，企业需要对尚在延续中、其结果尚未确定的交易或事项予以估计入账，这种行为称为会计估计。

会计估计是指，企业对其结果不确定的交易或事项以最近可利用的信息为基础所作的判断。需要进行会计估计的项目通常有：坏账；存货遭受毁损，全部或部分陈旧过时；固定资产的使用年限与净残值；无形资产的受益期；递延资产的分摊期间；或有损失；收入确认中的估计；等等。

会计估计是就现有信息或资料对未来所作的判断，随着时间的推移，有可能需要对会计估计进行变更。通常，企业可能由于以下原因而发生会计估计变更：第一，赖以进行估计的基础发生了变化；第二，取得了新的信息，积累了更多的经验。

会计估计变更应采用未来适用法，即在会计估计变更当期及以后期间，采用新的会计估计，不改变以前期间的会计估计，也不调整以前期间的报告结果。

以固定资产改变折旧年限为例，从改变的当年起采用新的会计估计，以前的处理不再变更。其所引起的资金运动如图 3 - 253 所示。

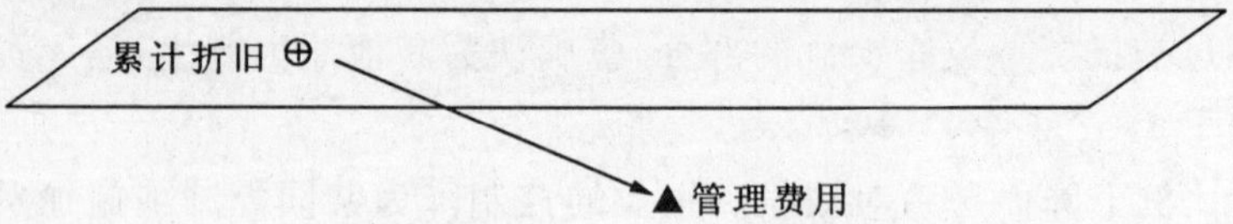

图 3 - 253　未来适用法所引起的资金运动分析

企业应当正确划分会计政策变更和会计估计变更，并按不同的方法进行相关会计处理。但有时很难区分会计估计变更和会计政策变更。如坏账准备由应收账款余额百分比法改为账龄分析法，属于会计政策变更；但从计提比例看，计提坏账准备的比例发生了变化，属于会计估计变更。在这种情况下，如果不易区别会计政策变更和会计估计变更，按会计估计变更的会计处理方法进行处理。

(三)会计差错更正

会计差错指在会计核算时，由于计量、确认、记录等方面出现的错误。通常情况下，企业可能由于以下原因而产生会计差错：第一，会计政策使用上的差错；第二，会计估计上的差错；第三,其他差错。

对于发生的会计差错,企业应当区分不同情况,分别采用不同的方法进行处理。

(1)当期发生的会计差错,应当调整当期相关项目。

(2)以前期间发生的非重大会计差错,对于当期发现的,属于与前期相关的非重大会计差错,不调整会计报表相关项目的期初数,但应调整发现当期与前期相同的相关项目。

(3)以前期间发生的重大会计差错,如影响损益,应将其对损益的影响数调整发现当期的期初留存收益,会计报表其他相关项目的期初数也应一并调整;如不影响损益,应调整会计报表相关项目的期初数。

在编制比较会计报表时,对于比较会计报表期间的重大会计差错,应调整各该期间的净损益和其他相关项目,视同该差错在产生的当期已经更正;对于比较会计报表期间以前的重大会计差错,应调整比较会计报表最早期间的期初留存收益,会计报表其他相关项目的数字也应一并调整。以前期间发生的重大会计差错更正所引起的资金运动如图 3-254 所示。

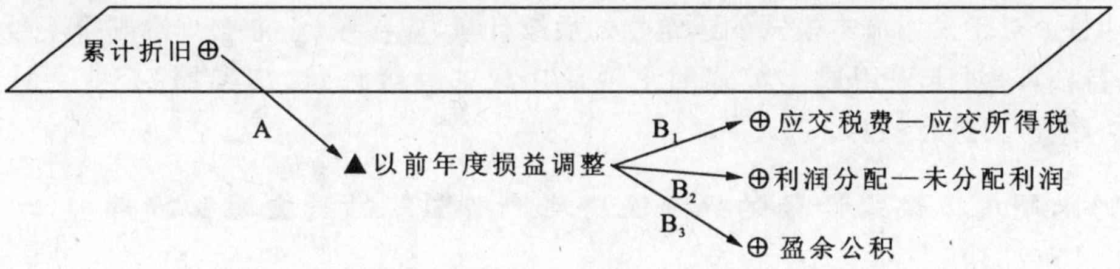

图 3-254 以前期间差错更正所引起的资金运动分析

A. 补提少提的折旧(如果多提了而需要减少的,其流量则为负数);B_1,B_2,B_3. 调减应缴纳的所得税、调减未分配利润和盈余公积金(如果多提了而需要减少的,其流量为负数)

十、投资性房地产所引起的资金运动分析

(一)投资性房地产的概念与种类

投资性房地产是指企业为赚取租金或资本增值,或两者兼有而持有的房地产。投资性房地产的一个显著特点就是其应当能够单独计量和出售。投资性房地产主要包括:①已出租的土地使用权;②持有并准备增值后转让的土地使用权;③已出租的建筑物。

但下列两个项目不属于投资性房地产:①自用房地产,即为生产商品、提供劳务或者经营管理而持有的房地产,该项目应作为企业的固定资产核算;②作为存货的房地产,该项目应作为企业的库存商品等核算。

(二)投资性房地产的确认与计量

投资性房地产确认的条件及其初始计量和后续支出与固定资产和无形资产基本一致,此处略。

此处主要研究投资性房地产后续计量。投资性房地产的后续计量主要是指企业应该在资产负债表日对投资性房地产的期末价值进行重新计量。后续计量主要采用两种模式:成本模式和公允价值模式。但同一企业只能采用一种模式对所有投资性房地产进行后续计量,不得同时采用两种计量模式。

1. 公允价值模式

如果企业有确凿证据表明投资性房地产的公允价值能够持续可靠取得的，企业可以对其采用公允价值模式进行计量。采用公允价值计量模式应该同时满足以下两个条件：①投资性房地产所在地有活跃的房地产交易市场；②企业能够从房地产交易市场上取得同类或类似房地产的市场价格及其他相关信息，从而对投资性房地产的公允价值作出合理的估计。

对于采用公允价值计量模式的投资性房地产，平时不计提折旧，也不进行摊销，应当以资产负债日投资性房地产的公允价值为基础调整其账面价值，公允价值与账面价值之间的差额计入当期损益。由于是按公允价值对其期末的账面价值进行调整，因而公允价值计量模式下的投资性房地产不存在减值的问题。

2. 成本模式

对于不能满足采用公允价值计量模式两个条件的投资性房地产，企业应采用成本模式对其进行计量。对于采用成本模式的建筑物的后续计量，应参照《企业会计准则第4号——固定资产》进行核算；对于采用成本模式的土地使用权的后续计量，应参照《企业会计准则第6号——无形资产》进行核算。

（三）采用成本模式计量的投资性房地产所引起的资金运动分析

在采用成本模式计量时，投资性房地产的处理与固定资产、无形资产基本一样，其具体体现在以下三个方面：一是要折旧或摊销；二是要提取减值准备，而且减值准备一旦提取，不得转回；三是后续支出的处理。

1. 投资性房地产取得、出租、折旧或摊销、减值所引起的资金运动分析

采用成本模式计量的投资性房地产取得、出租、折旧或摊销、减值等所引起的资金运动如图3-255所示。

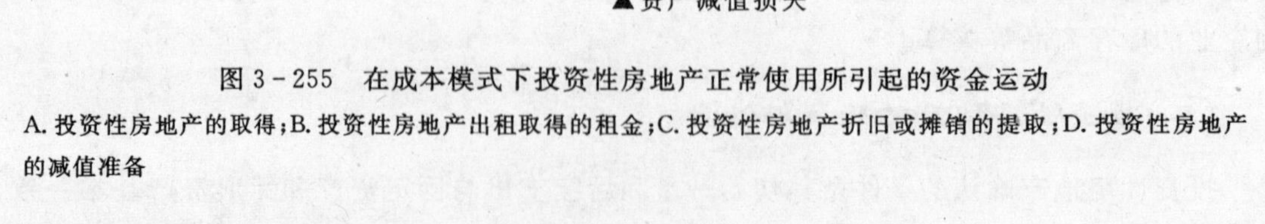

图3-255　在成本模式下投资性房地产正常使用所引起的资金运动

A. 投资性房地产的取得；B. 投资性房地产出租取得的租金；C. 投资性房地产折旧或摊销的提取；D. 投资性房地产的减值准备

2. 投资性房地产后续支出所引起的资金运动分析

当后续支出不能满足资本化的条件时，应将所发生的支出直接计入当期损益，其所引起的资金运动如图3-256所示。

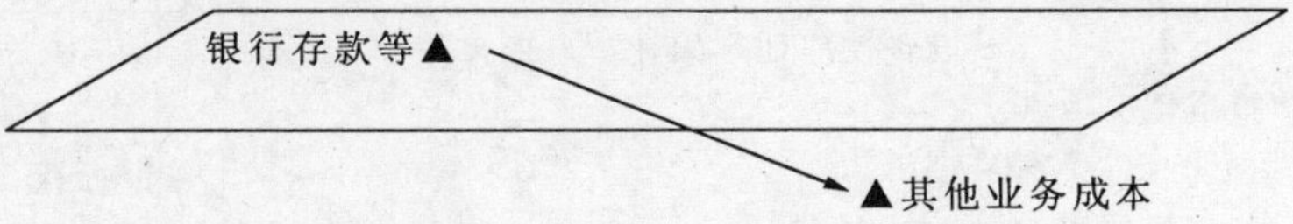

图 3 - 256　在成本模式下后续支出费用化所引起的资金运动

当发生的后续支出满足资本化条件时，应将后续支出计入投资性房地产的成本之中。其所引起的资金运动如图 3 - 257 所示。

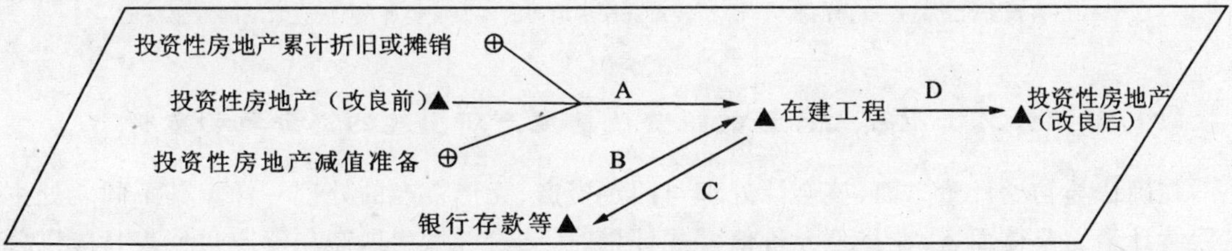

图 3 - 257　在成本模式下后续支出资本化所引起的资金运动

A. 将投资性房地产转入大修理；B. 发生大修理支出；C. 发生大修理变价收入；D. 大修理结束，将其转入投资性房地产

3. 投资性房地产与非投资性房地产之间的转换

(1)将非投资性房地产转为投资性房地产。这种转换主要包括以下几种情况：作为存货的房地产改为出租；自用建筑物或土地使用权停止改为出租；自用土地使用权停止自用，改用于资本增值。这种转换要求满足下列条件：企业管理当局应当就改变房地产用途形成正式的书面决议；房地产因用途改变而发生实际状态上的改变。

这种转换只需要将原非投资性房地产的账面价值转为投资性房地产的账面价值，而且要求原值、减值直接对转。如果涉及到折旧或摊销的，也要直接对转。这种转换所引起的资金运动如图 3 - 258 所示。

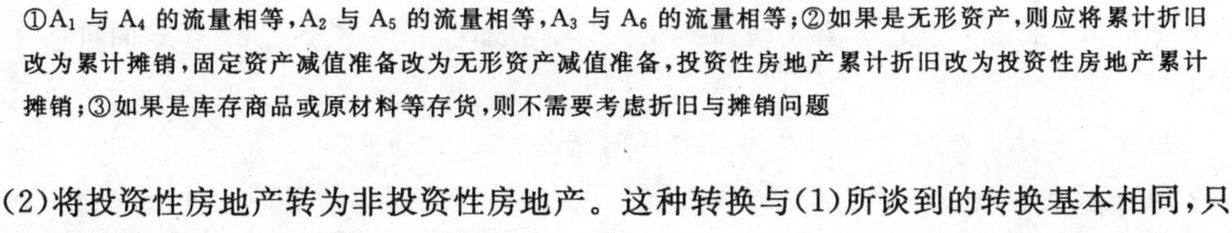

图 3 - 258　非投资性房地产转换为投资性房地产所引起的资金运动

①A_1 与 A_4 的流量相等，A_2 与 A_5 的流量相等，A_3 与 A_6 的流量相等；②如果是无形资产，则应将累计折旧改为累计摊销，固定资产减值准备改为无形资产减值准备，投资性房地产累计折旧改为投资性房地产累计摊销；③如果是库存商品或原材料等存货，则不需要考虑折旧与摊销问题

(2)将投资性房地产转为非投资性房地产。这种转换与(1)所谈到的转换基本相同，只是转换关系刚好调换过来。其所引起的资金运动如图 3 - 258 所示，只是 A 的流量为负数而已。

4. 投资性房地产的处置

投资性房地产处置所引起的资金运动如图 3 - 259 所示。

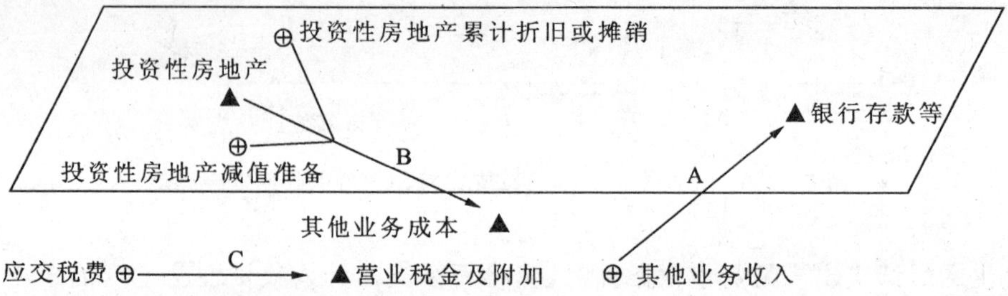

图 3-259 成本模式下投资性房地产处置所引起的资金运动

A. 出售投资性房地产取得的收入；B. 结转投资性房地产的账面价值；C. 确认应缴纳的营业税金

(四)采用公允价值模式计量的投资性房地产所引起的资金运动分析

在确认与初始计量方面，该会计处理与固定资产、无形资产的处理一样。其不同之处主要在后续计量。具体而言，在按公允价值模式计量时，该投资性房地产在资产负债表日应以公允价值计量。该公允价值与原账面价值的差额通过“公允价值变动损益”账户计入当期损益。因而，该投资性房地产不存在折旧或摊销问题，也不存在减值的问题。

1. 投资性房地产取得、出租、期末计价所引起的资金运动分析

采用公允价值模式计量的投资性房地产取得、出租、期末计价等所引起的资金运动如图3-260所示。

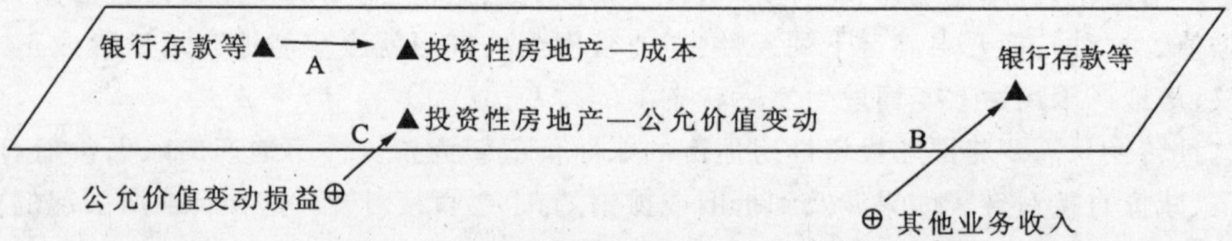

图 3-260 公允价值模式下投资性房地产正常使用所引起的资金运动

A. 投资性房地产的取得；B. 投资性房地产出租取得的租金；C. 投资性房地产期末计价（当公允价值高于其账面价值时，C段流量为正数，当公允价值低于账面价值时，C段流量为负数）

2. 投资性房地产后续支出所引起的资金运动分析

在公允价值模式下后续支出的处理与成本模式下的后续支出的处理基本相同，都需要将其账面价值转入在建工程。但在不同的模式下，账面价值的含义是不同的。在公允价值模式下，账面价值由“成本”“公允价值变动”两个明细账构成；而在成本模式下，其账面价值由“投资性房地产”“投资性房地产累计折旧或摊销”和“投资性房地产减值准备”构成。

3. 投资性房地产与非投资性房地产之间的转换

(1)将非投资性房地产转为投资性房地产。这种转换主要包括以下几种情况：作为存货的房地产改为出租；自用建筑物或土地使用权停止改为出租；自用土地使用权停止自用，改用于资本增值。这种转换要求满足下列条件：企业管理当局应当就改变房地产用途形成正式的书面决议；房地产因用途改变而发生实际状态上的改变。

在这种转换中，应按转换当日该资产的公允价值作为投资性房地产的成本。该公允价值与原账面价值的差额分两种情况考虑：当公允价值大于原账面价值时，要先作为资本公积处理，等到处置时再通过其他业务收入转入处置当期的损益；如果公允价值小于原账面价值时，应将其差额直接通过公允价值变动损益计入当期利润表。其所引起的资金运动如图 3－261 所示。

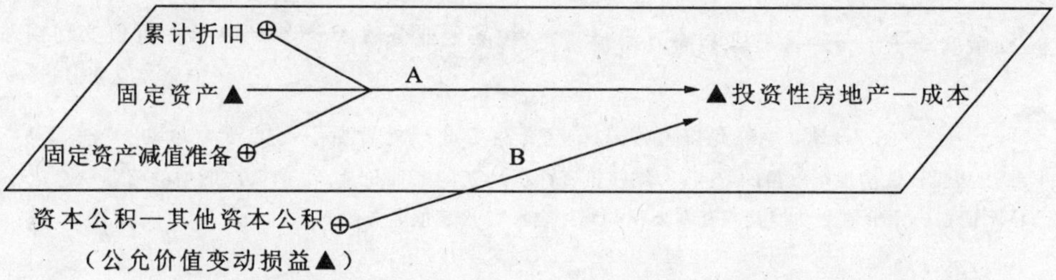

图 3－261　在公允价值模式下非投资性房地产转换为投资性房地产所引起的资金运动

①A 的流量表示该资产的账面价值，B 的流量表示转换日其公允价值大于账面价值的差额，当其公允价值小于账面价值时，B 段的流量为负数，资本公积需要改为"公允价值变动损益"；②如果是无形资产，则应将累计折旧改为累计摊销，固定资产减值准备改为无形资产减值准备；③如果是库存商品或原材料等存货，则不需要考虑折旧与摊销问题

(2)将投资性房地产转换为非投资性房地产。在这种转换中，应以转换当日的公允价值作为转换后的资产的账面价值，其转换日的公允价值与其原账面价值的差额通过"公允价值变动损益"计入当期损益。其所引起的资金运动如图 3－262 所示。

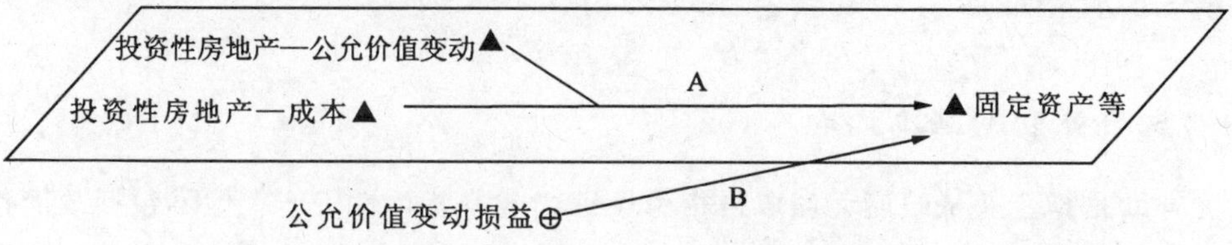

图 3－262　公允价值模式下投资性房地产转换为非投资性房地产所引起的资金运动

A. 转换当日投资性房地产的账面价值；B. 转换当日投资性房地产的公允价值与其原账面价值的差额

4. 投资性房地产的处置

投资性房地产处置所引起的资金运动如图 3－263 所示。

(五)两种计量模式的转换

企业对于投资性房地产的计量模式一经确定，不得随意变动。如果企业的计量模式由成本模式转为公允价值模式，这一改变应作为企业的会计政策变更按照《企业会计准则第 28 号——会计政策、会计估计变更和差错更正》加以处理，其调整方式应采用未来适用法。

但对于已采用公允价值模式计量的投资性房地产，不得从公允价值模式改为成本模式。同一企业只能采用一种模式对所有投资性房地产进行后续计量，不得同时采用两种模式。

原采用成本模式计量的投资性房地产改为采用公允价值模式计量的，应按照转换当日该资产的公允价值作为新的转换后的资产的成本，该资产的公允价值与原账面价值之间的差额调整期初留存收益。其所引起的资金运动如图 3-264 所示。

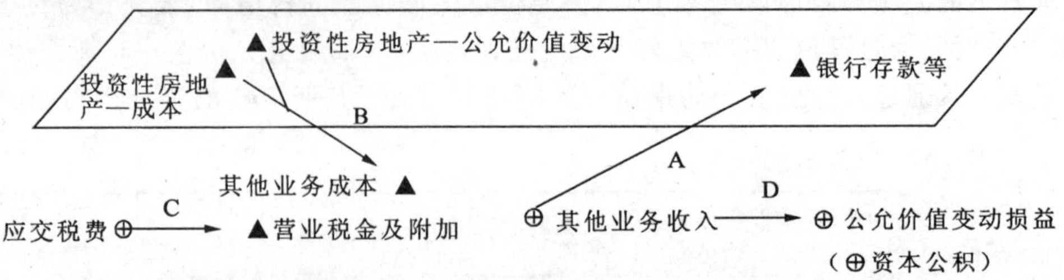

图 3-263　公允价值模式下投资性房地产处置所引起的资金运动

A. 出售投资性房地产取得的收入;B. 结转投资性房地产的账面价值;C. 确认应缴纳的营业税金;D. 将原记在公允价值变动损益或资本公积的累计金额转入其他业务收入

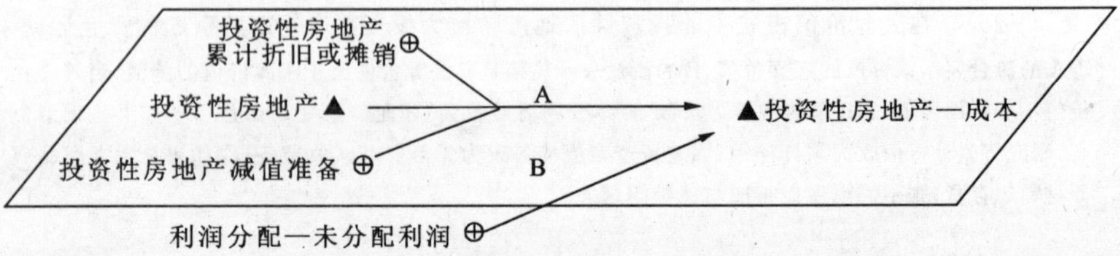

图 3-264　成本模式转为公允价值模式所引起的资金运动

A. 转换日按成本模式计量的投资性房地产的账面价值;B. 转换当日该资产的公允价值与原账面价值动的差额

十一、政府补助所引起的资金运动分析

(一)政府补助的基本内容

政府补助是指企业从政府无偿取得货币性资产或非货币性资产。但不包括政府作为企业所有者投入的资本。

政府补助主要有四种形式:①财政拨款;②财政贴息;③税收返还;④无偿划拨非货币性资产。但以下内容不属于政府补助会计准则的内容:①政府与企业间的债务豁免;②除税收返还之外的税收优惠,如直接减征、免征、增加计税抵扣额、抵免部分税款等;③出口退税,其实质是政府退还企业事先垫付的资金。

政府补助主要具有以下特征:①无偿性。②直接取得资产。如企业取得政府拨付的补助;先征后返(退)、即征即退等方法返还的税款;行政划拨的土地使用权;行政划拨的天然起源的天然林。

(二)政府补助所引起的资金运动分析

1. 政府补助会计处理的基本原则

政府补助的会计处理主要有两种方法:一是收益法,即将取得的政府补助直接计入当期收益或通过递延收益分期计入各期损益。二是资本法,即将取得的政府补助直接计入所有者权益。我国会计准则要求采用收益法。

对于政府补助，应遵循如下的会计处理原则：①与收益相关的政府补助，应该在与收益相关的期间确认收益；②与资产相关的政府补助，应在相关资产的可供使用期间内分期确认收益；③与资产和收益都相关的政府补助，原则上应进行分解，确实无法分解的，作为与收益有关的政府补助进行处理。

2. 与收益有关的政府补助所引起的资金运动分析

当政府补助只与当期或以前期间相关时，该政府补助应在收到时直接作为当期的营业外收入处理，其所引起的资金运动如图 3-265 中 A 段所示。当该政府补助与以后期间的收益相关时，应先作为“递延收益”处理，然后在以后的相应期间内确认为营业外收入，其所引起的资金运动如图 3-265 中 B 段、C 段所示。其所引起的资金运动如图 3-265 所示。

政府补助确认的时点应当在实际收到款项时按照到账的实际金额确认和计量。当有确切把握时，也可按权责发生制来确认（通过其他应收款核算）。

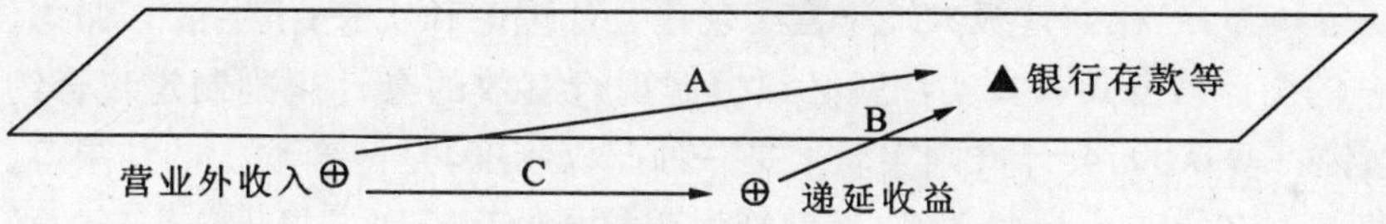

图 3-265　与收益有关的政府补助所引起的资金运动分析

3. 与资产有关的政府补助所引起的资金运动分析

这一类政府补助是指企业取得的、用于购建或以其他方式形成长期资产的政府补助。企业应该在实际收到款项时按照到账的实际金额确认与计量。当企业取得非货币性资产时，要按公允价值计量；没有的，按名义金额（1 元人民币）计量。

当企业确认这类补助时，应根据配比原则，先确认为递延收益，其所引起的资金运动如图 3-266 中 A 段所示，然后自资产可供使用时起，在该资产使用寿命内平均分配，计入营业外收入。其所引起的资金运动如图 3-266 中 B 段所示。

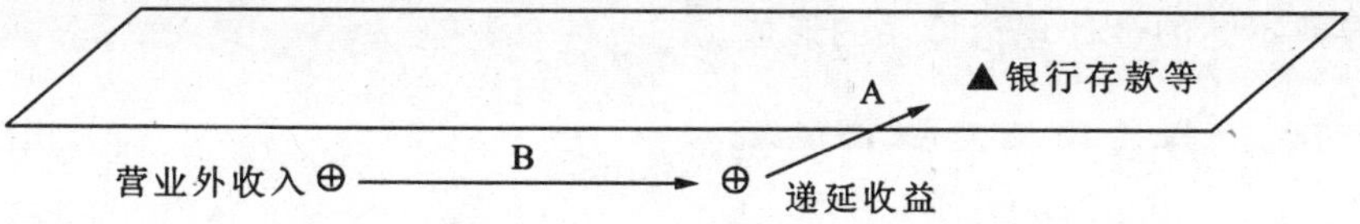

图 3-266　与资产有关的政府补助所引起的资金运动分析

第四章　资金运动会计理论的产权价值视角研究

第一节　产权价值运动：基于会计对象视角的分析

近年来，我国会计学者开始关注产权会计问题并已取得了一定的研究成果。郭道扬[①]提出了产权会计观，认为会计是一项对产权经济具有基础性控制功能与社会性意义的管理活动；赵士信[②]、田昆儒[③]等认为，产权会计极大地丰富了现代会计理论和实务；伍中信[④]、谢德仁[⑤]等指出，要使所生产出来的会计信息具有真实性就必须遵循现行有效的会计规则制定权合约安排；刘峰与黄少安[⑥]、杜兴强[⑦]等认为，会计准则实质上是一种产权制度，是博弈均衡的结果等。本书试图从会计对象角度探讨产权与会计的关系，以期能为产权会计理论研究提供一个新的平台。

一、会计对象的再认识：产权价值运动

每一门科学都是分析某一个别的运动形式或一系列互相关联和互相转化的运动形式的，因此，科学分类就是这些运动形式本身依据其内部所固有的次序的分类和排列，而它的重要性也正是在这里[⑧]。由此可以得出，“科学研究的区分，就是根据科学对象所具有的特殊矛盾性。因此，对于某一现象的领域所特有的矛盾研究，就构成某一门学科对象”[⑨]。而任何一门学科的理论都是围绕研究对象而产生的，理论体系是研究对象自身逻辑的科学反映[⑩]。会计对象质的特征和量的规定性奠定其在会计理论体系构建中的基础地位，诸如会计的本质、职能、责任、目标以及原则等只有在明确会计对象的基础上才能作出具体表述。因此，对会计对象的不同认识，将导致不同的会计理论体系的形成。

（一）产权、产权价值与产权价值运动

1. 产权

所有权是指所有者对其财产物资的占有、使用、收益和处分的权利，它是针对单个独立的

---

① 郭道扬：《论产权会计观与产权会计变革》，《会计研究》，2004(4)。
② 赵士信：《会计对象之探讨》，《会计研究》，1995(7)。
③ 田昆儒：《企业产权会计论》，经济科学出版社，2000。
④ 伍中信：《产权与会计》，立信会计出版社，1998。
⑤ 谢德仁：《会计信息的真实性与会计规则制定权合约安排》，《经济研究》，2000(5)。
⑥ 刘峰、黄少安：《科斯定律与会计准则》，《会计研究》，1992(2)。
⑦ 杜兴强：《契约理论与会计准则的起源、功能和限度研究》，《四川会计》，2000(1)。
⑧ 马克思、恩格斯：《马克思恩格斯全集》第20卷，人民出版社1971。
⑨ 毛泽东：《毛泽东选集》(第1～3卷)，人民出版社，1991。
⑩ 吴元粱：《科学方法基础》，中国社会科学出版社，1991。

所有者与其所拥有的特定财产而言的，而产权则是指两种或两种以上平等的所有权之间的权、责、利关系[①]。企业是一个由多个财产所有权构成的集合体，多个独立的所有者将自己的财产通过契约的形式组合在一起，形成一个虚拟的法人实体。为了使资源更有效地配置，单个所有者放弃其特定的财产所有权而获得一个对企业财产的共同所有权，为了保护单个所有者的所有权不受共同所有权的损害，就有必要在各个平等的所有权之间进行责、权、利的分配，因此产生了企业的产权问题。

2. *产权价值*

从企业整体的角度考察，权与利是指企业的产权主体对企业所有财产的共同占有、使用、处分的权利及由此而产生的收益获取权，而责是指企业的产权主体应当承担的共同责任。从单个所有者的角度看，企业的权、责、利需要在各个所有者之间进行安排，而权、责、利安排的依据是企业各个所有者投入到企业的各项财产及这些财产在价值量上的反映，即产权主体投入的产权价值量。简言之，由多个具有平等所有权的所有者成为企业的产权主体，各个所有者在企业的各项投入在价值量上的反映便成为各产权主体之间进行权、责、利安排的依据，而各项财产仅是产权价值的实物载体或存在形态。

3. *产权价值运动*

在产权关系中，共同所有权所形成的共同占有权是产权关系存在的基础，它具有排他性和永续性等基本法律特征，而使用权、收益权和处分权的行使则形成企业的产权价值运动。处分权具有两方面的含义，一是产权主体在使用财产的过程中可改变财产的形态或性质，二是产权主体可通过交易或非交易的形式转让财产。获取财产的收益权是产权价值运动的根本取向，故它受到各产权主体的共同关注。宏观层面上的资源配置使单个所有权转换为共同占有权，使企业取代市场形成复杂的产权关系，并由此产生产权价值（产权关系在价值量上的反映）和产权价值存在形态（产权关系在使用价值上的反映）概念。微观层面上的资源配置就是对共同所有权的具体使用权，即企业内部如何采用最佳的方式来配置各项生产要素，它将引起产权价值存在形态的相互转化。

具体而言，产权价值运动形式可以分为两类：一类是反映产权主体与企业之间所形成的产权关系的价值运动，它又包括两种情况，一是反映财产所有者将财产投入企业而与企业其他所有者所形成的产权经济关系，二是反映企业的某一产权主体从企业中抽回投入的财产而与企业其他产权主体解除产权经济关系。另一类是反映产权价值存在形态之间相互转化的价值运动，即反映企业各种经济资源的具体使用或耗费情况。

（二）基于产权价值运动的会计对象表述

会计理论界对会计对象的认识主要有过程论、财产论、资金运动论、经济活动价值论、经济信息系统论、使用价值与价值矛盾论和产权论七种不同的观点[②]，而笔者认为，唯产权价值运动论才能揭示会计对象的实质。这是因为作为会计对象的产权价值运动能够满足如下要求：其一，它必须是通古达今，一以贯之，即其表述应当达到探讨会计对象的逻辑思维与会计工作的历史发展相一致；其二，它必须涵盖多种经济形态和各种社会制度下的会计工作；其三，它必

① 段毅才：《西方产权理论结构分析》，《经济研究》，1992(8)。

② 李心合：《现代会计理论》，上海交通大学出版社，1996。

须是所有的会计工作和各种专业会计的对象[①]。

以产权价值运动作为会计的对象这一结论,可以从人类历史的发展中得到佐证。在人类发展历史的长河中,曾经历了多种不同的社会形态。从新制度经济学的角度分析,其产权制度相应地经历了三个阶段,即公有产权、排他性公有产权与排他性私有产权。在这个演变过程中,并非所有的公有产权都演变为排他性私有产权,一些公共土地、社团产权、集体产权,以及国有产权在当今社会都不同程度地存在着。

在原始社会,人们通过共同劳动来获得财产,并且共同拥有与使用,这些财产属于公有产权。会计(或其雏形)的对象就是这些公有产权(即公有财产),会计就是要对这些公有产权及其使用情况进行简单地反映。

进入原始社会的末期,在原始农业中出现了排他性的公有产权,如某些土地专属于某一部分成员使用。这时,会计的对象就是这些具有专属性质的财产及其所带来的收益,即排他性产权,会计就是要对这些具有专属性质的排他性公有产权进行反映和监督。

从奴隶社会开始,人类出现了私有财产与排他性私有产权。直到资本主义世界来临之前,人类就一直处在一种把排他性的私有产权仅仅体现为"对有形物品的直接占有为基础的农业经济"时代[②]。随着资本主义经济的产生,人类逐步进入到工业经济时代。在这一时期,无论是商业性活动的扩展[③]还是人口的增长[④]都使得资源的稀缺变得更加严重,使资源的相对价格进一步提升,使得产权问题比其他任何时代都显得更尖锐、更突出、更具有普遍性。"这一时期排他性私有产权的一个明确属性就是订立有约束力的契约的权利","它是一种以许多人之间形成的劳动分工为基础的契约经济,这些人将自身或其资源投入到一个共同目标上去,以冀在未来取得不直接与他们的绩效相关联的收益"[⑤]。总而言之,虽然农业经济时代与工业经济时代在排他性私有产权的表现属性上有所差别,但会计的对象仍是排他性私有产权,会计的作用主要体现在两个方面:一方面会计的目标开始涉定于维护和保障私有产权关系,另一方面它还要通过满足生产管理和提高经济效益的方式来提高产权主体的排他性私有收益。

现代社会,产权主体有营利性组织和非营利性组织之分,营利性组织又有私有企业、国有独资企业和混合型企业之分,因而会计对象有不同的表现。私有企业的会计对象是排他性的私有产权价值运动,国有独资企业的会计对象是公有产权价值运动,混合型企业的会计对象是私有产权与公有产权的融合体,而非营利组织的会计对象是排他性公有产权价值运动。

会计的对象是产权价值运动,而会计学分支的研究对象又各有侧重。一般而言,产权价值运动必然涉及到产权价值运动的流量、流向和流速三个方面。财务管理侧重于对流量和存量的最佳化和流速的最优化控制,它侧重于对产权价值运动进行事前和事中的控制与管理;而会计则侧重于对实际流量和实际流向的反映、监督和控制,侧重于对现实的、已发生的产权价值运动的反映与控制。

综上所述,会计的发展与产权经济的发展之间的关系既十分密切而又历时久远,无论是产权经济的发展对会计所产生的重要影响,还是会计的发展对产权经济发展的重要贡献都是与

---

① 赵士信:《会计对象之探讨》,《会计研究》,1995(7)。

② [美]理查德·派普斯:《财产论》,经济科学出版社,2003。

③ [美]德姆塞斯:《关于产权的理论》,载科斯等著,财产权利与制度变迁,上海三联书店出版,1991。

④ [美]道格拉斯·C.诺斯、罗伯特·保罗·托马斯:《西方世界的兴起》,张炳九译.北京学苑出版社,1988。

⑤ [美]理查德·派普斯:《财产论》,经济科学出版社, 2003。

生俱来的[①]。而且产权价值运动符合前面所提到的会计对象确认的三个条件，由此可以得出会计对象就是产权价值运动，具体而言就是产权价值运动的过程、结果及其所体现的产权经济关系[②]。会计与产权的关系一方面体现为会计的对象就是产权价值运动，另一方面则体现在会计要建立在一定的产权经济关系上，并体现和保护产权经济关系，还要随之而发展和变化。任何一个社会形态下的任何组织的会计，都被打上产权经济关系及产权经济制度的烙印。

二、产权价值运动的纵向分析：层次与结构

要准确地把握产权价值运动这一会计对象，就需要把产权价值运动作为一个系统来加以研究，并对其内部结构作层次性分析，进而全面地掌握其内涵与外延。这是因为一个经济组织的产权价值运动过程及其结果，需依赖于会计的全面、系统、恰当和及时地反映与控制。在反映与控制经济组织的产权价值运动过程中，首先涉及到的是产权价值的计量问题，“在经济组织问题上有两个至关重要的需求——计量投入的生产率以及对报酬的计量”[③]。而计量则必然涉及到计量标准——货币单位，这就必然与现实经济生活中的资金联系起来。具体而言，组织所发生的产权经济活动，首先要通过会计的确认来确定它是否应作为会计所要反映和监督的对象，是否引起产权价值运动；其次，对已确认为会计对象的产权经济活动，应将其引起的产权价值量的变化通过会计计量量化为一定的资金量；再次，对已确认和计量的产权经济活动，通过会计记录，一方面要将其所体现的产权经济关系加以揭示，另一方面也需要对其所引起的产权价值量变化的轨迹以资金运动的形式加以描述；最后，将一定会计期间内所记录的产权经济关系和所描述的反映产权价值变化的资金运动轨迹加以汇总整理，并对外披露。

简而言之，经济组织的产权价值量通过会计计量和该组织的资金与资金量形成了对应关系，因而该经济组织的产权价值运动通过资金运动表现出来，并与该组织的资金运动形成一一对应的经济关系。与此同时，经济组织的资金运动又必然通过该组织的具体经济业务表现出来。因而，经济组织的产权价值运动最终又通过该组织的具体经济业务呈现出来，进而在产权价值运动、资金运动和经济业务之间形成一一对应的经济关系，并构成一个有机的统一体。所以我们认为，会计对象有三个基本层次：产权价值运动是第一层次，资金运动的表现形式是第二层次；经济业务是第三层次。

这三个层次在会计对象结构中的地位是不一样的。第一层次的产权价值运动是对会计对象最本质的描述，具有抽象性的特征，是会计对象层次结构中最根本的一层。第三层次的经济业务是对会计对象的表面化描述，具有具体性、多样性和现实可理解性的特征，是会计对象层次结构中最表面化、最直接化的一层。而第二层次的资金运动位于第一层次的产权价值运动和第三层次的经济业务之间，起承上启下的作用。一方面，它将最抽象化的产权价值运动在一定程度上具体化，使其具有更好的可理解性、可接受性和可操作性；另一方面，它将各式各样的、纷繁复杂的经济业务按其对资金运动的影响归纳为几种基本的资金运动，将具体问题在一

---

① 伍中信：《产权与会计》，立信会计出版社，1998。

② 郭道扬：《论产权会计观与产权会计变革》，《会计研究》，2004（4）。

③ Armen A，Harold D：“Production，Information Cost，and Economi cs Organization”，The American Economics Review，1972(62)：777－795。

定程度上概括化、抽象化，从而为寻找经济业务的规律打下基础。

由此可见，产权价值运动、资金运动和经济业务三者之间存在着一种由里及表的逻辑关系。产权价值运动是企业的会计对象的本质描述，它通过企业的资金运动表现出来，而企业的资金运动又通过企业一笔笔的经济业务表现出来。它们共同构成一个完整的会计对象概念体系。

三、产权价值运动的横向分析：形式与种类

一般而言，产权价值运动可以分为两类：一类是涉及到产权主体关系变化的运动。对于企业而言，这个产权主体主要包括股权性产权主体和债权性产权主体等，这类产权价值运动包括三种具体的运动形式，它们分别是产权主体关系形成所引起的产权价值运动（体现为资金进入企业）、产权主体关系解脱或部分解脱所引起的产权价值运动（体现为资金退出企业）和产权主体之间相互转化所引起的产权价值运动（体现为资金在企业外部周转）等。另一类产权价值运动只涉及到产权价值存在形态的变化，是产权价值存在形态之间的相互转化。在这类产权价值运动中，企业的产权主体没有发生任何变化，只是产权价值存在形态或存在结构发生变化，这是一种使产权价值增值的运动过程，这种产权价值运动所体现出来的资金运动则表现为资金在企业内部循环与周转。

为了使抽象的产权价值运动具有可操作性，以便更好地研究产权价值运动这一会计对象，我们认为可建立一个实体模型——会计平面模型。借助于实体模型便可全面模拟企业的产权价值运动，使产权价值运动不再只是一个概念，而是一个看得见摸得着的有形实体运动。企业的产权价值运动在会计平面模型上的反映如图 4－1 所示。

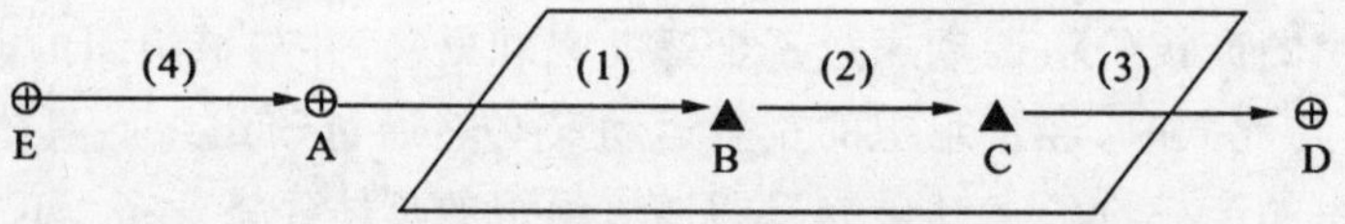

图 4－1　产权价值运动在会计平面模型上的反映

“⊕”表示在平面之外的土坑，代表产权主体关系，其容积代表产权主体的产权价值量；“▲”表示在平面之上的土堆，代表产权价值存在形态，其体积代表产权存在形态的价值量；土代表产权价值，具体而言就是代表资金，箭头表示产权价值运动的流向

（一）产权关系形成所引起的产权价值运动分析

当企业的相关利益者将财产投入企业后，就与企业和企业的其他所有者形成了产权关系，体现为资金从企业外部流入企业，其所引起的产权价值运动如图 4－1 第(1)段所示。从模型上看，资金从企业外部（即平面外）流入到企业（平面上），其结果是导致在平面之上代表产权价值存在形态的资金量增加（图 4－1 中土堆 B 的产生或其体积的增加）；同时导致一种新的产权主体关系的形成（图 4－1 中土坑 A 的产生或其容积的增加）。

这个阶段产权价值运动反映产权主体将其财产的使用权让渡给企业，以及这种关系在价值量上的反映。

从产权价值运动流向的角度来看，企业的产权主体投入到企业的财产位于其所引起的资金运动的终点，其存在形态多种多样，既可能是货币性资产，也可能是非货币性资产，因此可以说，该段产权价值运动的终点反映的是产权价值进入企业后的初始存在形态。而产权价值运动的起点反映的是企业的资金来源渠道，反映的是为企业提供资产的产权主体以及企业产权主体的形成和变化。产权主体关系可以分为两类：一类是产权主体关系是以一种所有者的身份将资金投入企业，在这种情况下，产权主体与企业形成的是一种股权性产权关系；另一类是产权主体关系则是以债权人的身份将资金投入企业，在这种情况下，产权主体与企业所形成的是一种债权性产权关系。从产权价值运动流量的角度看，这种产权价值运动所形成的产权主体关系（包括股权性产权主体关系和债权性产权主体关系）在价值量上的反映就是该段产权价值运动的流量。其起点的价值流出量则反映产权主体为企业所提供的要素贡献的大小，它将影响并改变企业资本的结构；其终点的价值流入量或接受量将会影响并改变企业资产的结构。对企业产权价值运动流量的控制有助于改善企业的资本结构和资产结构。

（二）产权价值存在形态在企业内部的周转分析

产权价值存在形态在企业内部的循环与周转，体现为资金在企业内部的循环与周转，具体而言就是资金的具体存在形态相互之间的转化，其具体情况如图 4－1 第(2)段所示。从模型上看，其产权价值运动的结果是，某一产权价值存在形态因资金流出而价值减少，而另一产权价值存在形态则因资金的流入而等量地增加，该模型上产权价值存在形态总的资金量没有发生变化。

这一阶段产权价值运动反映的是产权价值存在形态之间的相互转化，其具体的价值量变化就是该段资金运动的流量。产权主体将财产投入到企业后，这些财产就成为产权价值在企业的具体存在形态，企业管理当局通过使用这些产权价值存在形态来使产权主体的权益得到增值。

从产权价值运动流向的角度看，其价值运动的起点和终点都是产权价值的具体存在形态；从产权价值运动流量的角度看，其流量的变化将会影响企业资产的结构，对其流量的控制将有助于企业在所耗一定的情况下所得最大化或在所得一定的情况下所费最小化；从产权价值运动流速的角度看，对其流速的控制有助于加快企业各个“并存”产权价值存在形态的“继起”速度，加快资金周转，提高资金的使用效率。

（三）产权关系解除所引起的产权价值运动分析

当相关利益者从企业抽走投资时，便与企业解除或部分解除了产权关系，体现为资金退出企业，其所引起的产权价值运动如图 4－1 第(3)段所示。从模型上看，资金退出企业所产生的运动结果是，平面之上代表产权价值存在形态的资金量减少（即图 4－1 中土堆 C 的体积减少），平面之外代表产权价值来源渠道的资金量也相应地等量减少（即图 4－1 中土坑 D 的容积减少）。

这个阶段产权价值运动反映的是企业产权主体解除或部分解除与企业及其他所有者之间所存在的产权关系以及这种被解除或部分解除的产权关系在价值量上的反映。

从产权价值运动流向的角度看，位于其起点的是产权价值的某种具体存在形态，位于其终点的是代表某一产权主体与企业及其他产权主体所形成的产权经济关系。从产权价值运动流量的角度看，该运动导致企业产权存在形态价值量的减少，从而影响企业资产的结构和总量，最终影响企业的生产规模与生产能力；同时，该运动将导致产权主体解除或部分解除与企业及其他产权主体之间所存在的产权经济关系，从而影响企业资本的结构，其影响程度就是该段产权价值运动的流量。

（四）产权主体之间相互转化所引起的产权价值运动分析

产权主体之间相互转化引起的产权价值运动，体现为资金在企业外部的周转，其所引起的产权价值运动如图 4 - 1 第(4)段所示。从模型上看，其产权价值运动结果就是，平面之外代表产权主体关系的资金来源渠道的资金量减少（即模型中土坑 A 的容积减少），与此同时，在平面之外又出现了一个代表新的产权主体关系的资金来源渠道，其资金量会等额增加（即模型中土坑 E 的产生或其容积的增加）。

这个阶段产权价值运动反映的是企业产权主体之间的相互转化，新的产权主体取代旧的产权主体进入企业，与此同时企业的产权价值存在形态没有发生任何的变化。

从产权价值运动流向的角度看，其起点反映的是新的产权主体及其形成，其终点反映的是旧的产权主体及其退出。这种产权主体关系的变化一般又可分为三种情况：债权性产权主体之间的相互转化，股权性产权主体之间的相互转化和债权性产权主体与股权性产权主体之间的相互转化。从严格意义上讲，这种产权价值运动实际上是由另外两种产权价值运动综合而成的，是新的产权关系形成所引起的产权价值运动和旧的产权关系解除所引起的产权价值运动同时进行而产生的，是一种综合的结果。这种产权价值运动所引起的产权主体关系的变化在价值量上的反映就是该段产权价值运动的流量。

基于上文分析，笔者认为，会计的对象就是产权价值运动，具体而言就是产权价值运动的过程、结果及其所引起的产权经济关系。而作为会计对象的产权价值运动又是具有结构层次的，其最高层次就是产权价值运动，其次就是产权价值运动所引起的资金运动，最后就是企业的资金运动所引起的经济业务。在产权价值运动、资金运动与经济业务三者之间存在着非常密切的关系，这种关系表现为经济业务是表象，隐藏在企业经济业务后面的是企业的资金运动；而企业的资金运动也是表象，隐藏在企业资金运动后面的则是企业的产权价值运动及其所体现的产权经济关系。

第二节　财务会计基础概念：基于产权价值运动视角的分析

美国著名会计思想家马蒂斯奇指出，“如果没有内部动力和其他学科（经济学）向本学科的渗透，现代会计研究就不可能出现大量的思想创新”。产权会计理论则正是会计界在借鉴产权经济学的新思想与新方法的基础上所取得的一个研究成果。

在国外，利用产权经济学的原理来解释与预测会计问题的经典著作当推瓦茨和齐默尔曼在 1986 年出版的《实证会计理论》。该书中作者以产权经济学的理论为基础对会计信息管制、会计与政治程序、会计政策选择的后果、契约理论等进行了深入的研究。在我国，利用产权经济学理论来研究会计问题也不乏其人，而且目前正呈现方兴未艾之势。这些研究取得了丰硕的成果，如有的从降低交易费用角度阐释了会计准则的变迁[①]；有的以现代企业理论中的剩余索取权为中心，重点研究其分享安排与剩余计量[②]；有的界定了会计与产权的关系，并认为会计的职能就是要体现产权关系，反映产权结构，维护产权意志[③]；有的从会计域秩序、信息不对称和人类有限性的角度分析了会计信息产权问题[④]；有的以契约理论和产权经济学为依托，以博弈论为指导，开创了会计信息产权的动态变动和静态剖析这一独特的研究领域[⑤]；有的从交易费用和产权制度角度考察了中国会计准则演变及会计信息产权问题[⑥]；等等。迄今为止，会计学者已从多个角度研究了产权与会计的相关问题，形成了一个较为完整的"产权会计理论体系和产权会计理论学派"。

在产权会计理论体系中，会计对象研究是产权会计理论体系的基础性问题。从产权经济学角度看，会计对象就是企业的产权价值运动，具体而言就是产权价值运动的过程、结果及其所体现的产权经济关系[⑦]。就目前的研究成果看，从产权价值运动角度分析财务会计基础概念的成果很少；另一方面，对于某些财务会计基础概念而言，目前的会计理论并没有从规范、抽象的角度对其进行阐述，而主要是采用描述、归纳的方法，如会计账户的结构、复式记账的概念以及复式记账的记账规则等，这无疑大大降低了会计理论的严密性和科学性。

本书的研究基于"会计对象就是企业产权价值运动"这一命题。为了更好地把握产权价值运动，本书将通过建立一个"会计平面模型"来全程模拟企业的产权价值运动，并在该模型模拟的基础上，从产权价值运动的视角对某些财务会计基础概念进行分析，以期给这些基础概念一个全新的诠释。由于财务会计基础概念是一个内涵非常丰富的理论体系，本书的研究主要针对其中的与财务会计核算理论相关的基础概念，其他概念有待于未来进一步探讨。

一、会计对象、会计要素与产权价值运动

美国著名会计学家瓦茨与齐默尔曼(R. Watts and J. Zimmerman，1983)指出："会计和审计都是产权结构变化的产物，是为监督企业契约签订和执行而产生的。会计的发展与产权经济问题的发展关系既密切而又历时久远，可以讲无论是产权经济对于会计的影响，还是会计对产权经济的贡献都是与生俱来的。"[⑧]产权的基本内容，即占有权、使用权、收益权和处置权四个方面，都与会计至为密切相关，它决定了产权会计的基本内容。产权的交易与流转所引起的产权价值运动及其所体现的产权经济关系就成为了会计应该反映、监督、控制和保护的对象。

---

① 刘峰、黄少安：《科斯定律与会计准则》，《会计研究》，1992(2)。
刘峰：《会计准则变迁》，中国财政经济出版社，2000。

② 谢德仁：《会计信息的真实性与会计规则制定权合约安排》，《经济研究》，2000(5)。
谢德仁：《企业剩余索取权：分享安排与剩余计量》，上海人民出版社，2001。

③ 伍中信：《产权与会计》，立信会计出版社，1998。

④ 吴联生：《会计域秩序与会计信息规则性失真》，《经济研究》，2002(4)。
吴联生：《会计信息失真的"三分法"：理论框架与证据》，《会计研究》，2003(1)。

⑤ 杜兴强：《会计信息产权的逻辑及其博弈》，《会计研究》，2002(2)。
杜兴强：《国有企业会计信息产权的畸形性及其解读》，《会计研究》，2003(2)。

⑥ 田昆儒：《企业产权会计论》，经济科学出版社，2000。

⑦ 郭道扬：《论产权会计观与产权会计变革》，《会计研究》，2004(4)。

⑧ Watts R W，Zimmerman J L. Agency Problem，Auditing，and the Theory of the Firm：Some Evidence. Journal of Law and Economics，1983，26(3)：613 - 633.

从产权会计对象的结构层次上看，企业产权价值运动、资金运动与经济业务之间存在非常密切的关系。经济业务是表象，隐藏在企业经济业务后面的是企业的资金运动；而企业的资金运动同样也是表象，隐藏在企业资金运动后面的则是企业的产权价值运动及其所体现的产权经济关系①。企业的产权价值运动有动态和静态之分。产权价值运动的静态表现形式体现为企业在某一特定时刻的产权主体关系和产权价值存在形态；从会计要素角度看，产权价值运动表现为资产、负债和所有者权益，这三者之间构成会计最基本的等式"资产＝负债＋所有者权益"。产权价值运动的动态表现形式体现在某一特定时期企业产权主体权益增减变化的过程及其结果；从会计要素角度看，产权价值运动表现为收入、费用和利润，这三者之间构成了会计动态方程式"收入－费用＝利润"。

从内涵及其本质上看，会计要素都是有关产权主体权益方面的概念范畴。所谓产权，就是使自己或他人受损或受益的权利②，是享有财富的收益并且同时承担与这一收益相关的成本的自由或者所获得的认可③。资产的本质是导致未来经济利益流入企业，是一种能够使股权性产权主体受益的权利。负债作为一种借入产权，其本质是履行该义务将会导致经济利益流出企业。负债对于股权性产权主体而言是使其受损的经济义务；对借入产权主体而言却是使其受益的经济权利。所有者权益是企业股权性产权主体对经济利益的要求权，是一种扣除负债(借入产权)后的剩余权益，反映股权性产权主体在财产的原始投入和财产的收益求偿权方面排在借入产权主体之后。收入的本质是经济利益的总流入，它最终导致股权性产权主体受益。费用是与收入相对应而存在的，它的本质是导致未来经济利益的流出，其直接经济后果是使股权性产权主体受损，但其产生的最终目的是为了使股权性产权主体受益，是为"所得"而发生的"所失"。利润是收入和费用比较的结果，是股权性产权主体的"受益"抵消"受损"后的综合结果。

会计静态三要素、资金运动和产权价值运动三者的关系在"会计平面模型"上的反映如图 4－2 所示。

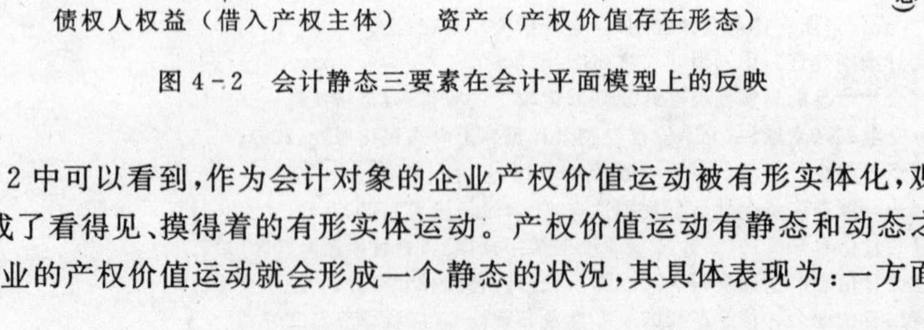

图 4－2　会计静态三要素在会计平面模型上的反映

从图 4－2 中可以看到，作为会计对象的企业产权价值运动被有形实体化，观念上的产权价值运动变成了看得见、摸得着的有形实体运动。产权价值运动有静态和动态之分。从某一时点来看，企业的产权价值运动就会形成一个静态的状况，其具体表现为：一方面会在企业内

① 施先旺：《产权价值运动：基于会计对象视角的分析》，《会计研究》，2006(6)。

② [美]德姆赛斯(1967)：《关于产权的理论》//载科斯等著，《财产权利与制度变迁》，上海三联书店出版，2004。

③ [南]斯维托扎尔·平乔维其：《产权经济学——一种比较体制的理论》，经济科学出版社，1999。

部形成产权价值形态存在，从会计要素的角度看，这种产权价值存在形态实际上就是企业的资产，其在模型上借助于"土堆▲"的形态被模拟出来；另一方面又会在产权价值提供者与企业之间形成各种产权经济关系，这种产权经济关系主要分为两类，一类是股权性产权经济关系，从会计要素角度看就是企业的所有者权益，另一类是债权性产权经济关系，从会计要素角度看就是债权人权益（简称为负债），这两种产权经济关系在模型上都借助于"土坑⊕"形态被模拟出来。这样，作为产权价值运动的会计对象以及作为会计对象基本内容的会计要素都被有形实体化。

二、会计方程式与产权价值运动

从产权价值运动的角度看，会计静态方程式"资产＝负债＋所有者权益"包含了企业所有的产权价值运动，体现了企业的各种产权经济关系。其具体情况如图 4－3 所示。

从静态的角度看，会计方程式"资产＝负债＋所有者权益"反映的是一种产权经济关系。会计方程式左边的"资产"，反映产权价值在企业内部的存在与分布形态；该方程式右边的"负债 ＋所有者权益"反映企业的产权主体（包括股权性产权主体和借入产权主体），反映产权主体在拥有终极所有权的前提下，让渡其财产使用权。从产权价值的角度看，产权价值总得有来源渠道，并由此而形成企业的产权经济主体，这就是会计方程式右边所体现的产权经济主体——所有者权益和债权人权益（简称为负债）。与此同时，产权价值总得有存在的形态，这就是会计方程式左边所反映的资产。所以，资产、负债和所有者权益，实际上是对同一会计对象——产权价值运动——从不同角度诠释而得出的不同概念范畴，因而这三者之间在价值量上必然存在着一个平衡的关系，即"资产＝负债＋所有者权益"。

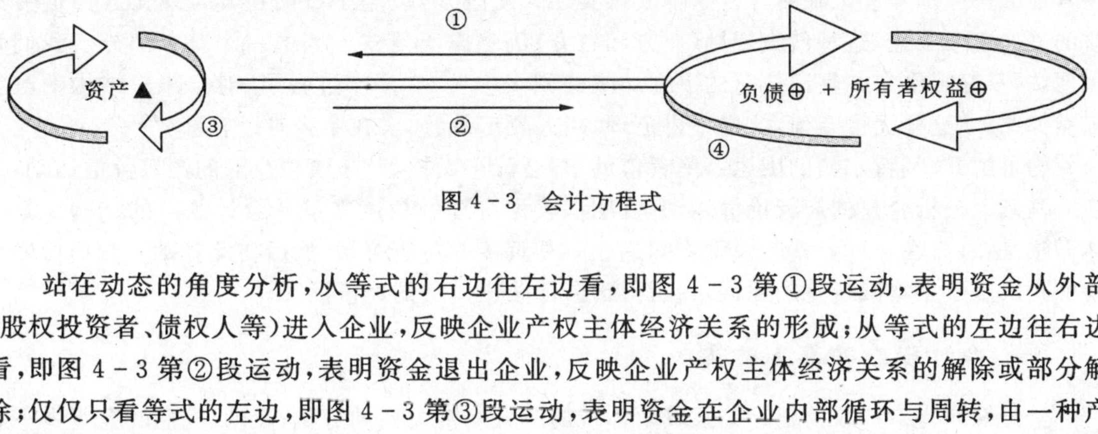

图 4－3　会计方程式

站在动态的角度分析，从等式的右边往左边看，即图 4－3 第①段运动，表明资金从外部（股权投资者、债权人等）进入企业，反映企业产权主体经济关系的形成；从等式的左边往右边看，即图 4－3 第②段运动，表明资金退出企业，反映企业产权主体经济关系的解除或部分解除；仅仅只看等式的左边，即图 4－3 第③段运动，表明资金在企业内部循环与周转，由一种产权价值存在形态转化为另一种产权价值存在形态，从而影响企业产权价值存在的分布与结构，影响企业资产的结构；仅仅只看等式的右边，即图 4－3 第④段运动，表明资金在企业外部周转，由一种资金来源渠道转化为另一种资金来源渠道，反映企业产权主体发生变化，原有的产权主体退出或部分退出企业，新的产权主体进入企业，从而影响企业资本的结构和企业资产的归属权，但并不影响企业现有的可用资产总量及其结构。

会计方程式不仅反映了产权经济关系，而且还反映了对产权主体权益的保护和保护的层次性。从企业作为一个独立的法人实体来看，会计方程式左边的"资产"反映企业因产权主体让渡其财产的使用权而获得的所有经济资源总和。这些经济资源就构成了企业法人的所有财产，这些财产不应受任何的侵扰，即使是企业的产权主体也不例外。企业用这些财产从事各种经营活动，并以这些财产对其在经营活动中所形成的债务承担民事责任。

如果将企业静态会计方程式稍加调整，就会得到如下两个等式：

等式一：资产－负债＝所有者权益

等式二：资产－所有者权益＝负债

从纯数学的角度看，这两个等式都是正确的。但从经济学的角度看，这两个等式则反映完全不同的经济含义。等式一反映企业所有经济资源在优先偿还债权人的权益（借入产权）后剩下的就属于所有者，反映了债权人的权益（借入产权）优先得到保护，同时也反映所有者的权益（股权性产权）是一种剩余权益。等式二反映企业所有经济资源在优先偿还所有者的权益（股权性产权）后剩下的就是债权人的（借入产权），反映股权性产权优先得到保护，反映借入产权是一个剩余权益，这不符合一般的经济常识，因而等式二从产权经济学角度看是错误的。

三、会计账户与产权价值运动

从会计要素的角度看，会计账户是用来记录经济交易与事项及其所引起的会计要素具体内容变动情况的一种工具。从产权价值运动的角度看，会计账户是一种专门反映、控制和监督产权价值运动的过程及其结果的手段与工具。但令人遗憾的是，作为财务会计核心理论和核心概念之一的账户，对其结构的解释只是从描述性角度给出了一个结论，而没有从理论的高度对其进行符合逻辑的阐述。这正如美国著名会计学家利特尔顿（A. C. Littleton）50 多年前在其所著《会计理论结构》一书中写道的那样："由于人们加深了对记账程序的认识，所以围绕着复式簿记的神秘感已经消失了。唯一留下一个令人困惑的特性：某些账户的左方代表增加，而在其他账户增加却登记在右方。这种安排实在太复杂了，以至于试图将其合理化成为徒劳无益的事。迄今为止，这种借贷规则（左方和右方）仍然属于复式记账的一个基本部分。我们别无他法，只好接受它并且记住它的下列加减法则……"[①]50 多年过去了，对于账户结构的解释依然如此。"这样无可奈何，这样不讲道理，叫人死记呆背，实在令人难以容忍！"[②]

为了解开"利特尔顿的困惑"，笔者借助于"会计平面模型"来模拟企业的产权价值运动，并在此基础上分析企业的产权价值运动，以期从较为合理的角度来解释会计账户的结构。其具体做法是，首先在会计要素与模型之间建立一种直接的对应关系，然后在此基础上分析影响会计账户资金发生增减变化的原因，最后得出会计账户借贷的经济涵义。

（一）会计账户的基本结构

会计账户是对产权价值运动及其所体现的产权经济关系的分类、反映、控制和监督的一种会计核算方法。按照西方传统的划分方法，账户的基本结构分为左右两边，左边部分称为"借方"，右边部分称为"贷方"。下面将借助于会计平面模型从产权价值运动的视角分析账户借方和贷方所代表的经济涵义。以"甲"账户为例，在会计平面模型中，与其有关的产权价值运动如图 4－4 所示。

从产权价值运动的角度看，与甲会计账户相关的资金运动只有两种情况，一种是资金流入

---

① A. C. 利特尔顿著：《会计理论结构》，林志军、黄世忠等译，中国商业出版社，1989。

② 易庭源：《资金运动会计理论——新战略会计学》，中国财政经济出版社，2001。

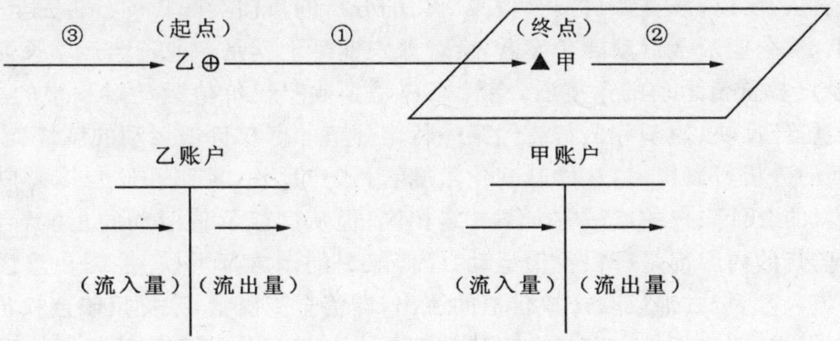

图 4-4　会计账户在会计平面模型上的反映

到甲会计账户，即流入量（图 4-4 中第①段资金运动），另一种是资金从甲会计账户流出，即流出量（图 4-4 中第②段资金运动）。正是由于这两种运动，才引起甲会计账户资金发生增减变化，并由此而产生余额。所以账户记录的内容，从产权价值运动角度看，就是产权价值运动所引起的资金流入量和资金流出量两个方面，具体而言，账户借方记录资金的流入量，账户贷方记录资金的流出量。这就是账户的基本结构。

（二）会计静态三要素账户结构增减变化的分析①

1. 资产类账户资金数量增减变化分析

以图 4-4 中甲账户为例。发生第①段资金运动，对于资产类账户甲而言，资金为流入量，应记录在甲账户的"借方"，在模型上反映该土堆（▲）体积的增加，也就是说反映甲账户资金数额的增加，即"资产类账户在借方登记反映增加"；发生第②段运动，对于甲账户而言，资金为流出量，应记录在其"贷方"，在模型上反映该土堆（▲）体积的减少，也就是说反映甲账户资金数额的减少，即"资产类账户在贷方登记反映减少"；该账户如果有余额，在模型上应该表示为该土堆还有一定的体积，该体积必然是由登记在该账户借方的资金流入量所引起，即资产类账户的余额一般在"借方"。

2. 负债类账户资金数量增减变化分析

以图 4—4 中乙账户为例。发生第①段运动，对于负债类账户乙而言，资金为流出量，应记录在乙账户的"贷方"，在模型上反映该土坑（⊕）容积的增加，也就是说反映乙账户资金数额的增加，即"负债类账户在贷方登记反映增加"；发生第③段运动，对于负债类账户乙而言，资金为流入量，应记录在乙账户的"借方"，在模型上反映该土坑（⊕）容积的减少，也就是说反映乙账户资金数额的减少，即"负债类账户在借方登记反映减少"；该账户如果有余额，在模型上就表示该土坑还有一定的容积，该容积必然是由登记在该账户贷方的资金流出量所引起，即负债类账户的余额一般在"贷方"。

3. 所有者权益账户资金数量增减变化分析

在会计平面模型中，因为所有者权益要素和负债要素都是以一个共同的实体［即土坑

① 有关收入、费用和利润账户结构的分析参见本书第三章第三节的分析。

(㊉)]被模拟出来，所以，该类账户资金增减变化的分析同负债类账户的分析完全一样。

在本质上，从企业资金运动的角度看，会计账户实际上就是企业资金运动长河中的一个个"计量器"①；从产权价值运动的角度看，会计账户是企业产权价值运动过程中的一个个"计量器"，这些"计量器"反映、控制和监督流经某一特定环节的产权价值运动的流量、流向和流速。

综合上面的分析可以得出，从增减变化角度看，账户反映、控制和监督该账户资金的增减变化，不同要素的会计账户的增减方向不一定相同；但从产权价值运动的角度看，任何账户所反映、控制和监督的内容都是产权价值运动，任何账户的借方都反映、控制和监督产权价值的流入，即资金流入量，贷方都反映产权价值的流出，即资金流出量，余额反映产权价值流入与流出的结果。所以说，账户的借方和贷方反映的都是企业产权价值运动及其所体现的产权经济关系。

四、复式记账与产权价值运动

(一)复式记账概念的产权价值运动视角分析

在不同的历史时期和不同的社会阶段，产权关系和产权结构的复杂性程度不同，从而对会计记录和会计处理的要求有所不同。在 13～14 世纪前，虽然社会经济职能得到广泛的分解，但社会经济权责结构较为简单。在大多数经济活动中，总是以一方经济主体的经济权利为核心，其他相应的经济主体经济权利极为有限。在这种情况下，单式记账法就足够了——财产变动的纪录就可以反映产权的变动。但从 13～14 世纪以来，地中海沿岸因商业和手工业的发展而频频发生借贷和兑换业务，银钱主在银钱活动中的自由资本比例逐渐减少，外界经济主体的比例逐渐增多。这样，就需要对权利分布情况作出说明，单式簿记难以适应这种需要，遂逐渐产生了复式簿记②。这里所指的经济权利就是我们所说的产权。查特费尔德认为，复式簿记产生的一个重要原因就是合伙的大量出现，合伙需要公平地分配利润(利润是产权价值表现形式之一)，而复式簿记通过实账户与虚账户的结合就可计算出利润，相反单式簿记就没有这种功能。

上述分析说明了复式记账正是由于产权关系和产权结构的复杂而产生的，其目的是为了反映产权关系，维护产权主体的权益。但遗憾的是，现行复式记账的概念只是一个描述性的表达，而没有从本质上揭示其与产权的这种天然联系。目前，复式记账的概念是指对于每一笔经济业务，都必须至少用两个或两个以上的账户进行记录的一种记账方法。这个概念没有对为什么"每一笔经济业务都必须至少用两个或两个以上的账户进行记录"进行理论上的阐述。这只是一个表象性的描述，没有从产权的角度抓住复式记账的本质。

从企业产权价值运动的角度看，企业的经济业务是表象，隐藏在企业经济业务后面的是企业的资金运动；而资金运动同样是表象，隐藏在企业资金运动后面的则是企业的产权价值运动。因此，企业的每一笔经济业务都会引起资金运动，进而影响企业的产权价值运动，而产权价值运动必然会涉及到产权价值运动的流量、流向(即产权价值运动的起点和终点)和流速三个基本要素。复式记账法就是指要对企业经济业务所引起的产权价值运动的流向、流量和流

① 易庭源：《资金运动会计理论——新战略会计学》，中国财政经济出版社，2001。

② 李若山：《论审计与社会权利结构》，中国财政经济出版社，1991。

速等进行全面的反映、控制和监督的一种专门方法。由此可见，复式记账的本质就在于对经济业务所引起的产权价值运动进行全面、系统的反映、控制和监督。

（二）复式记账规则的产权价值运动视角分析

借贷记账法是复式记账法中最重要的记账方法，本书主要以借贷记账法作为研究对象。借贷记账法的记账规则是“有借必有贷，借贷必相等”。目前，对于这个结论，要么通过举例归纳给出，要么作为“公理”直接给出。同会计账户的结构一样，由于没有从理论上对记账规则进行解释，借贷记账法的记账规则至多只能说是一种表象描述。不仅如此，借贷记账法记账规则的不可解释性还被誉为会计神秘之所在的有力证据。笔者将借助于会计平面模型，通过对企业产权价值运动的分析，试图来破译借贷记账法记账规则的真实经济含义。

企业的经济业务纷繁复杂，但其所引起的资金运动归纳起来只有四种类型，即资金进入企业、资金退出企业、资金在企业内部周转和资金在企业外部周转，其所引起的企业产权价值运动也只有两种类型，即反映产权经济关系和产权价值存在形态相互转化的产权价值运动。为了弄清楚借贷记账法的记账规则与企业的经济业务、资金运动和产权价值运动的关系，现以经济业务“企业向银行临时借款100 000万元，款已存入银行”为例进行分析。这笔经济业务反映产权价值从外部流入企业，其结果一方面反映产权主体关系的形成，另一方面反映产权价值存在形态的增加。其具体情况如图4－5所示。

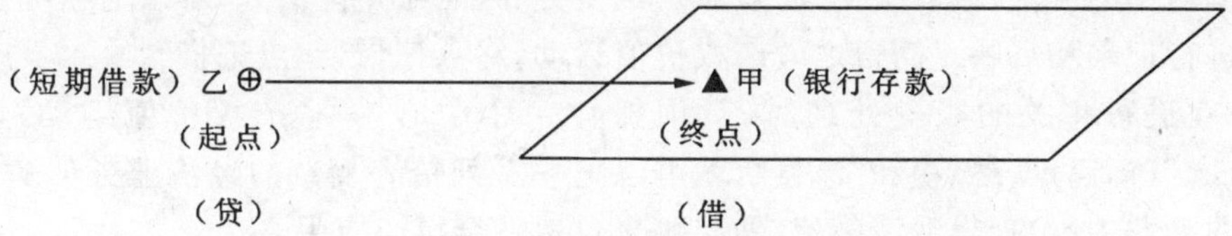

图4－5 产权价值运动在会计平面模型上的反映

在这笔经济业务所引起的产权价值运动中，乙账户位于产权价值运动的起点，资金从本账户流出，所以应该在乙账户的贷方登记；甲账户位于产权价值运动的终点，资金流入到本账户，所以应该在甲账户的借方登记。

不仅产权关系形成所引起的资金运动分析如此，其他产权价值运动所引起的资金运动分析也是如此。任何一笔经济业务，必然会引起产权价值发生运动，而每一笔产权价值运动必然会有其流向，即产权价值运动的起点和终点。产权价值运动有起点就一定会有终点，有终点就一定会有起点，二者是产权价值运动过程中不可分割的两个方面。根据账户借方登记流入量、贷方登记流出量的基本结构，对于位于产权价值运动起点的账户，资金从本账户中流出，应打开该账户并在其贷方登记，即用“贷”来记录和反映该账户位于产权价值运动的起点；对于位于产权价值运动终点的账户，资金流入到本账户，应该打开该账户并在其借方登记，即用“借”来记录和反映该账户位于产权价值运动的终点。一笔产权价值运动不可能只有起点而没有终点（即只有“贷”而没有“借”），也不可能只有终点而没有起点（即只有“借”而没有“贷”）。在资金流向上，产权价值运动起点与终点的关系，从记账符号上看，就是“借”与“贷”的关系，即“有借必有贷、有贷必有借”。

对于每一笔产权价值运动，资金总是从位于起点位置的账户中全额地流转到各终点位置的账户中。也就是说，在每一笔产权价值运动所引起的相关联的起点和终点中，起点的流出量总是等于终点的接受量。由于起点的流出量登记在该起点账户的“贷方”，终点的接受量登记在该终点账户的“借方”，因此，产权价值运动过程中终点流量与起点流量的关系，就是“借方金额”与“贷方金额”的关系，在资金数量上“借贷必相等”。

综合上面的分析可以得出，借贷记账法的记账规则就是“有借必有贷，借贷必相等”。

（三）记账思路的产权价值运动视角分析

现行的会计记账思路可以用十二个字来概括：找账户、辨性质、看增减、定方向。具体而言，每一笔经济业务的发生，首先应该找出该笔经济业务所影响的相关会计账户；其次，要分辨各个会计账户的性质，因为不同性质要素账户的结构是不相同的；再次，分析该笔经济业务对各个会计账户资金数额的具体影响；最后，根据会计账户性质和资金数额变化确定应借应贷的方向。虽然这种记账思路清晰，但太过于机械、呆板、琐碎和枯燥。

从分析借贷记账法记账规则中可以得出，站在企业产权价值运动角度看，对于每一笔经济业务，应分析其所引起的产权价值运动的流向（即运动的起点和终点）和流量，位于产权价值运动起点的账户应在其贷方登记，而位于产权价值运动终点的账户应在其借方登记。这样就可以得出借贷复式记账的记账思路：对于每一笔经济业务的发生，首先应分析该笔经济业务所引起的产权价值运动，确定产权价值运动的流向；进而确定相应的起点账户和终点账户；其次掌握产权价值运动的流量；最后根据“起点账户记贷方、终点账户记借方”对该笔经济业务在相应的账户中进行记录和反映。简言之，“产权价值运动，终点记借，起点记贷”。

这样，在进行相关的账务处理时，只须抓住一个中心——“产权价值运动”，两个基本点——“流向”（即起点、终点）和“流量”，就可以把一系列错综复杂的经济业务的头绪（即产权价值运动的来龙去脉）理得清清楚楚，做起账来自然就会得心应手。

五、会计账簿、会计报表与产权价值运动

对于会计账户、会计账簿的性质，美国著名会计学家利特尔顿认为：“由于会计的一个基本目的是对企业的经济事实进行分门别类，所以我们必须首先讨论用于汇集经济事实的分类方法。如同其他分类方法，一个特定账户的内容必须加以严格的限制。一个账户必须只反映一种类型的事实。为了实现这一目的，我们必须详细地规定账户所要反映的内容，账户的名称必须恰如其分……从这个角度看，会计显然具有统计的性质。”但会计上的任何技术方法的背后都是对财产占有及分配关系的反映，是对以财产所有权为基础所引起的经济业务的处理[①]。因此，会计账户是记录产权变化的单一“统计”类目，而会计账簿则是记录产权变化的综合“统计”类目[②]。具体而言，会计账户反映、控制和监督在某一特定会计期间企业产权价值运动过程中，某一单一产权主体经济关系或单一产权价值存在形态在价值量上的变化过程及其结果。作为会计账户的集合体，会计账簿是产权变化的综合“统计”类目。具体而言，会计账簿反映、控制和监督在某一特定会计期间企业产权价值运动过程中，所有产权主体经济关系和所有产权价值存在形态在价值量上的总体变化过程及其结果。

① 田昆儒：《企业产权会计论》，经济科学出版社，2000。

② 赵士信：《会计对象之探讨》，《会计研究》，1995(7)。

从提供信息的目的看，企业财务报表的一个重要目的就是反映这些经济上的权利及其是否受到侵害①；从财务报表的内容看，会计报表是报告产权变化的法定文书②。会计报表是对企业产权主体经济关系和产权价值存在形态变化的概括反映，其中，资产负债表反映某一时点的情况，包括在这一特定时点产权主体对企业财产的要求权以及这种要求权在结构上的反映、产权价值存在形态在价值量和结构上的反映；利润表反映股权性产权主体在某一会计期间内受益或受损的总体情况以及对这种总体情况的具体说明；现金流量表反映作为某一特定产权价值存在形态的现金及现金等价物在某一会计期间的具体变化情况及其结果。

上面的分析主要是从产权价值运动视角对财务会计基础概念中与会计核算理论相关的内容进行了研究，也可以称之为产权会计核算理论研究。产权会计学是一个系统工程，产权会计核算理论是其中的一部分，而且是最基础的部分，因为其他会计理论都是在此基础上发展起来的。也正因为如此，只有在产权理论与会计核算理论之间建立起直接的联系，产权与会计的关系才是实在的而不是表面的，是内在的而不是外围的；也只有建立这种直接的联系，会计才不仅仅具有事后的“经济后果”，而且还具有对产权价值运动的事前与事中反映、控制和监督。这样，产权会计理论才可能更加丰富和完善。

① [美]埃尔登·S. 亨德里克森：《会计理论》，立信会计出版社，1987。
② 赵士信：《会计对象之探讨》，《会计研究》，1995(7)。

主要参考文献

[美]埃尔登·S.亨德里克森．会计理论[M]．上海:立信会计出版社,1987.
[美]巴泽尔·Y．产权的经济分析[M]．费方域,段毅才,译.上海:上海人民出版社,1997.
[美]道格拉斯·C.诺斯,罗伯特·保罗·托马斯．西方世界的兴起[M]．张炳九,译．北京:北京学苑出版社,1988.
[美]道格拉斯·C.诺斯(1981)．经济史中的结构与变迁[M]．陈郁,罗华平,等译．上海:上海三联出版社,1991.
[美]德姆赛斯(1967)．关于产权的理论//载科斯等.财产权利与制度变迁.上海:上海三联书店出版社.
[美]科斯·R,阿尔钦·A,诺斯·D,等．财产权利与制度变迁[M].上海:上海三联书店出版社,1991.
[美]理查德·派普斯．财产论[M]．北京:经济科学出版社,2003.
[美]利特尔顿·A.C．会计理论结构[M]．林志军,黄世忠,等译．北京:中国商业出版社,1989.
[南]斯维托扎尔·平乔维其．产权经济学——一种比较体制的理论[M]．北京:经济科学出版社,1999.
[日本]白井佐敏．复式簿记的经济理论[M]//染谷恭次郎．我国会计学的潮流．雄松堂出版,1984.
[日本]服部俊治．基于会计核算理论的资本循环的再探讨[J]．经济学研究(九大),第38卷第1—6号,1956.
[日本]马场克三．会计理论的基本问题[M]．东京森山书店,1975.
[日本]木村和三郎,小岛男佐夫．改进簿记学入门[M]．东京:森山书店,1956.
[日本]太田哲三．会计学概论[M]．唐文越,译．上海:昌明书屋,1934.
[日本]藤田昌也．会计及其对象——基于会计利益观的新认识[J]．冯巧根,译．中国注册会计师,2005(8).
[日本]中西寅雄．簿记理论序说[J]．经济学论集,1931.
[苏]阿发那西也夫．资产负债表结构原理[M]．上海:立信会计图书用品社,1953.
[苏]巴伦．论会计核算的对象和方法[J]．工业会计,1954(7).
[苏]弗·马撒雷金,评弗·马卡洛夫著．会计核算对象与方法、会计核算账户分类的经济基础[J]．会计,1959(2).
[苏]列昂节夫 H,沙洛莫维奇 N．论会计核算对象与方法问题[J]．工业会计,1953(6).
[苏]马卡洛夫．会计核算的对象与方法[M]．北京:中国财政经济出版社,1958.
[苏]马卡洛夫．会计核算原理课程教学的若干问题[J]．会计,1959(11).
[苏]马卡洛夫．会计学原理[M]．北京:中国财政经济出版社,1955.
[苏]苏姆佐夫．工业企业会计核算[M]．北京:中国财政经济出版社,1955.
邓延芳．试论复式记账原理——兼评资金运动说[J]．财经问题研究,1980(1).
丁洪范．关于社会主义会计核算的对象[J]．大众会计,1957(3).
丁洪范．论会计学的研究对象与方法[J]．大众会计,1957(9).
丁平准．试论政治经济学是会计学的理论支柱——《资本论》第二卷学习札记[J]．会计研究,1981(3).
杜兴强．国有企业会计信息产权的畸形性及其解读[J]．会计研究,2003(2).
杜兴强．会计信息产权的逻辑及其博弈[J]．会计研究,2002(2).
杜兴强．契约理论与会计准则的起源、功能和限度研究[J]．四川会计,2000(1).
段毅才．西方产权理论结构分析[J]．经济研究,1992(8).
符浩．试论会计与经济活动的关系[J]．陕西财经学院学报,1983(4).
葛家澍,黄忠堃．论经济核算制与会计[J]．会计研究,1980(1).
葛家澍,林志军．现代西方会计理论[M]．厦门:厦门大学出版社,2001.
葛家澍,刘峰．新中国会计理论研究50年回顾[J]．会计研究,1999(10).

葛家澍．葛家澍教授、余绪缨教授从教五十周年理论集——财务会计理论研究[M]．厦门：厦门大学出版社，1995.
葛家澍．关于会计对象的再探讨[J]．厦门大学学报，1986(1).
葛家澍．关于会计基本理论与方法问题(修订版)，经济科学出版社，2004.
葛家澍．关于社会主义会计对象的再认识[J]．厦门大学学报，1961(1).
葛家澍．会计学基础[M]．北京：中国财政经济出版社，1980.
葛家澍．论会计理论的继承性[J]．厦门大学学报，1981(3).
葛家澍．论社会主义企业的资金[J]．厦门大学学报，1978(2、3).
葛家澍．社会主义企业经济活动分析的对象、任务与方法论[J]．厦门大学学报，1954(2).
葛家澍．试论会计核算这门科学的对象和方法[J]．厦门大学学报，1965(2).
顾准．社会主义会计的几个理论问题[J]．会计通讯，1979(4).
顾准．社会主义会计的几个理论问题[M]．上海：上海人民出版社，1982.
顾准．社会主义会计的几个理论问题[M]．中国科学院经济研究所学术汇报论文，1964.
管锦康．论社会主义会计学的对象任务和方法[J]．大众会计，1957(11).
郭道扬．郭道扬文集[M]．北京：经济科学出版社，2009.
郭道扬．会计史教程——历史、现时与未来(第一卷)[M]．北京：中国财政经济出版社，1999.
郭道扬．会计史研究——历史、现时与未来(第二卷)[M]．北京：中国财政经济出版社，2004.
郭道扬．会计史研究——历史、现时与未来(第三卷)[M]．北京：中国财政经济出版社，2008.
郭道扬．论产权会计观与产权会计变革[J]．会计研究，2004(4).
黄忠堃．试论商业会计对象与记账方法[J]．中国经济问题，1979(5).
姜启渭．社会主义生产价格存在依据的再认识[J]．经济研究，1981(8).
金杰．会计对象新论[J]．财会月刊，2005(8).
金杰．现代会计对象——基于资源会计观的新认识[J]．南京大学学报，2006(1).
李觉鸣．簿记理论产生之由来[J]．公信会计月刊，1948(6).
李觉鸣．理论簿记学[M]．重庆：立信会计图书用品社，1944.
李若山．论审计与社会权利结构[M]．北京：中国财政经济出版社，1991.
李天民．关于会计核算对象问题的初步体会[J]．教学与研究，1957(4).
李翔华．会计基本理论[M]．北京：经济科学出版社，1989.
李孝林．会计学中的资金运动理论试议[J]．财贸研究，1981(1).
李孝林，等．会计原理的学与教[M]．合肥：安徽人民出版社，1987.
李心合．现代会计理论[M]．上海：上海交通大学出版社，1996.
刘常青．中国会计思想发展史[M]．成都：西南财经大学出版社，2005.
刘峰，黄少安．科斯定律与会计准则[J]．会计研究，1992(2).
刘峰．会计准则变迁[M]．北京：中国财政经济出版社，2000.
陆善炽．论借贷学说与收付理论[J]．会计杂志，1934，4(1).
潘序伦．会计学发达史[J]．立信会计季刊，1993，2(1).
彭聚先．论资金作为客观经济范畴的质的规定性[J]．当代财经，1981(3).
施先旺．财务会计基础概念：基于产权价值运动视角的分析[J]．会计研究，2010(1).
施先旺．财务会计学原理与实务[M]．上海：立信会计出版社，2004.
施先旺．产权价值运动：基于会计对象视角的分析[J]．会计研究，2006(6).
施先旺．论会计对象与复式记账[D]．武汉：中南财经大学，1996.
宋醒民．劳动和生产资料的量比例关系[J]．江西财经学院学报，1983.
唐国平．财务会计对象要素研究[M]．大连：东北财经大学出版社，2003.
唐国平．再论“财务会计对象要素体系”[J]．财经政法资讯，2002(1).

陶世璞. 会计对象漫笔[J]. 会计研究,1984(4).

田昆儒. 企业产权会计论[M]. 北京:经济科学出版社,2000.

童青. 我对会计核算对象问题的管见[J]. 大众会计,1958(1).

王光远,焦跃华. 资金运动会计体系的构造[J]. 财会月刊,1989(2).

王开田. 现代会计对象的再认识[J]. 会计研究,1997(3).

吴联生. 会计信息失真的"三分法":理论框架与证据[J]. 会计研究,2003(1).

吴联生. 会计研究起点理论评述[J]. 会计研究,1998(10).

吴联生. 会计域秩序与会计信息规则性失真[J]. 经济研究,2002(4).

吴水澎. 财务会计基本理论研究[M]. 沈阳:辽宁人民出版社,1996.

吴水澎. 厦门大学开展会计学术讨论[J]. 财务与会计,1980(6).

吴水澎. 怎样正确认识会计的性质与对象?——兼评资金运动说[J]. 会计研究,1981(2).

吴元梁. 科学方法基础[M]. 北京:中国社会科学出版社,1991.

伍中信,田昆儒. 产权理论与中国会计学问题与争论[M]. 北京:中国人民大学出版社,2003.

伍中信. 产权与会计[M]. 上海:立信会计出版社,1998.

伍中信. 会计核算的产权功能[J]. 财会月刊,1996(6).

谢德仁. 会计信息的真实性与会计规则制定权合约安排[J]. 经济研究,2000(5).

谢德仁. 企业剩余索取权:分享安排与剩余计量[M]. 上海:上海人民出版社,2001.

邢宗江,等. 怎样建立新中国会计理论基础?[J]. 新会计,1951(1).

阎达五. 新形势下会计工作和会计学科面临的新课题[J]. 财会通讯,1981(8).

阎达伍. 会计理论专题参考资料[M]. 北京:中央广播电视大学出版社,1985.

杨秋风. 会计含义对象属性浅论[J]. 会计研究,1982(5).

杨雄胜. 会计对象新探[J]. 财贸经济,1985(9).

杨逸芝. 对会计学的研究对象与方法的商讨[J]. 大众会计,1958(1).

杨宗昌. 关于建国以来我国会计学术思想的评说[M]. 大连:东北财经大学出版社,2000.

易庭源. 资金运动会计理论—新战略会计学[M]. 北京:中国财政经济出版社,2001.

易庭源. 会计是具有阶级性的科学[J]. 中国经济问题,1963(11).

易庭源. 社会主义复式记账原理的探讨[J]. 江汉学报,1963(3).

易庭源. 我和资金运动会计理论[J]. 财会月刊,1988(2、3).

易庭源. 资金运动会计理论[M]. 武汉:湖北科学技术出版社,1990.

殷宗鹗. 谈"从资金运动的观点来说明借贷原理"[J]. 经济问题,1958(4).

殷宗鹗. 依据资金运动的客观规律来探讨会计核算的基本理论[J]. 中国经济问题,1962(12).

于玉林. 现代会计结构论[M]. 大连:东北财经大学出版社,1997.

余绪缨. 试论"复式记账法"的理论基础——兼论"资金收付记账法"[J]. 厦门大学学报,1978(2、3).

张子伊. 对"论会计学的研究对象与方法"的意见[J]. 大众会计,1958(2、3).

赵士信. 会计对象之探讨[J]. 会计研究,1995(7).

赵玉珉,黄寿宸. 正确应用会计核算为社会主义建设事业服务[J]. 财政,1961(15).

郑延植. 近代西儒之借贷学说[J]. 立信会计月刊,1948,2(1).

朱小平,等. 会计学原理[M]. 北京:文化艺术出版社,1988.

Armen A, Harold D. Production, Information Cost, and Economi cs Organization[J]. The American Economics Review,1972(62).

Armen A, Harold D. The Property Rights Paradigm[J]. The Journal of Economics History,1973,3(33).

后记

在1993年全国研究生入学考试的前一天，一位“考友”无意之中提到“终点记借，起点记贷”的记账方法，这是我第一次接触资金运动会计理论。进校后，我拜读了我国著名会计学家易庭源先生所著的《资金运动会计理论》一书，被其理论的精妙与深奥所吸引。于是，我开始对资金运动会计产生兴趣，并于1995年2月与同窗好友聂玉华共同出版了《动态企业会计核算——对传统会计的挑战》一书。虽然该书只是对当时的资金运动会计理论的继承而没有任何的发展，但该书的出版使我对资金运动会计理论的长处与短处有了更全面、更深入的认识。这些收获都融在了1996年我的硕士毕业论文《论会计对象与复式记账》中。虽然我从未想过当老师，而且我也不是很适合（尤其是普通话讲得不好），但为了进一步研究资金运动会计理论，我还是选择了留校。

十五年过去了，我一直待在学校里从事着与资金运动会计理论有关的工作：讲的主要是与资金运动会计理论相关的《会计学原理》和《中级财务会计》课程；写的主要都是与资金运动会计理论相关的论文和教材（立信会计出版社出版的《财务会计学原理与实务》就是按资金运动会计理论编写的）；申报的也是与资金运动会计理论相关的课题（湖北省教育厅2003年立项的《会计核算教学体系与教学方法创新研究》和湖北省教育厅2009年立项的《模型教学在财务会计学课程中的应用研究》）。

这十五年的学术研究孤独而痛苦。说它孤独，是因为很少有人研究这个课题，说它痛苦，是因为很少有人理解与关注，而更多的是漠然，有的甚至是不屑。

还好，我坚持下来了。

而且就像第一次接触到它一样，我现在还是一如既往地看好资金运动会计理论研究的价值。

资金运动会计理论反映的是一段历史，一段与我国会计发展密切相关的历史。

虽然现在很少有人研究资金运动会计理论，但它仍然在会计发展史上占有非常重要的地位。德国、苏联、日本等国的很多会计学者都曾对它进行过深入的研究。尤其是在1949—1990年间，资金运动会计理论的研究在我国会计界一直处于主流的地位，其研究成果也是硕果累累。这些经历、成果以及许多会计前辈所付出的努力都是我国会计学界的宝贵财富，值得我们去珍惜、去探讨、去研究、去发展。

这是一段需要“正名”的历史。

之所以要“正名”,是因为很多人对资金运动会计理论产生了误解与偏见。这种误解与偏见主要体现在三个方面:一是认为资金运动会计理论是计划经济的产物,与市场经济是对立的。令人困惑的是:为什么在会计理论研究中提到资金运动就会有这种错觉,而在财务管理中提到资金运动就没有这种错觉呢?不管怎么说,资金运动会计理论就是一个会计理论流派,只有技术性,没有阶级性。二是认为资金运动会计理论与现行的会计理论一定是水火不相容的,学习资金运动会计理论就一定要推翻现行的会计核算。资金运动会计理论改变的是会计学习者和会计工作者的思维过程和思维方式,其思维的结果(包括账户、复式记账、会计分录、账簿和财务报告)是一致的。三是认为资金运动会计理论与现行会计准则的国际趋同是矛盾的。恰恰相反,资金运动会计理论不仅不与会计准则的国际趋同矛盾,而且还是对国际趋同背景下的会计准则的有益补充。虽然会计理论已经处于逐步全球趋同的进程中,但会计理论中一些基本理论仍然没有得到很好的解决,资金运动会计理论就是要从一个全新的角度来对这些“疑难杂症”进行研究与探讨。这样不仅丰富和完善了现行的会计理论,也使得会计准则的国际趋同的基础更加扎实与充分。

这是一段具有重要现实价值的历史。

之所以说资金运动会计理论具有重要的现实价值,是因为以下原因:一是它通过不同的视角丰富和完善了会计要素、账户、复式记账等会计基本理论;二是它强调会计学习不仅仅要弄清楚如何进行账务处理,而更重要的是对企业业务流、资金流和信息流的整体把握;三是它强调会计不仅要对外提供信息,同时也要加强企业内部管理,会计管理控制的思想贯穿在企业的每一笔资金运动分析之中;四是它揭示了产权、资金运动与会计的关系,企业的经济业务是表象,掩藏在企业经济业务后面的是企业的资金运动,而企业的资金运动同样也是表象,掩藏在企业资金运动后面的是企业的产权经济关系。

资金运动会计理论研究是一个庞大而系统的工程,对它的研究和推广还需要更多的会计学者共同努力。希望本人的研究能起到抛砖引玉的作用,同时也欢迎专家学者批评指正!

最后,感谢长期以来支持我研究工作的会计前辈、朋友、同事和亲人!

施先旺

2011年6月于武昌竹苑